Über dieses Buch »Leiden, bewußt erlebt und gemeistert, lehrt uns Weisheit.« Theodor Reik formuliert diesen Satz vor dem Hintergrund von Entbehrungen und Schicksalsschlägen im holländischen Exil. Dieses sein wichtigstes Werk hat Reik in Gedanken an Sigmund Freud geschrieben, seinen großen Lehrmeister, der den Masochismus einmal als die »häufigste und bedeutsamste aller Perversionen« bezeichnet hat. Freud hat das Buch nicht mehr gelesen, denn er starb ein Jahr vor dessen Erscheinen. Reik soll darunter sehr gelitten haben. Reik, der selbst unter masochistischen Neigungen litt, hat das Freudsche Konzept erweitert und zum Teil aufgrund neuer Erkenntnisse korrigiert. So hat er den Begriff »sozialer Masochismus« geprägt. Seiner Ansicht nach stellt der Masochismus eine Entwicklungsphase im Leben aller dar, die in gewisser Weise dazu beiträgt, unsere aggressiven und antisozialen Triebe unter Kontrolle zu bringen. Reik spricht in diesem Zusammenhang von »seelischer Ökonomie«: Er unterscheidet zwischen Leiden als seelischer Notwendigkeit und seelischem Luxus und meint, ein gewisses Maß an Leid könne sich durchaus positiv auswirken, sei es für den einzelnen oder die Gesellschaft. Das Buch wurde 1940 zum erstenmal veröffentlicht.

Der Autor 1888 in Wien geboren, studierte Theodor Reik Psychologie, Philosophie, Literatur- und Religionswissenschaft. 1910 nahm er Kontakt zu Freud auf und wurde einer seiner ersten Schüler. Von 1918 bis 1934 arbeitete Reik an den Psychoanalytischen Instituten von Wien und Berlin. 1934 emigrierte er nach Holland, 1938 in die Vereinigten Staaten. 1948 gründete er die National Psychological Association for Psychoanalysis. Bis zu seinem Tode im Jahre 1969 war er in New York als analytischer Praktiker tätig.

Theodor Reik

Aus Leiden Freuden

Masochismus und Gesellschaft

Fischer Taschenbuch Verlag

Die vorliegende Ausgabe basiert auf der deutschen Erstausgabe, die 1940 bei Imago Publishing Co., Ltd., London, erschienen ist. Sie enthält außerdem die Ergänzungen der amerikanischen Ausgabe »Masochism in Modern Man«, die 1941 bei Farrar Straus, New York, erschienen ist.

Ungekürzte Ausgabe
Fischer Taschenbuch 6768
Mai 1983
Fischer Taschenbuch Verlag GmbH, Frankfurt am Main
Lizenzausgabe mit freundlicher Genehmigung
des Hoffmann & Campe Verlages, Hamburg

Die amerikanische Ausgabe
»Masochism in Modern Man«
erschien 1941 im Verlag Farrar Straus, New York

Lektorat: Willi Köhler
Umschlaggestaltung: Jan Buchholz / Reni Hinsch
Druck und Bindung: Clausen & Bosse, Leck
Printed in Germany
1680-ISBN-3-596-26768-4

Inhalt

IV Der Ursprung

V Die Geschlechter

VI Ich-Wünsche

VII Soziale Formen

VIII Kulturelle Aspekte

I

Das Problem

Einführung

»Wie kam nur ein Philosoph auf den Gedanken, daß der Mensch ein Tier ist, das Lust sucht und Unlust vermeidet?« Dieser Satz ist nicht etwa der Beginn einer philosophischen Abhandlung, sondern die Frage, welche ein Gentleman an einen Sportgefährten richtete, während sie beide in der Schweiz Ski fuhren. In der Situation, die der Wintersportler in einem Brief an die Londoner Zeitschrift »New Statesman« beschreibt (15. Januar 1938), ist das Auftauchen dieser Frage verständlich. Sie wurde gestellt, als die beiden bei schneidendem Wind »in einer mühsamen, krebsartigen Gangart einen gefrorenen Bergabhang hinaufkletterten und immer wieder hilflos abrutschten, von den heiteren Reden schadenfroher Zuschauer unserer Mühen begleitet«. Eine solche Situation ist dem Zweifel daran, ob Streben nach Lust und Vermeidung von Unlust eine durchgängige menschliche Eigenschaft sei, äußerst günstig. Der Sportfreund fragt, ob es eine Lust gibt, die so mühsam und gefährlich gewonnen und von der Unlust so schwer zu unterscheiden ist wie die des Skilaufens. »Wenn Sie«, sagt er, »Ihren Fußknöchel nicht verrenken, so brechen Sie sich wenigstens ein Bein, und wenn Sie zufällig mit heilen Knochen heimkommen sollten, so haben Sie doch viele Stunden einer mühevollen und demütigenden Leistung unter höchst unangenehmen Begleitumständen gewidmet. Sie könnten Ihr Weekend bei erheblich geringeren Kosten mit

Lektüre und Schlaf an Ihrem Kamin zubringen, den schnurrenden Kater auf Ihrem Schoß.« Die launige Betrachtung schließt mit der lapidaren Folgerung: »Der Mensch ist ein masochistisches Tier.«

Der Briefschreiber, der gewiß ein gebildeter Mann ist, hat sich daran erinnert, daß die Philosophen gerade seines Landes von *Herbert Spencer* bis *Bertrand Russell* die Anschauung vertreten, daß der Mensch wie andere Tiere das anstrebt, was ihm Lust verspricht, und das vermeidet, was Unlust erzeugt. Die Philosophen mögen in Einzelheiten ihrer Meinung uneinig sein, gemeinsam ist ihnen doch die Überzeugung, daß der Mensch Unbehagen flieht. *B. Russell* betont in seiner »Analysis of mind«, daß das primitive Verlangen eher dahin geht, eine aktuelle Unlust loszuwerden als dahin, eine Lust aufzusuchen. Es ist »a push and not a pull«, meint er. Wie aber fügt sich eine Trieberscheinung wie der Masochismus in ein solches Schema? Die Unlust, die sonst vermieden wird, wird ja hier geradezu aufgesucht. Es ist nicht nur kein weg »von Schmerz und Unbehagen«, sondern umgekehrt ein Verlangen und ein Drang nach ihnen, ein »pull« zu ihnen.

Es kann natürlich nur humoristisch gemeint sein, wenn jener Wintersportfreund sich über die Philosophen verwundert. Die Erfahrung des Alltags gibt ihnen recht, daß der Mensch im allgemeinen die Lust sucht oder die Unlust vermeidet. Es klingt wie eine kaum ernsthafte Verkehrung des Tatbestandes, wenn der Briefschreiber behauptet: »Man is a masochistic animal.« Oder sollte er es doch ernsthafter meinen? Daß er scherzt, schließt ja den Ernst nicht aus. Vielleicht ist der Mensch auf seinem langen Entwicklungsgang durch viele Jahrhunderttausende unter den Veränderungen der Umwelt und der Innenwelt ein masochistisches Tier geworden? Davon ein anderes Mal mehr.

Es ist bemerkenswert, daß wir an dem Ausdruck »masochistisch« in dem Brief keinen Anstoß nehmen. Das Wort wäre in diesem Zusammenhang noch vor vierzig Jahren kaum verständlich gewesen. Man kannte es damals nur als Bezeichnung einer sexuellen Triebabweichung, einer Perversion, von der hier keine Rede ist und sein kann. Der Ausdruck hat eine Bedeutungserweiterung erfahren. Seine ursprüngliche, engere Bedeutung einer Triebperversion, die aus einer passiven Einstellung zum Partner sexuelle Lust zieht, ist erhalten geblieben. Jenseits dieses Bezirkes bezeichnet Masochismus jetzt eine besondere Art der Lebenseinstellung oder des sozialen Verhaltens, welche das eigene Leiden oder die eigene Ohnmacht genießt. Das Wort ist seiner engeren sexuellen Bedeutung entwachsen. Es ist desexualisiert worden.

Unsere wachsenden psychologischen Einsichten haben jenen Bedeutungswandel sicher mitbestimmt. Bei *Krafft-Ebing* und in den frühen Schriften *Freuds* ist Masochismus noch eindeutig die Bezeichnung jener Besonderheit des Liebeslebens, in der die Befriedigung an das Erleiden von psychischem oder seelischem Schmerz gebunden ist. Bei *Krafft-Ebing* taucht aber schon die Bezeichnung »ideeller Masochismus« auf, bei dem nicht die körperliche Beziehung, sondern die Vorstellung des Unterworfen- und Abhängigseins das Wesentliche des Lusterlebnisses ist. Die fortschreitende psychologische und psychopathologische Forschung machte es später deutlich, daß solche lustbetonten Vorstellungen kaum mehr eine Verbindung mit Grob-Sexuellem aufweisen. Die Psychoanalyse erwies darüber hinausgehend, daß Vorstellungen dieser Art nicht unbedingt bewußt sein müssen: viele Menschen fliehen bewußt das Leiden und streben es unbewußt doch an. Es ist das Verdienst der Analyse, wenn wir heute vom Masochismus als einem besonderen Verhalten vieler Menschen sprechen, ohne dabei an eine sexuelle Perversion zu denken.

In dem vorliegenden Buch wird der Ausdruck Masochismus in jenem allgemeineren Sinn einer bestimmten Lebenseinstellung gebraucht. Das Problem, warum Menschen unbewußt körperlichen und seelischen Schmerz anstreben, sich freiwillig Entbehrungen und Opfern unterwerfen, Beschämung, Niederlage und Entwürdigung auf sich nehmen, hat den Autor lange beschäftigt. Sein erster Versuch, das Problem freiwilligen Leidens und der damit verbundenen Lust zu lösen, bezog sich auf einen asketischen Künstler und sein Werk, das die seelischen Krisen eines Heiligen darstellt. Seit dem Erscheinen dieses Buches, ›Flaubert und seine Versuchung des heiligen Antonius‹, sind neunundzwanzig Jahre vergangen. In dieser Zeit hat sich mein Interesse für das Problem nicht abgeschwächt. Es hat mich in der analytischen Beobachtung neurotischer und masochistischer Charaktere immer wieder aufs neue gefesselt, und ich habe die Literatur, die sich darauf bezog, verfolgt. Einzelne Fragestellungen werden in späteren Publikationen behandelt, doch nirgends wurde ein Versuch gemacht, das Problem insgesamt aufzugreifen und einer Lösung näherzubringen. Das vorliegende Buch will die Einsichten und Resultate, die sich in dieser langen Zeit verdichtet haben, darstellen.

Es besteht kein Zweifel daran, daß das Problem des Masochismus trotz vieler Bemühungen der Sexologen, Psychologen und Soziologen bis heute ungelöst geblieben ist; auch die Arbeiten *Freuds* haben es nicht gelöst. Wir verdanken *Freud* nicht nur die bedeutsamsten Einsichten, die bisher vom Wesen des Masochismus gewonnen wurden, sondern auch die Methode, mit der allein ein tieferes Wissen um die Motive und Ziele dieser Triebrichtung erreicht werden kann. Seine eigenen Beiträge zu dem Problem – von nie geahntem Reichtum und nie vorher erreichter psychologischer Vertiefung, fruchtbar noch in ihren Irrtümern – haben uns überhaupt in den Stand gesetzt, eine neue Art der Annäherung zu wagen. Er hat uns den Weg gezeigt, aber er selbst ist diesen Weg nicht gegangen. Auch die Arbeiten verschiedener seiner Schüler haben fruchtbare neue Gesichtspunkte beigetragen, ohne das Wesentliche des Problems zu erhellen. Die psychologische Frage des Masochismus blieb unbeantwortet.

Unbefriedigt von den bisherigen Lösungsversuchen, ist es mir lange nicht gelungen, die neuen Erkenntnisse, die mir die immer wieder überprüfte Beobachtung am lebendigen Material brachte, darzustellen. Diese Einsichten waren der Niederschlag vieler Erfahrungen, die sich langsam verdichteten. Es galt nun, für die neuen Einsichten einen neuen Zugang zu gewinnen, denn es erwies sich als unmöglich, in der bisherigen Richtung weiterzugehen. Diese führte in eine Sackgasse, aus der kein Vorwärtsgehen möglich war. Erst als ich einen neuen Weg gefunden hatte, den einer Darstellung von bisher nicht erkannten Merkmalen des Masochismus, konnte das Problem neu aufgerollt werden. Große Teile der bisher geltenden Theorien mußten als unzulänglich fallengelassen werden. Wenn man neue Tatsachen sieht, die einer geltenden Theorie entschieden widersprechen, hat man sich an die Tatsachen zu halten. Die Theorie muß es sich gefallen lassen, umgeformt zu werden, um die neuen Erfahrungen zu umfassen.

Das vorliegende Buch will kein gelehrtes Werk sein, sondern das Werk eines Forschers. Was von anderen über den Masochismus gesagt wurde, wird hier nicht wiederholt, nicht etwa, weil ich es für unwichtig halte, sondern weil es schon gesagt wurde. Mein Ziel war, zu neuen Erkenntnissen über das Wesen des Masochismus vorzudringen. Es hat mich nicht gereizt, neues Material zu dem in Fülle vorhandenen hinzuzufügen, sondern neues Material zur Problemlösung heranzuziehen. Es ging mir nicht darum, einfache Tatsachen festzustellen,

sondern die Tatsachen hinter den Tatsachen zu erfassen, das, was den Erscheinungen dieses interessanten Problems zugrunde liegt, sein Zustandekommen bedingt und über seine verborgenen Ziele entscheidet.
Das Interesse an diesem Problem geht weit über den Rahmen einer sexuellen Besonderheit einzelner Individuen hinaus und führt tief in das Gebiet der Kulturentwicklung. Die ursprüngliche Frage: wie kann es zugehen, daß ein Mensch aus Schmerzen, Entwürdigung und Beschämung Lust gewinnen kann, wurde freilich zuerst durch die sexuelle Perversion den Psychologen nahegebracht, die zweifellos weit verbreitet ist. Tausende haben bezeugt, daß sie diese sexuelle Lust kennen und daß die meisten von ihnen nur diese Lust kennen. Wieviel Hunderttausende aber könnten dasselbe Zeugnis ablegen – und schweigen! *Freud* hat den Masochismus die »häufigste und bedeutsamste aller Perversionen« genannt. Die gesellschaftliche Heuchelei und die Unkenntnis sind dafür verantwortlich, daß wir noch nicht ermessen, welche steigende Bedeutung diese Besonderheit des Liebeslebens von ihren gröbsten körperlichen bis zu ihren verfeinerten seelischen Formen in unserer Kultur gewinnt. Jenseits des sexuellen Bezirks aber ersteht eine andere, soziale Form des Masochismus, welche geeignet ist, den Gang des Lebens der einzelnen und der Massen zu bestimmen. Wie durch einen weiten Abgrund von der sexuellen Triebabweichung getrennt, gibt es hier eine Fülle von tragischen Erscheinungen, die von Fehlschlägen, Unglück, rätselhaften Schicksalsfügungen des einzelnen bis zu den großen Katastrophen der Völker reichen und die von einer dunklen Sehnsucht nach Leiden bestimmt sind. Erst jetzt, da die Psychoanalyse der Forschung die geeignete Untersuchungsmethode geliefert hat, kann die psychologische Notwendigkeit eines solchen Drangs erfaßt und näher bestimmt werden. Ein Einblick in diese Tiefe und Weite der

Frage des Masochismus führt dazu, jenem ironischen Ausspruch des Wintersportlers in vollem Ernst zuzustimmen: »Man is a masochistic animal.«
Ein Problem lösen bedeutet für den Forscher: ein Fragezeichen von seinem bisherigen Platz wegnehmen und an einem entfernteren aufstellen. In diesem Sinn – und nur in diesem Sinn – wage ich zu sagen, daß die vorliegende Arbeit einige Probleme des Masochismus gelöst hat.

1 Die Anschauungen Freuds

Dem neuen Versuch, die seelischen Voraussetzungen und Motive des Masochismus zu erkennen, muß eine knappe Darstellung der Anschauungen *Freuds* über diese Triebneigung vorausgehen. Der Masochismus erscheint nach *Freud* in drei Gestalten: als eine bestimmte Lebenshaltung, als Ausdruck weiblichen Wesens und als eine Besonderheit der sexuellen Erregung. Diese drei Formen der Triebrichtung nennt er moralischen, femininen bzw. erogenen Masochismus.

Der moralische Masochismus

Der moralische Masochismus ist hinsichtlich aller Menschen von Bedeutung, denn er gibt einem wichtigen Anteil unseres Seelenlebens sein besonderes Gepräge. Er ist auch nicht auf einzelne Individuen beschränkt, sondern tritt als bestimmender Faktor in das Leben sozialer Gruppen, Volks- und Religionsgemeinschaften ein. In den Gestaltungen der Neurosen und den Besonderheiten der Charaktere tritt der moralische Masochismus besonders auffällig hervor, er ist aber auch in

Ansätzen in jedem von uns nachweisbar. Das Gemeinsame aller dieser seelischen Phänomene liegt in der unbewußten Tendenz, Unlust aufzusuchen und Leiden zu genießen. Die Analyse hat die Existenz und Wirksamkeit solcher masochistischer Tendenzen zuerst in der Untersuchung neurotisch Erkrankter oder asozialer Charaktere kennengelernt. Erst spät hat sich ergeben, daß wir alle ein Stück moralischen Masochismus in uns tragen. Jene Fälle von Neurose und Charakterverbildung spiegeln nur in verzerrten, pathologischen Formen wider, was als Resultat unserer seelischen Entwicklung in jedem von uns innerhalb der Grenzen des Normalen geblieben ist. Die Menschen, in deren Analyse wir das Phänomen studieren konnten, zeigen ein besonderes Verhalten, das *Freud* aus der Einwirkung eines unbewußten Strafbedürfnisses erklärt hat. Dieses Strafbedürfnis äußert sich durchaus nicht bewußt. Die Betreffenden kennen es nicht und würden es nicht anerkennen. Es erscheint aber in seinen Wirkungen unzweideutig in den Handlungen und Gedankengängen. Es ist so, als seien diese Menschen ihre eigenen erbitterten Feinde. Ihre Handlungen ebenso wie ihre Unterlassungen sind geeignet, Genuß und Arbeit zu stören, den eigenen Anteil an Lebensglück zu vernichten und in den schwersten Fällen das Leben selbst zu gefährden. Oberflächlich gesehen stellt es sich meistens so dar, daß das Unglück oder das Pech im Leben dieser Menschen von außen kommt, als ob sie immer wieder mit unglücklichen Zufällen oder Leiden, die sich in ihr Dasein drängen, zu kämpfen haben. Es ist so, wie wenn sich ein widriges Schicksal gegen sie verschworen hätte, als fielen sie der Tücke des Objekts oder der vielen Objekte, die ihre Bahn kreuzen, zum Opfer. Die analytische Untersuchung erweist aber, daß die Personen jene Unglücksfälle oder Leiden in einem großen Ausmaße selbst unbewußt inszeniert oder zu eigenen Ungunsten ausgenützt haben. Es ist, wie wenn das Schicksal oder eine ungnädige Gottheit ihnen in der Lebenslotterie ständig eine Niete zuerteilt hätte.

Die unbewußte Tendenz, die diese Personen drängt, sich um Genuß und Erfolg zu bringen, die eigenen Lebenschancen zu verderben oder nicht auszunützen, kann als Strafbedürfnis schärfer erfaßt werden. Die Strafe wurde in der Kinderzeit von den Eltern erwartet, zu deren Vertreter später Gott oder dunkle Schicksalsmächte wurden. Unbewußt vollziehen diese Personen später an sich selbst eine Reihe von Bestrafungen, zu denen sie ein innerer Gerichtshof verurteilt. Eine Instanz im Ich hat die Exekutive des Urteils übernommen, das ursprünglich von den Eltern erwartet wurde. Die Analyse konnte zeigen, daß diese Strafen nicht nur erwartet, sondern unbewußt auch ersehnt wurden, daß das Leid unbewußt erwünscht wird, sowenig sie selbst das wissen oder sowenig sie davon wissen wollen. Diese Personen benehmen sich, als stünden sie unter dem Diktat besonders strenger moralischer Gebote und Verbote, deren Übertretung sie an sich selbst bestrafen müssen. Die entscheidende Bedeutung dieses seelischen Faktors war es, welche *Freud* berechtigte, von einem moralischen Masochismus zu reden. Worin aber soll die verborgene Lust in solcher Einstellung liegen? Die Antwort lautet: in der Befriedigung eines unbewußten Strafbedürfnisses, das als Reaktion auf verbotene Wünsche und Impulse im Ich erscheint.

Sowenig auch der äußere Anschein dafür spricht, man kann diese besondere Art der Lebenseinstellung, diese verborgene Lust an der Selbstbestrafung noch immer von den sexuellen Strömungen der Kindheit ableiten. Das Schicksal, sagten wir, ist nur ein später Ersatz der Eltern, und die Strafe, die von ihm erwartet und unbewußt ersehnt wird, vertritt die Bestrafung vom Vater oder von der Mutter. Das Schicksal

schlägt diese Personen, und sie empfinden diese Schicksalsschläge unbewußt lustvoll, sosehr sie sich auch bewußt darüber beklagen. Hier zeigt sich der Faden zu früheren Erlebnissen, in denen Schläge von körperlicher Art erwünscht waren und sexuelle Erregungen ausgelöst hatten. Die psychologische Untersuchung führt dazu, diese Art der Einstellung und des Verhaltens im Leben, diesen vom unbewußten Strafbedürfnis bestimmten Masochismus auf eine frühe Form zurückzuführen, in der das sexuelle Moment noch deutlich ist.
Die Strafen, welche ein strenges Über-Ich über die Person verfügt hat, sind von mannigfaltiger Art: verfehlte Berufswahl, unglückliche Ehe, eine Reihe von Mißgeschicken und Enttäuschungen in Liebe und Leben usw. In der Neurose ebenso wie in jenem komplexen Geschehen, das zum Verbrechen führt, erweist sich das unbewußte Strafbedürfnis wirksam. Bei Verfolgung ihres Schicksals zeigt sich, daß die Maßregeln, welche diese Personen zu ihrem Vorteil unternehmen, ihnen zum Schaden dienen und was sie aus Vorsicht oder anderen Gründen unterlassen haben, hätte durchgeführt werden sollen. Eine innere Instanz, die dem Ich feindlich gesinnt ist, läßt alle Absichten zum Scheitern bringen. *Napoleon* antwortete jenem Hauptmann, der sich über sein beständiges Pech beklagte: »Bonheur est aussi une qualité«. Insofern sich so ununterbrochenes Pech als unbewußt gewollt herausstellt, wie in vielen solchen Fällen, hat *Napoleon* sicher recht. Die persönliche Eigenschaft ist dann jenes Übermaß unbewußter Moral, die die Fehlschläge und den Mangel an Glück im Verborgenen herbeiführt. Es muß auch als Wirkung solcher Gewissensmächte angesehen werden, wenn für manche Menschen die Arbeit den Charakter von travaux forcés annimmt, andere sich durch widrige Umstände immer wieder gehindert sehen, eine angemessene Position zu erreichen oder unfähig sind, ihre Persönlichkeit frei zu entwickeln,

wieder andere sich von nahestehenden Personen immer wieder quälen lassen.

Der moralische Masochismus bietet seiner Genese und seinem Wesen nach genug Verwunderliches, aber jeder findet einen schwachen Widerklang in sich selbst, wenn er diese Melodie hört. Wir wundern uns darüber, daß das Schuldgefühl oder das ihm entsprechende Strafbedürfnis unbewußt sein kann. Es gibt uns auch zu denken und zu zweifeln, daß dieses Strafbedürfnis so tiefgreifende und das Leben des einzelnen bestimmende Wirkungen entfalten soll. Wir meinen aus der eigenen Erfahrung zu wissen, daß wir uns manchmal bewußt schuldig fühlen. Wir empfinden ein unangenehmes Gefühl, eine Art Druck, der uns belastet und den wir bald überwinden. Nichts deutet darauf hin, daß er unser Tun in bestimmte Richtungen treibt und uns schwer schädigen könnte. Daß jemand freiwillig Leiden und Strafe auf sich nimmt, um eine Schuld zu sühnen, ist uns allen bekannt. Wir kennen Beispiele, daß sich Verbrecher, nicht der Not gehorchend, nur dem eigenen Triebe, dem Gericht gestellt haben. Die Personen russischer Dichter wie *Dostojewskij* und *Tolstoi* nehmen häufig Schmerzen und Strafen auf sich, um einem solchen dunklen Bedürfnis nach Sühne zu entsprechen. So fremd uns auch das unbewußte Strafbedürfnis anmutet, einzelne seiner Züge werden uns doch vertrauter, wenn wir an analoge bewußte Vorgänge in uns denken. Die Qualität des Unbewußten ist freilich merkwürdig, auch daß dieses Schuldgefühl so weittragende Folgen haben soll. Es unterliegt indessen keinem Zweifel, daß dies der Fall ist.

Ich nehme ein einfaches Beispiel, um die Wirksamkeit des unbewußten Strafbedürfnisses zu illustrieren und das Wesen des moralischen Masochismus in der Konzeption *Freuds* darzustellen. Zwei junge Damen, Ada und Irene, wohnen zusammen und sind eng befreundet. Ada fragt Irene, ob sie mit ihr

zusammen die Ferien in N. zubringen will. In N. ist ein junger Mann, für den sich Ada interessiert, was Irene wohl weiß, denn sie verspürt selbst eine Neigung zu ihm. Sie lehnt indessen die Einladung verständlicherweise brüsk ab, denn sie wünscht nicht, daß die Freundin von jener Neigung etwas merkt. Am Tage der Abreise begleitet Irene die Freundin zum Bahnhof. Nach einigen Schritten stolpert sie auf dem breiten Weg, auf dem nicht das geringste Hindernis ist, und bricht ein Bein. Die Analyse zeigte, was in Irene vorgegangen war. Irene muß eifersüchtig und wütend auf Ada gewesen sein, die nun mit jenem Mann allein die Ferien zubringen wird. Diese feindlichen Regungen traten in Widerspruch mit den freundschaftlichen Gefühlen für Ada und mit den hohen moralischen Ansprüchen, die Irene gewöhnlich an sich selbst stellt. Das Resultat dieses Konflikts war, daß sich diese ungewünschten Impulse, durch das Schuldgefühl reaktiv verstärkt, gegen das Ich richten. Das Unglück, jener Beinbruch, war unbewußt inszeniert worden. Es entspringt einem aggressiven Impuls, der sich dann unter dem Druck der unbewußt wirkenden moralischen Forderung gegen das Ich richtet. Es ist, wie wenn Irene gedacht hätte: du darfst nicht nach N. gehen, es soll dir ein Unglück geschehen, daß du nicht gehen kannst. Die unbewußte, von den moralischen Kräften geführte Reaktion führte zu jenem symptomatischen Stolpern und Fallen. Jetzt konnte Irene wirklich längere Zeit nicht gehen und mußte einige Wochen in der Klinik liegen. Sie hatte sich für diesen Wunsch in so überstrenger Art gestraft.
Es ist übrigens für das unbewußte Verständnis zwischen den zwei Personen bezeichnend, daß Ada nach dem Beinbruch Irenes einige Augenblicke ernste Zweifel hatte, ob sie die Reise nicht aufgeben und bei der Freundin bleiben solle. Es war, wie wenn sie das geheime Motiv des Unfalls verstanden und gewünscht hätte, um ihrerseits zu verzichten. Nach

kurzem Zögern erreichte sie doch wie in trotziger Reaktion den Zug.
Mancherlei setzt uns an einem solchen Phänomen in Erstaunen: daß Irene es unbewußt so eingerichtet haben soll, jenen unglücklichen Fall zu tun. Wenn wir der Analyse Glauben schenken sollen, war der Unfall unbewußt inszeniert, war er sozusagen eine geschickte Ungeschicklichkeit. Diese war aber ausgeführt unter dem geheimen Diktat moralischer Mächte, stellte einen Akt der Selbstbestrafung dar. Selbstbestrafung wofür? Nicht für irgendeine wirkliche Untat oder ein von ihr begangenes Vergehen, sondern für einen als unmoralisch gefühlten, gegen die Freundin gerichteten bösen Wunsch, für eine Gedankensünde. Dieser Wunsch war also unbewußt behandelt worden wie eine Tat, die Irene ausgeführt hatte und für die sie nach dem ius talionis – Gleiches mit Gleichem – zu büßen hatte. Das seelische Geschehen stand im Zeichen jenes Glaubens an die Allmacht der Gedanken. Außer dieser Überschätzung der Kraft der Wünsche verwundert es auch, daß sich der ganze Prozeß im Unbewußten abgespielt hatte. Irene ließ sich in der Analyse schwer zu dem Geständnis bringen, daß solche eifersüchtigen Gedanken aus Anlaß der Reise der Freundin einmal flüchtig aufgetaucht waren. Sie leugnete aber entschieden, daß ihr Stolpern und ihr Fallen in irgendeinem Zusammenhang mit der Abreise der Freundin standen und daß es in irgendeiner geheimen Absicht unbewußt gewollt worden wäre. Sie wußte nichts davon und wollte auch nichts davon wissen, daß sie sich auf diese Weise für etwaige böse Gedanken bestraft haben könne. Nichts von den Motiven und Zielen des ganzen Vorgangs war ihr bewußt. Das einzige, was ihr auffiel, war der ausgeprägte Gegensatz ihrer Stimmung vor und nach dem Unfall. Vorher hatte sie sich in einer unmutigen, manchmal äußerst depressiven Stimmung befunden. Nach dem Unfall, während des

wochenlangen Liegens in der Klinik, befand sie sich in einer besonders ruhigen und befriedigten Stimmung, als sei jetzt alles gut. Wir werden nicht zögern, in diesem Gefühl des Befriedigtseins ein Zeichen zu erkennen, daß der seelische Konflikt, in den sie die Abreise der Freundin gestürzt hatte, wenigstens zeitweilig gelöst war. Indem sie sich für jenen bösen Wunsch so grausam bestraft hatte, war sie sozusagen entsühnt, hatte sie das Bedürfnis nach Strafe, das insgeheim jenen Unfall verschuldet hatte, befriedigt. Übrigens verspürte Irene lange, nachdem sie wieder gesund geworden war, häufig die Sehnsucht, sich am Bein wieder operieren zu lassen und wieder wie früher in der Klinik zu liegen.

Die besondere Stimmung Irenes in dieser Zeit macht verständlich, warum wir einen solchen Fall dem moralischen Masochismus zurechnen, in ihm eine Äußerung jener Lebenseinstellung erblicken. Hier ist wirklich ein Leiden, nämlich der Schmerz beim Unfall, während der Behandlung und Operation, gewünscht und mit Lust verbunden. Wir verstehen auch, daß diese Lust der Befriedigung eines geheimen Strafbedürfnisses dient. Was uns rätselhaft erscheint, rätselhafter als alles andere, ist, daß diese Lust auch von sexueller Art sein soll, daß sie also nicht nur jenes geheime Strafbedürfnis, sondern auch die Sexualität verborgen befriedigen soll. Und doch ist die geheime Mitwirkung sexueller Kräfte am Zustandekommen dieser Lust nicht zu bezweifeln.

Die paradoxe Paarung Schmerz oder Unlust und sexuelle Lust, die für den Masochismus so charakteristisch ist, bleibt das Wesentliche des Problems. Daß ein unbewußtes Strafbedürfnis sich in der Tendenz äußert, Schmerzen auf sich zu nehmen, Unlust zu erdulden, ist merkwürdig, aber doch in unserer Erfahrungswelt vorstellbar. Daß aber Schmerzen, Demütigungen, Beschämung, physische und seelische Unlust zur Voraussetzung des sexuellen Genusses werden können, scheint unvorstellbar zu sein. Der erste Fall läßt sich in der Kategorie des Ungewöhnlichen einreihen, der zweite in die des Unglaubhaften. Der erste Fall kann etwa dem ungewohnten Schauspiel verglichen werden, daß ein Elefant allein durch die Hauptstraße einer modernen Großstadt wandelt. Die Erklärung dafür kann rasch gefunden werden. Das Tier kann z. B. aus einem Zirkus oder aus dem Zoologischen Garten entflohen sein. Das kommt immerhin vor. Der zweite Fall aber, das Auftreten von Unlust und Schmerz als Bedingung der Sexualbefriedigung, mutet uns völlig fremd an. Es ist, um im Vergleich zu bleiben, wie wenn plötzlich ein Urwelttier, etwa ein Saurier, auf der Fifth Avenue spazierenginge. Wir fühlen uns beim Vordringen in diese sonderbare seelische Unterwelt wie Alice im Wunderland »curiouser and curiouser«. Unser Verständnis setzt völlig aus, wenn uns die Analyse überzeugen will, daß die Befriedigung des Strafbedürfnisses zugleich sexuelle Erregungen stillen will. Gehen wir jedoch einmal von dieser Annahme aus, daß in zahlreichen Fällen sexuelle Befriedigung an eine so sonderbare Erregung gebunden ist – wie ist eine solche merkwürdige Verbindung möglich? Schmerz und Unlust wird doch bei den meisten Menschen die sexuelle Erregung unterdrücken. Ist es nicht, wie wenn in dieser sonderbaren Verbindung sonst feindliche Gegensätze als Einheit erscheinen? Liegt nicht eine konstitutionelle Sonderartung vor? Ist nicht eine abnorme Kindheitsanlage in so perversem Gefühlsleben zum Vorschein gekommen? *Freud* hat darauf hingewiesen, daß sich die besondere Lebenseinstellung des moralischen Masochismus aus einer früheren Form, welche er die feminine nannte, entwickelte. Die spätere Bildung hat den sexuellen Beitrag von der femininen Gestaltung übernommen. Er hat sich des Erbes, das ihm gleichsam unzeitgemäß erschien, geschämt und es versteckt wie etwas, das man gerne vor andern verleugnen will.

Wir folgen also *Freud* und untersuchen die andere bzw. frühere Form des Masochismus, die durch eine dem Weiblichen ähnliche Wesensart charakterisiert ist. Es war ein merkwürdiger Eindruck, den *Freud* bei der analytischen Untersuchung der Praktiken und Phantasien von Masochisten erhielt und der ihn zu dieser Namensgebung bestimmte. Die kennzeichnenden Situationen für die Perversion dieser Männer sind solche, die viele Frauen fürchten und oft unbewußt wünschen: die Vorstellung, gegen den eigenen Wunsch sexuell gebraucht und geschwängert zu werden und ähnliche. Dieser Eindruck drängte sich immer entschiedener auf, je mehr Phantasien und Szenen zum Gegenstand analytischer Erforschung wurden. Zunächst konnte man annehmen, daß dieser Eindruck einen früheren – der Masochismus stamme aus der Kinderzeit – nicht aufhob. Jene Erscheinungsform, die *Freud* als femininen Masochismus bezeichnete, stellte sich dann als Überlagerung der ursprünglichen Form, genauer gesagt: als eine ihrer Fortentwicklungen dar.

Die Situation, die für den Masochismus charakteristisch ist, macht gewiß einen seltsamen, ja bizarren Eindruck: ein Mann, der sich schlagen, beschimpfen, binden läßt, sich der Frau völlig unterwirft und erniedrigt und aus dieser Vorstellung eine starke sexuelle Lust gewinnt. Noch bizarrer aber erscheint die Annahme, daß dieser Mann sich unbewußt in die Rolle der Frau begeben hat und daß gerade diese Vorstellung ihm Lust bringt. Wie kam *Freud* zu der Ansicht, daß der unbewußte Wunsch des Masochisten dahingeht, koitiert, vergewaltigt, am Genitale verletzt zu werden oder gar ein Kind zu gebären? Was berechtigt zu einer anscheinend so grotesken und weithergeholten Annahme?

Um dies einzusehen, müßte man zahlreiche und weitausgesponnene Phantasien darstellen und an ihrer Analyse zeigen, daß sich diese Ansicht zwingend ergibt, wenn man die manifeste Seite der Phantasien durchdringt und zu tieferen seelischen Schichten gelangt. Die Arbeit ist der des Archäologen zu vergleichen, der sorgsam Erdschicht um Erschicht abträgt und aus freigelegten Scherben, Instrumenten und anderen Objekten, die er einer minuziösen und strengen Vergleichung unterzieht, weitgehende Folgerungen zieht. Ich kann hier kein Beispiel einer solchen Arbeit geben. Es soll aber in der Darstellung eines Falles angedeutet werden, wie sich in den Einzelzügen einer masochistischen Phantasie zuerst schattenhaft, dann deutlicher jene besondere Situation verrät und wie sich der Analytiker schrittweise der Lösung nähert.

So sonderbar dies klingen mag, der Patient, von dem ich berichten will, kam erst in die Analyse, als er die gewohnte masochistische Befriedigung nicht mehr oder nur mehr selten erlangen konnte. Ein Perverser, der in seinem Sexualgenuß nicht gestört und mit seiner Art der sexuellen Befriedigung zufrieden ist, hat kein ausreichendes Motiv, die Analyse aufzusuchen. Wenn sich aber eine Störung in der Befriedigung ergibt, so ist dies gewöhnlich ein Zeichen dafür, daß ein Teil der Persönlichkeit mit der Perversion nicht einverstanden ist.

Bei dem masochistischen Patienten, von dem ich nun berichten will, war die Störung in der bisherigen Art der Sexualbefriedigung ihrem Wesen nach sehr vage und geheimnisvoll. Er konnte sie anfangs nur als »unheimliches Gefühl« bezeichnen, ohne ihre Natur näher beschreiben zu können. Es gelang erst später und mit großer Mühe, die Art der Störung herauszufinden und welche Vorstellung ihr zugrunde lag. Der Patient selbst sprach zuerst nur von einem Grauen, das ihn bei der Durchführung masochistischer Szenen vor kurzem überfallen habe und sich jedesmal erneuerte, wenn

er einen Versuch machte, die Perversion wiederaufzunehmen. Er hatte mehrere Jahre lang immer annähernd dieselbe Szene aufgeführt und in ihr Befriedigung gefunden. Eine großgewachsene, Respekt einflößende und schöne Frau mußte ihm nach einem bestimmten Zeremoniell einen Schlag auf den Hintern geben. Es gehörte zu diesem Zeremoniell, daß der Patient bei dieser Szene eine schwarze Hose trug, die Frau hinter ihn trat und er sich vornüberbeugte, so daß sie ihm ungesehen den Schlag versetzen konnte. Die sexuelle Erregung, die sich in der Vorbereitung und Durchführung dieser Szene steigerte, löste sich im Orgasmus, der meistens im Augenblick des Geschlagenwerdens eintrat. Es kam gewöhnlich nicht zum Geschlechtsakt; in einigen Fällen aber diente die Szene als Einleitung zum Koitus.
Die Szene hat genügend Züge, die vom Normalen abweichen: die Vertauschung der aktiven Haltung mit der passiven, das Sexualziel des Geschlagenwerdens statt der genitalen Vereinigung, das Gesäß als erogene Zone statt des Gliedes. Ist es nicht eine überflüssige Komplikation, anzunehmen, daß sich der Mann in dieser Situation unbewußt als Frau fühlt und daß die anwesende Frau in ihrer Person und ihren Handlungen einen anderen Mann vertreten soll? Vorerst ist es nicht unsere Sache, darüber zu urteilen, ob die Komplikation überflüssig ist. Die wichtigere Frage ist, ob sie überhaupt existiert. Die Analyse erhebt es über jeden Zweifel, daß diese Komplikation da ist, daß diese Umkehrung neben mehreren anderen die Besonderheit dieser Szene ausmacht. Der Leser möge selbst urteilen, wenn ich nun einzelne Züge – lange nicht alle – vorführe, wie sie sich im Laufe der Analyse nach und nach in ihrer unbewußten Bedeutung enträtselt haben. Was bedeutet etwa die schwarze Hose, die der Patient während der Schlagszene tragen muß? Ich konnte die Herkunft dieses Zuges ermitteln, indem ich ihn auf eine Erinnerung, die in ganz

anderem Zusammenhang einmal aufgetaucht war, zurückführte und ihn hier einfügte. Der Kranke erinnerte sich bei einer bestimmten Gelegenheit an eine Episode aus seiner Kinderzeit. Die Mutter pflegte den kleinen Jungen in einen Kurort mitzunehmen, dessen Bäder sie wegen eines Frauenleidens jedes Jahr aufsuchte. Während die Mutter im Bad war, spielte der kleine Knabe gewöhnlich in einem durch einen Vorhang getrennten Vorraum. Einmal – es war ihm wohl langweilig geworden, allein zu spielen, oder er wünschte bei der Mutter zu sein – hob er den Vorhang auf. Er sah in dem halbdunklen Raum zunächst nicht die Mutter, sondern einen schwarzen Popo und schwarze Beine. Die Mutter hatte sich stehend vornübergebeugt, um etwas, einen Schwamm oder ein Handtuch, vom Boden aufzuheben. Daß ihr Gesäß und die Beine ganz schwarz waren ist natürlich: sie muß eben aus dem Moorbad gestiegen sein. In diesem Augenblick verspürte der Knabe einen plötzlichen, fast unüberwindlichen Impuls, sich der Mutter zu nähern und ihr einen Schlag auf den Popo zu geben. Hier ist also die Spur, die zur Bestimmung des Einzelzuges »schwarze Hose« führt. Die schwarze Hose vertritt das dunkle Moor am Unterkörper der Mutter, wie er sie damals sah. In der masochistischen Situation nimmt er die Stellung ein, die er damals als Knabe bei der Mutter bemerkte. Er setzt sich an die Stelle der Mutter, identifiziert sich mit ihr. Er ersehnt eine Liebkosung oder eine sexuelle Behandlung, wie eine Frau sie erwarten könnte, einen leichten Schlag auf den Popo. Wie komme ich zu dieser ungeheuerlich klingenden Behauptung? Sie darf sich auf mehrere psychologische Momente stützen, von denen ich wieder nur eines, eine Erinnerung, die bei einer anderen Gelegenheit auftauchte, vorbringen will. Der Vater des Patienten, ein gutmütiger und ziemlich derber Mann, pflegte den Frauen seines Haushalts, seiner Frau, dem Stubenmädchen, der Nurse, aber auch weiblichen Verwandten einen scherzhaften Klaps zu geben, wenn sie gerade vorbeigingen. Der Knabe hatte aus den Reaktionen der Betroffenen, z. B. aus verlegenem Lachen oder nicht allzu ernstem Unwillen, bald erraten, daß die kleine Mißhandlung einen erotischen Sinn hatte. Es hatte sich früh die Tendenz gemeldet, dasselbe zu tun wie der Vater: in der Szene in jenem Badeort war diese Regung besonders stark und deutlich geworden. In den soviel späteren masochistischen Szenen ist die Situation umgekehrt: er selbst ist zur passiven Person geworden, hat die Rolle der Frau, welcher der Vater jene Liebkosung erweist, übernommen. Die Frau, die ihn nun auf den Hintern schlägt, vertritt die ursprüngliche Figur des schlagenden und in dieser Art zärtlichen Vaters. Also eine doppelte Umkehrung: Der Patient hat die Stellung der geschlagenen Frau eingenommen, und die Frau, welche in der masochistischen Situation den erregenden Schlag erteilt, ersetzt den Vater. Der Patient hatte keine Ahnung davon, daß sich sozusagen hinter den Kulissen des masochistischen Spiels mit einer schönen Frau andere Szenen abspielten. Die Situation, wie sie beschrieben wurde, gab ihm viele Jahre lang volle sexuelle Befriedigung. Die Störung, die plötzlich eintrat, ist psychologisch sehr bezeichnend. Sie beweist selbst, daß der hier skizzierte Zusammenhang der richtige ist. Der Patient hatte wieder die gewohnte Szene mit einer der geliebten Frauen aufführen wollen. Alles war vorbereitet: Er stand in seiner schwarzen Hose vornübergebeugt da, um den auslösenden Schlag zu empfangen. Aus irgendeinem Grund hatte er sich einen Augenblick lang halb umgedreht und sich nach der Frau, welche die Hand zum Schlag erhob, umgesehen. Da war der Zauber der Szene plötzlich verflogen. Er fühlte sich völlig ernüchtert, ja erschreckt. Von diesem Augenblick an konnte er sich nur mehr selten und bald nie mehr in die Stimmung zurückbringen, welche die

Situation früher so erregend gemacht hatte. Was war geschehen? Es war gar nichts Ungewohntes vorgefallen, alles hatte sich wie gewöhnlich abgespielt. Er konnte nicht angeben, was ihn so tiefgehend gestört hatte, außer daß er in diesem Augenblick eine besonders starke Angst, einen panischen Schreck, ja ein Grauen gefühlt hatte. Sein Blick hatte das Gesicht der Frau und den Pelz, den sie um die Schultern trug, gestreift. Etwas an diesem gewohnten, ja geliebten Anblick muß für die Störung verantwortlich gewesen sein. Die Natur des Hindernisses konnte durch die Analyse langsam rekonstruiert werden: der Anblick der Frau in der Pelzboa muß den Patienten an die Gestalt des Vaters erinnert haben. Die Pelzhaare, die Wangen und Kinn umrahmten, haben die Erinnerung an den Bart des Vaters nahegebracht. In diesem Augenblick fühlte der Mann ein ausgeprägtes Gefühl der Unheimlichkeit: die verdrängte Vorstellung – ich werde vom Vater geschlagen, wie eine Frau oder wie eine Frau gebraucht – drohte zum Bewußtsein durchzubrechen und wurde zurückgewiesen. Damit aber, mit dieser Rückkehr der verdrängten Vorstellung, war der Erregungsablauf unterbrochen. Der weitere Verlauf des Falles bestätigte indirekt diese analytische Vermutung. Die Wiederholung der masochistischen Szene mit dem früheren Objekt war unmöglich geworden, wie sich bald herausstellte. Die Frauen, welche an die leergewordene Stelle treten sollten, wurden nun auf das sorgsamste geprüft, ob sie Haare an der Oberlippe oder am Kinn hatten. Da sich aber bei genauerem Hinsehen das eine oder andere Haar kaum übersehen ließ, erwies sich jede Frau nach kurzlebigen Versuchen, die alte, befriedigende Situation wiederherzustellen, als ungeeignet. Eine mittelalterliche fromme Legende erzählt, daß eine jungfräuliche Königstochter vor dem sexuellen Angriff eines Ruchlosen dadurch beschützt wurde, daß ihr durch ein Wunder der Mutter Gottes plötzlich ein mächtiger Bart am Kinn wuchs. Der Patient mußte Ähnliches in seiner Phantasie erleben wie der Frevler in der Legende und sich von den Damen seiner Bekanntschaft, die jener jungfräulichen Königstochter sonst wenig vergleichbar waren, erschreckt zurückziehen.

Ich sagte, daß in jener Szene die verdrängte Vorstellung: ich werde vom Vater geschlagen oder besser – vom Vater sexuell gebraucht – zum Bewußtsein durchzubrechen drohte, bewußtseinsnah geworden war. Sie war aber gewiß nicht bewußt geworden; erst die Analyse hatte sie soweit gebracht.

Wie, könnte hier ein nicht analytischer Leser einwerfen, die masochistische Lust hängt an der Vorstellung, vom Vater geschlagen oder sexuell gebraucht zu werden, und doch wird behauptet, daß dieselbe Vorstellung, bewußt geworden, die Lust aufhebt und verhindert? Ist da nicht ein Widerspruch? Nein. Die Vorstellung ist eben nur so lange lustvoll, als sie unbewußt verdrängt bleibt. Sie ist für das Bewußtsein unerträglich, denn mit ihr ist die andere, »ich bin ein Weib«, verbunden. An dieser Stelle rührt die Vorstellung an die Möglichkeit der Penislosigkeit, an die Kastrationsgefahr. Im Sinne der gefährdeten Männlichkeit muß sie zurückgewiesen werden. Sie ist mit der aus der Kinderzeit stammenden Angst um den Besitz dieses geschätzten Körperteils zusammengetroffen und muß ihr weichen. Der Fall ist ja kein vereinzelter, sondern ein sehr häufiger: eine Vorstellung kann, solange sie verdrängt ist, lustvoll sein. Wenn sie droht, bewußt zu werden, werden alle Abwehrkräfte des Ichs gegen sie mobilisiert.

Die peinliche Vorstellung war aber lange durch jene zweifache Umkehrung vor dem Bewußtwerden beschützt geblieben. Der Patient konnte in der Situation unmöglich die Züge der früheren, unbewußt gewünschten Phantasie wiedererkennen. Die Umkehrung hatte da eine weitgehende Entstellung vollbracht. Von der Phantasie: ich werde vom Vater sexuell befriedigt, bis zur Wirklichkeit: ich werde von der Frau auf den Hintern geschlagen ist ein weiter Weg. Noch immer ist ja das Liebesobjekt ein Weib, und die Tatsache, daß der Mann von ihr geschlagen wurde, statt mit ihr sexuell zu verkehren, erschien ihm manchmal als eine merkwürdige, aber interessante Abweichung von dem gewöhnlichen Ablauf des Sexualerlebnisses.

Es muß nachgetragen werden, daß zahlreiche und unzweideutige Zeichen der masochistischen Phantasie für die Richtigkeit unserer Annahme sprachen. Im späteren Verlauf der Analyse wurde die Erinnerung an eine Zeit wach, in welcher er den Vater, mit dem er jetzt auf sehr gespanntem Fuß lebte, sehr verehrte. So entsann er sich einer Vorliebe, Worte zu suchen, in denen der Anfangsbuchstabe des eigenen Vornamens – sagen wir B – auf den des Vaters – L – folgte, und wußte, daß er diese vereinigten Buchstaben oft mechanisch niederschrieb. Später fiel ihm auf, daß er solche Worte wieder halb unbewußt auszusprechen oder zu schreiben vermied. Er gebrauchte also nicht gerne Worte wie Blut, Blitz, Blick usw. Hier ist also eine Vermeidung derselben Buchstabengruppe, die er früher gerne mochte. In diesem Buchstabentabu meldete sich eine Abwendung von der früher geschätzten Vorstellung und eine außerordentlich erhöhte Empfindlichkeit gegenüber passiv homosexuellen Gefühlen. Im übrigen tauchte später visuell ein Bild auf, das ihn selbst mit dem Vater spielend zeigte, als er ein Kind war: er wälzte sich am Boden und erwartete mit lustvoller Spannung, daß der vor ihm sitzende Vater ihm spielerisch einen Schlag auf den Popo, den er ihm entgegenstreckt, geben werde.

Ein Fall wie dieser, welcher alle Fälle männlichen Masochismus vertreten soll, verdient gewiß die Bezeichnung femininer Masochismus, die *Freud* ihm gegeben hat. Die Variationsmöglichkeiten der masochistischen Praktik und Phantasie

sind reich, aber in allen Fällen, welche wir zu studieren Gelegenheit hatten, ergibt sich, daß sich hinter der Figur des schlagenden Weibes der Vater oder sein Stellvertreter verbirgt. Es verträgt sich gut mit dieser femininen Einstellung, daß die meisten Männer, welche solche Praktiken ausführen, im Sexualverkehr selbst impotent oder von launischer unbeständiger Potenz sind. Wenn sie zum Sexualverkehr gelangen, geschieht es mit Hilfe der masochistischen Phantasie oder nach einer einleitenden masochistischen Szene.
Nach dieser Darstellung des Wesens des femininen Masochismus erhebt sich eine ganze Reihe von Fragen. Ich will mit der beginnen, die am einfachsten zu beantworten ist. In der masochistischen Phantasie des Mannes haben wir nach Rückgängigmachung der Entstellungen den unbewußten Kern entdeckt: ich werde vom Vater geliebt. Die Phantasie geht also von einer zärtlichen, passiven Einstellung gegenüber dem Vater aus. Viele Züge weisen auf den infantilen Charakter dieser Phantasie hin. Trotzdem hat *Freud* diese Phantasieform eine feminine genannt, »gleichsam a potiori«, wie er sagt. Wir nehmen mit *Freud* an, die masochistische Phantasie verberge den Wunsch, vom Vater geliebt zu werden wie ein Weib. Wie kommt es aber, daß der Betreffende in der Phantasie nicht in der gewohnten Art geliebt wird? Er wird ja von der Deckfigur, der Frau, nicht liebkost, sondern das Gegenteil: geschlagen, gequält, beschimpft und herabgesetzt. Und warum die Frau in der Szene? Wozu die Ersetzung der einen Person durch die andere? Wir kennen ja Männer, die diesen Wunsch, von einem Mann geliebt zu werden, bewußt verspüren: die Homosexuellen. Dort äußert sich diese Tendenz in ganz anderen Formen. Wie es kommt, daß der Wunsch, vom Vater geliebt zu werden, sich in diese merkwürdige Form kleidet, ist nur erklärbar, wenn man der Entstehung des femininen Masochismus nachforscht. Er ist histo-

risch zu verstehen. Dieser Wunsch ist, mit einem anderen verbunden, zu einer unbewußten Einheit geworden; mit dem: vom Vater bestraft zu werden. Ja man kann sagen: es ist derselbe Wunsch, nur sozusagen in masochistischer Sprache ausgedrückt. Der Wunsch nach Bestrafung oder Demütigung ist nur eine veränderte Form des anderen, in eine passiv-feminine Einstellung zum Vater zu treten. Geschlagenwerden bedeutet also für den Masochisten geliebt werden. Er wünscht geliebt zu werden in der Form der Strafe. Er unterscheidet sich vom Homosexuellen dadurch, daß ihm die Tendenz, von einem Manne geliebt zu werden, völlig fremd ist, soweit sein Bewußtsein reicht. Sein bewußtes Liebesobjekt ist ja das Weib. Er unterscheidet sich aber auch dadurch, daß er bewußt nicht nur geliebt, sondern auch gezüchtigt, erniedrigt, beschimpft werden will. Nun könnte geradezu der entgegengesetzte Zweifel auftauchen: Will der Masochist nicht nur bestraft werden? Der psychologische Effekt der masochistischen Szene spricht eine so beredte Sprache, daß man diesen Zweifel nicht ernst nehmen kann. Die sexuelle Erregung mit allen ihren Zeichen, auch dem entscheidenden des Orgasmus, sind deutliche Zeugnisse jener Tendenz, geliebt zu werden.
Wofür aber will der Masochist bestraft werden, warum will er Schmerz und Unlust erleiden? Man kann nach analytischen Gesichtspunkten auf die Natur der Gedankensünde, die in jenem Schlag oder jener Züchtigung ihre Sühne finden, schließen. Die Bestrafung geht vom Vater aus. So muß das Vergehen gegen den Vater gerichtet sein. Wir wissen, welches Gedankenverbrechen es war: die Tat des Ödipus, welche den kindlichen sexuellen Erregungen Inhalt und Richtung gab. Nach dem ungeschriebenen Gesetz des Talions, das in »Auge um Auge, Zahn um Zahn« fortlebt, mußte es das männliche Glied sein, dem Bestrafung drohte. In der masochistischen Phantasie ist aber gerade dieses Glied und das es

vertretende Auge – man denke nur an die Blendung des Ödipus – gewöhnlich vor jeder Schädigung bewahrt. Die gefürchtete Kastration ist meistens durch eine mildere symbolische Strafe ersetzt.

Der kleine Knabe hat aus Angst um das Glied auf die alten sexuellen Wünsche verzichtet. Er will nicht mehr den Vater erschlagen und die Mutter besitzen, wie Ödipus dies tat. Eher verspürt er unbewußt den Impuls, zur Sühne jener verbrecherischen Antriebe sich und den eigenen Körper dem Vater anzubieten. Diese Versuchung, in eine passiv-feminine Einstellung gegenüber dem Vater zu geraten, stößt nun auf das große Hindernis der Kastrationsangst. Mit der Hingabe an den Mann wäre der Verzicht auf die eigene Männlichkeit gegeben. Die gefürchtete Kastration muß vermieden und durch mildere Strafe ersetzt werden. Geschlagen- und Gezüchtigtwerden sind ein gemilderter Ersatz der ursprünglichen Strafe. So kommt es, daß Geschlagenwerden und Geliebtwerden in einem masochistischen Ausdruck zusammenfließen.

Das ist – vereinfacht gesehen – der seelische Tatbestand. Was aber soll die Frau in der masochistischen Situation? Wir wissen schon, sie verdeckt die andere Gestalt, den Mann, den Vater. Ich meine aber, sie sei auch noch ein Überbleibsel und Zeugnis der ursprünglichen Ödipuskonstellation. Diese ist ja in einer tieferen Schicht erhalten geblieben, als sich die Beziehung verkehrte, sie besteht fort nur mit negativem Vorzeichen. Der Vorzug der Frau zeigt sich also darin, daß sie es ist, welche die Bestrafung oder Züchtigung zu vollziehen hat und daß sie es ist, von der die sexuelle Lust und Befriedigung kommt. In der durch die Umkehrung entstellten, unerkennbar gewordenen Situation beweist die Anwesenheit der Frau noch immer, daß sie das ursprüngliche Liebesobjekt ist. Die schlagende Person ist also eine Mischfigur: sie ist die liebende und geliebte Frau, aber mit der strafenden Gebärde des Vaters. Sie steht an Stelle des ersten Liebesobjektes, der Mutter, die der Knabe begehrt hatte, aber auch an Stelle des Vaters, dessentwegen man das Objekt aufgeben mußte. Die Mischfigur ist also zusammengesetzt aus zwei Personen, der, die man besitzen wollte, und der, von der man besessen sein will. Die aufgegebene und die neue Gestalt, das vom Mann ersehnte und von ihm gefürchtete Objekt, sind hier zu einer einzigen Figur zusammengeschmolzen.

Man erinnert sich ähnlicher mythologischer Mischfiguren, z. B. der Sphinx vor den Toren von Theben, die Jünglinge tötet, wenn sie ein Rätsel nicht lösen können. Die Sphinx besitzt einen weiblichen Körper mit dem Kopf eines Löwen, in Ägypten oft mit dem Gesicht des Königs. Auch die analytische Aufklärung des Wesens dieses Fabeltieres ist nur möglich, wenn man historisch erfaßt, wie es zu einer solchen Mischbildung kam.

Wenn man in der Analyse des femininen Masochismus nicht von den agierenden Personen, sondern von den Triebzielen ausgeht und die ursprünglichen mit den in der masochistischen Situation erkennbaren vergleicht, ergibt sich folgende Feststellung. Die ursprünglichen, kindlichen Triebregungen waren aktiver Art, gingen auf Besitz der Mutter und Entfernung des störenden Rivalen, des Vaters. In der masochistischen Situation treten uns die passiven Gegenzüge entgegen. Das unbewußte Triebziel scheint zu sein: wie die Mutter vom Vater gebraucht und von ihm sexuell befriedigt zu werden. Fügen wir diesem einen weiteren Zug hinzu, der sich eher versteckt als verrät. Wenn der Masochist sich in die feminine Einstellung begibt, hat er die Stelle des Weibes beim Vater eingenommen, hat es bei ihm verdrängt. Hier meldet sich also auch ein Stück Feindseligkeit gegenüber der Frau, eine Art geheimer Rache, vielleicht weil sie den Vater dem kleinen Jungen vorgezogen hat.

Schließlich wird man sich sagen müssen, daß es noch andere Gründe haben muß, daß in der Situation des Masochisten das Weib einen Mann, der züchtigt, bestraft, unterwirft, vertreten soll. Der letzte Grund wird vermutlich sein, daß auch hier ein Stück historischer Wirklichkeit fortlebt. Jenes Stückchen nämlich, daß es wirklich eine geliebte Frau war, die das Kind bestraft hat, der er völlig unterworfen, im wahren Sinn hörig war. Am Ende stellt sich vielleicht heraus, daß die masochistische Szene ist, was sie scheint: die Umarbeitung einer Liebesszene.

Der erogene Masochismus

Wir sind dem Masochismus als einer Lebenseinstellung begegnet und konnten ihn in seiner femininen Gestalt im Leben der Perversen beobachten. Wann immer wir ihm begegnen, tritt er uns schon als Resultat komplizierter seelischer Vorgänge entgegen. Er muß doch auf eine frühere primitive Form zurückgehen. Wo ist sein Ursprung? Das masochistische Verhalten muß ein Vorbild in der Kinderzeit haben, in welchem nicht die Einstellung zum Liebesobjekt, sondern die sexuelle Erregung als solche darüber entschied, daß eine dem Masochismus verwandte Gefühlssituation bestand. Damit sind wir sozusagen beim Masochismus in Reinkultur angelangt, einer Besonderheit sexueller Erregung – unabhängig von der Einstellung zu einem Objekt. Es gibt verschiedene Bedingungen, die einer solchen besonderen Erregungsform günstig sind. Mechanische Erschütterungen erzeugen z. B. bei vielen Kindern sexuelle Erregung ähnlicher Art. Bestimmte Affektvorgänge wie Schrecken und Grauen können in das Gebiet sexueller Reize übergreifen. Der Prozeß der Sexualerregung kann beim Kind – manchmal auch beim Erwachsenen – von vielen

Punkten aus eingeleitet werden. Reize der körperlichen Oberfläche kommen natürlich in erster Linie in Betracht, doch ist es nicht ausgeschlossen, daß auch schmerzhafte oder unlusterregende Vorgänge im Körperinnern sexuell erregend wirken können. *Freud* kommt zu der abschließenden Vermutung, daß vielleicht nichts Bedeutsames im Organismus vorgehen kann, ohne einen Beitrag zur Sexualerregung zu bilden. Unter der Voraussetzung, daß die Intensität von Schmerz und Unlust eine bestimmte Grenze nicht überschreitet, könnte sich eine sexuelle Miterregung melden. Wir würden also in dieser Situation einen physiologischen infantilen Mechanismus wirksam sehen, der später mehr und mehr versiegt. Je nach der sexuellen Konstitution würde sich die Miterregung verschieden äußern. Sie würde eine physiologische Grundlage bilden, auf der sich dann der seelische Überbau des Masochismus aufbaut.

Freud hat mit dieser Vermutung, die er 1905 äußerte, ein dunkles, von Psychologen und Ärzten kaum betretenes Gebiet berührt. Das Problem hat seit jener Zeit, also mehr als 30 Jahre, auch keine wesentliche Förderung erfahren. Wir dürfen nicht hoffen, bei dem geringen Ausmaß unseres Wissens hier weiterzukommen. Unserer Diskussion sind also enge Grenzen gesetzt, die eine Erweiterung erst dann erfahren könnten, wenn neue Erfahrungen und Erkenntnisse uns weitergebracht haben.

Wir wollen die Diskussion mit der Bemerkung einleiten, daß die Bezeichnung erogener Masochismus glücklich gewählt ist. Sie deutet schon auf den Zusammenhang mit den Körperregionen hin, die wir erogene Zonen nennen und auf eine Eignung bestimmter Körperschichten, sexuell erregt zu werden (Haut, Schleimhaut und Muskel nach *Sadgers* Vermutung). Die Vorstellung sexueller Miterregung bei Schmerz und Unlust ist zunächst sehr vage. Ein Vergleich mag zur

Veranschaulichung dienen. Wenn jemand beginnt, Violine spielen zu lernen, wird er zuerst fast niemals eine Saite rein streichen können. Der Bogen wird meist die benachbarte Saite mitberühren. Das schließt nicht aus, daß der ungeschickte Anfänger einmal ein hervorragender Violinspieler werden könnte. Er wird lernen, solches Mitberühren zu vermeiden und nur die eine Saite erklingen zu lassen – es sei denn, daß er zwei Saiten absichtlich und zu bestimmter Wirkung spielt. Bei manchen Schülern wird sich die Ungeschicklichkeit auch bei längerer Übung gelegentlich einstellen. Sie werden kaum Meister auf ihrem Instrument werden.

Der Vergleich hat, was immer seine Mängel sein mögen, den Vorzug der Deutlichkeit. Die Miterregung der Sexualität bei Schmerz oder Unlust entspricht dem gleichzeitigen Anspielen einer anderen Saite. Wie sich bei dem Anfänger diese Ungeschicklichkeit verliert, so verliert sich gewöhnlich auch jener primitive physiologische Mechanismus. Dennoch kann er gelegentlich wieder zum Vorschein kommen.

Wenn wir versuchen, den Vergleich weiterzuführen, erkennen wir sogleich, wie eng sein Geltungsbereich ist. Jenes fehlerhafte Mitstreichen können wir in zahlreichen Fällen beobachten und sein Zustandekommen erkennen. Der erogene Masochismus kann in seiner ursprünglichen Gestalt nicht Gegenstand der Beobachtung sein. Beim kleinen Kind ist nichts davon zu bemerken. Es reagiert gegen Schmerz und Unlust in den bekannten Abwehrformen. Das ist gewiß kein Einwand gegen die Hypothese des erogenen Masochismus, denn das Kind kann in der Zeit, in der wir jene Miterregung voraussetzen, keine Auskunft über seelische Vorgänge solcher Art geben. Wir müssen uns also an die Beschreibung des Phänomens bei Erwachsenen halten, bei denen der primitive physiologische Mechanismus noch nicht völlig versiegt und in psychologischer Verwertung und Umbildung zur Grundlage masochistischer Sexualerregung geworden ist. Was als Schmerzlust übrigbleibt, ist zwar schon eine spätere Gestaltung, in der aber doch noch Züge der frühen fortleben. Reste des infantilen physiologischen Mechanismus lassen sich im Gefühlsleben erwachsener Personen gut erkennen. So unterschied eine Patientin unangenehme und interessante Schmerzen. Zu den ersteren zählte sie z. B. Ohren- und Halsschmerzen sowie starkes Kopfweh, zu den anderen Verletzungen der Haut z. B. nach Unfällen oder Schmerzen nach Operationen. Umstände, die außerhalb der Schmerzempfindung liegen, spielen in dieser Unterscheidung gewiß eine Rolle. So wird angegeben, daß der Kopfschmerz als unangenehm empfunden wurde, weil die Patientin (als Kind) dabei ein Tuch um den Kopf gebunden bekam, so daß sie sich häßlich vorkam. Magenschmerzen werden gefürchtet wegen der Vorstellung, den Magen ausgepumpt zu bekommen. Bei anderen Schmerzen, etwa bei solchen des inneren Ohres, sind solche Nebenumstände nicht als mitbestimmend zu erkennen. Das unablässig Stechende des Schmerzes bleibt für die Qualität entscheidend. Für die »interessanten« Schmerzen ist es von Einfluß, welchen Eindruck sie auf die Umgebung machten, z. B. ob die Patientin nach einer Operation in einer Klinik liegend viel besucht und bemitleidet wurde. Hautabschürfungen, die etwa durch ein Hinfallen des kleinen Mädchens entstanden, wurden mit angenehmen Schmerzen verbunden. Die Möglichkeit, die Wunden zu zeigen, liebkost und getröstet zu werden, ist dabei nicht ohne Bedeutung.

Interessante Schmerzen im Sinne der Patientin zeigen die von *Freud* betonte Eigenschaft, daß der Schmerz durch eine Nebenbedingung abgetönt oder ferngehalten wird. Ich vermute, daß nur bestimmte Arten des Schmerzes, etwa pressende, dumpfe oder matte Schmerzempfindungen geeignet sind, erogen zu wirken. Andere wie z. B. scharf stechende haben diese

Fähigkeit nicht oder nur in geringem Maße. Man muß sich überhaupt davor hüten, Schmerz und Unlust zu identifizieren. Ein so hervorragender Forscher auf diesem Gebiet wie *A. Goldscheider* hält es für falsch, das Unlustgefühl als das wesentliche Merkmal des Schmerzes hinzustellen. An die Spitze des Schmerzproblems ist seiner Ansicht nach der Satz zu stellen, daß der Schmerz nicht identisch ist mit einem Unlustgefühl, wie es alle Empfindungen begleiten kann. So gibt es keinen Schmerz im Bereich der Gesichts-, Gehörs-, Geschmacks-, Geruchs- und Temperaturempfindungen. Nur der Gefühlssinn, welcher die Tastempfindungen, die Sensibilität der Haut und der verschiedenen Organe und Gewebe für mechanisch bedingte Erregungen umfaßt, besitzt die Fähigkeit der Schmerzempfindung.

Im Masochismus kommen sowohl in seiner Durchführung als auch in der Phantasie Situationen vor, die lustvoll sind und nichts mit Schmerz zu tun haben. Sie nötigen uns, eine andere physiologische Voraussetzung für die sexuelle Erregbarkeit anzunehmen. Das lustvolle Empfinden des Aufgehängtwerdens oder Schwebens weist z. B. nicht auf den Schmerz, sondern auf die mechanische Erschütterung als Lustquelle hin. Das Kind hat diese Lust z. B. beim Aufheben und Herunterlassen, beim Wiegen, Getragenwerden und beim Schaukeln verspürt. Die Lust passiver Bewegung, die nichts Schmerzhaftes hat, ist vorwiegend sexueller Art. Die Reaktionen vieler Erwachsener bei Erschütterungen, wie Eisenbahn-, Schiff- und Luftfahrt gehören hierher. Die sexuell erregende Wirkung bestimmter Affekte ist bekannt. Man weiß, daß Kinder manchmal durch Angst und Schrecken, durch Gruseln und Grausen sexuell erregt werden können und onanieren. Diese Affekte sind als solche gewiß unlustvoll und werden doch Anlaß zu sexueller Erregung. Noch Erwachsene können gelegentlich dieselbe erogene Wirkung an sich bemerken, wenn sie Angst und Grauen empfinden, wenn die Unlust nur gedämpft erscheint, etwa durch den Umstand, daß keine unmittelbare Gefahr droht, sich diese Affekte z. B. auf das Schicksal von Personen eines Dramas oder Films beziehen. Angst und Grauen dürfen dabei eine bestimmte Grenze nicht überschreiten oder müssen einen bestimmten Charakter aufweisen. In allen diesen Fällen steht nicht die Angst, sondern die Unlust, die in einem gewissen Verhältnis zu Spannung steht, im Mittelpunkt. Es ist also nicht der Schmerz allein, der das Wesen der masochistischen Lustqualität bestimmt. Im Vergleich gesprochen: das Mitschwingen einer anderen Saite im Violinspiel ist nicht auf das Streichen einer einzelnen Saite beschränkt.

Es ist, glaube ich, niemals der Schmerz als solcher, der ursprünglich gewollt ist, sosehr dies auch den Anschein hat, sondern etwas, was mit dem Schmerz, zugleich mit ihm, vor oder nach ihm, als Vorbote, Begleitung oder Folge eintritt. Eine Patientin erinnert sich, daß sie sich als kleines Mädchen häufig fest auf die Wangen schlug und daß sie dies gerne tat. Erst einige Zeit nach dieser isolierten Erinnerung kam ihr auch das Motiv dieses sonderbaren Treibens ins Gedächtnis zurück. Man hatte der Kleinen oft gesagt, daß sie besonders blaß aussah, und sie hatte einmal gehört, daß man rötere Wangen bekomme, wenn man darauf klopfe. Das Sich-auf-die-Wangen-Schlagen entsprach also einem kindlichen Versuch, Rouge aufzulegen. Nehmen wir nun einmal an, die Patientin hätte den Sinn und Zweck ihres Schlagens vergessen, erinnere nur die Tatsache und das Lustgefühl dabei, so könnte dies sehr wohl das Bild einer frühen masochistischen Neigung ergeben. Und doch ist es nicht die Lust am Schmerz als solchem, der für ihr Tun bestimmend wird. Der Schmerz wird willkommen geheißen für einen bestimmten Zweck. Er wird gern gefühlt, weil er ein Zeichen dafür ist, daß sie jetzt hübscher aussieht. »Schönheit muß leiden«, hat das Mädchen später manchmal Frauen ihrer Umgebung sagen hören. Die Kleine könnte vielleicht angeben, daß das brennende Gefühl auf der Wange, die durch die Schläge erzeugte Hyperämie der Haut, lusterregend war. Damit wären wir also bei einer primitiven Schmerzlust angelangt. Damit ist aber nicht das Wesentliche getroffen. Erst die Gefallsucht des kleinen Mädchens, das Vorwegnehmen ihres Hübschseins in der Phantasie, ergibt den Grund ihres Tuns. Sie sucht nicht den Schmerz als solchen, sondern eine mit dem Schmerz zugleich auftretende Wirkung.

Es ist Zeit, uns zu fragen, was der *Freud*sche Hinweis auf die sexuelle Miterregung bei Schmerz und Unlust im kindlichen Mechanismus für die psychologische Aufklärung des Masochismus bedeutet. Die Antwort ist eindeutig: er liefert nichts anderes als die biologische und konstitutionelle Grundlage für den Masochismus. Diese Voraussetzung eines kindlichen physiologischen Mechanismus bleibt bedeutungslos, solange sie nicht seelisch überbaut ist. Erst wenn bestimmte seelische Prozesse hinzukommen, kann sich eine Entwicklung zum erogenen Masochismus ergeben. Gewöhnlich versiegt dieser Masochismus. Um ihn wieder wirksam zu machen, ist ein seelisches Geschehen notwendig. Wir haben die primitive sexuelle Miterregung bei Schmerz und Unlust mit dem ungewollten Mitstreichen einer zweiten Saite bei einem Anfänger im Violinspiel verglichen. Diese Ungeschicklichkeit und die aus ihr resultierende Dissonanz verlieren sich später. Ihre Möglichkeit bleibt natürlich auch bestehen. Sie wird aber nur ausnahmsweise bei fehlerhafter Bogenhaltung zur Wirklichkeit. Dann handelt es sich beim fortgeschrittenen Spieler um einen Rückfall in eine schon lange überwundene Lernstufe. Ebenso wird die Wiederbelebung jenes physiologischen Mechanismus als ein Rückgreifen, eine Regression

auf eine überwundene Entwicklungsphase der Kindheit aufgefaßt werden müssen.
Die *Freud*sche Darstellung des erogenen Masochismus liefert also nur die Grundvoraussetzung, deren Existenz die spätere Triebabweichung möglich macht. Als Erklärung ihrer seelischen Entstehung ist sie völlig unzureichend. *Freud* hat diese Unzulänglichkeit selbst erkannt und damit begründet, daß sie die regelmäßige und unauflösliche Beziehung des Masochismus zu seinem Gegenstück im Triebleben, dem Sadismus, nicht aufklären kann. Nur eine Erklärung, welche die gleichzeitige, dem Masochismus immanente seelische Wirksamkeit sadistischer Impulse miteinschließt, kann als ausreichend genannt werden. Dafür aber findet sich in der Darstellung des erogenen Masochismus kein Platz. Der infantile physiologische Masochismus, der dem erogenen masochistischen Empfinden zugrunde liegt, gibt also nichts als eine biologische Voraussetzung, welche die Möglichkeit des Rückgreifens, nicht aber die Entstehung der Perversion erklären kann. Die späteren Formen, der feminine und der moralische Masochismus, gehen auf diese Grundlage zurück, aber wir wissen nicht, wie sie entstehen. Welche seelischen Vorgänge bestimmen die Möglichkeit, daß jener physiologische Mechanismus wieder wirksam wird?
Hier ist eine große Lücke in der Kausalreihe. Die *Freud*sche Erklärung führt zu einer biologisch-konstitutionellen Grundvoraussetzung für das Zustandekommen des Masochismus, aber nicht weiter. Sie erklärt nicht, wie er zustande kommt. Sie ist dem Versuch eines Schützen zu vergleichen, ein Ziel zu treffen, wobei das Geschoß zwar in die gewünschte Richtung geht, aber weit vor dem Ziel einschlägt. Das Ziel wurde nicht erreicht. Der Schütze hat zu kurz geschossen.

Der Versuch, den Masochismus auf die Annahme einer sexuellen Miterregung bei Schmerz und Unlust im kindlichen Organismus zurückzuführen, wurde von *Freud* fallengelassen. Was diese Annahme als Erklärungsprinzip ungeeignet machte, war die Tatsache, daß die gesetzmäßige und innige Beziehung dieser Triebneigung zum Sadismus dabei unaufgeklärt blieb. Das Ungenügen mit allen Lösungsversuchen des Problems mußte bestehen bleiben, solange es nicht gelang, die unauflösliche Verbindung zwischen den beiden entgegengesetzten Triebneigungen aufzuhellen.

Die ursprüngliche Theorie *Freuds* hatte mit dieser Schwierigkeit nicht zu kämpfen. Sie ging davon aus, daß der Masochismus immer aus einer Wendung sadistischer oder aggressiver Impulse gegen das Ich entsteht. Der Masochismus wäre demnach eine sekundäre Bildung, durch welche ein ursprünglich aktives Triebziel in ein passives verwandelt wird. Sie kommt dadurch zustande, daß der Sadismus sich unter dem Eindruck der Versagung, der Angst vor der Strafe und des Schuldgefühls gegen die eigene Person wendet. Aus der gegen die Außenwelt gerichteten Aggression wird eine gegen das Ich gerichtete Gewalttätigkeit. Es erschien *Freud* als durchaus zweifelhaft, ob ein ursprünglicher Masochismus, der nicht aus dem Sadismus entsteht, vorkommt. In dieser Erklärung erscheint die regelmäßige Verbindung von Masochismus und Sadismus also verständlich.

Zwei Jahrzehnte nach Aufstellung dieser Annahme, die *Freud* nicht mehr zu genügen schien, gelangte er zu einer neuen. Sie genügte ebenfalls dem Anspruch, die Beziehung zwischen dem Triebpaar Sadismus/Masochismus verständlich zu machen, aber auf eine völlig andere Art. Sie widersprach der früheren Ansicht, führte das Problem viel weiter zurück und führte in ein ganz anderes Gebiet. Er verpflanzte es vom Dasein des einzelnen in das Leben alles dessen, was atmet.

Hier die Grundzüge dieser weitgreifenden Konzeption *Freuds*: Zwei Triebe beherrschen das organische Geschehen und entscheiden über Werden und Vergehen aller Lebewesen: die Sexualtriebe, der Eros, und die Todestriebe, die Aggression. Das Aufbauende, Fruchtbare, Einigende des einen Triebes stellt sich dem Zerstörenden, Auflösenden, Vernichtenden des anderen entgegen. Die beiden gegnerischen Urtriebe, die ihren Kampf im Naturgeschehen führen, setzen ihn im Dasein des einzelnen Menschen fort. Der Todestrieb will alles, was lebt, wieder in die ewige Ruhe, das Nichtsein zurückführen. Die erotischen Triebe aber wollen neues Leben schaffen und, was lebt, zu größeren Einheiten vereinigen. Der Todestrieb ist der ältere, er geht dem Leben voraus wie das ewige Schweigen dem Laut. In ihm wirkt die ursprünglich konservative Tendenz des Triebes, der Drang, in einen früheren Zustand zurückzukehren, am deutlichsten. Aber auch in seinem Gegner, im Eros, lebt dieselbe wirkende Kraft. Er ist nicht viel jünger als die triebhafte Vernichtung, denn er ist so alt wie die Entstehung des Lebens überhaupt. Er muß gewirkt haben, als sich zuerst Leben auf der Erde regte, und sein Ziel blieb seither, immer wieder Leben zu schaffen und zu erhalten.

Dieser Titanenkampf der beiden Triebe spielt sich vom ersten bis zum letzten Atemzug in jedem Lebewesen ab und bestimmt die organischen Vorgänge. Der Todestrieb treibt das Werdende wieder in die Kälte, Unbeweglichkeit und in das starre Nichtsein zurück. Der Eros drängt es zur Lebendigkeit, zu Licht, Wärme und Bewegung. Im Kampf mit seinem Urgegner, der das Ich vernichten will, gelingt es dem Eros, dessen zerstörende Wirkung zum Teil vom Ich gegen die Außenwelt abzulenken. Als Resultat dieser Wendung des Triebes, dessen erster Gegenstand das Ich war, erscheint ein Drang zur Zerstörung der Umwelt, zur Destruktion der Objekte. In einem besonderen Falle gelingt es dem Eros sogar, die ungeheure Macht, die alles zerstören will, listig in seinen Dienst zu stellen. So entsteht der Sadismus, der in seinem Wesen und seinen Auswirkungen noch deutlich seine Abkunft von den Todestrieben verrät. Hier hat sich die destruktive Triebkraft mit der erotischen, die sich ihr entgegenstellte, zu einer einzigen Auswirkung vereinigt. Die Rolle des Sadismus innerhalb des normalen Sexuallebens, wie sie in Werbung und Eroberung der Frau und im Sexualverkehr selbst hervortritt, kann geradezu als Zeichen der Zähmung des Todestriebes bezeichnet werden. Das Raubtier erscheint hier domestiziert und sogar zu Kunststücken und Liebesspielen dressiert. Solche späte Dressur ist ebensowenig verwunderlich, wie daß der Abkömmling der Tigerin, die Katze, unser Hausgenosse geworden ist. Die primitive Wildheit der Todestriebe ist im Sadismus so weit gebändigt, daß das Objekt grausam und gewalttätig geliebt wird. Der Fall des pathologischen Sadismus zeigt, daß solcher Bändigung des Todestriebes bestimmte Grenzen gesetzt sind.

Ein anderer Teil des Todestriebes verbleibt im Organismus. Durch seine Wirksamkeit werden wir alle der Vernichtung entgegengeführt. Auch dieser nach innen, gegen das Ich gerichtete Todestrieb kann die Macht des Eros erfahren, kann erotisch gebunden werden: im Masochismus. Wie im Sadismus haben wir es also auch in der masochistischen Triebauswirkung nicht mehr mit Äußerungen des elementaren, reinen Todestriebes zu tun, sondern mit solchen einer Triebmischung. Im Sadismus hat sich die Verquickung von Todestrieb und Eros gegen die Außenwelt gewendet, im Masochismus ist sie dem Ich zugekehrt. Was an Zerstörungslust im

Ich geblieben ist, hat sich mit den Sexualtrieben vermengt. Das Ich bleibt freilich Objekt der Todestriebe, aber auch Gegenstand der Libido. Es ist Objekt eines grausamen Liebhabers geworden.

Freud meint, daß der im Organismus verbliebene und fortwirkende Todestrieb nahezu mit dem Masochismus identisch ist. Der Urmasochismus ist so eine gegen das Ich gerichtete Lust an der Zerstörung, ein Sadismus, der sich das Ich als Opfer gewählt hat. Was wir gemeinhin Masochismus nennen, ist eine Vergegenwärtigung jener Urtendenz, wie sie sich unter der Einwirkung des Eros entwickelt hat. Der Masochismus ist so Zeuge und Überrest aus einer Vorweltphase, in der sich die Legierung von Todestrieb und Eros vollzog. Er ist ein Überbleibsel aus jener Periode, in der die zerstörende Wut, der Drang ins Nichts zuerst die Macht der Liebe zu verspüren bekam. So erscheint er als eine irdische Repräsentanz des Destruktionstriebes, der sich zuerst gegen das nächstliegende Objekt wandte, den Untergang und das Aufgeben des Ichs anstrebte. Der Masochismus hat nur eine Konzession, keine Kapitulation des Todestriebes erreichen können.

Es ist nicht meine Aufgabe, den Wert und die Tragweite dieser Theorie zu prüfen. Wir haben es nur mit ihrer Anwendung im Hinblick auf unser Thema zu tun. Soweit ich die analytische Literatur überblicken kann, läßt sich die Stellung der Analytiker zu dieser Frage folgendermaßen skizzieren: die eine Gruppe, als deren Vertreter hier *W. Reich* und *O. Fennichel* genannt werden können, lehnt die Todestriebhypothese ab und findet das Problem des Masochismus damit nicht geklärt. Der andere Teil der Analytiker, z. B. *K. Menninger*, akzeptiert die Todestrieb-Eros-Theorie und erklärt mit ihrer Hilfe den Ursprung und die unbewußte Zielsetzung des primären Masochismus.

Meiner Ansicht nach stellt die Konzeption von Todestrieb und Eros eine der großartigsten Schöpfungen der Welterklärung dar und umfaßt das gewaltige Triebgeschehen aller Kreatur. Die Konsequenz ist unausweichlich: im Masochismus erkennt man wie in seinem Widerpart, dem Sadismus, einen Ausläufer des Todestriebes, der libidinös gebunden worden ist. Mit der *Freud*schen Hypothese einverstanden und voll Bewunderung für ihre Größe, kann ich nicht zugestehen, daß sie der Verpflichtung enthebt, die Einzelfragen des Triebgeschehens zu erforschen.
Die Theorie vom Eros und vom Todestrieb, ihres uralten Gegensatzes und ihres zeitweiligen Zusammenwirkens, ihres Ringens und ihrer Kompromisse umfaßt auch die Möglichkeit der Entstehung des Masochismus wie die aller Triebprozesse. Sie umfaßt sie wohl, aber sie verschwindet auch darin. Die Aussicht, welche diese große und großartige Hypothese gewährt, gleicht einer Luftaufnahme, die aus großer Höhe aufgenommen wurde. Das kleine Einzelprojekt verschwindet darauf. Gewiß ist auch dieser Strauch oder dieses Tier auf der Platte, aber sie sind nicht mehr als solche wahrzunehmen. Um den Vergleich zu wechseln: der Kampf zwischen den Todestrieben und dem Eros gleicht dem unsichtbaren Ringen der Götter bei *Homer*, das hoch über den Gefechten von Griechen und Trojanern vor sich geht.
Was leistet die *Freud*sche Hypothese für die Erklärung der Entstehung des Masochismus? Sie liefert einen Rahmen, in dem eine besondere Erklärung eingefügt werden kann. Sie gibt die Möglichkeit, dieses spezielle Triebgeschehen in die umfassenden Prozesse des Organischen einzureihen, nichts mehr. Die Ableitung des Masochismus, einer Vermischung von Eros und Destruktionstrieb, läßt sich etwa mit einer Genealogie folgender Art vergleichen: die Eltern des uns bekannten, hier lebenden Herrn A. sind Herr B. und Frau C.,

seine Großeltern Herr D. und Frau E. Im übrigen sind seine Ahnen sicher Adam und Eva, das erste Menschenpaar. Diese Genealogie ist unzweifelhaft richtig, aber völlig unzureichend, wenn man den Stammbaum eines Individuums aufstellen will. Wir werden darauf vorbereitet sein müssen, daß die Spur der Ahnen in frühgeschichtlicher Zeit undeutlich wird und in prähistorischer verschwindet. Wir meinen aber, daß der Sprung von den Großeltern zum ersten Menschenpaar zu groß ist.

Der Versuch, die Entstehung des Masochismus auf eine primitive Schmerzlust zurückzuführen, hat das Ziel nicht erreicht. Wir vergleichen ihn mit einem Schuß, der eine große Strecke vor der Scheibe einschlägt. Die Todestrieb-Hypothese *Freuds* geht über das Ziel weit hinaus. Sie überfliegt es, wenn wir die psychologische Ableitung des Masochismus als dieses Ziel bezeichnen. Der Schuß geht natürlich in die gewünschte Richtung, aber in ungeheurer Höhe weit über das Ziel hinweg. Auch wir haben keine Hoffnung, ins Schwarze der Scheibe zu treffen, aber wir halten an der Erwartung fest, daß unser Versuch näher der Scheibe einschlagen wird.

Die obige Darstellung der *Freud*schen Anschauungen über die Entstehung und das Wesen des Masochismus war notwendig. Sie sollte zeigen, wieviel die Analyse auch auf diesem Gebiet an psychologischen Erkenntnissen und neuen Gesichtspunkten geleistet hat. Ohne diese Arbeit wäre der nun folgende eigene Versuch, das Problem zu lösen, nicht möglich gewesen. Die Darstellung erweist aber nicht nur die Möglichkeit eines neuen Versuchs, die seelischen Motive und Ziele des Masochismus zu erkennen, sondern auch seine Notwendigkeit. Zur kritischen Untersuchung wird sich später Anlaß und Gelegenheit finden. Man hat, wo Großes vorliegt, nicht nur das Recht, sondern auch die Pflicht, den höchsten Maßstab anzulegen. In diesem Sinne wird die Kritik so unnachsichtig sein, wie sie es gegenüber einem Genie – und nur ihm gegenüber – sein darf. Das aber will zugleich bedeuten, daß es eine Kritik mit gezogenem Hute sein wird. Die vorliegende Arbeit wäre ohne die von *Freud* gegebene Methode und die von ihm erreichten Resultate so unmöglich wie die Ausführung eines Baus, für den keine Ziegel vorhanden sind. In dieser Art lobt also das Werk des Schülers auch dort den Meister, wo es Fehler und Fehlendes zu erkennen glaubt.

Bestimmte Gründe veranlassen mich, eine andere Einteilung und Namensgebung für die Formen des Masochismus einzuführen. Sie sei der Aufmerksamkeit des Lesers empfohlen. An Stelle der charakterisierenden Bezeichnungen *Freuds* bevorzuge ich neutralere, die sich auf die Lebenssphäre beziehen, in der sich die masochistischen Triebäußerungen auswirken. Was *Freud* erogenen Masochismus nennt, erscheint mir nur als eine physiologische Voraussetzung für die Möglichkeit dieser Triebneigung. Es kommt also nur als Vorform in Betracht, als undifferenzierter Ansatz. Im übrigen unterscheide ich die Hauptformen des sexuellen und des sozialen Masochismus entsprechend dem hauptsächlichen Lebensgebiet, auf dem sie sich entfalten. Diese Formen fallen inhaltlich ungefähr mit den von *Freud* als feminin und moralisch bezeichneten Formen zusammen.

Jetzt aber ist die Zeit gekommen, den neuen Zugang zu dem ungelöst gebliebenen Problem zu suchen.

II

Die Erscheinungen

2 Der Eindruck des Paradoxen

Die erste Forderung des Forschers ist die Beantwortung der Frage: Was geschieht? Die zweite, die Antwort auf die Frage: wie geschieht es? Um der ersten zu genügen, muß man in unserem Falle von der Erscheinungswelt des Masochismus ausgehen. Man wird bestimmende Züge und Merkmale dieser Triebeinstellung suchen, das was ihren Äußerungsformen gemeinsam ist, und das, was sie von anderen triebhaften Phänomenen unterscheidet. Bevor man sich noch solcher sichtender und sondernder Aufgabe unterwirft, ist es vorteilhaft, den ersten allgemeinen Eindruck, den die masochistischen Phänomene auf den Beobachter machen, festzuhalten. Man darf sich solchen ersten Eindrücken gewiß nicht überlassen. Man darf sie aber ebensowenig übergehen. Sie sind natürlich trügerisch, aber sie sind auch wahr. Sie halten sich an die Oberfläche, aber die Oberfläche, richtig besehen, ist das nach außen gewendete Innere. Es war einmal das Innere selbst. Natur hat weder Kern noch Schale. Alles ist sie mit einem Male. Jedes Geheimnis, das die Menschen verbergen, will sich offenbaren.

Der erste Eindruck allgemeinster Art, den der vorurteilslose Beobachter von den masochistischen Erscheinungen erhält, ist der des Paradoxen. Die Bezeichnung paradox bedeutet dem Wortsinne nach widersinnig, unglaubhaft, gegen die allgemeine Meinung verstoßend. In seiner Anwendung auf Erscheinungen kann das nur bedeuten: etwas, was vernünftigerweise gar nicht da sein könnte und doch da ist. Es ist sonderbar, daß ein Fluß plötzlich verschwindet und viele Kilometer entfernt wieder aus der Erde auftaucht. Man kennt solche Beispiele und kann sie aufgrund bestimmter Bedingungen erklären. Es würde aber paradox erscheinen, wenn ein Fluß plötzlich seine Richtung ändert und in Richtung Quelle zurückfließt. Die Widersinnigkeit ist gewiß nicht mit dem Unsinnigen zu verwechseln. Gerade das Element des Gegensätzlichen, des wie absichtlich Widersprechenden, bezeugt, daß dem Widersinnigen ein Sinn innewohnt. Das Widersinnige ist nicht unsinnig, sondern gegensinnig. Es steht nicht außerhalb des allgemein Geglaubten. Es stellt sich gegen diese allgemeine Anschauung. Es ist leicht zu erkennen, daß dieser erste allgemeine Eindruck allen Formen des Masochismus gilt. Es wirkt paradox, daß im sexuellen Masochismus die Unlust und das Leiden zum ersehnten Triebziel wird. Ebenso unglaubhaft und unerklärlich wirkt es, wenn in der sozialen masochistischen Gestaltung die eigene Beschämung und Niederlage, die Verachtung und das Versagen des Ichs angestrebt werden.

Der Eindruck des Paradoxen ist nicht auf den Faktor des Abweichenden und Ungewöhnlichen der Triebbefriedigung zurückzuführen. Dieser ist ja allen Perversionen gemeinsam, und doch wirkt das Bild der masochistischen Erscheinungen anders auf uns ein. Der Eindruck muß sich aus Zügen, die uns vorerst nicht deutlich sind, ergeben. Es muß etwas sein, was zu dem allgemeinen Charakter der Triebabweichung hinzukommt. Der Unterschied des Eindrucks, den diese Triebäußerung neben anderen ungewöhnlichen macht, ist am ehesten im Vergleich festzuhalten. Jene anderen gleichen etwa einzelnen Teilnehmern einer wandernden Gruppe, die von der Landstraße abgeirrt sind und irrtümlicherweise einen

anderen Weg eingeschlagen haben. Der Masochist würde dann einer Person vergleichbar sein, welche sich »absichtlich« verirrt, um auf einem Umweg zum Ziel zu gelangen.
Dies ist der erste allgemeine Eindruck, den man festhält, bevor man noch die Einzelheiten der Erscheinungen ins Auge faßt. Man kann einen solchen Eindruck ignorieren – man hat ihn bisher ignoriert –, man kann ihn aber nicht leugnen.
Auch dieser Eindruck des Paradoxen muß seine psychologische Berechtigung haben.

Repräsentative Beispiele

Lassen sich Merkmale und Gemeinsamkeiten in den verschiedenen Formen des Masochismus finden, die immer auftauchen? Die sexualwissenschaftliche und psychologische Literatur hat genug Beobachtungsmaterial geliefert – manchmal möchte man meinen zuviel –, so daß die Kennzeichnung der masochistischen Erscheinungen eigentlich leicht sein müßte. Ich wage zu behaupten, daß noch heute nicht einmal die Phänomenologie des Masochismus genügend erforscht worden ist. Es fehlt noch heute an einer Darstellung des Wesens der Einzelerscheinungen, des den masochistischen Gestaltungen Gemeinsamen.
Es gilt, einige Beispiele als Illustrationsmaterial zu wählen. Dabei soll kein anderer Gesichtspunkt bestimmend sein als der, daß an ihrem masochistischen Charakter nicht gezweifelt werden kann. Die Geschlechtsdifferenz wurde bei ihrer Wahl ebensowenig berücksichtigt wie die Unterscheidung, ob eine masochistische Szene oder eine perverse Phantasie vorliegt. Die drei folgenden Beispiele dürfen beanspruchen, als repräsentativ für das Wesen des Masochismus zu gelten.
Ein junges Mädchen hat folgende Phantasie, die im Laufe

mehrerer Jahre nur mit geringfügigen Variationen festgehalten wird. Es ist spät abends oder nachts. Die Tagträumerin geht durch die Straßen zur Metzgerei, deren Rolläden schon längst geschlossen sind. Sie klopft an, der Metzger öffnet die Rolläden. Sie sagt: »Bitte, ich möchte geschlachtet werden.« Er bewilligt ihr Ersuchen, ohne ihr weitere Aufmerksamkeit zu schenken, wie wenn es etwas Alltägliches wäre, und läßt sie ein. Sie kleidet sich im Hintergrund des großen Ladens aus und legt sich nackt auf eine der Fleischbänke. Sie liegt sehr lange da und wartet. Der Schlachtermeister ist indessen mit der Zerteilung einiger Kälber beschäftigt. Manchmal kommt einer seiner Gehilfen vorbei, greift ihren Körper an und prüft ihr Fleisch sachgemäß wie das eines Tieres, das geschlachtet werden soll. Endlich kommt der Meister selbst. Auch er betastet prüfend verschiedene Teile ihres Körpers, den er rücksichtslos hin und her wirft wie ein totes Kalb. Er greift schließlich zum Schlachtmesser und fährt, bevor er schlachtet, mit dem Finger in die Vagina. In diesem Augenblick kommt es bei ihr zum Orgasmus.

Dieser unzweifelhaft masochistischen Phantasie einer Frau sei ein männliches Gegenstück angereiht.

Ein 37jähriger Mann, Vater dreier Kinder, kann volle sexuelle Potenz nur mit Hilfe ausgedehnter und abwechslungsreicher Phantasien erreichen. Aus ihrer Fülle greife ich eine beliebige heraus: Einem antiken, barbarischen Götzenbild etwa von der Art des Molochs wird in größeren Zeitabschnitten eine Anzahl junger, kräftiger Männer geopfert. Die jungen Leute werden ausgekleidet und einer nach dem anderen auf den Altar gelegt. Es ertönen dumpfe Trommelschläge, an die sich Tempelgesänge eines nahenden Chores anschließen. Der Hohepriester, von seinem Gefolge begleitet, schreitet langsam zum Altar. Er sieht prüfend jeden einzelnen Mann der Opferschar an. Die jungen Männer müssen bestimmten Anforderungen auf Schönheit und athletischem Bau genügen. Der Hohepriester nimmt das Genitale jedes voraussichtlichen Opfers in die Hand und prüft Gewicht und Form sorgfältig. Wenn das Genitale ihm nicht gefällt, wird der Betreffende als der Gottheit mißliebig oder als unwürdig, geopfert zu werden, zurückgewiesen. Die Zeremonie wird fortgesetzt, wenn der Hohepriester den Befehl zur Exekution gibt. Mit scharfem Schnitt wird den jungen Leuten das Genitale mit den umgebenden Teilen ausgeschnitten. Der Patient, der von ausgesprochen visuellem Typ ist, sieht den Ablauf der einzelnen Szenen plastisch vor sich. Er selbst ist daran nicht beteiligt, ist nur Zuschauer. Hier könnte man im Zweifel sein, ob es sich um eine sadistische oder masochistische Phantasie handelt. Die Ejakulation bei der Phantasie, die zuerst nur zur Onanie verwendet und erst später im Verkehr mit der Ehefrau wachgerufen wurde, erfolgt im Augenblick, da der Hohepriester in der Szene das Messer ansetzt. Die Frage, ob die Phantasie vorwiegend masochistisch ist oder mehr sadistischen Charakter hat, wird durch die Auskunft, mit wem sich der Phantasierende identifiziert, am ehesten entschieden. In unserem Falle ist es sicher, daß sich der Tagträumer mit einem der Opfer identifiziert, meistens nicht mit der Person, die gerade kastriert wird, sondern mit dem ihm folgenden jungen Mann, der die Exekution des Vorgängers mitansehen muß. Der Patient teilt alle starken Affekte dieses Opfers, fühlt den Schrecken und die Angst mit allen körperlichen Empfindungen, da er sich vorstellt, daß ihn selbst in einigen Minuten dasselbe Schicksal trifft.

Das dritte Beispiel soll nicht mehr dem Gebiet der Phantasie, sondern dem der masochistischen Perversion entnommen werden. Ein verheirateter Mann in mittleren Jahren geht von Zeit zu Zeit zu einer Prostituierten und führt folgende Szene auf. Beim Eintreten fragt er die Frau, ob sie »russische Lektion« gibt. Das Wort wird im Annoncenteil gewisser erotischer Zeitschriften des betreffenden Landes für masochistische Praktiken gebraucht. Im Denken des Patienten ist der Ausdruck mit den Schrecken von Pogromen und von Szenen in russischen Gefängnissen, von denen er gelesen hat, verbunden. Wenn das Mädchen die Frage bejaht, erhält sie eine genaue Anweisung, was sie nun zu tun hat. Sie muß ihn in bestimmter Art ausschimpfen, etwa wie einen kleinen Jungen, der böse war oder ein Vergehen begangen hat. Sie muß ihm sagen, er verdiene eine tüchtige Tracht Prügel und ähnliche Redensarten. Er zieht gehorsam die Hosen herunter und bekommt einen Schlag auf den Hintern. Manchmal ist der Schlag überflüssig, da die Ejakulation schon vorher erfolgt ist. Im Koitus ist der Patient impotent.

Diese drei Beispiele können zweifellos den Masochismus als perverse Triebäußerung repräsentieren. Es ist vielleicht Zufall, daß in keinem dieser Fälle der Schmerz betont wird oder dem Schmerzempfinden irgendeine Bedeutung zukommt. Sogar in der Phantasie von der Exekution der jungen Männer kann von Lust am Schmerz keine Rede sein; eher von Lust an der Vorstellung von Angst und Schrecken. Man erinnert sich, daß das Lustvolle daran die Vorstellung ist, welches Entsetzen das folgende Opfer beim Anblick der Kastration fühlen muß. Die Exekution selbst erscheint in der Phantasie wie eine chirurgische Operation. Auf den Schmerz fällt kein Akzent.

Wenn wir die Schmerzlust als unvermeidliches Moment ausgeschlossen haben, welche Gemeinsamkeiten bleiben dann übrig? Nun, gewiß alles, was man sonst und schon längst als charakteristisch für den Masochismus kennt und anerkennt: die passive Natur, das Gefühl der Ohnmacht und des Unterworfenseins gegenüber einer Person, die grausame, erniedrigende oder beschämende Behandlung durch diese Person, die dabei auftretende sexuelle Erregung. Das ist nichts Neues. Wir aber wollen neue, das heißt bisher nicht entdeckte oder nicht gewürdigte Merkmale zur Darstellung und Geltung bringen. Diese Merkmale müßten nicht nur als wesentlich erscheinen, sondern als unerläßlich im Masochismus anerkannt werden. Natürlich treten sie nicht immer in gleicher Form oder gleicher Intensität auf, doch sie gehören unbedingt dazu. Wo sie fehlen, kann man nicht von Masochismus sprechen.

3 Die Merkmale

Im folgenden werde ich drei solcher konstituierender Momente darstellen, die sich im Masochismus als Perversion und in seinen desexualisierten Formen nachweisen lassen. Es sind folgende: *die besondere Bedeutung der Phantasie,* die Notwendigkeit eines bestimmten Spannungsablaufes oder *das Suspensemoment* und *der demonstrative Charakter.* Es wird sich später zeigen, daß diese drei Momente auch innerlich zusammengehören, daß sie verschiedene Äußerungsformen eines tiefer liegenden Wesentlichen sind.

Die besondere Bedeutung der Phantasie

Von diesen drei Momenten ist das der Phantasie das wichtigste. Die Vernachlässigung dieses Faktors in der analytischen Erforschung des Masochismus ist in erster Linie dafür verantwortlich zu machen, daß das Wesen und die Entstehung dieser Triebabweichung bis heute unverstanden geblieben sind. Ohne psychologische Würdigung der Phantasien ist der Masochismus unerklärbar. Die Phantasie ist sein Quellgebiet, und am Anfang gibt es nur die masochistische Phantasie. Die Bedeutung dieses Faktors erhellt daraus, daß Menschen mit schwach entwickelter oder keiner Phantasie keine Neigung zeigen, Masochisten zu werden. Es ist also berechtigt, in der Kennzeichnung des Masochismus von diesem Zug auszugehen.

Die Bedeutung der Phantasie als Vorbereitung der sexuellen Spannung ergibt sich sogleich, wenn wir uns Zug um Zug der drei früher dargestellten Beispiele erinnern. Das Mädchen in der Schlachterszene muß lange warten, bis der Schlachter seine Geschäfte erledigt hat. Wenn er sich ihr zuwendet, kommt erst die Prüfung des Fleisches, das Beschauen, Betasten und Hin- und Herdrehen des Körpers. Der Gefangene in der Phantasie des Mannes muß alle religiösen Zeremonien mitansehen, erlebt das langsame Herannahen des Priesters, die Vorbereitungen zur Operation und die Kastration des Genossen. Er hört die Angstschreie des Opfers, wird Zeuge seines Stöhnens und Zappelns. Das Vorspiel in der Szene, welche der masochistische Mann mit der Prostituierten aufführt, ist wichtiger als der Schlag. Der Eintritt, das Gespräch, Frage und Antwort, das Ausgescholtenwerden, die erzwungene und erwünschte Entblößung, das Warten auf den Schlag werden von ihm selbst als das eigentlich Erregende bezeichnet. Die besondere Bedeutung der Phantasie für die masochistische Erregung ist aber nicht auf die bereits bestehende masochistische Triebeinstellung beschränkt. Sie läßt sich schon in den Ursprungsszenen, welche zu speziellen Vorstellungen Anlaß geben, nachweisen. Als Beispiel sei die Szene angeführt, welche der Schlachterphantasie des jungen Mädchens zugrunde liegt. Als Kind hatte sie wirklich in der Nähe eines Schlachterladens gewohnt. Der Schlachter war sogar der Onkel des kleinen Mädchens gewesen, mit dem aber ihre Eltern aus Standesrücksichten nicht verkehrten. Dieser

Umstand mag dazu beigetragen haben, daß das Tun dieses Onkels eine anrüchige und geheimnisvolle Bedeutung für die Kleine und ihren etwas älteren Bruder erhielt. Die beiden Kinder hatten reichlich Gelegenheit, die Tätigkeit des Onkels und seiner Gesellen aus der Nähe zu beobachten. Sie hatten genau zugesehen, wie der Onkel Tiere zerteilte, und spielten nachher im Garten des eigenen Hauses »slagertje« (holländisch = Schlächtermeisterchen). Das kleine Mädchen legte sich da auf die Gartenbank, und der Bruder betätigte sich als Schlachter. Er machte sich zuerst sonstwo zu schaffen, kam dann zu dem wartend liegenden Schwesterlein und spielte kunstgerecht zerteilen, wie er es vom Onkel gesehen hatte. Mit leichten, flachen Hieben der gestreckten Hand zerteilte er den – übrigens bekleideten – Körper des Mädchens in einzelne Stücke. Die Vorbereitungen zu dieser Prozedur sowie diese selbst waren schon damals für die Kleine in dunkler Art lustvoll. Die leichten Schläge auf den Körper und das Warten darauf lösten Klitorisempfindungen aus. Das Beispiel zeigt die Bedeutung der Phantasie für die sexuelle Erregung bereits in einer der Situationen, die für die Entstehung des Masochismus bestimmend waren. Wenn das kleine Mädchen im Vorwegnehmen der Berührung und des Geschlachtetwerdens sexuell erregt wird, so erfüllt die Phantasie eine ähnliche Aufgabe, wenn sie in der Molochszene meines Patienten eine schreckliche Vorstellung vorwegnimmt. Auch das Material zu dieser Phantasie ist als Umarbeitung kindlicher Vorstellungen leicht erkennbar. Die religiöse Einkleidung stammt aus späteren Jahren und zeigt bereits die Spuren der Einwirkung verschiedener Lektüren. Als der Patient ein kleiner Junge war, wurde sein einige Jahre älterer Bruder wegen Phimose operiert und zeigte dem Kleinen die eben verheilte Wunde. Die späteren Phantasien des Knaben gingen von diesem Eindruck aus. Sie waren auf den gütigen, doch auf Dis-

ziplin bedachten Vater gerichtet, der dem Kleinen imponierte und vor dem er sich fürchtete. Er mußte damals angenommen haben, daß auch er wie der Bruder später vom Vater oder vom Arzt als dessen Stellvertreter am Glied operiert werden würde. In dieser Vorstellung trafen sich homosexuelle Erregungen mit solchen, die dem Strafbedürfnis entstammen und die sich als Reaktion auf die frühe Onanie eingestellt hatten. In jener Molochphantasie erkennt man in den jungen Männern vor dem Altar die Brüderreihe wieder, in der auch er seinen Platz hat. Es ist bezeichnend, daß er sich mit demjenigen identifiziert, welcher der Operation zusieht, und daß er alle Angst dessen erlebt, der nun der nächste ist. Die Kinderszene, von der sich die Praktiken des anderen Patienten mit der Prostituierten ableiten lassen, gewinnt ihre Bedeutung auch erst aus ihrer Verwertung in der Phantasie. Der Knabe, der zu Hause verwöhnt wurde, war unbändig und unartig gewesen. Eine Tante, die zu Besuch war, hatte in seiner Anwesenheit ihre Mißbilligung über die Erziehungsmethoden seiner Eltern geäußert. Wenn es ihr Bub gewesen wäre, hätte sie ihm die Hosen heruntergezogen und ihm »Klatsch, Klatsch!« gegeben. Diese onomatopoetische Drohung war zum Ausgangspunkt masochistischen Ausmalens einer solchen in Aussicht gestellten Szene geworden.
Ist indessen die Bedeutung der Phantasievorbereitung für die sexuelle Erregung gerade im Masochismus so überragend? Ihre Wichtigkeit ist auch im normalen Sexualleben nie bestritten worden. Hat der Masochismus in dieser Richtung eine Ausnahmestellung gegenüber den anderen Perversionen, in denen das Vorwegnehmen erwünschter Situationen in der Phantasie gewiß auch häufig vorkommt? Es gehört ja zum Wesen der Perversion, daß sie bei den vorbereitenden Akten verweilt, statt zur genitalen Befriedigung vorzudringen. Vergleichen wir also die Bedeutung, welche die Phantasie etwa

im Sadismus und in der Schaulust zukommt. Natürlich nehmen auch der Sadist und der Voyeur die gewünschte Situation in der Phantasie vorweg und werden dadurch erregt. Es scheint sich also die Differenz auf ein Plus und Minus der Erregbarkeit zu reduzieren. Es ist dennoch nicht so. Es ist nicht der quantitative Faktor, der hier entscheidet. Der Unterschied ist vielmehr, daß der Masochist die Phantasie nicht missen kann, daß sie als Vorbereitung für seine Erregung unentbehrlich ist, eine conditio sine qua non. Der Sadist und der Voyeur sind auch ohne solche Vorbereitung fähig zu genießen. Wenn ein Voyeur etwa zufällig im Wald bei einem Spaziergang Gelegenheit hat, eine entblößte Frau zu sehen, bedarf er keiner vorbereitender Phantasie, um erregt zu werden. Man vergleiche damit die seelische Situation beim Masochisten. Nehmen wir also beispielsweise an, seine spezifische Erregungsbedingung sei, daß er von einer Frau von imponierendem Körperbau beschimpft wird und eine Ohrfeige erhält. Wir nehmen ferner an, eine solche Situation ergebe sich ohne sein Zutun unvorbereitet, das heißt, ohne vorausgegangene Phantasie. Der betreffende Herr gehe also friedlich und guter Dinge auf der Straße, da trete eine große Dame auf ihn zu, überschütte ihn mit Schimpfworten und gebe ihm eine kräftige Ohrfeige. Um die Szene wahrscheinlich zu machen, brauchen wir ja nur vorauszusetzen, daß der Arme das Opfer einer Verwechslung geworden ist. Die schlagfertige Dame meinte, in ihm einen Herrn zu erkennen, der sie unlängst auf das Gröbste beleidigt hatte. Wird der Masochist durch diese plötzliche Attacke sexuell erregt werden? Das ist fast ausgeschlossen. Natürlich ist es durchaus möglich, daß die Szene später einmal, in einer Phantasie verwendet, ihre sexuelle Wirkung hat. Ihr augenblicklicher Effekt wird nicht von dieser Art sein, obwohl sie doch die erwünschte Situation in allen Stücken zur Wirklichkeit macht.

Was fehlt, ist nur die Phantasievorbereitung. Eine solche angenommene Situation ist wohl geeignet, ihre Unentbehrlichkeit für die masochistische Befriedigung zu verdeutlichen. Es wurde hier nicht etwa behauptet, daß die Phantasievorbereitung für die anderen Perversionen bedeutungslos oder unwesentlich ist. Behauptet wurde, daß sie für den Masochismus unentbehrlich ist.
Noch immer gibt es zwei ernsthafte Einwände gegen eine solche Meinung. Der erste kann darauf hinweisen, daß die Phantasievorbereitung auch für den Exhibitionismus von besonderer Wichtigkeit ist. Die analytische Erfahrung zeigt, daß dies wirklich der Fall ist. Wir wären so zu einer Korrektur gedrängt und müßten sagen: bei den Perversionen mit passivem Triebziel besteht eine besondere Notwendigkeit der Phantasievorbereitung, um die sexuelle Erregung zu erreichen. Das wäre psychologisch durchaus verständlich, und es ist nur auffällig, daß es bisher nicht erkannt wurde. Es kommt ja bei diesen Perversionen nicht nur auf den Willen der betreffenden Person an, sondern ebensosehr oder noch mehr auf den des Objekts. Es bleibt dem Partner überlassen, wie er reagiert. Wenn seine Reaktion nicht die gewünschte, vorweggenommene ist, wird sich keine oder nur eine geringe sexuelle Wirkung einstellen. Diese Reaktion in bestimmter Richtung ist für den Masochisten und Exhibitionisten wichtiger als für den Sadisten und den Voyeur, die von dem Benehmen ihres Partners oder Opfers weniger abhängig sind. Es wird berichtet, daß ein Exhibitionist vor einiger Zeit in Paris plötzlich vor einer englischen Dame auftauchte und – es war an einer einsamen Stelle an einem Winterabend – sein Genitale vor ihr entblößte. Die geistesgegenwärtige Dame ging auf ihn zu und fragte: »Guter Mann, werden Sie sich nicht erkälten?« Man hat allen Anlaß zu vermuten, daß diese Besorgtheit sehr ernüchternd auf ihn gewirkt hat. Es stimmt

indessen nicht ganz, daß die Phantasie für den Exhibitionisten von gleicher Wichtigkeit ist wie für den Masochisten. Eine Gruppe junger Mädchen, die des Weges kommt, kann einen Exhibitionisten blitzschnell zu dem Entschluß bringen, sich zu entblößen.

Ein anderer Einwand besagt, daß in bestimmten Fällen das Auftauchen eines Details genügen kann, um eine masochistische Erregung auszulösen. So verwies mich ein Kollege auf einen von ihm behandelten Fall, in dem das Schlachten eines Huhnes zum Mittelpunkt einer masochistischen Phantasie geworden war. Es genügte später, daß der Patient eine Hühnerkeule sah, um ihn sexuell zu erregen. Ist aber ein solches Beispiel wirklich geeignet, uns zu überzeugen, daß in solchen Fällen eine ausgiebige Phantasievorbereitung entbehrlich sei? Ich meine: nein. Man könnte es geradezu zur Bestätigung meiner Meinung anführen. In Wirklichkeit ist die Phantasievorbereitung in ähnlichen Fällen eine besonders ausgedehnte und von altem Datum. Das Material ist so oft durchdacht und ausgemalt worden, daß alles bereit ist. Der Anblick der Hühnerkeule ist nur das Moment, das dieses seit langem vorbereitete Material in seelische Bewegung setzt. Es ist, vergleichsweise gesprochen, so, wie wenn am Klavier die ersten Takte einer mir seit langem vertrauten Melodie angespielt werden. In einem meiner Fälle, in welcher eine Schlagszene in der Schule lustvoll vorgestellt wurde, genügte es, daß der Betreffende eine straff gespannte Reithose sah, um eine sexuelle Erregung zu spüren. In einem anderen Fall erinnerten schon Worte wie »Ausschlag« an die masochistische Vorstellung mit entsprechenden Gefühlen. Bei dem Patienten mit der Molochphantasie konnte sich eine sexuelle Erregung leise melden, wenn er junge, kräftige Männer in bestimmten Positionen sah, ja sogar, wenn er gelegentlich nur Photographien dieser Art betrachtete. Diese Positionen mußten ihn an die Lage der Opfer in der Molochphantasie erinnern. So brachte ihm die Gestalt eines jungen Mannes, der auf einem Diwan mit ausgestreckten Armen lag, die Vorstellung des Geopferten auf dem Altar des grausamen Götzenbildes und die entsprechende Erregung zurück.

Der Einwand ist also nicht so stark, wie er gelten möchte. In diesen Fällen liegt kein geringerer, sondern ein stärkerer Grad von Phantasievorbereitung vor. Der seelische Mechanismus, der dabei wirksam ist, ist die wohlbekannte Verschiebung auf ein Detail, einen kleinen Einzelzug, welcher das Ganze vertritt und ersetzt. So kann die rauhe Stimme eines Mannes die vollständige masochistische Phantasie bei einer Frau zur Auslösung bringen. Der Klang von klirrendem Eisen war geeignet, die lustvolle Phantasie des Gekettetwerdens in einem Falle wieder wachzurufen. Darin ist keinerlei Unterschied in der Erregungsmöglichkeit der einzelnen Perversionen zu erkennen. Dieselbe Wirkung solcher stellvertretender Details besteht natürlich auch im normalen Sexualleben. Eine kleine Zeichnung in einer Zeitschrift zeigte unlängst, wie eine junge Dame an einer abgelegenen Straßenecke ihr Strumpfband in Ordnung bringt, wobei das Kleid gehoben wird. Zwei Herren gehen zufällig vorbei, und der eine bemerkt dazu: »Viel ist es nicht, aber es freut einen doch.«

Die Einwände, die wir gehört haben, sind nicht geeignet, unser Urteil zu revidieren. Es bleibt dabei, daß die Phantasievorbereitung eine besondere Bedeutung für das Wesen des Masochismus besitzt. Die Phantasie ist auch historisch das Primäre. Masochistische Veranstaltungen sind nur Ausführungen vorangegangener Phantasien; in die Wirklichkeit übertragene Tagträume. Jede tiefer geführte Analyse bezeugt, daß die masochistische Perversion die Realisierung von Phantasiesituationen ist, welche die Person lange beschäftigt hat. Im Anfang war im Masochismus nicht die Tat, sondern die Phantasie. Die aktuellen Szenen der Perversen entsprechen so Inszenierungen eines Dramas und verhalten sich zu den Phantasien wie die Aufführung zur dichterischen Konzeption. Sie sind denselben Zufällen, Unfällen und notwendigen Anpassungen an die vorhandenen Mittel unterworfen und ebenso abhängig von der Laune und dem »Mitgehen« der Schauspieler. Es kommt nur selten vor, daß die wirkliche Aufführung die Vorstellung des Dichters übertrifft. Viel öfter bleibt sie ebenso wie die masochistische Szene hinter dem Phantasiebild zurück. Ich kenne Fälle, in welchen die Person in der aktuellen perversen Szene unbefriedigt oder nur schwach erregt war, während die Erinnerung an sie zum Orgasmus führte. Die Anweisungen an die Partnerin in einer solchen Szene lassen sich wirklich mit Regieanweisungen vergleichen. Es entspricht dem Spielerischen im Masochismus, daß in ihnen viel seltener »blutiger Ernst« gemacht wird als in der sadistischen Perversion.

Einige Bemerkungen über die Eigenart masochistischer Phantasien seien hier angereiht. Ein besonderer Zug ist ihre Tendenz zur Synchronisierung. Diesen ausgezeichneten Ausdruck habe ich von einem Patienten, dem Mann mit den Molochphantasien gehört. Er hatte die Erscheinung oft bei sich selbst beobachtet. Sie besteht darin, daß die sexuelle Erregung zeitlich völlig mit dem Geschehen auf der Phantasiebühne zusammenfällt und daß der Phantasierende den Szenenablauf dort in solcher Art erlebt, als ob er mit dem Opfer identisch sei. Dabei werden oft dieselben Bewegungen gemacht wie sie bei diesem vorgestellt, dieselben Laute ausgestoßen oder angedeutet. So kam es etwa in der Molochszene immer bei derselben Szene, beim Ansetzen des Messers durch den Hohenpriester, zur Ejakulation.

Auffällig und dem Wesen des Masochismus entsprechend ist

der Konservatismus oder die Tenazität der Phantasie. Masochistische Situationen werden oft viele Jahre lang fast unverändert oder mit geringfügigen Variationen festgehalten und als befriedigend empfunden. Die Veränderungen beschränken sich meist auf kleine Verschiebungen und Ersetzungen von Personen, auf einen Wechsel von Zeit- und Ortsumständen, während das Hauptthema, wenn man so sagen darf, dasselbe bleibt. Nach längeren Intervallen kommt es aber zu großen und weitgehenden Veränderungen, die ein völlig neues Thema bringen, etwa den eingreifenden Umformungen vergleichbar, denen alte Institutionen ausgesetzt sind. Die masochistische Situation in der Phantasie erscheint nun plötzlich ganz anders. Diese neuen Inhalte werden dann wieder lange festgehalten und nur wenig verändert. Zwischendurch tauchen gelegentlich wie zur Erinnerung die alten, »abgelebten« Phantasien am Vorstellungshorizont wieder auf und erlangen für kurze Zeit ihre Erregungsfähigkeit wieder, ohne sich behaupten zu können. Es ist so möglich geworden, große Zeiträume, Phasen zu unterscheiden, in welchen dieser oder jener scharf umrissene Phantasieinhalt die Herrschaft über die Person besitzt. Der früher erwähnte Patient sprach von diesen Phantasiegruppen als von »Zyklen«. Es ergab sich in der Analyse eine Art Geheimjargon wie zwischen Personen, denen Andeutungen genügten, um sich zu verstehen. Ich wußte, was er meinte, wenn er von der Zeit des Aztekenzyklus sprach. Es war das die Phase, in welcher er von der Vorstellung der feierlichen Opferung eines Gefangenen im Aztekenreich sexuell erregt wurde. Der Königinzyklus war eine Phantasiegruppe, in welcher eine grausame Herrscherin, z. B. eine Amazonenkönigin, ihre Liebhaber schrecklichen Folterungen unterwerfen ließ. Der Laokoonzyklus gruppierte sich um verschiedene Phantasien, die von der Vorstellung jener Marmorbilder ausgingen. Der Marsyas-

zyklus hatte den bekannten Mythos vom Streit mit Apollo zum Mittelpunkt, war aber natürlich keineswegs gerade auf diese beiden bestimmten Gestalten beschränkt.
Man erhält den Eindruck, daß die masochistische Phantasie nach längerer Zeit ihre sexuell erregende Kraft langsam einbüßt und dann einer neuen Platz macht. Meine analytischen Erfahrungen weisen darauf hin, daß erst zahllose Wiederholungen die Zähigkeit oder Klebrigkeit einer Phantasie abschwächen, wenn sie sich einmal als befriedigend erwiesen hat.
Es ist bemerkenswert, daß die masochistische Phantasie und Aktion nicht auf das visuelle Gebiet eingeschränkt ist. Nach meinem Eindruck nimmt auch der sprachliche Ausdruck in ihr einen größeren Raum ein. Es gibt Wortmasochisten, die sexuell erregt werden, wenn sie sich vorstellen, wie sie beschimpft und heruntergesetzt werden. Wenn dann die Vorstellung in die Wirklichkeit überführt wird, erwartet oder verlangt der Masochist, daß die ihn beschimpfenden oder beschämenden Worte ausgesprochen werden, wobei im Sinne der Erregungsmöglichkeit bestimmte Reihenfolgen, die Wortwahl oder Betonung wichtig werden. Vor einer Schlageszene mußte die Partnerin in der Phantasie »Du!« zu einem Patienten sagen, was ihn mit dem glücklichen Gefühl erfüllte, sie sei intim mit ihm. In Vertretung sprach er bei der Phantasie das Wort selbst aus. Auch hier werden bei Wiederholung der Vorstellung manchmal kleine Unebenheiten der Sprache verbessert, eine plastischere oder präzisere Formulierung angestrebt, während das Wesentliche unverändert bleibt. Dialoge in der masochistischen Phantasie sind nicht ungewöhnlich. Dabei werden oft bestimmte Betonungen oder Ausdrücke wichtig genommen, das Gefälle eines Satzes wird gelegentlich genossen. Es ist deutlich, daß solche Einzelheiten ihre besondere Bedeutung Verschiebungsvorgängen seeli-

scher Akzente verdanken. In einem Fall wurde etwa eine Szene zum Phantasieinhalt. Immer wieder wurde der Satz des Vaters »Nimm dich in acht, daß das nicht noch einmal geschieht« mit besonderer Betonung wiederholt. Der Sohn, der als zur Strafe knieend vorgestellt wurde, mußte mit bestimmtem, bangem Ausdruck fragen: »Darf ich aufstehen?« Das Material der Phantasie ist häufiger, als dies bei anderen Perversionen der Fall ist, der Verbreiterung, Umrahmung und Ausführung fähig. Es kann Novellenform annehmen und viele Personen handelnd und leidend auf die Vorstellungsbühne bringen. Es lehnt sich häufig an Geschehenes und Gelesenes an, so daß der Einfluß von Lektüre, Theater und Kino, aber auch von Gesprächen in seinen Gestaltungen erkennbar wird. In dem bereits erwähnten Fall wurde die Phantasie des Gymnasiasten durch die Erzählung von Marsyas, der von Apollo geschunden wird, in masochistischer Art erregt. Dieser Phantasiekern erwies sich als so stark und hartnäckig, daß er noch zwanzig Jahre später in veränderter Gestalt seine erregende Wirkung ausüben konnte, als der Mann das Bild des lebendig geschundenen Richters von *David* im Brüsseler Museum sah.
Mit einem später zu erörternden Merkmal des Masochismus, dem Suspensemoment, hängt es zusammen, daß die masochistische Phantasie bei Einzelheiten verweilt, sie sorgsam prüft, sondert und auswählt. Die verschiedenen Bilder werden nach ihrer Fähigkeit, sexuell zu erregen, einer Auswahl unterzogen. Diejenigen, die sich nicht genügend in diesem Sinne erweisen, werden zurückgewiesen oder abgeändert. Innere Einwände gegen diese oder jene Einzelheit können sich darin äußern, daß die Phantasie »zerflattert« oder nicht deutlich wird. Sie erscheint unterentwickelt. Manchmal macht es Schwierigkeiten, sie richtig »einzustellen«, wie sich eine Patientin plastisch ausdrückte. Sie gebrauchte diesen

Ausdruck, als sie eine Vergewaltigungsphantasie beschrieb, deren Zustandekommen an der Vorstellung des ekelhaften Geruches eines Strolches scheiterte. Auch ein Abbrechen einer masochistischen Phantasie ist nicht selten. Eine junge Frau erlebt des öfteren die Phantasie, daß sie bei der Geburt ihres Kindes sterben werde und ist überrascht über die Genugtuung, die sie dabei empfindet. Dieses Gefühl bleibt auch bei der Vorstellung der Trauer ihres Mannes erhalten und wird nicht schwächer, wenn sie sich vorstellt, daß er eine andere heiraten werde. Sie kann dabei noch an dieses oder jenes Mädchen ihres Bekanntenkreises denken. Sie muß aber die Phantasie abbrechen, da sie sich vorstellt, daß sie ihr Kind der Pflege dieser Nachfolgerin überlassen werde. Die Idee ist so schmerzhaft, daß sie unerträglich wird. Der oft angeführte Patient hatte einen »Märtyrerzyklus« erlebt, in dem die Phantasie des qualvollen Sterbens christlicher Blutzeugen im Mittelpunkt stand. In dieser Zeit war er in einem Buch auf ein mittelalterliches Bild gestoßen, auf dem der heilige Laurentius auf dem Rost dargestellt war. Ein Versuch, das Bild in der Vorstellung zu reproduzieren und zur masochistischen Erregung zu verwenden, erwies sich als kurzlebig. Das Gesicht des Heiligen auf dem Bilde war ruhig und unbewegt dargestellt, inmitten der unaussprechlichen Qualen. Es erwies sich als unverwendbar für die Phantasie, da es nach dem treffenden Ausdruck des Patienten »nicht überzeugend« war.

Gewöhnlich tauchen wie in einem Kaleidoskop verschiedene Einzelbilder auf und werden längere Zeit festgehalten. Es kommt natürlich vor, daß bestimmte Phantasiezüge, die lange wirksam waren, später zurückgewiesen werden, was auf ein Absinken ihrer sexuellen Reizkraft hinweist. Gegenüber der Zähigkeit der masochistischen Vorstellung setzt sich so ein Variationsbedürfnis durch, das nur einen Ausdruck seelischer Veränderungen in der phantasierenden Person darstellt. Ob eine Phantasie »gelingt« oder nicht, hängt von verschiedenen, manchmal von vornherein zu bestimmenden Momenten ab. Eine gelungene Phantasie ist natürlich diejenige, die von einem genußvollen Orgasmus begleitet ist. Bei anderen Phantasien kommt es zu keinem oder nur zu einem flachen Orgasmus.

Es ist nicht immer deutlich, mit wem sich der Phantasierende identifiziert. Gewiß mit dem Opfer der passiven Person der Szene, aber auch mit der aktiven, grausamen Gestalt. Häufig auch mit einem unbeteiligten Zuschauer, dem aber auf geheimnisvolle Weise die Gedanken und Gefühle der handelnden und leidenden Personen der Szene vertraut sind. Die oft angeführte Strophe des masochistisch eingestellten Dichters Charles Baudelaire:

»Ich bin das Messer und die Wunde,
Ich bin die Wange und der Streich,
Gerädert Glied und Rad zugleich.
Ich bin der Henker und sein Kunde.«

ist in diesem Sinn unvollständig. Der Masochist ist in seinen Phantasien auch der Zuschauer der Exekution und genießt die Lust dieses Zuschauers, die freilich eine abgemilderte, sozusagen verdünnte sadistische Befriedigung ergibt.

In der früher erwähnten Auswahl von Bildern oder Szenen ist das Moment der sexuellen Erregungsfähigkeit das wichtigste; es ist nicht das einzige, das die Entscheidung bestimmt. Andere Faktoren wie z. B. die Übereinstimmung mit der Realität machen ihren Einfluß auf die Gestaltung geltend. Oft wird bei der Vorstellung von Einzelheiten so lange verweilt, bis sie sich als realitätsgerecht darstellen lassen. Manchmal wird eine Situation so lange zurechtgerückt und verändert, bis sie keinen krassen Widerspruch mehr mit anderen Einzelheiten aufweist. Das ist um so auffallender, als sich der Phantasierende andererseits oft rücksichtslos über dergleichen Bedenken und Überlegungen hinwegsetzt. Der Patient mit der Molochphantasie verweilte zum Beispiel lange und oft bei der Vorstellung eines glühenden Rostes, auf dem die Opfer eines antiken Götzendienstes gelegt wurden. Diese Vorstellung wurde so lange ausgeführt, bis sie sich in allen Einzelheiten als technisch richtig darstellte. Das war nicht einfach, da sich der Rost automatisch öffnen mußte, um in einem bestimmten Augenblick, in dem die Opfer genügend angesengt waren, die Männer in die darunter glühenden Flammen zu werfen*. Auf der anderen Seite trug er keine Bedenken, grobe Anachronismen in seine Phantasie aufzunehmen. Unmöglichkeiten in bezug auf Zeit- und Ortsumstände blieben seiner Beobachtung natürlich nicht verborgen, bekümmerten ihn aber nicht. Man könnte eine solche Einstellung der Haltung eines Dichters vergleichen, der einmal die Einzelzüge einer historischen Darstellung in Übereinstimmung mit dem geschichtlichen Material bringt, um sich an anderer Stelle unmögliche dichterische Freiheiten zu erlauben. Der Patient hatte sich z. B. lange und intensiv mit den Altertümern Mexikos und Perus beschäftigt. Er kannte nicht nur die Hauptwerke über die Geschichte dieser Länder, sondern auch die meisten speziellen Untersuchungen über ihren antiken Opferkult. Auch hatte er selbst wiederholt die Überreste dieser versunkenen Kultur, Bauwerke, Altäre usw. aufgesucht. Er wußte natürlich, daß die rituelle Opferung bei den Azteken nicht die Kastration war. Trotzdem beharrte er in seinen Phantasien bei der Kastrationsvorstellung in diesem ihm so vertrauten Rahmen. Als Beispiel einer solchen kraß ungeschichtlichen Phantasie sei das folgende gewählt, weil es

* Zur Deutung der Phantasie genüge hier der Hinweis auf I. Korinther, 7, 9: »So sie aber sich nicht enthalten, so laß sie freien; es ist besser freien, denn Brunst leiden.«

einen Einblick in die seelischen Bedingtheiten so auffälliger Einzelzüge vermitteln kann. Ein englischer Truppenoffizier (!) ist in die Hände eines antiken Aztekenstammes gefallen, der die Gefangenen von Zeit zu Zeit in feierlichen Formen den Göttern opfert, indem er sie kastriert. Bis zur Exekution ist der Gefangene Gast im Hause des Mannes, der ihn gefangennahm und der auch die Operation durchführen wird. Dieser führt den Offizier, der im übrigen freundlich behandelt wird, einmal in ein Zimmer, um ihm die Genitalien von Männern, die früher kastriert wurden, zu zeigen. An dieser Stelle der Phantasie tritt ein charakteristisches Zaudern oder Überlegen ein. Es ist die Frage aufgetaucht: wo und wie sollen die Genitalien aufbewahrt werden? Ursprünglich stellte sich der Phantasierende vor, sie könnten in einer schön verzierten Truhe deponiert sein. Diese Vorstellung wurde während der Phantasie zurückgewiesen, weil das Fleisch so verfaulen und einschrumpfen würde. Auch die Möglichkeit, sie könnten ausgestopft und aufgestellt werden wie tote Vögel, wurde zurückgewiesen. Der Tagträumer entschied schließlich: sie werden in Gläsern voll Spiritus konserviert. Hier ist der unterirdische Anschluß an das Kindererlebnis, das Stück Realität, von dem die Phantasie ausging, gewonnen. Wie bereits erwähnt, war der ältere Bruder des Patienten, der damals vier Jahre alt war, wegen Phimose operiert. Der kleine Junge muß in seiner Vorstellung die Operation dem Abschneiden des Gliedes gleichgesetzt haben. Später konnte er sich freilich durch Augenschein davon überzeugen, daß der Penis des Bruders, wenngleich mit einer Wunde, erhalten geblieben war. Dieser Eindruck war aber schwächer als der frühere, der für seine Phantasie Realitätscharakter hatte und an dem er hartnäckig festhielt. Der alte Eindruck muß einige Jahre später wiederbelebt worden sein, als sich derselbe Bruder einer Blinddarmoperation unterziehen mußte. Damals

wurde den Brüdern nun wirklich der entfernte Blinddarm in einem Glas mit Spiritus gezeigt. Hier ist also jener Zug aus der Wirklichkeit, der sich auf einem so eigenartigen Umweg, gleichsam inkognito, in diese späte Phantasie eingeschlichen hat. Man erkennt hier deutlich einige Teile des Materials, aus dem sich das Phantasieganze zusammensetzt. Der auf die Einzelheit bezogene Zweifel vertritt gewiß den damals aufgetauchten bei dem Knaben, aber auch den anderen, der noch im Unbewußten des Erwachsenen fortlebt: kastriert der Vater die Söhne, werde auch ich kastriert werden? Die Einstellung des Patienten gegenüber seinen Phantasien war eine zweiseitige: er widmete ihrer Ausführung einen großen Aufwand gedanklicher Energie und Scharfsinns. Auf der anderen Seite fand er sie toll und lächerlich, schämte sich ihrer und verstand manchmal nicht, wieso ihn so kindisches und groteskes Zeug intensiv beschäftigen und erregen konnte.
Es wurde bereits gesagt, daß die Szenen, welche die Masochisten aufführen, sozusagen Inszenierungen von Phantasien sind, wobei immer noch neue Züge eingefügt, alte abgeändert werden, um den höchsten Lustwert zu erreichen. Wenn man zahlreichen Eindrücken aus der analytischen Beobachtung glauben darf, so stellt sich die erregende Phantasie zuerst spontan ein. Erst später wird sie absichtlich zum Zwecke der Erregung wachgerufen. Ja, sie kann gelegentlich zu einem Auftauchen gezwungen werden. So konnte *Goethe* die Poesie »kommandieren«. So scheint es, als ob der Masochismus auch genetisch mit Phantasien beginnt. Ihre Bedeutung wird auch in den späteren masochistischen Gestaltungen nicht geringer werden, ja sie wird sich steigern. Hat sich zuerst im Gefolge einer Phantasie eine sexuelle Erregung eingestellt, so kommt es später nicht selten vor, daß sich zuerst eine sexuelle Erregung kundgibt, zu deren Steigerung die bisher unbewußt gebliebene Phantasie herbeigerufen wird.

Eigenartig und bisher nicht erkannt ist das Schicksal der Phantasie der desexualisierten Form des Masochismus, im Masochismus als einer Lebenseinstellung. Oberflächlich gesehen mag es so erscheinen, als ob sie dort überhaupt fehlt oder bedeutungslos wird. Daran ist aber nur richtig, daß es selten zur Ausbildung von Einzelphantasien kommt, die sich dann in den besonderen individuellen Lebensschicksalen erfüllen und sichtbar zur masochistischen Befriedigung beitragen. Die Bildung individueller Vorstellungen erübrigt sich hier, weil der einzelne auf die in Religion und Tradition bereitliegende Massenphantasie zurückgegriffen hat. Die Phantasie hat sich zwar in ihrer Einzelgestaltung verflüchtigt und ist als solche schwer greifbar, sie hat sich aber gleichzeitig auf das ganze Leben und Schicksal der betreffenden Person ausgebreitet und ihr eine bestimmte Rolle zugewiesen. Die Lebensgestaltung steht als Ganzes unter der Herrschaft einer unbewußten, nur selten in ihren Ausläufern bewußtseinsfähigen masochistischen Phantasie. An Stelle des sexuellen Partners sind dort höhere Mächte getreten, an die Stelle des sexuell erregenden Leidens Schicksalsschläge, die doch ihre verborgene Befriedigung mit sich bringen. Darüber wird noch ausführlich gesprochen werden.

Hier sei nur betont, daß die Bedeutung der Phantasie für das Wesen des Masochismus in den analytischen Theorien bisher noch nicht gewürdigt, ihre Unerläßlichkeit noch nicht erkannt wurde. (Die so vernachlässigte Phantasie hat sich freilich gerächt. Sie beherrscht jetzt, zur Phantastik geworden, die Theoriebildung mancher Analytiker wie z. B. *S. Rados*).

Als erstes und wichtigstes Merkmal des Masochismus in allen seinen Gestaltungen merken wir an: die besondere Bedeutung der Phantasie.

4 Das Suspensemoment

Der zweite charakteristische Zug des Masochismus ist ein besonderer Ablauf des Lusterlebnisses, der bisher kaum je eine ausgiebige oder tiefgreifende Behandlung erfahren hat. Dieser Ablauf ist an der Entwicklung der Spannung am besten erkennbar. An dieser Spannung treten zwei Züge hervor und grenzen sie von der im Normal-Sexuellen ab: das Überwiegen des Ängstlichen und die Tendenz, die Spannung zu prolongieren. Das will heißen: Die masochistische Spannung zeigt stärker als die sonstige ein Schwanken zwischen Ängstlichem und Lustvollem und ein Streben, diesen Zustand möglichst lange aufrechtzuerhalten. Sie widerstrebt so der natürlichen Tendenz nach Entspannung. Zwischen diesen Zügen muß ein, uns noch nicht erkennbarer Zusammenhang bestehen, dem wir nachforschen wollen.

Vorerst ist man versucht, anzunehmen, daß jenes Schwanken zwischen Angst und Lust Zeugnis einer allgemeinen seelischen Unsicherheit ist, die einer Entscheidung auszuweichen sucht. Eine solche Vermutung kann rasch korrigiert werden, denn die Unsicherheit beschränkt sich auf das Sexuelle. Während im normalen Sexualleben keine oder zumindest keine bemerkenswerte Note des Ängstlichen der Lust beigemengt ist, wird das Erlebnis des Masochisten von einer solchen Vermischung nie frei. Der Spannungsverlauf des Lusterlebnisses ist hier völlig abweichend.

Ich habe versucht, den seelischen Unterschied zwischen dem Normalen und dem masochistischen Spannungsverlauf in präzisen deutschen Ausdrücken zu fassen. Es ist mir nicht gelungen. Die besondere Nuance des masochistischen Erlebens ließ sich nicht anders als in langen Umschreibungen charakterisieren. In solchen Notlagen soll man nicht zögern, Fremdwörter, die eine bessere Chance der Verdeutlichung bieten, zu gebrauchen. Für den normalen Spannungsablauf ist das Wort Spannung durchaus angemessen. Die masochistische Erregungsart ist am besten durch den Ausdruck Suspense gekennzeichnet. Die Differenz, die ich hier meine, ist durch die Gegenüberstellung der beiden englischen Worte *Tension* und *Suspense* nahezu vollkommen gedeckt. Tension bedeutet einfach Spannung, wobei eine natürliche Tendenz in der Richtung auf einen Höhepunkt und eine Entspannung als selbstverständlich vorausgesetzt wird. Im Gegensatz dazu enthält der Ausdruck Suspense das Element des Ungewissen, Zögernden, Schwebenden; zugleich das einer nicht bestimmten Zeit oder Dauer dieses Zustandes. Man kann von einer »agonie of suspense« sprechen und damit das Peinigende, ja Unerträgliche einer seelischen Spannung bezeichnen. Das Wort aber kann auch die lustvolle Erwartung von Kindern, die vor geschlossener Türe der Weihnachtsbescherung entgegensehen, beschreiben. Das Publikum, das auf den Urteilsspruch einer Jury wartet, ist ebenso im Suspense wie der Leser einer Detektivgeschichte. Die deutsche Sprache kennt keinen entsprechenden Ausdruck. Am nächsten würde ihm etwa das *Goethe*sche »Hangen und Bangen in schwebender Pein« kommen. Das »Hangen« bezeichnet wie Suspense das Lustvoll-Ängstliche einer Spannung. Es ist gewiß kein Zufall, daß das Aufhängen an bestimmten Apparaten zu den beliebten masochistischen Perversionen gehört. Ich vermute, daß damit eine funktionale Vergegenständlichung der Suspenseempfindung gegeben ist.

Das zweite Merkmal des Spannungsverlaufs im Masochismus ist eine Tendenz, die Spannung zu verlängern, während sonst im Sexualleben die entgegengesetzte Absicht, die Spannung loszuwerden, besteht. Wir wollen vorsichtiger sagen: es scheint eine solche Tendenz zu bestehen. Oberflächlich gesehen, scheint es, der Masochist strebe danach, die Spannung zu verlängern, um die Lust dauern zu lassen. Es ist, als wolle er jenes Wort, »alle Lust will Ewigkeit«, in Erfüllung gehen lassen. Das aber ist nur Schein. Jede genauere Untersuchung erweist, daß sein Streben danach geht, die Vorlust zu verlängern oder, was viel wichtiger ist, die Endlust zu vermeiden. Hier aber unterscheidet sich der Masochismus durch eine Besonderheit von den anderen Perversionen, in denen allein das Verweilen auf der Vorluststufe erscheint. Im Masochismus wird die Endlust vermieden, weil ihr Auftreten mit Angst verbunden ist.

Das Aufschieben und der endliche Verzicht auf die Endlust ist durch eine Analogie leicht deutlich gemacht. Wir alle kennen Beispiele von Kindern, welche eine Speise, die sie besonders lieben, bis zuletzt aufheben. Wenn sich diese Tendenz, das Beste einer Mahlzeit bis zum Schluß zu reservieren, durchsetzt, könnte eine solche Gewohnheit dem Erzieher vielleicht als Vorübung für die Lebensführung willkommen erscheinen. Er darf indessen die Gefahr nicht übersehen, die sich aus der Übertreibung dieser Übung ergibt: daß das Kind endlich ganz auf jene Speise verzichtet. Aus dem Aufheben ist ein Aufgeben geworden, aus dem Training zur Selbstbeherrschung ein Zug zur Askese. Ich kenne ein Beispiel, daß ein kleiner Junge eine süße Dessertspeise, die er liebte, in einer Lade aufbewahrte und immer wieder seine Lust, sie zu essen, bekämpfte. Als er sich schließlich dazu entschloß und nach mehreren Tagen die Lade öffnete, war die Schokoladenspeise verschimmelt.

Das entsprechende sexuelle Verhalten ist in der Pubertät nicht selten zu beobachten: eine typische Form der Onanie besteht darin, die Entspannung durch Unterbrechung der manuellen Tätigkeit und durch ableitende Gedanken zu vermeiden. Nach einiger Zeit wird die Onanie wieder aufgenommen und die Erregung wieder knapp vor der Ejakulation abgebrochen. Die Jungen, die in dieser Art onanieren, geben oft an, sie tun dies, um einen möglichst ausgedehnten sexuellen Genuß zu haben. Das unerwartete Resultat ist manchmal, daß sich die Ejakulation vorzeitig oder ohne Genuß einstellt oder ganz ausbleibt, also Verzicht auf die Endlust.

Es ist klar, daß dieses Hinausschieben oder vielmehr dieses Ausweichen vor der Endlust den Charakter des Suspensegefühles mitbestimmt. Auf der einen Seite wird die Endlust gewünscht und ersehnt, auf der anderen wird sie aus uns noch dunklen Gründen vermieden. In jedem Fall vorgeschrittener masochistischer Einstellung ergibt sich aus dem Widerstreit dieser beiden Strebungen eine seelische Situation, die dem Erregungsablauf jenes charakteristische Schwanken zwischen Lustvollem und Ängstlichem gibt, eine lustvolle Unlust könnte man sagen. Oberflächlich betrachtet, sieht es so aus, als wolle der Masochist die sexuelle Spannung loswerden und doch behalten, eat a cake and have it. Das Ende ist, daß er sie losläßt oder vielmehr, daß sie ihn verläßt. Das Luststreben läuft in Unlust aus, in eine lustlose Ejakulation oder in ein Aussetzen der Spannung ohne Befriedigung.

Man kann im Suspensemoment den Stempel, den der Masochismus der Sexualität aufdrückt, erkennen: in ihm ist die Legierung von Luststreben und Selbstquälerei vollzogen. Das Resultat ist, daß das Unzulängliche hier Ereignis geworden ist. Der typische Sexualablauf des Masochismus wird also sein, daß die Erregung nie so groß wird, daß sie in voll befriedigendem Orgasmus mündet, sondern daß sie im »suspense« gehalten wird.

Das Suspensemoment findet seinen Ausdruck entweder in den Phantasien oder im Ablauf der masochistischen Szene. Hier ein Beleg seiner Auswirkung in einer der Molochphantasien, von denen ich früher berichtete. Die Phantasie hat folgenden Inhalt: eine Reihe junger Männer soll dem Moloch geopfert werden, indem sie verbrannt werden. Sie werden einzeln auf einen Rost gebracht, der beweglich ist und unter dem das große Feuer des Molochrachens glüht. Die Opfer hängen über diesem Rost. Die Teile ihres Körpers, die mit ihm in Berührung kommen, versengen. Die Frage, um welche die masochistische Phantasie kreist, ist nun: werden die jungen Männer da hängen bleiben, bis sie nach und nach verbrennen oder werden sie sich in die Flammen stürzen, um Erlösung und schnellen Tod zu finden? Oder vielmehr: wie lange werden sie die Qual aushalten, bis sie sich »gehen lassen«, sich freiwillig in das riesige Feuer stürzen? Wenn man bedenkt, daß sich der Patient meistens mit dem nächsten Opfer identifiziert und auch das »Hangen in schwebender Pein« des vorangehenden in Erwartung des eigenen Schicksals miterlebt, so erkennt man die Ausbreitung des Suspense. Es kommt übrigens vor, daß die Phantasie mit der Ausmalung der Einzelheiten bei der Vorbereitung und Zurüstung des Feuers durch zwei Heizer beginnt, die, ebenfalls Gefangene, wissen, daß am Ende sie selbst den Feuertod erleiden müssen. Wenn die »Synchronisierung« gelingt, tritt die Ejakulation in dem Augenblick ein, wenn sich das Opfer in der Phantasie endlich fallen läßt. Derselbe Patient hatte aus dem Buch von *Diaz de Castello* den Zug übernommen, daß ein portugiesischer Gefangener der Azteken 18 Tage warten mußte, bis er, der die Exekution seiner Genossen mitansehen mußte, als letzter unter Martern getötet wurde. Das Suspensemoment verkleidete sich in den Phantasien oft als Überlegung wie z. B. der, bei welchem Körperteil man zweckmäßig beginne, wenn man einen Menschen lebendig schinde, welcher Teil dann folge, welche Reaktionen das Opfer zeige, wie lange es die Qual aushalte, ohne ohnmächtig zu werden usw. Dieser Phantasiezyklus war durch den Marsyasmythos angeregt. Die technischen Einzelheiten des Rostes über dem

Molochfeuer wurden während der Phantasie überlegt, verworfen und abgeändert, während die sexuelle Erregung abebbte oder stillstand. Als weibliches Gegenstück sei eine Phantasie erwähnt, die sich um das Tragen eines Geradehalters oder eines sehr einschnürenden Korsetts drehte. Der Druck des Apparats, den die Patientin immer tragen möchte, erregt in ihrer Vorstellung eine starke sexuelle Erregung, die sie lange auf bestimmter Höhe festhalten kann. Die Phantasie beginnt meistens in der Vorstellung des Einkaufens des Apparats, der Zweifel, was die Verkäuferin sich darüber denken könnte, dem Aufschieben des Kaufs. Der Ausgangspunkt der Phantasie ist eine historische Tatsache: das kleine Mädchen, das eine schlechte Körperhaltung zeigte, mußte längere Zeit auf Befehl der Mutter einen Geradehalter tragen. Die erotische Bedeutung des Drucks auf die Schulter wurde in einer nächsten historischen Schicht verstärkt und wiederbelebt, als die Halbwüchsige mehrere Jahre später mit einem älteren Bruder Ringkämpfe aufführte. Entsprechend den Sportregeln sollte der Unterliegende auf die Schultern gelegt werden und mußte mit ihnen eine bestimmte Zeit den Boden berühren. Das Mädchen wehrte sich verzweifelt, mußte aber schließlich immer wieder im übertragenen und wörtlichen Sinn »unterliegen«. Das Suspensemoment war hier mit dem phantasierten Verlauf des Ringkampfes und mit der Dauer des Daliegens verbunden. Es war ja noch immer die Chance gegeben, daß der Bruder sie nicht niederzwingen würde oder daß sie, während sie am Boden lag, doch die Schultern werde heben können.

Es ist verfehlt, den Masochismus als eine unveränderliche Einheit aufzufassen. Aus dieser irrigen Konzeption, die keine Phasen, Fortschritte und Umwandlungen erkennt, ergeben sich Fehldeutungen und falsche Anschauungen. Wenn man etwa eine Eigenheit, die sich erst als Resultat einer längeren seelischen Entwicklung ergibt, als feststehende und gleichbleibende von Anfang an annimmt, hat man sich in eine Sackgasse verirrt. Man verrammelt sich endgültig den Weg zur Problemlösung, wenn man wie *Wilhelm Reich* einfach erklärt, beim Masochismus bestehe eine Unfähigkeit zur Erregungssteigerung. Es wurde hier gesagt, daß der Masochist die Steigerung der Erregung bis zum Orgasmus zu vermeiden strebe. Die Erklärung, die naheliegt, ist nicht die einer Unfähigkeit, sondern daß die Endlust vermieden wird, weil sie sich mit einer Angst vergesellschaftet. Im weiteren Verlauf der Entwicklung und in der Verschiebung dieser Angst wird auch die Erregungssteigerung, die zum Orgasmus führen könnte, vermieden. Erst als letztes Ergebnis dieses Prozesses stellt sich Impotenz ein, die wir so häufig bei Masochisten finden. Es ist nicht richtig, was *W. Reich* annimmt, daß jede stärkere Lust sofort gehemmt und in Unlust verwandelt wird, so daß End-Unlust für End-Lust eintritt. Das kann, muß aber nicht der Endausgang der masochistischen Entwicklung sein. Die Erregungssteigerung war ursprünglich sehr erwünscht, solange sie nicht zum Orgasmus führte. Erst wenn die Angst vor der Endlust – genauer gesagt: vor den Konsequenzen der Endlust – übergroß geworden ist, wird auch die Erregungssteigerung vermieden. Gerade die Einsicht in die Bedeutung des Suspensemoments ergibt besondere Aufschlüsse über den Vorgang. Die Steigerung der sexuellen Erregung läßt auch die Angst wachsen, so daß auf jedes Zeichen stärkerer Spannung mit einem dringenderen »Gefahrensignal« reagiert würde.

Erst die Ausbreitung und Verschiebung der Angst läßt schließlich jede Erregungssteigerung als unerwünscht erscheinen, bis sich endlich Impotenz einstellt. Der Erfolg ist dann dem ähnlich, den die Asketen des Frühchristentums erreichten, die nicht zuließen, daß sich ihre sittliche Willenskraft angesichts der Versuchung selbst bewähre, sondern schon jede Gelegenheit zur Versuchung sorglich vermieden. Der Orgasmus und die sexuelle Befriedigung werden also nicht als solche gefürchtet, sondern weil sie geheimnisvolle Strafen im Gefolge haben.

Wir verstehen jetzt die Natur des Suspensefaktors besser. Er ist sozusagen eine Spannung in der Spannung. Seine zwiespältige Note – zwischen Lust und Angst – wird durch die Unsicherheit oder das Schwanken, ob der Orgasmus erreicht werden wird oder nicht, bestimmt. Die Lust, die verbotene Schwelle zu übertreten, ist drängend genug. Ebenso stark und schließlich stärker wirkt die Angst vor den Folgen der Verbotübertretung. Das Suspensegefühl ist also nicht mit der sexuellen Spannung identisch, sondern mit der durch die Angst veränderten und verwandelten Sexualspannung. Es ist ursprünglich keineswegs lustvoll, es wurde erst dazu, weil es gewissermaßen das Zweitbeste – an Stelle des Orgasmus – war. Wieder habe ich hier auf die Wichtigkeit verschiedener Entwicklungsphasen und unterschiedlicher Möglichkeiten hinzuweisen. Die Stellung des Suspensefaktors kann gleichsam als ein Kompaß innerhalb dieser vielfachen Wege angesehen werden. Eine der Entwicklungen ist folgendermaßen zu beschreiben: an Stelle der Lust, die von Angst begleitet wird, tritt Angst, die Lust bringt. Es kommt also zu einer Osmose von Angst und Lust. Wenn sich der Masochismus konstituiert und in seiner Herrschaft befestigt hat, wird es dazu kommen können, daß – durch seelische Akzentverschiebung – auch diese Angst gewünscht und genossen wird. Das Suspensegefühl kann sich soweit verschieben, daß eine wollüstige Erwartung von Angst beobachtet werden kann. Eine solche sonderbare Mischung ist dem entwickelten Masochismus auch sonst nicht fremd. »Das quält so schön«, so bezeichnete eine Patientin die masochistische Sensation.

Vergleicht man den Erregungsablauf in anderen Perversionen, so wird man im Suspense ein scharf umrissenes Charakteristikum des Masochismus erkennen. Es sei hier angemerkt, daß die Bedeutung des Suspensefaktors natürlich nicht auf das Gebiet des Masochismus beschränkt ist. Es ist eine besondere Gefühlsnote, deren Geltungsbereich, bisher kaum erkannt, eine Rolle seelischer Situationen umfaßt und verschiedene psychische Phänomene mitbestimmt.

Die Störung in der Spannungssteigerung, sagten wir, läßt hier entweder die Endlust nicht zu, läßt sie in eine flache Linie übergehen oder verändert ihren Charakter sogar in ihr Gegenteil, in Endunlust. Im Falle des Eindringens der Lust in die Angst wird das Suspense geradezu zur Vertiefung der Lust, es tritt also in den Dienst der Erregungssteigerung. Die Angst weicht sozusagen unter dem immer stärkeren Druck des Luststrebens. Sie gibt dem stärkeren Gegner widerwillig und doch gerne nach. Für den Charakter dieses widerstrebend freiwilligen Nachgebens scheint mir kein Ausdruck bezeichnender als das Wort, das *Milton* für die Macht der Musik gefunden hat: »such sweet compulsion.«*

Wir haben das Suspensemoment bisher nur soweit verfolgt, als es seine Wirksamkeit im Sexualleben entfaltet, ohne daß wirkliche masochistische Szenen vorausgegangen sind. Die Sachlage ändert sich mit dem Eintritt perverser Praktiken. Das Einspielen des Suspensegefühls wird den Masochisten an der Erreichung der Endlust hindern, solange er nicht Bestrafung, Erniedrigung oder Unlust erfährt. Es ergibt sich also eine Alternative, die scharf ausgeprägt so aussieht: Bestrafung, Demütigung, Unlust – Orgasmus; oder: keine Un-

* »Such sweet compulsion does in music lie,
To lull the daughters of necessity,
And keep unsteady nature to her law«
Milton, Arcades.

lust und Bestrafung – Suspense und kein befriedigender Orgasmus, eventuell Endunlust. Anders ausgedrückt: Wenn der Masochist in jener Form Schmerz oder Unlust erfahren hat (natürlich auch in der Phantasie), ist er wohl fähig, zum Orgasmus zu gelangen und intensive Lust zu fühlen. Die Spannungssteigerung ist dann annähernd normal. Wenn aber keine starke Unlust vorausgegangen ist, tritt an Stelle der Erregungssteigerung das Suspense, was später zu Potenzstörungen und zu Impotenz führen kann. Es gibt gewiß Übergänge zwischen diesen Möglichkeiten, im Ganzen ist diese Darstellung der Alternative zweifellos richtig. Sie kann in jedem Einzelfall masochistischer Einstellung nachgeprüft werden.

Eine Korrektur ergibt sich nur insoweit, als das Suspensemoment auch dort nachzuweisen ist, wo die masochistische Praktik der sexuellen Befriedigung vorangegangen ist – freilich an einer unerwarteten Stelle, in einer Verschiebung. Verfolgen wir etwa die Schilderung einer masochistischen Szene: Ein früher erwähnter Patient geht in regelmäßigen Abständen zu einer Dirne, läßt sich von ihr ausschimpfen, muß sich auskleiden und erhält einen Schlag auf den Hintern. Darauf erfolgt die Ejakulation. Soweit die Szene in grober, äußerlicher Deskription. Eine die Einzelheiten sorgfältiger beobachtende Beschreibung muß uns davon überzeugen, daß sich die Szene deutlich in zwei Teile gliedert: in die Erwartung des Schlages und in die Ausführung des masochistischen Aktes. Zum ersten Teil ist das ganze Vorspiel zu rechnen: die Vorstellungen der Szene vorher, die Erwartung, während er die Treppe hinaufsteigt, die Sätze, die gewechselt werden. Das Beschimpfen, die verbale Drohung, von expressiven Gesten begleitet, endlich die minutenlange Erwartung des Schlages ist libidinös wichtiger als der Schlag selbst. In manchen Fällen ist die in der Zeit des Gescholtenwerdens oder

Bedrohtwerdens erreichte Spannung ausreichend, um zur Endlust zu gelangen.

Der psychologische Charakter dieser Erwartung entspricht durchaus dem des Suspenses. Er schwankt zwischen Lustvollem und Ängstlichem. Genauer gesagt: es ist ein Genießen der Angst vor der Bestrafung und Beschämung*. Wir haben unsere frühere Aussage dahin zu korrigieren, daß sich auch in der perversen Praktik das Suspensegefühl bemerkbar und merkbar macht. Seine Rolle ist nur abgeschwächt und auf die lustvoll-ängstliche Erwartung der Unlust verschoben.

Wir können jetzt erkennen, daß die Phantasievorbereitung und das Suspensemoment psychologisch zusammengehören. Die Vorstellungen der Einzelheiten, die Verzögerungen und Vorhalte, Bedenken und Zweifel der Phantasie dienen demselben Zweck wie das Suspense, ja sie sind intellektualisierte Abkömmlinge der Tendenzen, welche das Suspense bestimmen.

Vergleicht man die Suspenseverteilung in der masochistischen Szene mit der in der Phantasie, so ergibt sich folgende Ansicht: im ersten Fall ist die zwischen Angst und Lust schwankende Spannung auf die erwartete Bestrafung, Erniedrigung und Beschämung gerichtet, im zweiten auf die Endlust. Von hier aus ist nur ein Schritt zu der Vermutung, daß die Endlust aus Angst vor der Beschämung oder Bestrafung vermieden wird. Als Erfolg dieser Angst ist es zu betrachten, daß die Endlust im Sexualverkehr nicht erreicht wird oder sich in Endunlust verwandeln kann.

Die Spannung in der Phantasie ist ursprünglich lustvoll und

* Wie fehl auch scharfsinnige Analytiker wie *S. Nacht* in der Erfassung von seelischen Situationen gehen, bemerkt man erstaunt, wenn dieser Beobachter angesichts eines Gefühls solcher Art von einer »attente anxieuse de la douleur« spricht. Der Doppelcharakter des Suspense kommt bei solcher Beschreibung ebensowenig zum Ausdruck wie die Akzentverschiebung von der Angst zur Lust. Es wäre viel richtiger, von einer »attente volupteuse de la douleur« zu sprechen.

erhält ihren veränderten Charakter durch die Einwirkung der die Vorstellung begleitenden Angst. Anders ausgedrückt: das Moment des Suspense enthüllt sich uns jetzt als die alte, wohlbekannte Sexualspannung, wie sie sich unter dem Einfluß unbewußter Angst verwandelt hat. In der masochistischen Szene ist bereits die Angst lustvoll geworden, eine weitere Entwicklungsphase. Aus angstvoller Lust ist langsam lustvolle Angst geworden, die jetzt den Charakter des Suspensegefühles bestimmt*. Die psychologische Einsicht in diese Entwicklung, deren Abschluß erst den eigentlichen Masochismus begründet, muß zu einer veränderten Konzeption dieser Triebabweichung führen. Hier ist sie: der Masochismus ist nicht, wie bisher angenommen, charakterisiert durch Lust an der Unlust, sondern durch Lust an der Erwartung der Unlust. Der Akzent, der ursprünglich auf der Lust an der Endsteigerung und am Orgasmus lag, wurde auf die angstvolle Erwartung verlegt, und diese Verschiebung hat der Angst ihren Charakter genommen. Die Angst wurde selbst zu einem Element der Lust. Wie verhält sich das Suspensegefühl zu dem der Vorlust? Die Vorlust nimmt in kleiner Dosis die Endlust voraus. Sie ist gewissermaßen eine Kostprobe auf den Orgasmus. Das Suspensegefühl ist von gleicher Art, aber zugleich auch eine Vorwegnahme der zu gewärtigenden Unlust durch die Strafe, also etwa einer Kostprobe auf eine Speise, die man gerne hätte und die verboten ist, vergleichbar. Sie ist also Vorlust plus Vorunlust und wandelt sich schließlich immer mehr in Vorunlust.

* Solche Verwandlung ist natürlich nicht nur auf die masochistischen Praktiken Perverser beschränkt. Das Suspensegefühl kann auch sonst diesen Charakter annehmen. Diese Einsicht läßt uns daran zweifeln, daß *J. Billings* komisches Understatement: »Waiting to be whipped is the most uninteresting period in boyhood Life« allgemein gültig ist. Erinnerungen an die Knabenzeit von Masochisten erweisen, daß eine solche von Suspense erfüllte Wartezeit auch genossen wurde.

Wie kommt es aber, daß diese Vorunlust schließlich im Masochismus aufgesucht wird? Wir alle werden, wenn uns eine Unlust, ein Schmerz erwartet, das Gefürchtete in die Ferne rücken, es nicht herbeiführen, keinen Vorschuß auf einen kommenden Schmerz nehmen wollen. Jemand, der eine schwere Operation vor sich hat, wird sich kaum in seinen Finger schneiden, um sich ein Vorgefühl des künftigen Schmerzes zu verschaffen. Unter bestimmten Bedingungen hat freilich jeder schon ähnliche Dinge getan. Nehmen wir folgendes Beispiel: ich verspüre Zahnschmerz, einen jener plötzlich auftauchenden und dann aussetzenden Schmerzen. Ich nehme mir vor, sobald ich Zeit habe, zum Zahnarzt zu gehen. Eine halbe Stunde später hat der Zahnschmerz aufgehört. Ich weiß, er wird wiederkommen und ich muß nächstens zum Zahnarzt gehen. Ich bewege meine Zunge und bringe sie vorsichtig in die Nähe der schmerzenden Stelle. Die Berührung schmerzt. Einige Minuten später wiederhole ich das, obwohl ich doch weiß, daß es schmerzen wird. Ich tue es gewiß nicht nur, um mich zu überzeugen, daß der Zahn noch schmerzt. Es muß ein anderes Motiv vorhanden sein. Ich habe Angst, daß der Zahn wieder von selbst zu schmerzen anfangen wird. Ich berühre ihn mit der Zunge, um mich darauf vorzubereiten oder mich abzuhärten, anders gesagt, um die Angst zu vermeiden oder nicht so groß werden zu lassen. Ich suche also etwas auf, wovor ich Angst habe – aus Angst. Ich nehme ein Stückchen Schmerz auf mich, um ihm nicht plötzlich oder unvorbereitet ausgesetzt zu sein. Hier ist also ein absichtliches Aufsuchen der Vorlust, eine masochistische Tätigkeit en miniature.

Hier ein anderes plausibleres Beispiel: eine Patientin, deren masochistische Züge in neurotischer Verarbeitung deutlich sind, berichtet, daß sie schon als kleines Mädchen eine Art Masochismus bei sich bemerkt hatte. Wenn die Kleine in die

Badewanne gesetzt wurde und sich das Kindermädchen entfernte, um etwa Handtücher zu holen, drehte das kleine Mädchen den Hahn mit kaltem Wasser ein ganz klein wenig auf und ließ einige Tropfen auf ihren Arm fallen, was ihr immer ein unangenehm-lustvolles Gefühl gab. Unnötig zu bemerken, daß die Kleine die kalte Dusche sehr haßte und sich davor fürchtete. Sie wußte, bald würde die Waschung mit kaltem Wasser kommen, und sie nahm sie, indem sie ein paar Tropfen auf ihren Arm fallen ließ, voraus. Wir werden nicht zögern anzunehmen, daß das kleine Mädchen so handelte, weil sie sich besonders fürchtete. Sie suchte die Vorunlust auf, um gegen die größere Unlust besser gewappnet zu sein oder um nicht zu große Angst verspüren zu müssen.

Die Vorunlust, die hier wie im Masochismus vorweggenommen wird, soll also einen Schock abwehren oder einer Steigerung der Angst entgegenwirken. Um Angst zu vermeiden, wird das Unlustvolle absichtlich herbeigeführt. Dadurch, daß das Mädchen das angsterregende Ereignis im Kleinen geschehen läßt, einige Tropfen auf ihre Haut fallen läßt, hat sie die Angst beschwichtigt. Es ist wichtig, daß das, was sie fürchtet, ihr nicht angetan wird, sondern daß sie selbst es tut. Sie tut es, sie ist aktiv, ist Herrin ihres Schicksals. Neben dieser Vorwegnahme, die eine Verwandlung vom Passiven ins Reflexive einschließt, ist ein zeitliches Moment wichtig: die Spannung wird auf eine längere Zeit verteilt, also vorbereitet. Wenn das Kinderfräulein den Hahn mit kaltem Wasser aufdreht, ist ein Schock zu erwarten. Wenn die Kleine die Tropfen rinnen läßt, hat sie die Spannung durch Verteilung auf mehr Zeiteinheiten verringert. Sie hat sich seelisch vorbereitet, ist einer plötzlichen Spannungssteigerung entgangen. Durch die längere Zeit, die ihr auf diese Art zur Bewältigung der Eindrücke zur Verfügung steht, hat sie eine starke Spannung in eine mäßige umgewandelt.

Die hier angeführten Momente sind in jedem Fall von Masochismus nachzuweisen: Die Vorunlust kommt nicht überraschend, sondern mit dem Willen, ja nach den Anweisungen des Masochisten. Er zeigt oder ordnet sogar an, was man ihm Unangenehmes tun solle. Es wird ihm nicht wider seinen Willen angetan. Was ihm geschieht oder was er an Bestrafung oder Erniedrigung erleidet, geschieht zu einem von ihm gewählten Zeitpunkt, in einem von ihm gewählten Rhythmus und einer von ihm bestimmten Ordnung. Die Spannung wird auf eine Zeit verteilt und damit die Angst beschwichtigt oder ausgeschaltet. Überblicken wir diese Momente, so wird uns die Einsicht dämmern, warum, was oft angeführt wurde, der Masochist gewöhnlich keine Angsterscheinungen zeigt. Es kann sich keine Angst entwickeln, denn der Masochismus hat ja die Absicht, Angst zu vermeiden, durchgesetzt. Statt Angst zu leiden, hat er sich dem Leid ausgesetzt, statt sich vor einer Demütigung, Beschimpfung oder Bestrafung zu fürchten, hat er sie, Herr über ein unangenehmes Schicksal, selbst herbeigeführt. Er hat sie vorweggenommen und ihr alle Schrecken genommen. Der masochistische Mechanismus ist also seiner Richtung nach eine Flucht nach vorn.
Als letzter Rest einer Angstentwicklung hat sich uns das Suspensegefühl gezeigt. Gerade des Studium dieses Moments hat uns verstehen lassen, wieso es dem Masochisten gelingt, in der Perversion die Angstentwicklung zu vermeiden. Um der Angst vor Bestrafung und Beschämung zu entgehen, arrangiert er diese selbst. Das Verständnis des Suspensemoments führt aber weiter. Es entdeckt als einen wichtigen Faktor des Masochismus die seelische Vorbereitung auf die Unlust. Man kann sagen, daß die masochistische Lust mehr an dieser Erwartung der Unlust hängt als an der Unlust selbst.
Die Einsicht in das Wirken des Suspensefaktors läßt auf

der anderen Seite auch die zweite Möglichkeit der Entwicklung des Masochismus verstehen. Wenn einer seiner wesentlichen Züge die Vermeidung der Angstentwicklung ist, so wird erklärbar, wieso sich später aus Lust Unlust und endlich eine Hinausschiebung der Endlust und schließlicher Verzicht auf sie entwickelt. Ein Vergleich wird hier am Platze sein: nehmen wir an, jemand habe einmal bei einem Hochsprung eine böse Erfahrung gemacht. Viel später kommt er wieder in die Situation zu springen. Er nimmt auch einen Anlauf, kommt aufs Sprungbrett, macht schon die Bewegung des Springens und wird im letzten Augenblick durch etwas Rätselhaftes gehemmt. Gewiß hat ihn die unbewußte Angst in Erinnerung an jene Erfahrung gehindert. Später kommt er wieder bis zum Sprungbrett, es tritt aber jene Hemmung schon früher, vor dem Ansetzen zum Springen auf. Noch später bleibt es nur beim Anlauf und schließlich gibt er das Springen völlig auf, da er des Mißerfolgs von vornherein sicher ist.

Woher aber nehmen wir das Recht, einen solchen Vergleich heranzuziehen? Aus den zahlreichen Erfahrungen der analytischen Praxis bei Perversen und masochistischen Charakteren, nicht zuletzt aus den Konstruktionen, zu denen uns Erinnerungen und Symptome der Analysanden nötigen. Diese Konstruktionen finden aber eine Art indirekter Bestätigung, wenn es im Verlauf der analytischen Behandlung gelingt, den Weg in gegenteiliger Richtung zu durchlaufen. So zeigt es sich z. B., daß ein Impotenter mit masochistischen Phantasien auf dem Rückweg zur Genesung alle jene Stationen passiert, die hier skizziert wurden. In bestimmten Fällen atypischer Art läßt sich nachweisen, daß nicht die Entwicklung der Angst, sondern das Auftauchen eines starken Schreckaffektes vermieden werden soll. Kann man die Kleine, die sich vor dem Einbruch starker Angst durch eigenes Aufdrehen des

Wasserhahnes schützte, eine Masochistin nennen? Gewiß nicht. Es fehlt ja ein deutliches Element der Lust, das sie aus ihrem Tun gewinnen könnte. Es erfüllt nur die eine Aufgabe, die im Masochismus gestellt ist: den Schutz vor der Angst. Die andere ist die Triebbefriedigung, und diese ist ursprünglicher und wichtiger als die andere. Die Angst ist erst später aufgetaucht, hat das Luststreben gestört wie ein Schutzmann, der um die Ecke biegt, eine übermütig-fröhliche Feier. Der Störenfried muß beschwichtigt oder entfernt werden, ehe man sich ungestört wieder der eigenen ungehemmten Lustigkeit hingeben kann. So wurde es also zur nächstliegenden Aufgabe, mit der Angst fertig zu werden oder sie loszuwerden. Das Wesentliche bleibt aber die Erreichung der Triebziele.

Die Bewältigung und Vermeidung der Angst gelingt dem Masochismus als Perversion besser als der Phantasie, die den normalen Sexualakt mit masochistischen Vorstellungen begleitet. In der Perversion wird die Strafe oder die Unlust aufgesucht, um den Störer von vornherein abzufertigen und sich, von seiner Drohung befreit, der Lust zuzuwenden. Eine solche vorweggenommene Unlust kann sogar reaktiv zur Vertiefung der Lust führen, eine erhöhte Befriedigung mit sich bringen wie jede Angst, deren man Herr geworden ist.

Das Suspensegefühl, das zwischen Lustvollem und Ängstlichem schwankt, stellt sich also als Ausdruck des Versuchs dar, die Lust zu erreichen und doch die Angst zu vermeiden. Der Masochismus ist ein eigenartiger Versuch, der sich aus den zwei einander widerstreitenden Aufgaben ergibt. Das Suspensemoment ist ein Zeichen und Zeugnis seines Werdegangs und Wesens. Es tritt schon in den Situationen auf, welche den Ursprung der Triebabweichung bezeichnen, begleitet die masochistischen Phantasien und bleibt als survival bestehen, wenn sich der Masochismus zur aktuellen Perversion entwickelt hat. Es ändert seine Äußerungsformen, doch nicht seinen Charakter in den Gestaltungen des nicht mehr sexuellen, sozialen Masochismus. Davon soll später gesprochen werden.

5 Der demonstrative Zug

Ich habe versprochen, hier die charakteristischen Züge zu zeigen, die in keinem Fall von Masochismus fehlen. Die überragende Bedeutung der Phantasie erschien uns als erstes, das Suspensemoment als zweites Merkmal. Der dritte auszeichnende Zug soll hier der demonstrative genannt werden. Diese Bezeichnung wird später zu rechtfertigen sein. Gemeint ist damit, daß in keinem Fall von Masochismus die Tatsache vermißt wird, daß das eigene Leid, die Unlust, Beschämung oder Erniedrigung gezeigt, sozusagen in die Auslage gestellt wird. Manchmal tritt dieser Zug so klar zutage, daß man sich verwundern möchte, warum er so lange ungewürdigt blieb. Manche analytische Beobachter wie *Horney, J. Lampl, K. Menninger* sind zwar in die Nähe dieses Zugs gelangt. Sie sind aber nur nahe daran vorbeigegangen. Sie haben nämlich auf den narzistischen oder exhibitionistischen Charakter des Masochismus hingewiesen. Ich will später zeigen, daß mir nicht nur diese Bezeichnung irreführend scheint, sondern auch – was liegt an Namen? –, daß die damit verbundenen Vorstellungen falsch sind.
In den Praktiken der Masochisten spielt die Entblößung und Zurschaustellung mit allen ihren seelischen Begleiterscheinungen eine so große Rolle, daß man von einer gesetzmäßigen Verbindung von Masochismus und Exhibitionismus sprechen möchte. Wenn ich es vorziehe, das Merkmal als demonstrativen Zug zu bezeichnen, so hat dies zwei Gründe.

Es soll das Mißverständnis vermieden werden, als sei mit dem Exhibitionismus nur ein Zeigen des als schön oder anziehend Empfundenen gemeint. Dann aber soll unter demonstrativ auch auf einen verborgenen Sinn solcher Zurschaustellung hingewiesen werden, der später klarer zutage treten wird. Hier genügt die Bemerkung, daß in einem Beispiel wie etwa dem *Jean-Jacques Rousseaus*, der gezwungen war, trotz aller Scham vorübergehenden Damen seinen nackten Hintern zu zeigen, nicht nur die exhibitionistische Natur des Masochismus deutlich wird, sondern auch jener wichtige Nebenzug, den ich als *provokatorisch* kennzeichnen will. Das Herzeigen oder Sehenlassenwollen sollte ja die sexuell befriedigende Strafe herausfordern. Gelegentlich genügt die Demonstration in der Phantasie oder – minder häufig – in der Realität, um die masochistische Befriedigung zu erreichen. Ich erinnere hier an das Mädchen mit der Phantasie des Schlachtermeisters. Das nackte Daliegen, das sie als besonders entwürdigend und beschämend empfand, war eines der lustvollsten Momente, besonders wenn sie sich vorstellte, daß keiner der Schlachter sie besonders beachtete. In dem zweiten angeführten Beispiel des Mannes, der zur Prostituierten geht und sich wegen »Schlimmseins« schlagen läßt, ist die Entkleidung und Entblößung der Rückseite fast so wichtig wie der folgende Schlag. Hier ist zu beachten, was solche Demonstration vom Narzißmus trennt. Auf den ersten Blick scheint es gleichgültig, ob das, was der andere oder die anderen zu sehen bekommen, als schön oder häßlich vorgestellt wird. Wird in dem einen Fall der eigene Körper als anziehend und etwa die Exkretionen als sexuell erregend vorgestellt, so erscheinen sie im andern als abschreckend oder ekelerregend. Bei näherem Zusehen erkennt man freilich eine komplizierte Sachlage. Bei den Fällen mit bewußtem Stolz auf den eigenen Körper oder mit besonderem Gefallen an ihm wird die Bestrafung oder Unlust, die folgt, stärker oder die Entwürdigung schwerer. Wo der eigene Körper bewußt als häßlich, das Vorgestellte oder Dargestellte als ekelhaft empfunden werden, wird dieses Gefühl selbst zum Merkmal der masochistischen Lust und trägt zur sexuellen Erregung wesentlich bei. Wir erinnern uns des Beispiels der ausgebreiteten Opferphantasien des Mannes, der seine Befriedigung in der Vorstellung fand, daß junge Männer dem Moloch oder einer aztekischen Gottheit zugeführt werden. Zu diesem gräßlichen Feuertod waren nur die schönsten Jünglinge des Stammes ausersehen. Sie wurden dem ganzen Volk gezeigt. Hier könnte man freilich von einem narzißtischen Stolz sprechen bei der Vorstellung, daß diese Jünglinge – alle »Doubles« des Tagträumers – vor dem Götzenbild stehen, »with nothing on but a smile«. Ihr schöner Körper erregt die Bewunderung aller. Sie selbst aber betrachten es als Auszeichnung, daß sie berufen wurden, den schrecklichen Tod in den Flammen zu erleiden. Die stolz ertragene Marter in dieser Phantasie soll gegenübergestellt werden dem tiefen Gefühl ohnmächtiger Beschämung und Entwürdigung bei der Phantasie eines jungen Mädchens, in der sie beim Urinieren oder Defäzieren betrachtet wird, einer Phantasie, die doch deutlich masochistische Lust brachte. An Stelle körperlicher Unlust oder Pein tritt oft die beschämende oder erniedrigende Zurschaustellung sowohl körperlicher als geistiger Mängel, die in der Phantasie erregend wirkt. Die »Verlegenheitssituation« wird mit demselben ängstlich-lustvollen Gefühl genossen wie die körperliche Bestrafung.

Hier sind wir schon an der Schwelle, die zu den desexualisierten Formen des Masochismus führt. Auch dort, wo von Perversion im groben Sinn des Wortes keine Rede sein kann, wo der Masochismus als Lebenseinstellung hervortritt, ist dieser demonstrative Zug deutlich zu erkennen. Wenn *Wil-*

helm Reich einen engen Zusammenhang von Masochismus und »Exhibitionshemmung« findet, so hat er sich von der Außenseite der Erscheinungen düpieren lassen. Eine bewußte Hemmung der Exhibition widerspricht ja nicht einer verborgenen und doch siegreichen Tendenz entgegengesetzter Richtung. Das Resultat solcher gegenstrebiger Kräfte ist zumeist ein demonstratives Verstecken oder ein Exhibitionismus mit verkehrtem Vorzeichen. Eine junge Frau, die als Mädchen ausgebreitete masochistische Phantasien hatte, zeigt nichts mehr davon. Sie versäumt aber keine wie immer geartete Gelegenheit zu betonen, daß sie nichts könne, keinen ausgeprägten Charakter habe, hinter anderen Frauen an Charme und Liebenswürdigkeit zurückstehe. Es war, wie wenn sie aller Welt ihre völlige Bedeutungslosigkeit darstellen wolle. Dabei war jedoch auffallend, daß sie immer wieder auf ihre Reizlosigkeit hinwies, wie wenn sie darauf stolz sein könne. Der Zuschauer oder Zuhörer ist auch hier eine conditio sine qua non des Masochismus. Solches Herzeigen oder Rühmen der eigenen Defekte verträgt sich schlecht mit einer »Exhibitionshemmung«. Man versteht nicht, warum diese »minderwertigen« Personen sich nicht einer Zurückhaltung oder Bescheidenheit befleißigen, die man bei ihnen erwarten dürfte.* Die Selbsterniedrigung und Selbstverkleinerung, die *Reich* als so auffällig empfindet, ist wohl da. Das Wesentliche an ihr ist aber, daß sie so *auffallend* da ist. Die junge Frau z. B., von der ich eben erzählte, wurde einmal gefragt, ob sie Maschinenschreiben könne. »Nicht gut, eigentlich gar

* Wie weit sich meine Ansicht von der gegenwärtigen psychoanalytischen entfernt, mag der Vergleich mit der von *K. Horney* zeigen, für die Masochismus ein Versuch ist »to gain safety and satisfaction in life through inconspicuousness and dependency.« (New Ways of Psychoanalysis). Bedauerlicherweise hat sich diese Autorin von dem Eindruck oberflächlicher Ich-Gewinne im Masochismus narren lassen.

nicht«, antwortete sie. Am nächsten Tage erinnerte sie wie zufällig im Gespräch daran, daß sie ein Diplom für Maschinenschreiben besitze. Es kommt so oft zu einer zweiteiligen oder zweiseitigen Einstellung. Man könnte sagen: Hochmut kommt nach dem Fall. Die Durchgängigkeit des demonstrativen Moments im Leidsüchtigen ist auch dort zu konstatieren, wo ihm entgegenwirkende seelische Kräfte zu Entstellungen, Mischformen und Reaktionsbildungen gezwungen haben. Am häufigsten ist das Resultat, wie schon bemerkt, eine Kompromißbildung von Zeigen und Verbergen. Das klingt paradoxer, als es ist. Man begegnet solcher merkwürdiger Mengung auch sonst im Leben. Nehmen wir ein Alltagsbeispiel: ein Mann tritt in ein Zimmer, in dem eine Dame mit sehr ungeniert übereinandergeschlagenen Beinen sitzt. Sie wird gewiß ihre Stellung sogleich verändern, den hinaufgeschobenen Rock tiefer ziehen. Nun gibt es Fälle, in denen dies so geschieht, daß die Schamhaftigkeit betont oder demonstriert wird. Die Bewegung, welche die Dame macht, kann eine solche Vermengung von Zeigen- und Verbergenwollen darstellen.* Solche Mischbildung tritt uns im Masochismus von den feinsten bis zu den gröbsten Formen entgegen. Folgendes Beispiel machte einen ähnlichen Eindruck auf mich. Eine Patientin wollte in das Galakonzert eines berühmten Dirigenten gehen. Sie hätte gern ihr neues Abendkleid getragen und die Perlen angelegt, die sie kürzlich geschenkt bekommen hatte. Sie tat es dann doch nicht aus Angst, daß sie in der kleinen Stadt durch eine solche Auf-

* Das Wesen eines so auffälligen Verbergens hat – sechzehn Jahrhunderte vor der Analyse – der heilige Hieronymus in seinen Briefen an römische Frauen erkannt. Er beschreibt: »Der Mantel rutscht zufällig von den weißen Schultern und entblößt sie, und schnell nimmt man ihn wieder auf, als hätte man Eile zu verbergen, was man gerne sehen lassen will.«

machung zuviel Aufsehen erregen würde. Nach einigem Zögern entschied sie sich – pour épater les bourgeois – in einfacher Tageskleidung zu erscheinen. Das Ergebnis war natürlich, daß sie als einzige Frau nicht in Abendkleidung war und von allen kritisch gemustert wurde. Nun fiel sie tatsächlich auf – was sie gerade hatte vermeiden wollen. Sie fühlte sich beschämt und doch überlegen. Durch diese Aufmachung – was dabei herauskam, kann man fast als List bezeichnen – wurde eine coincidentia oppositorum erreicht. Das Ziel war gewesen – Aufmerksamkeit zu erregen; das Ergebnis war – sie erregte Aufsehen. Der ursprüngliche Wunsch, gegen den mit entgegengesetzten Bestrebungen angekämpft wurde, hatte aufgrund eines masochistischen Kompromisses zu einer negativen Demonstration bzw. zu Exhibitionismus mit umgekehrtem Vorzeichen geführt.

Ein Rechtsanwalt hatte jahrelang an den Sitzungen einer Anwaltvereinigung teilgenommen, ohne je ein Wort zur Diskussion beizutragen. Er wünschte aber ernsthaft an den Diskussionen teilzunehmen, da er glaubte, daß er wichtige Dinge zu sagen hatte. Nichtsdestoweniger hinderte er sich selbst am Sprechen, weil er sich fragte, wie wohl sein Schweigen aufgenommen würde. In der Tat zog er die Aufmerksamkeit auf sich, weil er nichts sagte. Das eindeutige Bestreben, zum Mittelpunkt der Aufmerksamkeit zu werden, zeigt sich hier hinter dem Anschein von Bescheidenheit. Ein Sprichwort sagt: Das Veilchen blüht im Verborgenen. Jede nähere Beschäftigung mit der Psychologie des Masochismus zeigt, daß hier ohne Zweifel eine Hemmung hinsichtlich Exhibitionismus vorherrscht. Man kann höchstens von Exhibitionismus mit umgekehrtem Vorzeichen sprechen. Selbst in Fällen von Selbstunterschätzung und Selbsterniedrigung, von Pseudo-Schwäche und angeblicher Dummheit, ist der sehr ähnliche Wunsch, seine eigenen Mängel und Unzulänglichkeiten zu offenbaren und sich ihrer zu rühmen, deutlich erkennbar. Es ist tatsächlich auffallend, daß so viele Masochisten sich ihrer Schwächen und schlechten Eigenschaften nicht schämen, sondern sich ihrer rühmen. Jene masochistischen Charaktere, die Freude daran haben, ihre eigenen Fähigkeiten herabzusetzen, ihre Unzulänglichkeiten und Laster zu offenbaren, sind perverse Heuchler. In Wirklichkeit sind sie stolz auf sich, sogar stolz auf ihre Selbsterniedrigung und Selbstdemütigung. Ihre guten Eigenschaften und ihre Begabung werden danach um so glänzender erscheinen. Ihre Bescheidenheit ist Verstellung. Sie wollen Ruhm und Erfolg, vielleicht mehr als wir alle. Das Bestreben, sich in den Schatten zu stellen, ist eine Reaktion, die aus dem Wunsch zu glänzen abgeleitet ist. Es ist gleichzeitig der Ausdruck dieses andauernden Wunsches.

Jeder kennt Beispiele von Leuten, die ihre Leiden sozusagen zur Schau tragen. Das Leiden im Masochismus hat eine solch deutliche auf die Umgebung gerichtete Außenseite, eine für die Umwelt bestimmte Fassade. Ohne Aufmerksamkeit von seiten dieser Umwelt verliert das Leiden viel von seinem genußreichen Charakter. Jeder, der oft Berichten von Masochisten aufmerksam gefolgt ist, wird dies erkennen. »Halb ist es Lust, halb ist es Klage« könnte man mit dem *Mörike*-Lied sagen. Das Nachlassen dieser auf das Leiden gerichteten Aufmerksamkeit kann Erbitterung und Zorn auslösen: eine Patientin, deren Ausfälle häufig ihre Familie in starke Besorgnis versetzten, lag einmal stöhnend auf dem Sofa. Da ihr Jammern kein mitleidiges Echo fand, erhob sie sich und kleidete sich an, ohne ihren Schmerzen irgendwelche Bedeutung beizumessen. Ein Mitglied der sonst überbesorgten Familie, die sich ausnahmsweise nicht um die Kranke gekümmert hat, hörte, wie sie laut vor sich hinsagte: »Na, dann nicht!« Nicht selten ergibt sich jene Vermengung von Verbergen- und Zeigenwollen in der Form, daß der Masochist zeigt, daß er im stillen leidet. Es ist in manchen Fällen, in denen der Betreffende Unrecht erlitten hat, wie eine Demonstration im Sinne: Ich grolle nicht und wenn das Herz auch bricht. Solches auffällig verborgene Leiden soll gesehen, die Standhaftigkeit, womit es ertragen wird, bewundert werden. Die Aufmerksamkeit der Umwelt soll auf dieses Leiden gelenkt werden. Man könnte hier die Frage aufwerfen: Gibt es denn kein Leiden ohne solch demonstrative Absicht? Gewiß doch, aber dann ist es eben kein masochistisches Leiden. Der demonstrative Zug gehört zum Wesen des Masochismus und ist von ihm nicht ablösbar. Dort, wo dieser demonstrative Zug stärker hervortritt, bekommt er häufig die Note des Falschen oder Heuchlerischen. Der Masochist im sozialen Sinn erscheint dann wie ein Schauspieler seines Elends, wie ein Lobpreiser und Verkünder seiner Leiden. Ich empfinde diesen Zug noch in der Demonstration, mit der Hiob sein Unglück den Freunden zeigt.

Er ist auch nicht auf das physische Gebiet beschränkt. Man denke etwa an die Gestalten russischer Dichter wie *Dostojewskij* und *Tolstoi*, die eine wahre Wollust zeigen, sich bloßzustellen, ihre Fehler und Schwächen aller Welt zu erzählen. Man wird dort denselben Zug wiederfinden. Der Zusammenhang von femininem und moralischem Masochismus bei durchgängigem demonstrativem Charakter läßt sich leicht nachweisen. *Rousseaus* »Confessions« und »Correspondance«, *Baudelaires* Schwelgen in masochistischen Phantasien und sein Geständniszwang (»Cœur mis à nu«) seien als Beispiele naheliegender Art angeführt. Dieselbe Kombination von Merkmalen ergibt sich auf dem Gebiet der Religionsgeschichte. Die Märtyrer des Frühchristentums legten oft auffallend Wert darauf, daß ihre Leiden ad majorem Christi gloriam gesehen werden. Diese Glaubenszeugen wünschten

Zeugen ihres Märtyrertums, zeigten gerne ihre Wunden und ihre Entwürdigung. Sie wünschten, die ganze Welt solle von ihrem leidenden Eifer wissen. Man erinnert sich der Säulenheiligen, etwa des Simeon Stylites – er erscheint in der eindrucksvollen Schilderung *Anatole France'* –, jenes Heiligen, der sein Asketentum, seine Entbehrungen und Bußen hoch über dem Marktplatz vor aller Augen stellt. Ein französisches Passionsspiel des 15. Jahrhunderts enthält ein naives Zugeständnis des masochistischen Genießens und des demonstrativen Charakters, der sich damit verbindet. Es wird berichtet, daß ein Heiliger mit anderen zu Perugia in den Kerker geworfen wurde, um seine Hinrichtung zu erwarten. Seine Genossen waren niedergeschlagen, er aber fröhlich. Er sagte: »Ihr sollt wissen, daß ich mich freue, da ich durch alle Welt als Heiliger geehrt werden soll.« Es geht eine direkte Linie von solchem Verhalten zur Schaustellung indischer Fakire und arabischer Derwische mit ihren Selbstmarterungen. Das eigene Leiden und das eigene qualvolle Sterben sollen eine große oder illustre Zuschauerzahl haben. Was als Gegenbeispiel einsamen Asketen- und Märtyrertums angeführt werden kann, läßt sich als nur scheinbarer Widerspruch erkennen. Noch für die einsiedlerischen Mönche, für den heiligen Hieronymus in der Wüste, den heiligen Antonius in der Thebais und alle Eremiten, die sich furchtbaren Geißelungen unterwarfen, gab es einen und den wichtigsten Zeugen: Gott. Ihm wollten sie zeigen, was sie für ihn litten, ihm beweisen, wie sie sich für ihre Sünden straften.

Wie echt auch immer die Reue und wie freiwillig auch immer das Leiden ist, es geht nie ohne Publikum ab. In vielen Fällen hat es den Charakter einer Aufführung und häufig entbehrt es nicht eines gewissen theatralischen Beigeschmacks. Dieser demonstrative Zug ist nicht auf masochistisch veranlagte Einzelpersonen beschränkt. Er kann auch im Verhalten von

Gruppen auftauchen, denen das Schicksal in der Vergangenheit oder Gegenwart übel mitgespielt hat. Im Leben dieser Menschen erscheint der Zusammenhang zwischen Geliebt- und Bestraftwerden auf einer höheren, oft einer religiösen Ebene. Das Leiden dieser Menschen wird als Zeichen für eine bestimmte Aufgabe angesehen, als ein Zeichen, daß ihnen in der Geschichte der Menschheit eine sehr wichtige Rolle zugedacht ist. Gott hat diese Menschen ausgezeichnet, indem er ihnen besondere Leiden und schwere Prüfungen auferlegt.

So kann ein Volk mit einem besonders schweren Schicksal sich selbst als auserwähltes Volk begreifen, das Gott am meisten liebt. Diese ethno-psychologische Vorstellung ist analog der kindlichen Vorstellung: Vater schlägt mich, weil er mich liebt. Der geheime Stolz am Leiden zeigt sich hier offen und wird als Bevorzugung oder als besondere Auszeichnung angesehen. Die Hoffnung auf einen späteren Triumph kann zu einer Ekstase oder Orgie des Schmerzes führen. Je größer die Entbehrungen und das Leid werden, desto näher glaubt man den Tag der Erlösung und des Sieges über den Feind. Ähnlich kann der Zunahme des Schmerzes in den Praktiken des Perversen als Anzeichen für den bevorstehenden Orgasmus genommen werden. Er wird nur scheinbar als Lust-Schmerz willkommen geheißen. Tatsächlich wird das Leid als eine der Lust vorausgehende Phase aufgefaßt. Der Unterschied zwischen dem psychischen Erleben des Perversen und dem der Gruppen oder Völker besteht darin, daß bei ersterem der sexuelle, bei letzteren der soziale Faktor überwiegt. Einen demonstrativen Charakter im Masochismus oder in masochistischen Verhaltensweisen zeigen auch religiöse oder ethnische Gruppen.

Um auf das individuelle psychische Erleben zurückzukommen, ist hinzuzufügen, daß das eben Gesagte auch für den

Übergang vom perversen zum desexualisierten Masochismus zutrifft. Der demonstrative Charakter zeigt sich in Selbstunterschätzung und Selbstverhöhnung in Gegenwart von anderen und sogar auch dann, wenn sie allein sind. Die Aufmerksamkeit der anderen wird durch Tölpelhaftigkeit, schlechtes Benehmen, ja sogar durch kriminelle Akte erregt. Einen solchen Fall habe ich selbst beobachtet: Ein Mann mittleren Alters, der jahrelang perverse sexuelle Praktiken ausübte, hatte während der Analyse diese Gewohnheit abgelegt. In seinem Charakter zeigte sich jedoch langsam eine eigentümliche Veränderung. Er war sehr gesellig und unterhielt seine Freunde und Bekannten in hohem Maße dadurch, daß er zahllose Anekdoten erzählte, in denen er als Unglücksrabe figurierte. Er spielte quasi den Clown, um andere zum Lachen zu bringen.

Seine sexuelle Perversion war sozusagen in eine soziale umgeformt worden. Sein Masochismus lebte weiter, indem er in die Rolle eines sich selbst verhöhnenden Witzboldes schlüpfte. Seine Selbstdemütigung hatte eine soziale Verkleidung erhalten. Indem er sich selbst schlecht machte und seinen Zynismus gegen sich selbst richtete, entblößte er sich auf andere Weise. So wie er in der früheren perversen Schlageszene sein Hinterteil zur Schau gestellt hatte, stellte er jetzt seine seelische Blöße dar.

Ich will hier das besondere Augenmerk darauf lenken, daß die Erforschung einer solchen psychischen Entwicklung wertvolle Einsichten in die Psychologie von Spaßmachern – insbesondere von jenen, die sich selbst verspotten – ebenso wie zur Entstehung von absichtlicher Komik liefert. Seine eigene Unzulänglichkeit anderen gegenüber zu zeigen, indem man sich selbst zur Witzfigur macht, ist demnach auch eine Form von masochistischer Demonstration. Es ist gewiß kein Widerspruch, daß eine solche absichtliche Demonstration der eigenen Schwäche und Verrücktheit bei Figuren wie Falstaff oder Don Quijote gelegentlich ihren masochistischen Leidenscharakter enthüllt. Noch beim Clown finden wir manchmal jene sonderbare Vermengung von Zeigen- und Verbergenwollen. »Lache, Bajazzo, schneide die tollsten Grimassen . . .«, singt *Leoncavallos* Held. Jenes Lachen soll aber das Leiden nicht nur verbergen; es soll es auch verraten. Das Lachenmachen aber ist eine besondere Art masochistischer Befriedigung der komischen Person.

Ein Einwand, der rasch zu erledigen ist, könnte aus der Tatsache, daß bestimmte Perverse einsame masochistische Praktiken ausführen, gewonnen werden. Es kommt nicht selten vor, daß junge Männer – seltener Frauen – sich etwa vor dem Spiegel selbst schlagen. In einem Fall mußte der Patient, der auf diese Art zum Orgasmus gelangte, im Spiegel erst die blutigen Striemen sehen, die er sich auf dem Hintern durch Schläge beigebracht hatte. Die Einsamkeit ist zwar eine materiell, aber nicht psychologisch wirkliche. Der Betreffende phantasiert einen Zuschauer, den er manchmal selbst spielt, mit. Dieser vorgestellte Zuschauer soll die Entblößung und das Schlagen mitansehen und mitgenießen. Diese zweite Person ist in der Phantasie nicht mißbar, weil sie der Träger der lustbringenden Aktion ist. Wie im Selbstmitleid, in dem unbewußt eine andere Person (Mutter, Vater) hinzuphantasiert wird, die Mitleid hätte, wenn sie uns in so trüber Situation sehen könnte, ist auch in der Isolierung der masochistischen Praktik die aktive Person wesentlich. Im übrigen kann man leicht erraten, wieso es zu solchen Spiegelschlageszenen kommt. Sie sind Versuche, zuerst nur in der Phantasie Vorgestelltes zur Ausführung zu bringen, wobei die eine Person ein Zwei-Rollenspiel übernommen hat. Solche Versuche bedeuten einen Schritt von der Phantasie zur wirklichen masochistischen Szene mit einem Partner, der später auch wirk-

lich manchmal gesucht wird. Hier ist der Platz daran zu erinnern, was früher über die Bedeutung der Phantasie, ihre primäre Rolle im Masochismus gesagt wurde.
Vielleicht ist es jetzt an der Zeit, die Bezeichnung demonstrativ für den geschilderten Zug zu rechtfertigen und ihn gegen ähnlich klingende Bezeichnungen abzugrenzen. Es wurde bereits gesagt, daß sich das Wort exhibitionistisch nicht eignet, weil es voraussetzt, daß der Zeigende auf das, was er zur Schau stellt, stolz ist, es als schön oder rühmlich empfindet. Das ist indessen weder beim Perversen noch beim moralischen der Fall: viele empfinden die eigene Entblößung oder Erniedrigung bewußt beschämend und entwürdigend. Man könnte also bestenfalls nur von einem Exhibitionismus mit verkehrten Vorzeichen sprechen. Könnte man also – mit dieser wichtigen Einschränkung – den typischen Zug zur Not als exhibitionistisch bezeichnen, so ist es geradezu unrichtig, ihn dem Narzißmus zuzuordnen, wie manche Beobachter es getan haben (*Lampl, Menninger*). Ich habe geschildert, wie die Tendenz des Masochismus dahin geht, sich zu entblößen, um die Aufmerksamkeit auf sich zu ziehen. Dabei wollen wir für den Augenblick davon absehen, ob dabei beabsichtigt wird, Strafe oder Liebesbeweise vom anderen zu bekommen, oder ob ein anderes triebhaftes Ziel angestrebt wird.
Es ist mir durchaus rätselhaft, wie man ein solches Verhalten narzißtisch nennen kann. Wir verstehen unter dieser Bezeichnung eine Einstellung der Selbstverliebtheit. Als ihr sicherstes Zeugnis oder ihr sichtbarster Ausdruck erscheint das Merkmal der Selbstgenügsamkeit. Der schöne Jüngling des griechischen Mythos, der sich in sein Spiegelbild verliebt, hat gewiß kein Bedürfnis, die Aufmerksamkeit anderer auf sich zu ziehen. Er ist in den eigenen Anblick versunken und kümmert sich nicht um die Umwelt. Wie anders wirkt das Zeichen des Masochisten auf uns ein! Sein Sichzurschaustellen

und Sichzeigen hat ja alle Merkmale des Werbens, des Sichbemerkbarmachens. Sein Verhalten ist geradezu das Gegenstück des narzißtischen Benehmens. Es wäre viel richtiger zu sagen, es sei das Zeichen dafür, daß der Narzißmus dieser masochistischen Personen auf das tiefste gestört ist, da so große Anstrengungen gemacht werden, die anderen auf sich aufmerksam zu machen. Der Masochismus ist also niemals ein Zeichen von Narzißmus, sondern ein Ausdruck von dessen Schädigung und eines Versuchs, ihn wiederherzustellen. Die Bezeichnung »narzißtisch« für den oben beschriebenen typisch masochistischen Zug liefe in etwa auf dasselbe hinaus, wie wenn man einen Feinschmecker, der sich ganz allein exquisiten Tafelfreuden hingibt, mit jemandem vergleichen würde, der mit einem flammenden Transparent an der Spitze einer Demonstration gegen den Hunger marschiert. Derartige Behauptungen oder irreführende Charakterisierungen sind ein Zeichen für den Mißbrauch der analytischen Terminologie*.
Die Bezeichnung »demonstrativ« für dieses charakteristische Merkmal wurde aus verschiedenen anderen Möglichkeiten gewählt, da sie am ehesten eine Vorstellung von dem oben beschriebenen Verhalten vermitteln kann. Darüber hinaus scheint dies der neutralste Begriff zu sein, da er lediglich dem Zweck dient, dieses spezielle masochistische Verhalten zu beschreiben. Nur aus diesem Grund ziehe ich ihn dem nicht klar abgegrenzten Begriff »exhibitionistisch« vor.
Ich habe in meiner Übersicht über die Merkmale des Maso-

* *K. Horney* (in: New Ways in Psychoanalysis) behauptet z. B., daß »ein Mensch mit ausgesprochen narzißtischer Tendenz, wenngleich unfähig zur Liebe, nichtsdestoweniger andere Menschen als Quelle der Bewunderung und Unterstützung braucht«. Die Lösung des Rätsels ist leicht zu finden. Es besteht in der Unkorrektheit der Behauptung. Ein ausgesprochener Narzißt, der auf die Bewunderung anderer dringend angewiesen ist, ist kein Narzißt.

chismus auf die enge Verbindung des Vorherrschens der Phantasie und des Suspensefaktors hingewiesen. Psychologisch gesehen bilden sie ein Paar, während der demonstrative Zug isoliert auftritt. Wenn er irgendwelche Verbindungen mit den beiden anderen Merkmalen haben sollte, so sind wir doch nicht in der Lage, sie zu erkennen.

Der Zweck des Demonstrativen kann nicht im voraus vermutet werden. Man kann höchstens sagen, daß er das nicht ist, was viele Analytiker behaupten: narzißtisch oder exhibitionistisch. Doch mit dem Ausschließen solcher Bezeichnungen ist schon etwas gewonnen. Vielleicht kann man sich dem versteckten Sinn des demonstrativen Zuges nähern, wenn man beobachtet, was er zu zeigen bzw. darzustellen versucht. Die Antwort scheint einfach. Der Zuschauer oder Zeuge soll das Unbehagen, die Qual, die Demütigung oder Schande des Masochisten erfahren. Im Bereich des sozialen Masochismus erlebt er die Zurschaustellung des eigenen Unglücks eines Menschen, seiner Unzulänglichkeiten, seiner Dummheit oder Minderwertigkeit. Ist aber damit der geheime Sinn der Demonstration geklärt? Soweit ich sehe, nicht. Es gibt lediglich eine Antwort darauf, was man als erstes sieht, aber was sich dahinter verbirgt, bleibt ungeklärt. Wenn jemand in einem Zimmer sitzt und andauernd und in auffälliger Weise in die rechte Zimmerecke starrt, könnte man daraus sehr wohl schließen, daß er dort etwas Verdächtiges bemerkt hat. Andererseits kann damit auch bezweckt sein, die Aufmerksamkeit der anderen von der linken Zimmerecke abzulenken, da er vielleicht dort etwas versteckt hat. Wie auch immer, es ist auffallend, wenn jemand seine eigene Schande und Strafe so offen zeigt.

Alle psychischen Phänomene neigen zum Selbstverrat, sogar der Masochismus. Daß der demonstrative Zug etwas zeigen oder beweisen will, darüber besteht kein Zweifel. Das ist sein eigentlicher Sinn. Aber durch das auffallende Zeigen wird auch wieder etwas verborgen. Das Vorhandensein eines demonstrativen Zuges – in sich selbst ein Rätsel – verstärkt den Eindruck eines geheimen Widerspruchs im Masochismus.

6 Der provokatorische Faktor

Ich habe versucht, eine objektive Beschreibung von bisher nicht erkannten Charakteristika zu geben, die allen Formen des Masochismus gemein sind. Es wurde jedoch nicht versucht, die Bedeutung dieser Merkmale hinsichtlich des Wesens und der Entwicklung dieses instinktiven Strebens zu erklären. Die bisher genannten drei Merkmale können von jedem Analytiker beobachtet werden und fehlen in keinem Fall mit masochistischen Neigungen.

Natürlich gibt es auch noch andere Merkmale, die nicht regelmäßig auftauchen, aber in einer bestimmten Beziehung zum Masochismus stehen und die Aufmerksamkeit des Psychologen auf sich ziehen. In manchen Fällen sind sie deutlich erkennbar, in anderen Fällen sind sie nur schwer auszumachen. Die Versuchung, eine häufige Begleiterscheinung dem Wesen des Masochismus zuzurechnen, ist groß. Eine sorgfältige Prüfung muß entscheiden, ob solche Züge zum Wesen des »reinen« Masochismus gehören oder einen Beitrag darstellen, der, aus anderen Triebquellen stammend, sich gern mit ihm vergesellschaftet.

Zuerst meinte ich, einen solchen Zug, der so häufig in Begleitung masochistischer Erscheinungen auftritt, daß er kaum übersehen werden kann, den drei Merkmalen anreihen zu müssen. Ich nenne ihn den provokatorischen Beitrag und will zuerst seine Natur skizzieren, um dann seine Beziehung zum Masochismus zu erörtern. Man beschreibt ihn am allgemeinsten in folgender Form: der Masochist benützt alle Möglichkeiten und Mittel, die ihm zur Verfügung stehen, um die andere Person dahin zu bringen, ihm jene Unlust zu verschaffen, deren er zur Erreichung seiner Lust bedarf. Eine solche Formulierung klingt bizarr, aber das liegt weniger an meiner stilistischen Unzulänglichkeit als am Wesen des Masochismus.

Am besten ist der provokatorische Faktor natürlich in der aktuellen, sexuellen Szene erkennbar. Der Mann, der einer Prostituierten erkärt, in welche, oft höchst unbehagliche und beschämende Lage er von ihr gebracht werden will, liefert das einfachste und roheste Beispiel. Das groteske Moment liegt darin, daß er eine andere Person bittet, ihm einen Schmerz oder eine Beschämung zuzufügen – also gerade um das, wogegen sich die meisten Menschen aufs äußerste zur Wehr setzen würden. Es ist mir nicht bekannt geworden, ob in der Literatur schon darauf hingewiesen wurde, daß die Einladung oder Instruktion schon einen Teil der masochistischen Vorlust ausmacht. Mit Dirnen braucht man sich freilich nicht zu genieren, alle nötigen Weisungen zu geben. Mit anderen Partnerinnen wird es nötig sein, feinere Mittel zu gebrauchen, verborgene Wege der Annäherung an das Triebziel zu finden und die persönlichen Bedingungen der Erregung und Befriedigung erkennen zu geben. Dieses passive Triebziel wird vom Masochisten oft äußerst aktiv angestrebt. Er zeigt in vielen Fällen in der Erreichung seines Zieles einen Aufwand von seelischer Energie, von Scharfsinn und gedanklicher Arbeit, der nur mit dem in der Zwangsneurose verglichen werden kann. Die Bemühungen, zu der ersehnten Unlust, die Lust ist, zu gelangen, sind selbst von masochistischen Vorlustempfindungen begleitet.

Wenn sich der Erfolg aber nicht einstellt, nehmen die Bemühungen meistens eine Richtung und einen Charakter an, die sich sadistischen Triebäußerungen annähern. Es ist, wie wenn Hindernisse, die sich auf dem Wege zum masochistischen Triebziel einstellen, die Person ungeduldig machen und in ihr sadistische Tendenzen wachrufen. Dort, wo nicht mehr die sofortige und unmittelbare Triebbefriedigung in Aussicht steht, wird sie provokant, sucht sie die entsprechende Aktion des Partners herauszufordern. Es gibt eine große Zahl »erbitterter« Masochisten, die ihr Objekt so lange quälen, bis es zur gewünschten Bestrafung oder Rache übergeht. Bis dahin wird der Druck des Quälerischen verstärkt. Ein eigenartiges Lauern und Beobachten des Objektes begleitet das Manöver, ohne daß sich der Masochist dessen bewußt ist. In diesem Verhalten ähnelt der Masochist am meisten einem schlimmen Kind, das die Mutter oder Pflegeperson so lange quält, bis es die Strafe bekommt. Auch beim Kind kann beobachtet werden, daß es sich in seiner Unartigkeit steigert, vom Schlimmen zum Schlimmeren fortschreitet. Auch jenes Lauern fehlt nicht. Es ist, wie wenn es sich angesichts der geduldigen Mutter fragt: wird sie jetzt böse werden? Noch nicht? Wird sie noch immer geduldig bleiben können? Ich hörte ein kleines Mädchen, das in einer solchen Szene von der Mutter ermahnt und gewarnt wurde, neugierig fragen: »Wenn ich es aber doch tu? Was tust du dann?«

In dem beschriebenen Benehmen werden für kurze Zeit die Grenzen zwischen masochistischem und sadistischem Verhalten verwischt. Es werden aggressive und gewalttätige Mittel angewendet, um das Bestraft-, Getadelt-, Beschämtwerden zu erreichen. Der Leidsüchtige wird quälerisch. Für diese Zeitspanne erscheinen die Rollen verkehrt. Der Masochist benimmt sich wie ein Sadist und sein Objekt, von dem er Leid, Erniedrigung, Strafe erwartet, wie das Opfer eines Sadisten. Rechter Hand, linker Hand, alles vertauscht. Dieses Heraus-

fordern, Auslocken, Provozieren der masochistischen Befriedigung geht in sadistischer Form vor sich. Der provokatorische Zug hat, soweit ich sehe, kaum noch seine psychologische Würdigung erhalten. Wenn *Freud* sagt, der wahre Masochist halte die Backe hin, auf die er einen Schlag zu erhalten glaubt, so dachte er sicher an den gleichen Faktor, der als mildere Form einer Einladung aufgefaßt werden kann. Dieser kindliche Prototyp dieses masochistischen Verhaltens scheint auch hier durch – obgleich das Kind sicher in den meisten Fällen einen anderen Körperteil zum Einstecken des Schlages hinhalten würde. Dieser kindliche Prototyp bedingt den provokatorischen Ausdruck. Er zeigt sich jedoch auch in den sublimen oder sublimierten Formen masochistischen Empfindens auf moralischer und religiöser Ebene. Von der sexuellen Lust der christlichen Lehre, man solle auch die rechte Backe hinhalten, wenn man auf die linke einen Schlag erhalten habe, bis zur Proklamierung von Gandhis Programm des gewaltlosen Widerstands führt ein langer, aber direkter Weg.
Darüber hinaus ist bemerkenswert, daß die masochistische Provokation in der Phantasie eine geringere Rolle spielt als in der Realität. Das mag auf die Tatsache zurückzuführen sein, daß das Erreichen der masochistischen Befriedigung in der Phantasie auf weniger Widerstand trifft. Besonders im Leben von masochistischen Charakteren zeigt sich die Provokation oft in Form von Ärgern, Spotten, Zanken oder Quälen, je nachdem, ob das Triebziel eine leichtere oder schwerere Bestrafung ist. Dieses Verhalten kann sich von leichter Ironie bis zu frecher Herausforderung, von harmlosen Sticheleien bis zu grober Beschimpfung steigern, wenn die Genugtuung nicht gleich erreicht wird.
Angesichts der Halsstarrigkeit und Unnachgiebigkeit der Provokation ist man geneigt, den Masochisten, der sich so

verhält, als einen tyrannischen oder despotischen Charakter zu bezeichnen. Hinter diesem Antrieb, der auf keine Zurückweisung reagiert und ein Ja nicht als Antwort akzeptiert, scheint ein starker Wille zu stecken. Es ist merkwürdig und einer Überlegung wert, daß der Masochist, der sich vollkommen seinem Ziel unterordnet, auf der Ausführung seines Willens besteht – ungeachtet des Ziels seiner Wünsche. Kann dieser despotische Charakter nur der umgekehrte Aspekt der Demütigung und Unterwerfung des Masochisten sein? In der psychoanalytischen Behandlung von Masochisten erscheint der provokatorische Zug entweder als erbitterter Widerstand oder als trotziger Gehorsam, als direkte Feindseligkeit oder ähnliches. Die Skala reicht von störrischem Schweigen bis zu unverschämten Bemerkungen und unverschämtem Benehmen. Man kann den Zweck solchen Verhaltens ganz allgemein als »masochistische Sabotage« bezeichnen.
Es sieht so aus, als ob der Patient nicht eher zufrieden sein könnte, bis er kühl und abweisend behandelt wird; als ob er nichts tun könnte, ohne getadelt oder gedemütigt zu werden. Hinsichtlich der Stärke der Aggression steht der Masochist dem Sadist in nichts nach. Manchmal manifestiert sich die Provokation selbst in maßlosen Beleidigungen dem Analytiker gegenüber, um dessen Höflichkeit und Geduld zu erschüttern. Einer der Patienten begann seine analytische Behandlung mit den höhnischen Bemerkungen: »Tun Sie überhaupt irgend etwas? Nein, Sie sitzen hier nur herum. Tun Sie doch etwas mit mir!« Unbewußt wollte er damit erreichen, daß er gescholten wurde.
Diese Art von Provokation ist im desexualisierten Masochismus wesentlich ausgeprägter als in seiner perversen Form. Nichtsdestoweniger kann sie auch in solchen Fällen beobachtet werden. Ein ausgezeichnetes Beispiel dafür stellt ein Patient dar, der seine sexuelle Befriedigung nur erreichen

konnte, wenn er von einer Frau auf das Hinterteil geschlagen wurde. In einer späteren Phase seiner Analyse, während der der Patient erfolgreich gegen seine zwanghafte Perversion ankämpfte, erreichte er seine Befriedigung auf einem merkwürdigen Umweg. Er machte gewöhnlich seinen abendlichen Spaziergang in einer von Wiens belebten Straßen, wo er Gelegenheit hatte, sich unbemerkt Frauen zu nähern, die vor ihm gingen, und ihnen einen leichten Schlag auf den Körperteil versetzen konnte, was ihm sonst solche Befriedigung verschafft hatte. Er machte das meistens so verstohlen, daß die Frau die Berührung nicht einmal bemerkte. Aber einmal passierte es, daß einer dieser schlendernden Schönheiten diese Liebkosung nicht als Huldigung akzeptierte, da sie vielleicht ein wenig grob ausgefallen war. Sie drehte sich rasch um und gab dem unbekannten Verehrer eine schallende Ohrfeige. Voll ehrlicher Entrüstung schrie sie der Patient an: »Was schlagen'S denn, Sie Trampel, ich bin ja selbst ein Sadist!«

Hier ein typisches Beispiel einer masochistischen Provokation auf dem sozialen Gebiet, von einem Patienten, der Anwalt ist: er hatte vor Gericht manchmal Diebe oder Betrüger zu verteidigen. Dabei zeigte er dem Richter gegenüber ein merkwürdiges Verhalten. Am Anfang der Verhandlung benahm er sich sehr respektvoll, ja fast unterwürfig, solange er fürchten mußte, daß sein Klient streng bestraft werden würde. Wenn es aber den Anschein hatte, daß der Angeklagte mit einer leichen Strafe davonkommen oder gar freigesprochen werden würde, änderte der Anwalt sein Benehmen in auffallender Art. Er wurde gegen den Richter ausfallend, krakeelte und zeigte sich frech und herausfordernd. Es war, wie wenn er mit unbewußter Absicht den Richter erbittern und eine scharfe Rüge herausfordern wollte. Es war in der Analyse leicht, zu erraten, daß sich der Anwalt mit dem Übeltäter identifizierte und eine strenge Bestrafung provozieren wollte. Es ist vielleicht nicht unnötig zu bemerken, daß zahlreiche – auch unschuldige – Angeklagte vor Gericht ein ähnliches provokatorisches Benehmen im Sinne des Masochismus an den Tag legen.

Wenn es dem masochistischen Charakter auf diesem Weg gelungen ist, sein Opfer dazu zu bringen, ihn selbst zum Geschädigten zu machen, geschieht es nicht selten, daß er sich gekränkt und verletzt fühlt. Diese Reaktion bezieht sich ja nur auf das Bewußte. Sie schließt eine unbewußte Befriedigung nicht aus. Ein bestimmter Menschentypus, derjenige des ewig Zurückgesetzten und Gekränkten, gehört zur Zahl unbewußter Masochisten, welche ihre Umwelt so lange provozieren, bis sie eine Beleidigung oder Demütigung erfahren. Ich glaube, daß das Heer der vom Schicksal Vernachlässigten eine große Anzahl solcher vermummter Masochisten einschließt, die den Anspruch erheben, ungerecht behandelt zu werden. Der Hartnäckigkeit und unbewußten Zielstrebigkeit des Masochisten gelingt es fast immer, sein geheimes Ziel zu erreichen. Als ein umgekehrter Shylock besteht er darauf, daß ihm die Schädigung widerfährt, gegen die er sich bewußt doch mit allen Kräften zur Wehr setzt. Natürlich erweckt seine nicht ablassende und nicht zu ermüdende Herausforderung im anderen alle aggressiven und rachsüchtigen Tendenzen, führt ihn in Versuchung, der eigenen Grausamkeit freien Lauf zu lassen. Der Masochist findet in seiner unbewußten Suche unfehlbar seinen sadistischen Widerpart.

Nicht immer sind die provokatorischen Faktoren im Charakterbild leicht zu erkennen. Sie verbergen sich manchmal in einer seelischen Märtyrerhaltung. Viele Menschen, die zur Schar der Erniedrigten und Beleidigten gehören, verführen ihre Umgebung dazu, sie zum Opfer zu machen. Die Provokation bezieht sich auf Schlechtbehandeltwerden, Ausgenützt- oder Geopfertwerden. Diese seelische Märtyrerschaft, die danach dürstet, sich zum Opfer zu bringen, gilt einem geliebten (und gehaßten) Opfer, der Ehefrau, den Eltern, den Kindern, einem Freund. Das Schicksal, das sich so widrig zeigt, hat hier persönlichere Formen angenommen. Es hat den Masochisten mit einem nörglerischen Chef, einer ewig kranken und quengelnden Frau, undankbaren Kindern, hochmütigen Verwandten und untreuen Freunden belastet. Das Charakteristische ist aber seine Reaktion, die einem Genießen des Leidens gleichkommt. Als eine ausgezeichnete Form der Provokation muß auch die unbewußte »gentle art of making enemies« bezeichnet werden. Das geheime Streben, Neid und Mißgunst, Haß und Wut bei anderen zu erregen und sich selbst eine Schar von Feinden zu machen, gehört zur provokatorischen Technik des sozialen Masochismus.

Wenn es das Triebziel des Leidsüchtigen ist, gescholten, gezüchtigt, gestraft zu werden und dieses Triebziel unbewußt sexueller Natur ist, so lag es nahe, in der Provokation eine masochistische Werbung zu sehen. Manche Analytiker wie W. *Reich* haben es verschmäht, in die Ferne verborgenerer Ziele zu schweifen und haben, was so naheliegt, zur Erklärung der masochistischen Herausforderung herangezogen. Eine frühe Liebesenttäuschung des Kindes war rasch angenommen und leicht gefunden, ein erhöhtes Liebesbedürfnis des masochistischen Charakters unschwer konstatiert. Wachsend, ohne Widerstand trieb die Theorie im Fahrwasser der Gleichung: Gestraftwerden = Geliebtwerden. Es stellt sich die einfache, wenn auch nicht unwichtige Frage, ob es wirklich das ursprünglich beabsichtigte Ziel des Masochisten war, gestraft zu werden. Wir interessieren uns hier nicht für eine psychologische Erklärung des provokatorischen Faktors, sondern nur für seine Beschreibung und Klassifizierung.

Welche Rolle spielt er überhaupt für das Phänomen des Masochismus? Meiner Ansicht nach gibt es darüber keinen Zweifel. Er gehört zur Technik des Masochismus und sein Zweck ist, ein bestimmtes Verhalten oder eine bestimmte Handlung des Objekts hervorzurufen. Eigenartigerweise ist diese Technik aktiver, ja aggressiver Natur. Wir hoffen, das Prinzip dieser besonderen Technik erfassen und beschreiben zu können. Sie ist nicht nur für das Liebesleben von entscheidender Bedeutung, sondern auch unterhalb dieser Sphäre und kann mit der Variante eines Sprichworts erfaßt werden: »Was du willst, daß man dir tu, das füg auch einem andern zu.«

In welchem Verhältnis steht der provokatorische Faktor, den wir als eine besondere masochistische Technik bezeichnet haben, zum vorher beschriebenen demonstrativen Zug des Masochismus? Provokation ist ein Mittel, das obskure masochistische Triebziel zu erreichen. Die Demonstration ist der gesamten Struktur des Masochismus eigen. Die beiden Merkmale liegen auf zwei verschiedenen Ebenen. Die vielfältigen Techniken, um einen bestimmten Zustand zu erreichen, stehen sicher in einem bestimmten Verhältnis zur Natur dieses Zustands, aber sie gehören nicht notwendigerweise zu den Merkmalen dieser Situation. Daß ein Streichholz anzünden ein Mittel ist, um Wärme zu erzeugen, besagt noch nichts über das Wesen von Wärme. Der demonstrative Zug ist bedingt durch das Bedürfnis des Masochisten, Zeugen zu haben, wenn er freudig seine Leiden erträgt. Der provokatorische Faktor trägt dazu bei, diesen Zustand zu erreichen.

Abgesehen von diesen Überlegungen gibt es zwei Gründe, die es unratsam erscheinen lassen, die Provokation zu den Merkmalen des Masochismus zu rechnen. Sie tritt nicht regelmäßig im Bild dieser Triebneigung auf und fällt nur auf, wenn die Befriedigung ausbleibt oder zumindest lange auf sich warten

läßt. Er kann durch andere Züge ersetzt oder überdeckt werden. Das zweite Motiv, ihn von den gekennzeichneten, durchgängigen Merkmalen auszuschließen, ist seine zweifelhafte Natur selbst. Die Beschreibung dieser Tendenz zeigt, daß sie ihrem Charakter nach aktiv und aggressiv ist. Anders gefaßt: sie entstammt der sadistischen Triebquelle. Sie repräsentiert gewissermaßen den Sadismus als stillen Teilhaber des Masochismus, stellt seinen Beitrag zur Auswirkung der entgegengesetzten Triebrichtung dar. Sie gehört nicht mehr dem Wesen des reinen Masochismus an. In ihr wird die Gegenmelodie zu der gegebenen Stimme hörbar. Der provokatorische Zug ist kein wesentlicher Punkt des masochistischen Ganzen, sondern ein Vertreter des Kontrapunktes.
Wir merken also die Existenz und Wirksamkeit dieses Beitrages als psychologisch bemerkenswert an, schieben aber seine Würdigung bis zu dem Zeitpunkte auf, da wir mehr von den Beziehungen von Sadismus und Masochismus verstehen. Jetzt aber wenden wir uns entschieden der Hoffnung zu, daß die Erfassung und Darstellung der Merkmale des Masochismus uns der Lösung des Rätsels, das er unserer psychologischen Neugierde aufgibt, näherbringen können.

III

Die Kräfte

7 Die seelischen Vorgänge

Wir meinen, einen neuen Zugang zum Problem des Masochismus gewonnen zu haben. Als Niederschlag langer Beobachtungen, die immer wieder mit neuen Erfahrungen verglichen wurden, ergaben sich einige, bisher nicht erkannte Merkmale, die in keinem Fall von Masochismus fehlen. Die psychologische Erfassung und Darstellung dieser drei charakteristischen Züge ist eine Frucht der Empirie und ein Resultat voraussetzungsloser Forschung. Sie wurde unabhängig von den bisherigen analytischen Ansichten über das Wesen des Masochismus gewonnen. Jeder psychologische Beobachter – auch der nicht psychoanalytische – kann sich von ihrer Existenz überzeugen, wenn er die Einzelheiten der Erscheinungen gewissenhaft studiert und scharf überprüft.

Die drei Merkmale, die wir für den Masochismus gefunden haben, lassen vorerst keine psychologischen Zusammenhänge erkennen. Sie bestehen isoliert und übergangslos nebeneinander. Wir haben Anlaß zu vermuten, daß die besondere Bedeutung der Phantasie durch eine Brücke mit dem Suspensemoment verbunden ist, aber schon der demonstrative Zug steht in keinem erkennbaren Zusammenhang mit den beiden anderen. Nur wer eine elegante oder geistreiche Lösung einer ehrlichen vorzieht, wird Anstoß daran nehmen können, daß die drei Charakteristika des Masochismus zunächst einer einheitlichen Auffassung widerstreben. Auch die Bedeutung, die dem einzelnen Moment für die Triebsonderheit zukommt, entzieht sich noch unserem Urteil. Man möchte erraten, daß die Bedeutung der Phantasie als das grundlegende Moment zu gelten hat, der Suspensefaktor für die Abweichung vom Normalen bestimmend ist und der demonstrative Zug etwas Verborgenes zeigen oder beweisen will. Es ist gewiß zu früh, darüber etwas auszusagen, und wir mißtrauen jeder Spekulation auf einem Gebiet, das der psychologischen Erfahrung erfaßbar ist – auch der eigenen Spekulation.

Das Auffinden und die Würdigung der drei Merkmale des Masochismus mögen von theoretischem Interesse sein. Eine neue Erkenntnis der Triebabweichung kann daraus aber erst abgeleitet werden, wenn man weiß, was sie für ihr Wesen und Zustandekommen bedeuten. Man müßte erkennen können, warum sie in jedem Fall von Masochismus da sein müssen und auf welche Weise ihre Anwesenheit die Entstehung und Entwicklung des sexuellen und sozialen Masochismus bestimmen. Die Aufgabe, die uns gestellt ist, ist der des Chemikers vergleichbar, der einen neuen Stoff zu untersuchen hat und etwa drei seiner wesentlichen Eigenschaften erkannt hat. Es gilt, die Bedeutung dieser Merkmale für die Zusammensetzung und den Charakter dieses Elements zu finden, um es dann in den Zusammenhang der uns bekannten einzureihen. Was hier folgt, ist der Versuch, diese Aufgabe zu lösen, was nicht ohne Unsicherheiten und Wiederholungen vor sich gehen kann.

Zwischen Angst und Lust

Als Ausgangspunkt wählen wir das Suspensemoment. Es empfiehlt sich uns durch seine auffallende Abweichung vom gewohnten seelischen Ablauf. In seiner Erscheinungsform sind zwei anscheinend unvereinbare Tendenzen zu erkennen. Die eine, welche die Spannungssteigerung bis zur Entspannung anstrebt, und die andere, welche diese Spannungssteigerung nicht wünscht, die Entspannung vermeidet. Das Suspense ergibt sich als Erfolg der gegenseitigen Einwirkung dieser Tendenzen, als Resultat ihrer Interferenz. Es wird erkennbar als eine Strebung, die Reizspannung möglichst lange auf einer gewissen mittleren Höhe festzuhalten und die Entspannung aufzuschieben. Ihre besondere Note erhält die Suspensespannung durch die Vereinigung von Lustvollem und Angstvollem. Es ist unverkennbar, daß beide Gefühle der Spannungssteigerung gelten. Besser gesagt: der Spannungssteigerung bis zu einer Höhe, die zur Entspannung, zur Endlust führen müßte. Die Endlust ist also Gegenstand einer lustvollen und ängstlichen Erwartung. Die Abweichung vom normalen Spannungsverlauf ist im absichtlichen Hinausschieben einer Steigerung und in der Anwesenheit der Angst beschlossen. Von hier aus ist nur ein Schritt zu der Annahme: die Steigerung wird vermieden aus Angst. Es ist nur ein Schritt, aber ein so bedenklicher und psychologisch bedeutsamer, daß er nicht ohne Vorsicht getan werden soll.

Wir nehmen gewöhnlich an, daß Spannung unlustvoll ist und Entspannung lustvoll. Die Spannung, die wir Hunger nennen, wird von uns allen als unangenehm empfunden, und wir suchen, die Spannungssteigerung zu vermeiden. Es gibt gewiß auch lustvolle Spannungen. Die sexuelle Erregung liefert ein solches Beispiel. Allein auch solche lustvolle Spannung hat ihre natürliche Begrenzung. Wenn sie zu lange andauert, verändert sie ihren Charakter ins Unlustvolle und ihre Beendigung, die Entspannung, wird gewünscht und angestrebt. Der Masochist scheint ein Gegenbeispiel für diesen gesetzmäßigen Verlauf liefern zu wollen. Er will die Spannung möglichst lange festhalten und die Entspannung vermeiden oder so lange als möglich aufschieben. Folgt aus einem solchen Verhalten nun wirklich, wie einige Analytiker meinen, daß für den Masochismus eine lange Spannung von vornherein lustvoll und die Entspannung unlustvoll ist? Ich denke, das ist eine voreilige Schlußfolgerung. Wenn ein Hund jedes Mal, wenn er sich einer Wurst nähert, mit der Peitsche bedroht wird und er schließlich die Nähe der Wurst meidet, bedeutet das, daß er keinen Appetit mehr auf die Wurst hat? Die Vermeidung der Wurstnähe ist mitnichten das Zeichen einer Idiosynkrasie des Hundes gegen die Wurst, sondern das Zeichen seiner Angst vor der Peitsche.

Das Moment des Ängstlichen im Suspense deutet darauf hin, daß die Erregungssteigerung und die Entspannung – der Annäherung an die Wurst und ihrem Fressen in unserem Beispiel zu vergleichen – vermieden werden, weil man sich vor ihr fürchtet. Wir merken an: der Masochist wünscht den Orgasmus, die lustvolle Entspannung wie andere Sterbliche auch, aber er hat Angst davor oder vielmehr vor etwas, was damit verbunden ist. Er vermeidet die Erregungssteigerung nicht als solche, sondern weil sie ihn in unmittelbare Nähe der Entspannung und damit jenes Gefürchteten bringt. Die Annäherung an den Orgasmus wird von ihm wie ein Gefahrensignal aufgenommen, und er reagiert darauf wie auf eine dringende Warnung. So wird ein Mann, der an einem Eisenbahnübergang angelangt ist, beim Glockenzeichen, das den kommenden Schnellzug signalisiert, Sorge dafür tragen, die Schienen nicht zu überqueren.

Die nächste Frage ist gewiß: Wovor fürchtet sich der Masochist? Es wäre am einfachsten, ihn zu fragen. Allein seine Antwort wäre gewiß: es sei ihm von einer solchen Angst nichts bekannt, er fürchte sich nicht, er schiebe die sexuelle Entspannung auf, weil ihm der Aufschub Lust gewährt. Er hat recht. Er fürchtet sich bewußt auch nicht – nur jene Note des Ängstlichen im Suspense verriet sich als eine Wirkung unbewußter Angst. Auch an seiner Aussage, der Aufschub sei für ihn lustvoll, können wir nicht zweifeln. Wir meinen nur, er sei erst später, sekundär lustvoll geworden. Unsere Meinung besteht dennoch zu Recht: der Aufschub war ursprünglich eine Art Sicherheitsmaßregel. Sie sollte die Entspannung hinausschieben, weil er Angst vor ihr hatte.

Wovor fürchtet sich der Masochist? Es gibt keinen direkten Weg zur Beantwortung dieser sehr wesentlichen Frage. Wir umgehen sie also und versuchen, uns ihr auf einem Seitenweg anzunähern. Aus dem Charakter des Suspense haben wir die befremdende Anwesenheit der Angst im masochistischen Charakter abgeleitet. Das Suspense selbst erschien uns, von einer Seite gesehen, als ein Versuch, die Angst zu verringern oder gar auszuschalten. Wir wissen – die Anwesenheit der Ängstlichkeit verrät es –, daß der Versuch nicht völlig geglückt ist. Ist dies der einzig mögliche Ausgang? Es gibt einen besser gelungenen im masochistischen Bereich, und wir nähern uns dem Mittelpunkt der Frage, wenn wir ihn psychologisch untersuchen. Die Suspensespannung ist zwar in allen Fällen masochistischer Neigung nachweisbar, aber sie ist nicht in allen Äußerungen in gleichem Ausmaße vorhanden. Am stärksten tritt sie im Sexualverkehr mit masochistischen Phantasien hervor. Im perversen Akt ist sie am schwächsten. Gerade in den Szenen des Bestraft- und Erniedrigtwerdens wird das Suspensegefühl eingeschränkt. Anders ausgedrückt: der Faktor des Ängstlichen, den wir gefunden haben, macht sich hier minder fühlbar. Der Mann, der sich von seiner Ehefrau schlagen läßt, um zum Orgasmus zu gelangen, wird in den Vorbereitungen und im Zeremoniell noch immer etwas vom Ängstlich-Lustvollen des Suspense verspüren. Die Dauer und Intensität dieser Gefühle ist aber nicht mit der zu vergleichen, die sich beim Sexualakt mit ausgesponnenen masochistischen Phantasien mit demselben Objekt einstellt. Jene Angst ist auch in der Szene unzweifelhaft da, aber sozusagen verdünnt. Das kann kein Zufall sein. Wir sind hier auf einer Spur. Wodurch kommt es zur Abschwächung der Angst in der durchgeführten Perversion? Die Antwort lautet: dadurch, daß die Bestrafung, Beschämung oder Erniedrigung wirklich vollzogen wird. Nehmen wir einen Augenblick versuchsweise an, die Angst im Suspense gelte einer Bestrafung wie dem Geschlagenwerden. Das ist gewiß die einfachste und obendrein eine unzureichende Annahme, aber sie vereinfacht den Tatbestand nur für den Zweck der augenblicklichen Prüfung. Solches angenommen, würde man freilich verstehen, wieso die Angst bei durchgeführter Perversion beträchtlich vermindert wird. Die Person führt ja die Bestrafung herbei. Sie wird geschlagen. Sie braucht sich vor dem Kommenden, Drohenden nicht zu fürchten. Es ist da. Die Strafe wird nicht mehr erwartet; man hat sie hinter sich. Ich erinnere an das früher Gesagte: nicht die Strafe ist das Wesentliche im Masochismus, sondern die Strafangst. Diese aber steigert sich, wenn die Strafe auf sich warten läßt oder ausbleibt.

Für die Dauer eines Augenblicks kehren wir zum Vergleich mit dem hungrigen Hund zurück. Wir würden es gut verstehen, wenn der Hund bei steigendem Hunger die Wurst erfaßt, obwohl er die Peitsche sehr fürchtet. Kein Hund aber wird den Peitschenhieb aufsuchen, gleichsam um Prügel zu bitten. Er mag den Peitschenschlag mit in Kauf nehmen, wenn er die Wurst haben kann, aber er wird den schmerzhaften Hieb sicher nicht zum Gegenstand des Genusses machen. Hier erkennt man, wie unzulänglich der Vergleich ist. Immerhin reicht der Vergleich dazu, die Meinung zu bestärken: nur der Mensch ist ein masochistisches Tier.

Im Suspense-Erlebnis haben wir eine Tendenz wirksam gesehen, die Angst, welche auf den Orgasmus folgt, auszuschalten, indem die Erregungssteigerung über ein gewisses Maß hinaus vermieden wird. Das Angsterregende wird umgangen. In den Praktiken der Perversion wird aber gerade das, wovor man sich ängstigt, also die Bestrafung, nicht nur nicht vermieden, sondern aufgesucht, herbeigeführt. Dennoch, so meinten wir, zielen beide so entgegengesetzten Verhaltensweisen auf denselben oder einen ähnlichen Effekt: die Angst herabzumindern oder auszuschalten. Liegt ein Widerspruch vor, und wie läßt er sich lösen?

Ich greife auf das frühere Beispiel des kleinen Mädchens zurück, das in der Badewanne sitzt und sich vor dem Augenblick fürchtet, wenn das Kinderfräulein das kalte Wasser auf ihren Körper rinnen lassen wird. Sie fürchtet sich davor und dennoch dreht sie selbst den Wasserhahn auf und läßt die kalten Tropfen auf ihren nackten Arm fallen. Ich sagte bereits, daß man das kleine Mädchen nicht gut als Masochistin bezeichnen kann. Es fehlt das wesentliche Moment des Genusses an der Unlust. Es meldet sich freilich schüchtern an in einer Art Befriedigung, wie wenn die Kleine dem Kinderfräulein ein Schnippchen geschlagen hätte. Vielleicht auch in einer Andeutung eines angenehmen Gefühls, das sich mit der recht unangenehmen Empfindung der Kälte vermengt. Trotzdem: das kleine Mädchen ist keine Masochistin. Es besteht kein Anlaß für keusche Gemüter, sich vor so früher sittlicher Depravation zu bekreuzen. Die Kleine ist aber auf dem Weg, später masochistische Neigungen zu entwickeln. Was ist es, was ihr scheinbar unsinniges Verhalten mit dem des Masochisten, des erwachsenen Perversen, verbindet? Folgendes: etwas, wovor man sich fürchtet, wird absichtlich herbeigeführt, und diese Prozedur vermindert die Angst.

Ist diese Aussage richtig? Man darf keine Gelegenheit versäumen, die eigenen Annahmen zu überprüfen. Im Fall des kleinen Mädchens wird nicht etwa das Gefürchtete herbeigeführt. Es läßt ja nicht plötzlich einen kalten Wasserstrahl auf seinen Körper niederströmen, sondern vorsichtig nur einige kalte Tropfen auf den Arm. Es ist also nur ein Teil dessen, wovor es sich fürchtet, was es sich geschehen läßt, gerade eine Andeutung davon, eine sehr kleine Dosis. Kein Zweifel: Das Kind hat sich vor dem kalten Wasser gefürchtet und doch das Gefürchtete selbst produziert, zwar nicht ganz, aber ein bißchen davon, sozusagen eine Probe. So paradox es klingt: es hat es selbst herbeigeführt, gerade weil es sich so sehr davor gefürchtet hat. Hier wird es unvermeidlich, auf die besondere Bedeutung der Phantasie für das Wesen des Masochismus zurückzukommen. Wir werden überall an sie erinnert werden. Das Kind hat sich so sehr gefürchtet, weil es das Kommende, Hereindrohende in lebhafter Phantasie vorweggenommen hat. Die Angst vor dem Wasserstrahl mag uns freilich übertrieben scheinen, aber wer kann es als sicher verneinen, daß diese Angst des Kindes an Intensität hinter den Schrecken des Jüngsten Gerichts zurücksteht? Da sich die Angst der Kleinen in der Wartezeit steigerte, hat sie die Spannung nicht mehr ertragen können und das phantasierte Unheil, das unausweichlich war, zumindest zum Teil Ereignis werden lassen. Durch eine solche Aktion aber hat sie ihre Angst gemäßigt und fast überwunden. Sie ist aus übergroßer Angst zu einer Art Heldin geworden. Das mag lächerlich klingen, aber das Aufdrehen des Wasserhahns ist nicht minder heroisch als der Entschluß *Beethovens*, »dem Schicksal in den Rachen zu greifen«.

Die Angst wurde auf zweifache Art beschwichtigt oder bewältigt: erstens durch die Verwandlung eines passiven Ertragens in ein Tun und zweitens durch ein Vorwegnehmen, das aus einem Drohenden ein Gegenwärtiges machte. Das Vorwegnehmen in der Phantasie ließ die Angst ins Ungemessene steigen, das Vorwegnehmen in der Aktion ließ sie absinken. Aus einem Probegeschehen – denn das ist die Phantasie – ist eine Probehandlung geworden. Zwei Veränderungen, die zusammenfallen, haben zusammengewirkt, um die Angst zu vermindern. Die erste betrifft die Situation des Ichs in bezug auf Aktivität und Passivität, die andere die Beziehung des Ichs zur Zeit. Durch die erste Veränderung wird das Ich aus einem leidenden zu einem handelnden, durch die zweite wird ein künftiges Geschehen zu einem jetzigen. In der ersten hat sich das Ich zum Herrn über das Weltgeschehen gemacht, in der zweiten zum Herrn der Zeit, in der es sich abspielen soll. Diesen zwei Veränderungen ist eine dritte anzureihen: die Probehandlung bezieht sich nur auf einen Teil des in der Phantasie vorweggenommenen Geschehens. Die gefürchtete Angstsituation wird nicht in ihrer Gänze herbeigeführt, sondern nur partiell und spielerisch. Ich fasse das Resultat zusammen: die drei Veränderungen, durch welche das kleine Persönchen in der Badewanne die Angst bewältigt hat, betreffen das Ich in seiner Bestimmtheit als duldendes oder handelndes, den Zeitablauf eines Ereignisses, das Ausmaß dieses gefürchteten Geschehens. Ich nehme spätere Einsichten voraus mit der Behauptung, daß es diese drei Veränderungen sind, welche auch im Falle des perversen Masochismus die Angst schwächer werden oder schwinden lassen.

Von diesen Veränderungen scheint mir diejenige, welche sich auf die Zeit bezieht, am interessantesten, weil sie weitgehende psychologische Aufklärungen verspricht. Sie steht auch in engster Relation zu dem Problem, von dem wir hier ausgegangen sind, zur Frage der Spannungssteigerung im masochistischen Lusterlebnis. Erinnern wir daran, daß – allgemein gesprochen – jede Erhöhung der Reizspannung im Seelischen Unlust, jede Herabsetzung Lust bedeutet. Das Beispiel der Sexualerregung warnt freilich davor, diesen Satz als allgemeingültig anzusehen. Dort bedeutet – zumindestens für eine gewisse Zeit – Erhöhung der Reizspannung Lust. Gerade mit Hinweis auf dieses Beispiel hat *Freud* hervorgehoben, daß Lust und Unlust nicht einfach auf Zu- und Abnahme der Reizspannung bezogen werden können, »wenngleich sie offenbar mit diesem Moment viel zu tun haben«. Er meint, daß sie nicht an diesem quantitativen Faktor hängen, sondern an einem Charakter, den man als qualitativ bezeichnen muß. »Wir wären viel weiter in der Psychologie«, fährt er fort, »wenn wir anzugeben wüßten, welches dieser Faktor ist.« Er vermutet, daß es der Rhythmus sein könnte, »der zeitliche Ablauf in den Veränderungen, Steigerungen und Senkungen der Reizquantität, wir wissen es nicht«.

Wir betreten hier, wie *Freud* gelegentlich gesagt hat, »das dunkelste und unzugänglichste Gebiet des Seelenlebens«. Für das Resultat Lust oder Unlust ist nicht nur Verringerung und Erhöhung der Reizspannung entscheidend, sondern auch die Art der Verteilung dieser Veränderungen auf die Zeit. *Freud* meinte selbst, daß Zuwachs oder Verringerung im Verhältnis zur Zeit wahrscheinlich »das für die Entscheidung entscheidende Moment« sei. Hier vermutete er ein Gebiet, das für das Experiment geeignet ist. Solange keine darauf bezüglichen Beobachtungen und Erfahrungen exakter Natur vorliegen, tun wir gut daran, die Vorsicht, die *Freud* hier gezeigt hat, zu teilen.

Immerhin getrauen wir uns, einen Schritt über das von ihm Gesagte hinauszugehen, einen einzigen, aber für unseren Zusammenhang entscheidenden Schritt in das Halbdunkel des geheimnisvollen Grenzgebiets. Ich meine nämlich zu wissen, daß ein bestimmtes Ausmaß von Spannungserhöhung oder -verringerung im Verhältnis zum Zeitbruchteil entschieden unlustvoll ist. Einfacher gesagt: eine plötzliche Veränderung der Reizspannung ist mit lebhafter Unlust verbunden. Dabei

ist es gleichgültig, ob es sich um eine plötzliche Vermehrung oder Verminderung der Reizspannung handelt. Die Beziehung zum Zeitbruchteil wird hier entscheidend. Es ist für die Qualität der Unlust bestimmend, daß die Veränderung in der Quantität der Reizspannung eine seelische Umschaltung erfordert, die in kürzester Zeit nicht durchgeführt werden kann. So wird es von uns als unangenehm empfunden, wenn im Dunkel, das wir doch erhellt wünschen, plötzlich ein starkes Blitzlicht aufleuchtet. Auf anderer Ebene wird eine freudige Nachricht, die uns völlig unvorbereitet trifft, eine heftige Abwehr in uns hervorrufen. Dabei ist natürlich die Beschaffenheit des seelischen Apparats, dem eine solche plötzliche Veränderung der Reizquantität zugemutet wird, in Rechnung zu stellen. Es ist klar, daß der kindliche Organismus und das kindliche Seelenleben der Plötzlichkeit in Zuwachs oder Verminderung der Reizspannung noch weniger gewachsen sind als die des Erwachsenen. Das Kind reagiert auf plötzliche Reizveränderungen mit viel heftigeren Abwehrreaktionen. Hier ist die Stelle, auf den primären Schreckaffekt hinzuweisen, als dessen abgemilderte Wiederholung und Fortsetzung wir die Angst auffassen*. Auf der anderen Seite wird ein Ausmaß von Reizverstärkung und -verminderung im Zeitbruchteil von uns gut vertragen, das an den seelischen Apparat des Kindes zu hohe Ansprüche stellt.
Lust und Unlust hängen also nicht nur mit der Verminderung oder Vermehrung der Reizspannung zusammen, sondern auch mit der zeitlichen Bedingtheit der Spannungsveränderung. Nur wenn diese Veränderung in bestimmten zeitlichen Abständen vor sich geht, Übergänge aufweist, kann sie lust-

* Die Beziehungen von Schrecken und Angst zum Zeitmoment bilden den Gegenstand vielfacher Diskussion in meinen Arbeiten »Der Schrekken«, »Der überraschte Psychologe« und einer Besprechung von *Anna Freuds* Buch »Das Ich und die Abwehrmechanismen«.

voll wirken. Wo sie unvorbereitet und ruckweise geschieht, wird sie im allgemeinen unlustvoll empfunden. Besser freilich wäre es zu sagen, sie ist unlustvoll, wo sie nicht einem bestimmten, von uns freilich noch nicht bestimmbaren Rhythmus folgt. Die Beziehung zum Rhythmus ist jedoch zu betonen, denn es gibt plötzliche Spannungsveränderungen, die wir auch lustvoll empfinden. Ich verweise nur auf das Beispiel der Witzlust, die zum großen Teil auf der plötzlichen Herabsetzung einer seelischen Spannung beruht.*

Wir haben uns anscheinend weit von den Problemen des masochistischen Lusterlebnisses entfernt. In Wirklichkeit sind wir nur auf einem Umweg zu ihnen zurückgekehrt. War es nicht das Beispiel der Kleinen in der Badewanne, das uns zu diesen psychologischen Überlegungen geführt hat? Sie fürchtete sich so sehr vor der Plötzlichkeit der Temperaturveränderung und suchte, sich davor zu schützen, indem sie den Wasserhahn ein wenig aufdrehte. Sie konnte die Spannungssteigerung in der phantasierten Vorwegnahme des Gefürchteten nicht aushalten. Das würde also einer besonderen Intoleranz gegenüber dem plötzlichen Reizzustrom entsprechen. In ähnlicher Art schützt sich das Ich im Masochismus vorerst dagegen, einem psychischen Schock, einem plötzlichen Reizanstieg ausgesetzt zu werden, indem es dem Kommenden den Charakter des Überwältigenden nimmt. Indem es eine andere Reizverteilung vornimmt, bereitet es sich vor. Das kleine Mädchen in der Wanne weicht dem Unangenehmen nicht aus – es ist ja unausweichlich –, sondern es geht ihm entgegen. Die Vorbereitung besteht auch aus einer Ver-

* Es ist freilich zu beachten, daß sich diese plötzliche Reizveränderung nicht im materiellen Leben, sondern in einem ästhetischen Phänomen vollzieht und das Gefahrenmoment hier abgeschwächt wird. Die Herabsetzung der Spannung wurde zuerst von *Freud* im Witz beschrieben, der Faktor des Plötzlichen, den er übersah, in meinen Arbeiten über den Witz eingeführt und gewürdigt.

änderung des Geschehens in den Bedingtheiten seines zeitlichen Ablaufes. Das kleine Mädchen verändert durch jenes Hahnaufdrehen nicht so sehr das Geschehen selbst als den Rhythmus dieses Geschehens. Es schafft Übergänge, die sonst nicht da sind. Es kann sich vielleicht nicht davor schützen, überrascht zu werden, wohl aber davor, überrumpelt zu werden. Indem es das Gefürchtete in abgeschwächter Form geschehen läßt, hat es die Angstspannung herabgesetzt oder sogar ausgeschaltet.
Wie aber dann das Hinausziehen der Spannung erklären, das wir im Suspense beobachten und das diesem Verhalten so entgegengesetzt ist? Die beiden Reaktionsweisen sind typisch für verschiedene Entwicklungsphasen der masochistischen Einstellung. Das Hinausschieben, das Suspense, die Vermeidung der Entscheidung ist die ältere Reaktionsart, die lange festgehalten wird. Die Produktion des Gefürchteten wird angestrebt, wenn die Person ungeduldiger und intoleranter gegen die Spannung geworden ist und dem Triebdrängen nicht mehr widerstehen kann. Jene ältere Form des Verhaltens greift auf eine typische Kindersituation zurück, in der sich der Einfluß der Erziehungsmächte gegen das Andrängen natürlicher Bedürfnisse zu wehren hatte. Nehmen wir an, das kleine Mädchen in der Badewanne habe eine solche Situation des öfteren miterlebt, als sie einige Jahre jünger war. Damals habe sie, allein im Kinderzimmer, plötzlich einen heftigen Stuhldrang verspürt. Der erste Impuls war natürlich, dem Drang nachzugeben. Die Erinnerung zeigte, daß ein solches Nachgeben gegenüber dem Reiz die Mutter oder das Kindermädchen böse machen wird. Die Vorstellung, die Mutter wird böse sein, ist geeignet, den natürlichen Impuls des Gehenlassens oder Geschehenlassens zu hemmen. Der Erfolg der lebenden Vorstellung äußert sich im Widerstreben gegen den Drang, physiologisch in einer Aktion des Schließmuskels.

Das Kind ist jetzt zwischen zwei Kräften: es will, ja es muß der Not nachgeben, aber es fürchtet sich auch davor. Es hat das Bösewerden der Mutter, den Liebesverlust in der Phantasie vorweggenommen. Es wird endlich dem Stuhldrang nachgeben und sich beschmutzen, aber mit Angst, die sich vorher in einem Aufschieben geäußert hat. Der Zeitabschnitt zwischen dem Reizandrang und dem Nachgeben wird im Zeichen des Suspense stehen und alle seine Merkmale aufweisen: das Hinausschieben einer Entspannung und den Charakter des Lustvoll-Ängstlichen. Wird es gelingen, den gebieterischen Drang zu bezwingen? Das Nachgeben gegenüber der Triebregung, die Entspannung unter angstvoller Vorausnahme der drohenden Folgen in der Phantasie ist die Grundsituation, aus der sich das Suspensegefühl später zu voller Blüte entwickeln wird. So wird die angstvolle Vorstellung des Schimpfens der Mutter eine längere Verzögerung bewirken können. Der Aufenthalt wird sich ausdehnen, das Arrêt eine andere seelische Tönung erhalten. Es stellt sich ein Schwanken zwischen Angst und Lust her, das endlich in eine Vermischung beider ausläuft.
Die beiden Verhaltensweisen, das Suspense und die Herbeiführung des Gefürchteten, sind zwei verschiedene Reaktionen auf eine ähnliche Situation, nicht auf die gleiche. Die Lage hat sich später durch die Vergrößerung der Ungeduld von seiten des Lustdrängens verändert. Eine Übersicht wird den Sachverhalt klarer machen: Eine Spannung, die durch ein triebhaftes Bedürfnis erweckt wurde, wird an ihrem natürlichen Ablauf durch das Hinzukommen einer angstvollen Vorstellung gestört. Durch den Widerstreit der zwei Strebungen entsteht ein Aufenthalt. Die Spannung erhält einen ängstlichen Charakter, der sich mit dem lustvollen verbindet. Es ergeben sich zwei Wege, die Angst abzuschwächen oder auszuschalten. Der erste ist der, die Entspannung, die wegen

ihrer Folgen gefürchtet wird, aufzuschieben. Mit anderen Worten: die Spannung nicht über ein gewisses Maß hinausgehen zu lassen, sie auf gewisser Höhe festzuhalten. Das wäre der Flucht vor jenem Gefürchteten – Strafe, Tadel oder was immer es sein mag – gleichzustellen. Das Wort Flucht muß hier natürlich mit Vorbehalt gebraucht werden, denn eigentlich wäre das Verhalten durch einen Wechsel von Flucht und Annäherung besser gekennzeichnet. Auch ist es unverkennbar, daß die durch Angst bestimmte Verzögerung durch die Lusttendenz ausgenützt wird. Der Masochist verwandelt den Zwang in eine Lust, wie um »to make the best of it«. Der andere ist der, das Gefürchtete vorwegzunehmen, es Ereignis werden zu lassen. Ich bezeichne diesen Weg, um ihn von anderen abzugrenzen, als Flucht nach vorne. Auch diese Reaktion ist nicht nur dazu bestimmt, die Angst fernzuhalten; sie soll der ungeduldigen Lust zum Sieg verhelfen, auch um den Preis des Schmerzes oder der Unlust. Die Reihe interessanter psychologischer Fragen, die hier auftauchen, muß späterer Diskussion vorbehalten bleiben.
Für den Augenblick kehren wir zu unserer ursprünglichen Fragestellung zurück. Von der Erörterung des Suspensemoments ausgehend, sind wir zur Untersuchung einiger Bedingungen, einiger Lust- und Unlustbedingungen gelangt. Wir haben festgestellt, daß der Masochist, zwischen seiner Angst und seinem Luststreben hin und her geworfen, versucht, die Spannung schwebend zu erhalten. Diesem Versuch sind gewiß andere vorausgegangen, das Lustziel trotz der Angst zu erreichen. Unter dem Eindruck der unbewußten Angst entzog sich dieses Ziel aber immer wieder. Die seelische Situation ähnelt der des mythischen Tantalos, der, einst Genosse der Götter, zur Bestrafung in die Unterwelt gestoßen wurde. Dort muß er, bis zum Kinn im Wasser stehend, die schönsten Früchte in Reichweite, ewig Durst und Hunger leiden, weil

Äste und Teich sogleich zurückweichen, sobald er sich ihnen nähert. Das einprägsame Bild wird durch eine andere Sagenvision der Suspensesituation noch mehr angenähert: ein Felsblock drohte ständig, auf den unglücklichen König herabzustürzen und ihn zu zermalmen.
Der bisherige Verlauf dieser Untersuchung mußte uns überzeugen, daß der Masochist ungewöhnlich intolerant der Angstspannung gegenüber ist. Das gleiche Resultat ergibt sich, wenn man das Suspense oder die Produktion des Gefürchteten als entscheidend für die Beurteilung nimmt. Ob er es vermeidet, die Angstspannung größer werden zu lassen, indem er die Erregung schwebend erhält, oder ob er das Gefürchtete selbst heraufführt, er kann eine erhöhte Angst nicht ertragen. Im Gegensatz zu der landläufigen Meinung ist unser Eindruck, daß der Masochist, verglichen mit der Mehrzahl seiner Mitmenschen, ungewöhnlich ungeduldig ist.

8 Die Ungeduld des Duldenden

Die natürliche Tendenz jedes Lebewesens, nach Lust zu streben und Unlust zu vermeiden, scheint durch die Erscheinung des Masochismus außer Kraft gesetzt. Bildet er die Ausnahme, welche jene Regel, von *Freud* als Lustprinzip formuliert, bestätigt? Er scheint ja umgekehrt Lust zu vermeiden und Unlust aufzusuchen oder, besser gesagt, Lust aus der Unlust zu gewinnen. Das Vorangegangene erweckt freilich Zweifel, ob dies so ist, und ob nicht der Masochist nur einen besonderen Weg sucht, die Unlust zu vermindern und Lust zu erreichen wie wir alle. Man kann sich ja auch auf einem Umweg einem Ziel nähern.
Vielleicht fördert es unser Fortschreiten, wenn wir nicht von der Herrschaft des Luststrebens ausgehen, sondern von sei-

nem Gegenpart. Es gehört zu den Aufgaben der Erziehung, die Lust, die mit der Triebbefriedigung verbunden ist, aufschieben zu können, bis sie in Sicherheit genossen werden kann. Dem Kind soll gelehrt werden, warten zu können, die Befriedigung seiner Bedürfnisse aufzuschieben. Der Aufschub triebhafter Bedürfnisse ist eine Kulturforderung. Er soll nicht nur der Sicherung des Kindes dienen, sondern auch seiner Anpassung an die Umwelt und die Bedingungen sozialen Lebens. Schließlich gilt es sogar, in bestimmten Fällen die Trieberfüllung gegen andersartigen Gewinn einzutauschen. Wir werden dazu erzogen und erziehen uns selbst dazu, auf leicht erreichbare Triebbefriedigung zugunsten anderer Interessen zu verzichten. Wir alle lernen, den Weg des geringsten Widerstandes zu vermeiden und den des größten Nutzens zu gehen. *Freud* hat diese Kulturforderung als das Realitätsprinzip bezeichnet. Es bedeutet keine Aufhebung des elementaren Luststrebens, sondern seine Einschränkung, die durch die Notwendigkeit des Lebens und der Anpassung an die Umwelt bedingt ist. Es setzt das Lustprinzip nicht außer Kraft, sondern beschränkt es nur in seinem Totalitätsanspruch. Wir lernen alle, mehr oder minder gut, auf die Befriedigung unserer Triebregungen zu warten. Das aber will bedeuten, wir lernen, die unlustvolle Spannung zu ertragen, die mit solchem Aufschub verbunden ist.

Wenn aber das Ertragen von Spannungen zu den Bedingungen gehört, die das Realitätsprinzip nötig macht, wie stellt sich uns dann das Suspensemoment dar? Wird nicht im Masochismus die Spannung willig, ja gern ertragen? Sie wird sogar ausgedehnt, verlängert, ja mehr als dies: sie wird zur Lust. Zuerst sieht es freilich so aus, als wäre der Masochist zum Ertragen unangenehmer Spannungen besonders geeignet, als wäre er besonders geduldig ihnen gegenüber. Daß er sie aber aufsucht, statt sie nur zu akzeptieren, daß er ihnen entgegengeht und daß er sie zum Gegenstand des Genusses macht, zeigt dafür, wie ungeduldig er ist. Er scheint die Realitätsforderung anzuerkennen. Akzeptiert er sie wirklich? Nein, er übertreibt sie. Aus solcher Übertreibung folgt auf der einen Seite ein unnötiges Stück Angst und Unlust, das in der Realitätsspannung sonst nicht vorgesehen ist. Auf der anderen Seite gewinnt er aus der Verlängerung der Spannung ein Stück Lust, das die Herrschaft des Realitätsprinzips außer Kraft setzt. Tatsächlich bedeutet das masochistische Suspense einen Versuch, einen mißglückten Versuch, der Realitätsforderung zu folgen. Gleichzeitig aber ein Sabotieren dieser Forderung durch Übertreibung. Der Masochist übertreibt den Aufschub und verwandelt ihn in Lust. Er erträgt ja nicht die notwendige Spannung, sondern verteilt sie, setzt sie hier ein und hebt sie dort auf, wo es ihm gefällt. Er unterwirft sich dieser Forderung, aber mit so trotzigem Gehorsam, daß er ihren Sinn in das Gegenteil verkehrt. Der Vergleich seines Verhaltens mit dem streikender Eisenbahner im alten Österreich liegt nahe. Wenn die Eisenbahner mit ihren Löhnen oder ihrer Arbeitszeit nicht zufrieden waren, stellten sie nicht etwa ihre Arbeit ein, sondern führten sie gerade mit höchster Gewissenhaftigkeit und Pünktlichkeit, in sorgsamster Erfüllung auch der geringfügigsten Vorschriften der Direktion durch. Indem sie sich auf den Buchstaben genau an diese Vorschriften hielten und alle gegebenen Weisungen bis ins kleinste befolgten, was immer auch die praktischen Folgen waren, legten sie den Eisenbahnverkehr lahm, konnten Züge weder abfahren noch einlaufen. Man nannte eine solche Sabotage durch Übertreibung des Gehorsams passive Resistenz. Der Masochist befindet sich der Realitätsforderung gegenüber in einem solchen Zustand passiver Resistenz.

Es sieht so aus, sagten wir, wie wenn der Masochist lustvolle Spannungen abweisen und unlustvolle genießen wolle. Wir wissen, daß das Schein ist und wissen, wodurch dieser Anschein erweckt wurde: dadurch, daß man das Vorwegnehmen des Kommenden in der Phantasie nicht berücksichtigt. Hier gewinnen wir wieder einen Anschluß an das früher behandelte Thema, was die Vorherrschaft der Phantasie für den Masochismus bedeutet. Der Mythos von Tantalos hat uns zur Verdeutlichung der Suspense-Situation gute Dienste geleistet. Die Beziehung der Phantasie zur Erfüllung des Realitätsprinzips im Masochismus kann durch einen Vergleich mit dem Verhalten einer anderen Sagenfigur leichteren Formates gut illustriert werden. Die deutschen Volkserzählungen des Mittelalters berichten viel von dem sonderbaren Verhalten eines närrischen, doch klugen Gesellen Till Eulenspiegel. So wird erzählt, daß der Schalk auf seinen Wanderungen immer traurig war, wenn er leichten Schrittes bergab schreiten konnte, aber sich sehr vergnügt zeigte, wenn er mühevoll bergauf klettern mußte. Er erklärte sein Benehmen folgendermaßen: beim Gang bergabwärts mußte er schon an die Mühen und Anstrengungen der folgenden Bergkletterung denken, während er in den Strapazen des Anstiegs die Lust der bequemen Talwanderung vorausnahm und in der Vorstellung genoß. Man ist versucht, in einem solchen eigenartigen Benehmen, das in seiner Paradoxie an den Masochismus erinnert, einen Ausdruck praktischer Lebensklugheit zu sehen. Es mutet an wie eine Mahnung, seine Heiterkeit im Ungemach und in der Mühsal zu bewahren und in der Zeit der Bequemlichkeit und des Behagens nicht übermütig zu werden. Erscheint der lustig-trübe Geselle nicht wie ein Verwandter oder Nachbar des Masochisten? Er verträgt die Lust schlecht, ist verstimmt, wenn es ihm gut geht, und heiter, wenn er es besonders schwer hat. Er hat gewissermaßen die Ordnung der natürlichen, der Situation angemessenen Gefühle umgekehrt, fühlt sich behaglich, wo andere Unlust fühlen, und wird trübselig, wo andere genießen. Diese Stimmungen sind nicht durch seine gegenwärtige Situation bedingt, sondern durch die Vorwegnahme der kommenden. Das phantasierte Vorwegnehmen stört den Genuß, wenn was folgt, unangenehm ist, und läßt Strapazen lustvoll erscheinen, wenn ein Genuß ihnen folgen wird. Namentlich der zweite Vorgang nähert den Schalk dem Masochisten an. Er könnte, würde er aus seiner Gruft in Mölln auferstehen, ausgezeichnete Auskünfte über die Psychologie des Masochismus geben. Der Komödiant könnte nicht nur einen Pfarrer, sondern einen Psychoanalytiker lehren, der die Bedeutung des Vorwegnehmens in der Phantasie für das masochistische Erlebnis nicht erkennt.

Die Vorstellung drohenden Unheils im Masochismus haben wir für den Angstcharakter des Suspenses verantwortlich gemacht. Die Annäherung an den Orgasmus wird gefürchtet und vermieden. Weil der Masochist die Steigerung der Angst, die mit der Annäherung verbunden ist, nicht erträgt, muß er im Suspense bleiben. Wenn aber die Lusttendenz überwiegt, ungeduldiger geworden, nach vorwärts drängt, kommt es dazu, daß der Masochist das Herannahen der kommenden Gefahr nicht abwarten kann, ihr entgegenstürzt, sie herbeizwingt. Er ist nicht nur der Angstspannung gegenüber ungeduldig, sondern auch der Lustspannung. Seine Phantasie, lebhafter oder erregter als die anderer Menschen, nimmt nicht nur die Gefahr vorweg, sondern auch den Genuß, die Befriedigung. Nicht nur die Angst wird größer, auch das Lustdrängen steigt an. Unmutig und rücksichtslos geworden, wirft er die Angst über den Haufen, überschreitet er die früher so sorgsam gehütete Grenze.

Es taucht die Frage auf, ob diese besondere Ungeduld, diese Intoleranz gegenüber der Spannungssteigerung auf frühere Erlebnisse etwa der Kinderzeit zurückgeführt werden kann.

Hat der später zum Masochist Gewordene in der Kinderzeit einmal eine Szene erlebt, in der er Schmerz, Beschämung und Erniedrigung empfunden hat und die das Ausmaß der Angst rechtfertigt? Die analytische Erfahrung schließt diese Annahme nicht aus. Sie bestätigt sie aber auch nicht. Natürlich gibt es in der Geschichte vieler Masochisten Begebenheiten, in denen das Kind getadelt oder beschämt wurde. Ebenso gewiß gibt es in der Vorgeschichte anderer keinerlei besondere Mißhandlungen, keine rohe oder erschreckende Behandlung des Kindes von seiten der Erziehungspersonen. Eher geht der Eindruck nach der entgegengesetzten Richtung, daß das Kind eine besonders liebevolle oder gütige Behandlung erfuhr. Wo erinnert wird, daß das Kind streng getadelt oder gezüchtigt wurde, liegt ein Ausnahmefall vor, der fast nie über das Ausmaß dessen hinausgeht, was Kinder sonst seelisch gut bewältigen. Der besondere Eindruck solcher Bestrafungen in manchen Fällen hängt nicht vom Ausmaß oder der Strenge der Bestrafung ab, sondern von einem noch unbekannten Faktor, in dessen Zusammensetzung eine erhöhte Empfindlichkeit des Kindes eine zentrale Rolle spielen dürfte. In der übergroßen Anzahl von Fällen vermutet man, daß die Erziehung zu milde oder nachsichtig war oder das Kind verzog. Wenn solche Kinder ausnahmsweise getadelt oder gezüchtigt werden, wird der Gegensatz zu ihrer sonstigen Behandlung seelisch schwerer ins Gewicht fallen. Eine ähnliche Reaktion wird begünstigt, wenn die Erziehung ungleichmäßig und in ihrer Art schwankend ist, einmal zu nachsichtig und Triebfreiheit gewährend, dann plötzlich – das Moment der Plötzlichkeit wurde schon betont – streng und verbietend. Es ist auch nicht bedeutungslos, daß man in manchen Fällen statt Bestrafung und Beschämung in der Kinderzeit die Drohung findet. Solches In-Aussichtstellen von Züchtigung oder Beschämung hat das Kind manchmal lange beschäftigt und wurde in der Phantasie vorausgenommen und mit wahrscheinlichen Einzelheiten ausgemalt. Es ist auffallend, daß in der Erinnerung vieler Masochisten zwar keine eigenen auffälligen Bestrafungen erscheinen, aber solche von Geschwistern oder Spielkameraden, die dann zum Mittelpunkt von Phantasien werden. Befremdender noch ist ein anderer Aspekt, der sich mir aus der Analyse vieler Fälle ergeben hat. Er bezieht sich gerade auf jene Ausnahmen, in denen eine Erinnerung an eine erlittene Bestrafung oder Beschämung erhalten geblieben ist und lebhafte Gefühle erweckt. Ich habe begründeten Anlaß zu der Vermutung, daß in diesen Ausnahmefällen die Bestrafung unbewußt gewünscht und angestrebt, und durch Bösesein absichtlich provoziert wurde. Mit anderen Worten: die Bestrafung war nicht Ursache der masochistischen Triebentwicklung, sondern schon die von dem Kinde herausgeforderte Wirkung. Sie hat das Kind nicht masochistisch gemacht, sondern gehörte schon zu den Triebzielen des Kindes. Die umgekehrte Annahme beruht oft auf einer falschen Perspektive des Psychologen und darauf, daß wir die seelische Entwicklung des Kindes in ihren einzelnen Phasen zu spät ansetzen.

Wenn es also nicht richtig ist, daß die Neigung zum Masochismus aus einer harten Schule stammt, ist dann nicht vielleicht schon in der Disposition des Kindes eine Anlage erkennbar, die es ihm z. B. schwerer als anderen macht, Spannungen zu ertragen? Einige Analytiker (*Sadger, W. Reich*) nehmen eine erhöhte Muskel- und Schleimhauterotik als eine solche konstitutionelle Grundlage an. Die Annahme scheint mir nicht notwendiger als eine andere und ließ sich in keinem Falle als begründet erweisen. Sie gebärdet sich als besonders naturwissenschaftlich, ist aber dem Reich wissenschaftlicher Mythologie zuzurechnen. Natürlich ist es jedem Beobachter auffällig geworden, daß bestimmte Körperzonen zum bevorzugten Schauplatz masochistischer Empfindungen werden. Das ist indessen nicht mit ihrer konstitutionellen Überempfindlichkeit gleichzusetzen. Sie sind es ja, denen von den Pflegepersonen besondere Aufmerksamkeit entgegengebracht wurde. Auf die Muskeln und den After bezogen sich die ersten Spannungen, die das Kind ertragen lernen sollte. Dort sollte die Erziehung ihre ersten Erfolge haben und dort erlitt sie ihre ersten Niederlagen.

In der Frage der konstitutionellen Anlage zur masochistischen Neigung wurde keine eindeutige Lösung gefunden. Vielleicht wäre ein begünstigender Faktor am ehesten in einer energischen sadistisch-analen Anlage zu suchen. Der Masochist wäre dann das seelische Resultat, das sich aus dem späteren Schicksal dieser Triebanlage ergibt.

Die ersten Spannungen, die das Kind ertragen lernen sollte, bezogen sich auf seine Bedürfnisse, auf die Veränderungen, denen das Kind durch die Erziehung zur Reinlichkeit und Pünktlichkeit unterworfen war. Es galt, eine Unlust, die mit der Beherrschung des Stuhlganges, dem Wechsel der Körpertemperatur usw. verbunden ist, zeitweilig zu ertragen. Die Erziehung hatte das Kind oft durch zu rasche oder zu willige Gewährung seiner triebhaften Wünsche verwöhnt, gewiß nicht, ohne gelegentlich in den entgegengesetzten Fehler unbegründeter oder überraschender Versagung zu verfallen.

Man kann den Weg verfolgen, der von den ersten elementaren Spannungen zu denen späterer Zeit, die größere seelische Aufgaben stellen wird, führt. Die Beherrschung der Muskeln war in der frühen Kinderzeit von der Erziehung gefordert.

Die Angst des Kindes galt damals dem Liebesverlust, der Bestrafung oder Beschämung, wenn es sich gehenließ. Diese Angst wird später von jener anderen, die sich auf die Folgen der Onanie oder sogar der sexuellen Erregung bezieht, abgelöst. An Stelle der Angst vor den Eltern tritt die Angst vor dem Gewissen, die Über-Ich-Angst. Statt fremder Anforderungen treten moralische oder ästhetische Ansprüche des eigenen Ichs. Die Aggressivität, welche durch die Unbefriedigung triebhafter Bedürfnisse erweckt wird, hat angesichts der Schwäche des Ichs und der Erziehung zur Güte keine angemessenen Äußerungsmöglichkeiten und muß unterdrückt werden. Die am Ausdruck verhinderte Aggressionsneigung vertieft aber das Schuldgefühl des einzelnen, will sagen, seine soziale Angst. Diese soziale Angst wird die frühere Angst vor den großen Figuren der Außenwelt, vor dem Bösesein der Eltern und dem Liebesverlust bei ihnen, ablösen. Die Gefahr, die einmal von außen drohte, ist zu einer verinnerlichten geworden. Gerade in der Analyse des Masochismus wird es klar, daß jene Angst ursprünglich dem Tadel oder der Bestrafung durch Personen aus der nächsten Umgebung des Kindes galt. Es ist wahrscheinlich so, daß der perverse Masochismus noch viel innigere persönliche Beziehungen zum Objekt behalten hat. Im sozialen Masochismus ist diese Objekt-Beziehung weitgehend gelockert.

Unser Ausgangspunkt war das Verhalten des Masochismus zum Realitäts- und Lustprinzip. Zu ihnen zurückkehrend, bemerken wir jetzt, daß die beiden Prinzipien einem verschiedenen Rhythmus folgen. Das kleine Lebewesen gehorcht in Hunger und Sättigung, Nahrungsaufnahme und -abgabe, Schlafen und Wachen dem natürlichen Rhythmus aller Kreatur, den ich Triebrhythmus nennen will. Dieses Verhalten soll eine Veränderung erfahren, wenn das Kind lernt, sich vor Gefahren zu schützen, die sein Leben bedrohen und sich den Anforderungen des sozialen Lebens anzupassen. Es soll nun zu bestimmter Zeit schlafen und essen, soll die Befriedigung seiner Triebbedürfnisse nach Zeit und Ort einschränken lernen. Es gehorchte früher nur dem Rhythmus, der von seinen Trieben diktiert wird. Es soll nun dem gehorchen, der ihm von außen aufgedrängt wird und jenen ursprünglicheren abändert. Es wird zur Aufgabe jedes Kindes, sein Tun und Lassen diesem neuen, dem Kulturrhythmus anzupassen. Es soll nicht nur leben nach dem Gesetz, nach dem es angetreten, sondern auch nach dem, das an das Kind herantritt. Die Anpassung an den neuen Rhythmus erfolgt mit Hilfe der Erziehung und unter dem Druck sozialer Notwendigkeiten. Der äußere Einfluß, der den alten Triebrhythmus verändert, ihn verlangsamt oder abschwächt, soll später zum inneren Besitz werden. Das Kind soll ihn sich aneignen, bis es ihn als eigene Regung verspürt, damit es auf ein unabhängiges Leben in der Gemeinschaft vorbereitet sei. Diese Verlangsamung des Rhythmus, die Vorhalte, Pausen, Verzögerungen bringt, zwingt dazu, Spannungen, die von außen und von innen kommen, zu ertragen.

Beim Masochisten ist, scheint es, die Ersetzung des Triebrhythmus durch den Kulturrhythmus zu gut gelungen. Das Suspense erscheint wie eine besondere Veranstaltung, die Triebbefriedigung lange hinausschieben zu können und Unlust zu ertragen. Was aber zu gut gelungen ist, ist mißlungen. Der Masochist benimmt sich so entgegenkommend, weil er das größere Ausmaß an Spannung fürchtet und weil er besonders intolerant gegenüber der Unlust ist. Er hat sich dem Kulturrhythmus nicht etwa angepaßt; er hat ihn übertrieben und damit verfälscht. Das Ziel der Erziehung ist nicht erreicht. Was erreicht wurde, ist die Verzerrung oder Karikatur dieses Zieles.

Eigenwillig und eigensinnig setzt der Masochist seinen eigenen Rhythmus dem entgegen, der unser aller Leben regiert. Er ist um einen Takt (oder mehrere Takte) voraus oder zurück, sowohl im Suspense als im perversen Akt. Auf diesem langen Umweg sind wir wieder bei jenem Schalk Till Eulenspiegel angekommen und seinem sonderbaren Benehmen auf der Wanderung. Wenn er leicht bergab spaziert, ist er verstimmt. Wenn er aber den Berg hinaufklettert und er sich tüchtig abrackern muß, ist er froh. Er nimmt die Unlust gern auf sich, er genießt sie, verwandelt sie sogar zur Lust. Das aber macht das Wesen des Masochismus aus. Der Masochist und Till Eulenspiegel gehorchen einem anderen, ihrem eigenen Rhythmus. Sie marschieren nicht im selben Schritt und Tritt mit uns. Vielleicht kommt es daher, daß sie einen anderen Trommler hören.

9 Die Flucht nach vorn

Freud hat die Forderung aufgestellt, daß jede Theorie, welche die Erscheinung des Masochismus aufklären will, eine befriedigende Auskunft über die Beziehung dieser Triebrichtung zu ihrem Gegenpart, dem Sadismus, geben muß. Das Verhalten der analytischen Psychologen dieser Forderung gegenüber ist bemerkenswert. Die eine Gruppe kümmert sich um dieses Postulat in keiner Weise: sie greift einen Faktor, etwa den Narzißmus, die Schleimhauterotik oder die Liebesbedürftigkeit aus dem psychologischen Zusammenhang und streift kaum das Verhältnis Masochismus-Sadismus. Die andere Gruppe geht in ihrer Theoriebildung von diesem Verhältnis aus. Sie geht davon aus, aber sie geht nicht weiter. Sie faßt den Punkt scharf ins Auge, aber sie kann den Blick nicht mehr von ihm wenden.
Das einzig richtige Verfahren ist natürlich, in der Untersuchung von nichts anderem auszugehen als von den Erscheinungen des Masochismus selbst und sie ohne vorgefaßte Meinung, ohne Rücksicht auf mögliche Zusammenhänge und Beziehungen, psychologisch zu erfassen. Die Aufklärung je-

ner regelmäßigen Beziehung zum Sadismus kann nicht das Ziel der Erforschung der masochistischen Triebneigung sein. Es muß aber der Erfolg sein. Diese Aussicht darf nicht der Ausgangspunkt sein. Sie muß sich aber am Ende ergeben. Wo das nicht der Fall ist, hat man das Recht, die Theorie als unbefriedigend abzuweisen.

In unserer Darstellung sind wir bisher dem Sadismus nur an einer Stelle begegnet: dort, wo das provokatorische Element auftauchte. Wir haben damals erkannt, daß wir das Gebiet des reinen Masochismus überschritten hatten, unversehens auf fremdes Terrain gelangt waren und sind sogleich zu unseren Problemen zurückgekehrt.

In ihrer Behandlung aber sind wir auf den wichtigen Faktor der Angst gestoßen. Wir waren darauf in keiner Weise vorbereitet. In der analytischen Literatur wird auf den Zusammenhang zwischen Masochismus und Angst kein Wert gelegt*. Auch *Freud* legt der Angst keine besondere Bedeutung für das Wesen des Masochismus bei.

Es ist auffallend, daß dieser Faktor der Angst im Masochismus bisher nicht gewürdigt wurde. Ich kann es mir nur so erklären, daß er nicht gesehen wurde, weil er im Hintergrund steht. Im Bild des Masochismus, wie es sich dem ersten Blick darbietet, spielt Angst keine Rolle. Die Erwartung von Schmerz oder Beschämung erweckt nicht nur keine Angst, sondern sogar Lust. Erklärt die Abwesenheit der Angst die Tatsache, daß sie in der Theorie der Analyse nicht berücksichtigt wurde, so erklärt sie doch nicht die mangelnde Neugierde. Gerade diese Abwesenheit müßte doch den Psychologen zu der Frage drängen: Wo bleibt die Angst, die man in

* Die obige Behauptung bestand zu Recht bis zum Erscheinen der klugen Arbeit von *S. Nacht,* Le Masochisme, 1938. Dieser Autor erkennt von anderen Gesichtspunkten aus die Rolle der Angst an, aber er geht fehl, indem er den Masochismus nur auf die Angst zurückführt.

diesen Erscheinungen erwarten sollte? Sie ist nicht zu sehen. Das kann bedeuten, daß sie nicht da ist. Es kann aber auch bedeuten, daß sie sich versteckt hat.
Sie hat sich versteckt, aber sie verrät sich in kleinen, unauffälligen Zeichen, wie z. B. im Suspense. Und es kommt eine Zeit, da sie aus ihrem Versteck hervortritt, sich frei äußert. Es ist mir rätselhaft, warum sie nicht wenigstens an dieser Stelle von den Psychoanalytikern festgehalten wurde. Ich spreche nämlich von der Zeit, wenn der Masochismus zurücktritt und der normalen Einstellung weicht, wenn man so sagen will, von der Phase der Genesung. An Stelle der Perversion oder ausgebreiteter masochistischer Phantasien tritt dann nämlich Angst auf. Man darf solche Angstzeichen so deuten, daß die masochistische Neigung ihre Macht langsam einbüßt, die Phantasien ihre Lustwerte allmählich verlieren. Wenn aber in der Perversion und in den Phantasien Angst kaum erscheint und jetzt frei wird, sich immer stärker entwickelt, welche Folgerung muß man da ziehen? Doch nur die eine: daß die Phantasien die Angst gebunden haben? Wenn die Perversion ihre Macht verliert, wird auch die bisher versteckte Angst sichtbar. In der Psychopathologie der Neurosen begegnen wir häufig demselben Mechanismus. Auch dort wird Leid und Unlust oft ertragen, um einen Angstausbruch zu vermeiden. Ich erinnere nur an die außerordentlich präzise und höchst strapaziöse Einhaltung zwangsneurotischer Schutzmaßregeln, an die vielen Bußehandlungen und das ausgebreitete Zeremoniell, das einen so großen Aufwand an seelischer Energie nötig macht. In schweren Fällen von Zwangsneurose werden die geheimnisvollen Verbote und Gebote dieser Krankheit mit einer Strenge eingehalten, welche zur Erschöpfung führt. Die Kranken nehmen dabei ein besonderes Ausmaß von Leiden und Entbehrungen auf sich. Jedes Nachlassen in dem strengen

Dienst ist gekennzeichnet durch Auftreten von Angst genau so wie jedes Schwächerwerden der masochistischen Tendenzen. Der so isolierte Angstaffekt ist hier von verschiedener Art, oft vom Charakter der Abwehr, gegen sadistische Versuchung gerichtet, manchmal in der Form von Zwangsbefürchtungen. In einem Fall von Perversion äußerte sich die Angst, welche nun frei auftauchte, in einem eigenartigen Grauen vor verborgenen seelischen Möglichkeiten im Ich. Der Patient – ich habe bereits vom ihm gesprochen – hatte seine masochistische Perversion unter dem Eindruck bestimmter Erlebnisse aufgegeben. Bei seinen abendlichen Spaziergängen durch die Straßen tauchte in ihm ein unerklärliches Grauen vor sich selbst auf. Es war, wie wenn ihn ein Impuls dränge, etwas zu tun, wogegen sich starke Kräfte im Ich sträubten. Er erkannte später, was das war, als in ihm die Vorstellung eines Lustmörders, etwa Jack the Ripper auftrat, mit dem er sich verglich. An Stelle masochistischer Liebesszenen, in denen Frauen ihn schlugen, beschäftigten ihn nun Phantasien gewalttätigen und mörderischen Inhalts, die ihn sexuell erregten.

Auch in den Fällen, die wir in der Analyse so häufig sehen, in denen sich eine perverse Tendenz mit neurotischen Symptomen verbindet, wird die Angst stärker, wenn der Masochismus absinkt. Hatte sich diese Triebregung etwa in der Provozierung von Unfällen, in selbstschädigenden und selbstbestrafenden Akten geäußert, so tritt an ihre Stelle nun soziale Angst, das heißt Schuldgefühl. Wenn es der fortschreitenden Analyse gelungen ist, die selbstvernichtenden Tendenzen im Ich abzumildern, fühlt der Patient den Druck bewußten Schuldgefühls, der früher nicht da war. Es kommt in diesen Fällen nie vor, daß unbewußte Selbstbestrafung und bewußtes Schuldgefühl in gleichem Maße zugleich bestehen. Wir betrachten es als entschiedenen therapeutischen

Fortschritt in der Analyse, wenn grobe Selbstbestrafungen der sozialen Angst weichen. Es ist viel leichter, mit ihr fertig zu werden, als mit den Absichten, welche die Selbstbestrafung diktieren und schwer zu fassen sind.

Gewiß, die Angst ist im Masochismus da, aber sie hat sich versteckt hinter der Unlust und der Erniedrigung. Der Psychologe hat sie aufzufinden wie der Rätselfreund eine Figur, die sich in den Linien eines Vexierrätsels mit Häusern, Bäumen, Tieren verbirgt. Wir haben das heimliche Vorhandensein der Angst zuerst im Suspense-Erlebnis entdeckt. In der Untersuchung der masochistischen Lustbesonderheiten hat sich ihr Dasein so unzweideutig verraten wie die Existenz eines bestimmten Stoffes im Reagenzglas. Die Angst galt dort der höchsten Luststeigerung, weil sich an sie die Erwartung von Unheil (Strafe, Tadel, Beschämung) knüpfte. Das Suspense hat die Absicht, das Eintreffen des Gefürchteten zu vermeiden oder zumindestens hinauszuschieben. Das Paradoxe daran ist nur, daß es zugleich die Nähe des Gefürchteten aufsucht. Es ist also eine Annäherung und eine Flucht zugleich. Das klingt unsinniger als es ist. In Wirklichkeit ist es ein Schwanken zwischen der Versuchung, sich dem Lustvollen anzunähern, und der Abwehr dieser Versuchung aus Angst. Ein Schwanken zwischen Näherkommenwollen und Flüchtenwollen. Der Masochist kann auf sein Ziel nicht verzichten, weil sein Luststreben zu stark ist. Er kann es aber nicht erreichen, weil seine Angst zu groß ist. Das ist die Situation im Suspense.

Der Überrest von Angst dabei, ihr Schwächerwerden in der ausgeführten masochistischen Perversion und ihr Anschwellen beim Absinken perverser Aktivität erlauben nur eine Erklärung: der Masochismus bindet Angst. Vorsichtiger und doch entschieden ausgedrückt: im Masochismus wird ein Versuch gemacht, Angst zu binden. Wenn das aber ein Erfolg der perversen Tendenzen ist, wird die Annahme unabweisbar, daß die Bewältigung von Angst eine der Absichten des Masochismus ist.

Das Suspense ist ein Versuch, die Angst abzuwehren, indem die zu große Nähe des Gefürchteten vermieden wird. Es ist Ausdruck einer Flucht, dann wieder einer Annäherung. Ein eigenartiges Mittelding, immerhin mehr eine Art Flucht. Wenn das Lustdrängen dringender wird, damit aber auch die Angst steigt, ergibt sich ein anderer Ausweg, den ich als Flucht nach vorne bezeichnet habe. Die Tendenz, Lust zu fühlen, ist so stürmisch geworden, daß sie sich ungeachtet der Gefahr durchsetzt. In einer solchen Situation würden wir erwarten, daß die Person ohne Rücksicht auf das Risiko ihrer Lust nachgeht. Was wir beim Masochisten beobachten, ist etwas ganz anderes. Er beschwört ja das Gefürchtete herauf, inszeniert Szenen des Schmerzes, des Tadels und der Beschämung. Was früher gefürchtet wurde, wird jetzt gesucht. Das Ich konnte die gesteigerte Angst nicht mehr aushalten; es muß dem Gefürchteten entgegengehen. Entscheidend bleibt aber das Anschwellen der Lusttendenz. Das Ich ist jetzt nicht etwa nur bereit, den hohen Preis an Unlust und Erniedrigung zu bezahlen, sondern es drängt dahin, sehnt Schmerz und Tadel herbei, macht sie zum Mittelpunkt seiner Wünsche, damit es eher zu seiner Lust komme. Früher, im Suspense, wurde die Annäherung an das Triebziel vermieden, weil mit ihr die Angst stieg. Jetzt wird das sonst Gemiedene aufgesucht, damit das Triebziel erreicht wird, die Lust sich früher steigert. Die Angstspannung hielt früher von der Lust zurück. Sie rückt sie jetzt näher und wird langsam zu ihrer Voraussetzung. Beim Suspense und beim Aufsuchen des Gefürchteten handelt es sich nicht um zwei völlig verschiedene seelische Situationen, sondern um dieselbe Situation auf verschiedenen Entwicklungsebenen. Im Suspense halten sich Luststreben und Angstabwehr die Waage, in der masochistischen Perversion ist das Lustdrängen so mächtig geworden, daß es das Gefürchtete zum Lustvollen macht. Die Situation hat sich sozusagen um ihre Achse gedreht. Die sich steigernde Angst, die früher jede größere Lust hemmte, wird zur Vorbedingung der Lust, bringt sie näher. In einem Fall wurde der Anblick eines Skeletts zum Gegenstand sexueller Erregung. Die Patientin hatte als kleines Mädchen sexuelle Erregungen durch die Vorstellung des Todes, der sich ihr unter dem Bilde des Skeletts darstellte, bekämpft. Damals war sie durch die Skelettphantasie als Drohung von der Onanie abgehalten worden. Jetzt wird sie durch diese Vorstellung sexuell erregt.

Zweifellos steigert sich mit der Annäherung an das Lustziel auch die Angst. Es ist aber nicht diese stärker gewordene Angst, sondern die intensiver werdende Lusttendenz, welche die Flucht nach vorne bestimmt. Einem serbischen Bauernmädchen wurde, berichtet man, gesagt, daß ihr künftiger Mann sie – wie in dieser Gegend üblich – schlagen würde, wenn er, vom Raki betrunken, spät Abends nach Hause zurückkommen werde. Die Antwort des Mädchens war: »Wenn er mich nur erst schlüge!« War das Mädchen also ungeduldig, Schläge zu bekommen? Gewiß nicht. Sie war nur ungeduldig, verheiratet zu sein. So ungeduldig, daß sie auch die Schläge herbeisehnte, die zum Verheiratetsein gehören.

Ist es das ungeduldiger gewordene Streben nach Lust, das der Bewegung ihre Richtung vorschreibt, so ist es die verborgene Angst, welche ihr den Charakter einer Flucht nach vorn gibt. Ohne Angst würde es nicht zum Masochismus kommen, sondern zum Streben nach dem Lustziel, das etwa durch äußere Hindernisse rücksichtsloser und ungeduldiger angestrebt wird.

Die Flucht nach vorn ist ja selbst ein Anzeichen von Ungeduld. Dort wird aus Unfähigkeit, die Angstspannung länger zu ertragen, die Strafe, welche nach der Lust droht, aufgesucht. Es wird sozusagen der Karren vor das Pferd gespannt. Der drängende Faktor bleibt aber die Ungeduld im Streben, zur Lust zu kommen. Der Karren wird freilich vor das Pferd gespannt, aber das Pferd stößt den Karren vor sich her. Die Ungeduld ist ein Ausdruck dafür, wie schlecht der Masochist solchen Aufschub ursprünglich vertrug, auch wenn es sich nur noch um Minuten handelte. Er benimmt sich ähnlich in seinem Unwillen wie Ludwig XIV., der einmal einem Hofmann den Auftrag gab, ihn zu einer Feierlichkeit zu begleiten. Die Majestät war gerade zum Ausgehen bereit und die angegebene Zeit eben gekommen, als der Hofmann erschien. Der König sagte mit eisigem Hochmut: »J'ai failli attendre«. Auch der Masochist nimmt es übel, daß er fast hätte warten müssen.

Beim Studium der einschlägigen Literatur staunt man immer wieder über die falsche Auffassung, welche den Masochismus als eine sozusagen unabänderliche psychologische Einheit sieht. In Wirklichkeit ist es entscheidend, in welcher Entwicklungsphase sich der Masochismus des einzelnen befindet. Die obige Darstellung ermöglicht es, das masochistische Erleben von der Entstehung des Suspense bis zu den Sensationen der ausgesprochen masochistischen Perversion zu überblicken. Dieses Erleben ist in erster Linie bestimmt durch die Beziehungen des Ichs zu Lust und Angst und durch seine Reaktionen auf deren Entwicklung. Jeder Erklärungsversuch, der diese Beziehungen nicht aufzuklären vermag, muß als gescheitert betrachtet werden.

Als Anfangssituation darf man eine seelische Lage annehmen, die etwa so aussieht: In einem phantasiebegabten Individuum begegnet ein triebhaftes Drängen einer Angst, die sich auf die zu gewärtigenden Folgen der Triebbefriedigung bezieht. Jenes Drängen erhält durch die Einmengung der Angst einen Aufenthalt, da die Vorstellung des Genusses von der Vorstellung von Unheil (Liebesverlust bei den Eltern, Strafe) begleitet wird. Das Ich macht einen Versuch, die Angst zu bewältigen. Es stellt sich ein seelisches Schwanken ein, ob das Triebziel angesichts der stärker werdenden Angst erreichbar oder aufzugeben ist. Trotz der Angst wird es festgehalten. Das Suspensegefühl ist jetzt eine lustvolle Spannung mit ängstlichem Charakter. Das Ansteigen der Angst bei Annäherung an das Lustziel ist erklärlich, weil sich die Unheilsdrohung verstärkt. Das Suspense beginnt als Ausdruck einer Strebung, die Lustvorstellung von der begleitenden und störenden Angstvorstellung abzutrennen. Es mündet in die Tendenz, die Angst zu assimilieren, sie zur Verlängerung oder Vertiefung der Lust zu verwenden. Das Suspense zeigte zuerst an, daß das Ich die Angst vermeiden und auf einem Umweg zur Lust gelangen wollte. Später wird es zum Zeugnis dafür, daß das Luststreben mit der Angstvorstellung unauflösbar verbunden ist, daß es zu einer Legierung beider kam. Das Resultat dieser Entwicklung ist, daß das Ich auch die Angst als lustvoll erlebt. In der masochistischen Anfangssituation bedeutet die Angst eine empfindliche Störung des Luststrebens. Es ist ein Schwanken da: das eine oder das andere. Der Versuch, zu einer Lösung zu gelangen, wird in der Richtung unternommen, die Angst zu bewältigen, indem man sie vorausschickt. Es könnte jetzt heißen: zuerst das eine und dann das andere. Das Ende ist die Aufnahme der Angst unter die Lustbedingungen: das eine und das andere sind eins geworden.

Die Flucht nach vorn bezeichnet nicht den Gegensatz dieser Entwicklung, sondern ihre Fortsetzung in der Wirklichkeit, im ausgebildeten Masochismus. Sie wiederholt den Vorgang im Suspense auf einem anderen Punkt der Spirale. Auch sie beginnt mit einem Versuch, die Angst zu isolieren, das Gefürchtete aufzusuchen, um ungehindert zur Lust zu kommen. Da dies nicht gelingt, wird das Gefürchtete zur Bedingung der Lust, um schließlich selbst lustvoll zu werden. Der Übergang von Suspense zur Flucht nach vorn ist vor allem das Resultat des stärker drängenden Luststrebens, dem eine Erhöhung der Angstspannung entspricht. Für dieses Resultat ist die innere Erfahrung, die sich in dem Worte »Suspense is worse than reality« äußert, mitentscheidend. Damit ist aber nicht nur ein energischer Schritt zur Angstbewältigung gewagt, sondern eben auch der Übergang von der Phantasie zur Realität, zur perversen Szene. Was uns dann als Triebabweichung erscheint, ist nur ein Umweg, freilich ein kostspieliger, um zum normalen Triebziel zu gelangen. Das Unheil, einst als Drohung gefühlt, wird zur Genußsteigerung. Aus der Angstdrohung ist ein Versprechen geworden. Wenn die Unlust oder der Schmerz am stärksten oder empfindlichsten geworden ist, kann die Lust, die Befriedigung nicht mehr fern sein. Ursprünglich war das Gefühl: wo die Lust sich so steigert, kann die Strafe nicht mehr fern sein. Es war eine Drohung, eine erschreckende Aussicht. Die Flucht nach vorn bedeutet die Umkehrung dieser Aussicht: wo die Strafe so empfindlich, die Unlust so stark ist, muß die Lust nahe sein. Schließlich verschwimmen für das Bewußtsein die Grenzen: die Unlust, der Schmerz, die Beschämung werden selbst zur Lust.

Die Flucht nach vorn ist als Abwehrmechanismus nicht auf den Masochismus beschränkt. Sie ist von ihm unabhängig und kann auch in Situationen beobachtet werden, die keine Beziehung zu ihm haben und in denen nur das Streben übermächtig wird, eine unerträgliche Angstspannung loszuwerden. Es muß auch nicht einmal Angst sein, was auf diese Art überwunden wird, es kann auch die Erwartung schweren

Leidens oder unabänderlicher Schicksalsschläge sein. Dieser Weg wird oft beschritten, wenn ein Ende mit Schrecken einem Schrecken ohne Ende vorgezogen wird.
Das Entscheidende für den masochistischen Charakter in der Flucht nach vorn ist, daß sie einer Triebbefriedigung dient. Natürlich ergeben sich Fälle, in denen nicht leicht entschieden werden kann, ob der Ausgang mehr von der Angst oder vom Luststreben bestimmt wird. Dennoch bleibt jene prinzipielle Scheidung zu Recht bestehen. Ich habe beobachtet, wie ein kleines Mädchen aus Ungeschicklichkeit ein Wasserglas auf dem gedeckten Tisch umwarf und das Tischtuch naß machte. Die Mutter mußte jeden Augenblick ins Zimmer treten. Es war sichtbar, daß die Angst der Kleinen vor Tadel und Strafe immer mehr stieg. Noch ehe die Mutter eintrat, stellte sich das kleine Mädchen, das Gesicht abgekehrt, in die Ecke. Das ist gewiß ein ausgesprochener Fall von Flucht nach vorn. Ebenso gewiß aber ist darin nichts vom Masochismus, das will heißen von Genuß am Leiden zu bemerken. Die Angstabwehr ist deutlich, aber der Lustcharakter reduziert sich doch auf ein Geringes.
In der Flucht nach vorne wird nicht etwa primär die Unlust oder der Schmerz gesucht. Es wird vielmehr das Hindernis weggeräumt, das der Befriedigung im Wege steht. Indem man die gefürchtete Strafe vorwegnimmt, hat man den Weg zur Trieblust freigemacht. Der Masochist fiebert nicht nach Schlägen und Beschämung, er sehnt sie nur herbei, damit ihre Vorstellung ihn nicht in der Erreichung des Zieles störe. Erst sekundär, durch jene Akzentverschiebung, wird die Unlust, die zum Zeichen des kommenden Höhepunktes wird, zur Lust. Die masochistische Phantasie oder Szene zerfällt also in zwei psychologisch scharf zu trennende Teile, die erst spät, in der Endgestaltung zu einer Einheit verschmelzen. Zuerst Unlust, Strafe, Beschämung, dann Lust, Triebbefriedi-

gung. Theologisch gesprochen: zuerst die Sühne, dann die Sünde. Die Unlust wird nicht als solche ersehnt, sondern mit ihr die Lust erkauft. Am Ende aber schleicht sich in der Unlust selbst die Lust ein. Aus der Sühne selbst wird eine Sünde. Die Geißelung, die ursprünglich der Selbstbestrafung christlicher Mönche und Asketen der Frühzeit diente, wurde später zum Mittel sexueller Erregung. Es kam zu Ekstasen, wenn sich der Schmerz steigerte. Am Ende sah sich die Kirche genötigt, die zu strenge Sühnemaßregel zu verbieten, weil sie häufig zur sexuellen Befriedigung führte.

Der geschilderte seelische Ablauf ist von der alltäglichen masochistischen Szene bis zu den sublimiertesten und sublimsten Phantasien zu verfolgen. Seine Geltung reicht vom Orgasmus, der auf das Geprügeltwerden von einer Frau folgt, bis zum Seligkeitsgefühl des Märtyrers, der, von Löwen zerfleischt, seine Seele aushaucht. Was hier die sexuelle Triebbefriedigung fördert, bringt dort die Aufnahme in den Himmel näher. Der Masochist heißt die Peitschenhiebe, die ihm eine Prostituierte verabreicht, so willkommen wie der Märtyrer die letzte und erlösende Mißhandlung seiner Verfolger. Aus dem Nacheinander von Unlust und Lust wird Gleichzeitigkeit. Was einmal feindlich war, fließt ineinander über, wird identisch. »Sie ist gerichtet«, sagt Mephisto von dem armen Gretchen. Eine Stimme von oben aber antwortet: »Ist gerettet«. Auch im Masochismus wird die strengste Strafe zum Umschaltpunkt zur Seligkeit.

10 Anticipando

An dieser Stelle aber wird die früher zurückgestellte Frage unabweisbar: Was ist das, was der Masochist eigentlich fürchtet? Erinnern wir uns des kleinen Mädchens in der Badewanne. Es läßt nicht die volle Wucht des Wassers auf ihren Körper niederfallen, sondern nur einige Tropfen, eine Vertretung, einen symbolischen oder wirklichen Ersatz. Wovor fürchtet sich der erwachsene Masochist? Die nächste Antwort lautet natürlich: gewiß vor dem, was die Flucht nach vorn zeigt, vor dem, was er selbst inszeniert. Diese Antwort kann nicht richtig sein. Ein erwachsener Mann kann sich nicht vor einem leichten Schlag auf den Popo fürchten, auch nicht davor, von einer Frau tüchtig ausgeschimpft zu werden. Die Szenen, die Masochisten oft aufführen, zeigen oft bizarre Züge: da muß ein Mann auf allen vieren durchs Zimmer rutschen, während seine Partnerin auf seinem Rücken reitet, ihm Gangart und Richtung vorschreibt. Dann hat die Frau wieder die Aufgabe, den Masochisten zu beschimpfen und ihm zu befehlen, er solle seine Schulaufgabe machen, sonst werde er tüchtige Prügel bekommen. Da wieder wird der Mann eingeschnürt in Riemen und geschlagen, da in die Ecke gestellt, als »schlimm« gescholten etc. Alle diese »Strafen« können unmöglich Angst vor der Intensität, die wir erschlossen haben, rechtfertigen. Aus dem Inhalt dieser gespielten perversen Szenen ist auch schwer abzuleiten, wem die Angst gilt. Sie stellen ja schon Darstellungen und Inszenierungen vorausgegangener Phantasien dar. Wenn wir aber auf diese Phantasien selbst zurückgreifen – denken wir etwa an die Molochvorstellungen oder an den Zyklus der männermordenden Königin –, so stehen wir erst recht vor einem Rätsel. Was fangen wir etwa mit der Phantasie vom Gefangenen an, der gebunden daliegt und von schönen Jungfrauen sexuell so lange gereizt wird, bis er einen Orgasmus hat? Was mit der anderen, die für einen Patienten so erregend wurde, von Laokoon, der von den Schlangen in tödlicher Umklammerung gehalten wird, von Marsyas, der von Apollo so grausam geschunden wird? Haben wir Hoffnung, hier den Charakter des Gefürchteten hinter allen Entstellungen zu erkennen? Lassen sich diese Phantasien, die individuell so verschieden sind, auf einen gemeinsamen Nenner bringen? Tatsächlich gibt es einen Weg, die Entstellungen rückgängig zu machen und zum Kern der Vorstellungen vorzudringen. Die analytische Deutungstechnik arbeitet hier mit der Präzision der anatomischen Methoden, indem sie die Hüllen vorsichtig ablöst und zum Innersten, Verborgensten gelangt.

Im allgemeinen läßt sich sagen, daß die Strafen und Erniedrigungen, die der Masochist auf sich nimmt, ja erbittet, nicht das sind, was er eigentlich fürchtet und daß das Gefürchtete ihm nach seinem Wesen unbewußt ist. Sie sind eine Art Ersatz oder Ablösung dessen, was verborgen ist. Man könnte sie am besten mit einem Ablaß vergleichen. Wie bekannt, war der Ablaß eine kirchliche Buße oder Abgabe, der sich der Gläubige freiwillig unterwarf, um den schrecklichen Strafen zu entgehen, die seine Sünden beim Jüngsten Gericht finden würden. Gegenüber den Schrecken, die ihm drohten, war jeder Ablaß, auch der empfindlichste, gering.

Die Analyse hat erkannt, daß das Unheil, als dessen Ablaß der Perverse soviel Unlust oder Entwürdigung auf sich nimmt, in vielen Fällen die Verstümmelung des männlichen Gliedes, die Kastration, ist. Der Schlag, den der Masochist von der aktiven Person erhält, wird meistens als eine symbolische Verschiebung dieser fürchterlichen Strafe gedeutet. In einem Fall, den ich lange beobachten konnte, war die erregende Phantasie die, von einer Frau auf den bekleideten Hintern geschlagen zu werden. Die Szene, von der die Phantasie ausging, ließ sich in der Analyse reproduzieren, indem man kleine Erinnerungsstücke zusammensetzte und einige Lücken ausfüllte: die Mutter hatte dem Patienten, als er ein kleiner Junge war, gedroht, die Strafe für seine vermutlich sexuelle Ungezogenheit werde ihn ereilen, wenn er sie am wenigsten erwarte. Die scherzhaft gemeinten Worte, die sie damals gebrauchte, wurden auch von ihrer Vertreterin in der Phantasie gesagt und als erregend empfunden: »I catch you bending« (der Patient ist Engländer). Es gelang aber, hinter dieser Szene eine andere zu entdecken, die, von ihr überdeckt, den eigentlichen Kern der masochistischen Phantasie ausmachte. Die Zeit dieser Szene konnte festgestellt werden: Sie spielte einige Jahre vor jener anderen ab und stellte sich der Erinnerung als in keiner Art sexuell erregend, aber als eindrucksvoll dar. Der Vater des Patienten war als Offizier vom Feld auf Urlaub nach Hause gekommen. Er spielte oft mit dem Kleinen und dessen Bruder. So wurde dargestellt, daß der Vater König Arthur und die Söhne Knappen aus dem Kreis der Tafelrunde seien. Einmal wurde gespielt, daß die Jungen den Ritterschlag erhalten sollten. Der Kleine kniete vor King Arthur, der in seiner anachronistischen Uniform auf dem Thronsessel saß, mit dem Säbel leicht seine Schulter berührte und feierlich sprach: »Dies ist der letzte Schlag, den du ungerächt empfangen sollst.« Kurz darauf zog der Vater wieder ins Feld und fiel. Der Ritterschlag wurde später in der Verschiebung auf jene zweite Szene mit der Mutter zu einer masochistischen Phantasie umgearbeitet. In einem völlig anderen Zusammenhang erinnert, wurde in dieser Szene die ursprüngliche erkannt. Wie erinnerlich, ist die Ritterschlagzeremonie eine späte, mittelalterliche Fortbildung alter Riten, wie sie in der Frühantike und bei den primitiven Völkern unserer Zeit beim Eintritt der Jungen in die Pubertät durchgeführt werden. Dort steht freilich nicht die Kastration, aber ihr sehr abgemilderter Ersatz, die Beschneidung oder Inzision, im Mittelpunkt der Feier. Aus prähistorischer, der menschlichen Erinnerung entrückter Zeit ragt hier ein Stück archaischen Seelenlebens in die Gegenwart hinein.

Mag die Kastration auch eine wichtige unbewußte Strafvorstellung des männlichen Masochismus sein, sie ist keineswegs die einzige, wie mehrfach von den Analytikern angenommen wird. Andere und groteskere Vorstellungen wie die, als Weib von einem Manne gebraucht, vergewaltigt oder geschwängert zu werden, kommen allein oder im Zusammenhang mit Kastrationsvorstellungen vor. Es ist gewiß merkwürdig, daß die Novizen im Pubertätsritual der Wilden Australiens in Wirklichkeit zu solchen homosexuell-passiven Zwecken von den Männern nach der Beschneidung herangezogen werden. Merkwürdig ferner, daß die Beschneidung und die mannigfachen Marterungen, denen die Jungen ausgeliefert sind und die man wohl mit den masochistischen Praktiken vergleichen kann, die Erlaubnis zum freien geschlechtlichen Verkehr zur Folge haben, gleichsam den Eingang zur Mannbarkeit markieren. Es ist immerhin auffallend, daß auch hier die Strafe der sonst verbotenen Lust vorangeht, daß sie einen Erlaubnisschein zur Triebbefriedigung darstellt, genau wie im Masochismus. Man wäre fast versucht, diese jungen Leute aus wilden australischen Stämmen, die sich freiwillig dem grausamen Mannbarkeitsritual unterziehen, als Masochisten zu bezeichnen. Nähere Überlegung führt freilich dazu, eher die Masochisten unserer Kulturzonen mit ihnen zu vergleichen. Was dort innerhalb der religiösen und sozialen Stammesordnung nahezu Wirklichkeit ist, wird hier zum Gegenstand einzelner Phantasien oder entstellter und spielerischer Darstellung.

Hinter der Kastration und neben ihr tauchen schattenhaft andere Schrecken auf, die nicht auf das männliche Glied beschränkt sind. Das ist nicht verwunderlich. Die Kastrationsangst entspricht schon einem Alter, das die Herrschaft des Genitales im Sexualleben kennt. Die Kastration ist als Bestrafung für verbotene inzestuöse Wünsche deutlich – genau so wie die Beschneidung bei den wilden Stämmen. Sie ist die

vorweggenommene Bestrafung für die Inzestgelüste nach dem alten Talionsgesetz. Der Masochismus ist aber älter, kann sich in einer Kindheitsphase entwickeln, welche solche Wünsche noch nicht kennt. Die oft grotesk anmutenden Phantasien und Szenen, in denen Beschmutztwerden mit Fäkalien erregend wirkt oder Gefressenwerden lustvoll vorgestellt wird, können nur auf Vorstellungen aus einem viel früheren Kindheitsalter zurückgeführt werden.
Ich habe früher die Unlust oder den Schmerz als eine Art Ablaß bezeichnet, eine vorweggenommene Buße, welche die schwerere oder schrecklichere ersetzen und vermeiden soll. Der Masochist gibt, so meinte ich, einen Teil auf, opfere ein Stück, um das Ganze zu erhalten. In dieser Pars-pro-toto-Auffassung nähere ich mich den scharfsinnigen Ausführungen von *S. Nacht* und anderen Analytikern. Auch *W. Reich* vertritt eine ähnliche Auffassung: die der Ersatzstrafe.
Eine vertieftere Einsicht kann die Bedeutung einer solchen ökonomischen Konzeption, derzufolge der Masochist einen Teil opfert, um das Ganze zu retten, so hoch nicht einschätzen. Sie ist durchaus von sekundärem Rang. Die Ersatzstrafe hat die der ursprünglich geltenden starken Affekte übernommen. Alle Angst ist nun auf sie übergegangen. Ihr Affektwert wird genau derjenige, welchen etwa ein geringfügiger Bruch eines Zwangsverbotes für den Zwangskranken bekommt. Die ökonomische Betrachtungsweise hat auch in diesem Fall ihre Berechtigung, die aber hinter der Bedeutung des Dynamischen weit zurücksteht. In Wirklichkeit handelt es sich nicht so sehr darum, einen Teil für das Ganze zu opfern, sondern das Ganze auf einmal. Ich ziehe also den Vergleich mit dem Ablaß zurück. Er war nicht falsch, aber unzulänglich. Es ist angemessener, die Beziehung zum Gefürchteten im Masochismus dadurch auszudrücken, daß man den Schmerz oder die Unlust als symbolischen Ersatz der

eigentlichen Strafe bezeichnet. *S. Nacht* gelangt von jener Theorie, derzufolge der Masochist einen Teil opfert, um das Ganze zu retten, zu einer interessanten Überlegung über die Wertfrage. Er nennt jene Rechnung – sie ist freilich, worüber noch zu reden sein wird, eher eine Abrechnung – mit einer eleganten Wendung ein »calcul à dupe«. Diese Beurteilung begründet er damit, daß die Leiden oder Opfer, welche sich der Masochist auferlegt, wirklich sind, während jene Gefahren, vor denen er flüchtet – wir könnten jetzt hinzufügen: in die er flüchtet –, nichts als eine Fiktion des Unbewußten sind. Solche Wertung ist gewiß in vielen Fällen logisch gerechtfertigt; ihr psychologischer Wert ist gering. Sie ist in den meisten Fällen vernünftig, aber sie ist vielleicht zu rationalistisch. Auch kann die Rechnung, wenn es nun einmal als Rechnung aufzufassen ist, nicht einseitig auf den Einsatz bezogen werden. Man muß auch den Gewinn in Rechnung stellen. Anders ausgedrückt: wiegen die Opfer und Leiden im Masochismus die Lust auf? *Nacht* scheint anzunehmen, daß das Spiel nicht die Kerzen wert ist. Das Urteil mag vom Standpunkt des Kiebitz richtig sein, aber der Standpunkt des Spielers ist zweifellos der ausschlaggebende. Der Masochist scheint jene Leiden wohl der Lust angemessen zu finden. Er zeigt eine Tenazität, eine Starrheit, ein Festhalten, die sonst keiner Perversion eigen ist. Die Frage nach dem Wert kann vom kühl Außenstehenden allein nicht beantwortet werden. Der Schreibtisch, auf dem *Napoleon* seine Schlachten plante, mag für den einen einen höheren Wert repräsentieren, als für den anderen, für den er einfach den Wert eines Empire-Möbels besitzt. Es gibt gewiß auch in der Frage der perversen Lust Liebhaberwerte. Ich meine zu wissen, daß es in der masochistischen Aktion und Phantasie Lustwerte gibt, die bisher noch nicht entdeckt wurden. Vergleichsweise gesprochen: daß das Spiel nicht nur um den offenen Einsatz geht, sondern daß daneben noch geheimgehaltene das Spiel bestimmen. Ich glaube also, daß *Nacht* Unrecht hat, wenn er die masochistische Abwägung von Leid und Triebbefriedigung für ein »calcul à dupe« hält. Er hat, wie ich glaube, seine eigene Rechnung ohne den Faktor der Lust gemacht. Ich habe ihm auch vorzuwerfen, daß er nur die Angst als die Achse sieht, um die sich das Phänomen des Masochismus dreht.

Was freilich die Natur dieser Gefahren betrifft, bin ich völlig mit dem geschätzten Kollegen einig, daß es fiktive Gefahren sind, aber sind sie deshalb für den Masochisten weniger wirklich? Die Angst entspricht nicht der eines Erwachsenen, sondern der festgehaltenen des Kindes. Wenn Gulliver im Land der Liliputaner eine scherzhaft drohende Handbewegung macht, würde dies eine Panik auslösen. Seinen eigenen Landsleuten aber würde die Bewegung als ein harmloses Armschwenken erscheinen. Immer wieder muß man betonen, daß der Masochist weder weiß, daß er sich fürchtet, noch wovor er sich fürchtet. Es ist ihm also auch nichts davon bekannt, daß er in der Durchführung der Perversion eine Flucht nach vorn unternimmt. Was er etwa im Laufe einer Analyse als Gefahren angeben kann, die er scheut, ist von so harmloser und absurder Art, daß es jene tiefe Angst nicht rechtfertigen kann. Diese Angaben sind aber bereits Vertretungen, Ersatzbildungen des ursprünglich Gefürchteten, das, der Kinderzeit entstammend, unsterblich ist wie alles Unbewußte. Was in den Praktiken und Phantasien der Masochisten grotesk oder bizarr erscheint, hat doch seinen guten Sinn, der sich freilich erst der analytischen Deutung erschließt. Der Standpunkt, den man bei der Betrachtung wählt, wird entscheidend für die psychologische Beurteilung. Wenn man jene Einzelheiten und Zeremonielle des Masochismus als solche betrachtet, erscheinen sie oft läppisch oder nichtssagend. Wenn man sich aber bemüht, sie als Andeutungen von Verborgenem zu sehen, gewinnen sie Sinn und Bedeutung. Wer in der ersten Reihe des Theaters sitzt und nüchtern die Kulissen beobachtet, sieht nur gemalte Leinwand und verschiebbare Holzstücke und erkennt das Unwahre und Künstliche der Illusionswirkung. Der Zuschauer auf der Galerie aber bekommt den Eindruck, hier sei ein Wald, in dessen dunkle Tiefe er hineinschaut, dort eine weite Halle, die in viele Zimmer führt. In einer Ansicht, die sich mit dem Vordergrund begnügt, muß man annehmen, daß im Masochismus ein Stückchen vergänglicher Lust mit einem besonders hohen Opfer und einer großen Unlust erkauft wird. Wer besser sieht, erkennt in ihm einen Versuch, die alten schweren Ängste des Kindes zu bewältigen und weiß: Sein oder Nichtsein, das ist hier die Frage.

Jede psychologische Erklärung des Masochismus müßte auf zwei Fragen Antwort geben: Was wird gefürchtet? Was wird ersehnt? Diese Fragen drängen sich unabweisbar auf, wenn man das charakteristische Schwanken zwischen Angst und Lust im masochistischen Suspense erkannt hat. Welche Gefahr wird gefürchtet, welche Lust gesucht? Was ist die Strafe und was die Belohnung, welche jene Leiden und Opfer rechtfertigen? Worin besteht die Drohung, welche zu jener Flucht nach vorn führt, und welches ist das Versprechen, welche Prämie winkt dem, der die Unlust und die Beschämung erduldet? Wer eine Theorie des Masochismus liefert, welche diese beiden Hauptfragen unbeantwortet läßt, hat unsere psychologische Neugierde nicht befriedigt.

Über die Natur der Angst im Masochismus haben wir nun genug gehört. Wie steht es um die Lust? Von der Angst sagten wir, daß sie unbewußt sei, daß sie Gefahren gilt, welche die Kinderjahre mit einer unheimlichen und unaussprechbaren Bedrohung beschatteten. Die Lust kann so bewußtseinsfern nicht sein; sie wird ja im perversen Masochismus frei zugegeben. Sie ist ja das entscheidende Motiv für die Perversion. Im sozialen Masochismus ist sie freilich schwerer aufzufinden, aber sie muß da sein. Irgendeine große Befriedigung muß so schwere und dauernde Opfer und Unlust rechtfertigen. Ja die Lust im Masochismus ist noch rätselhafter als die Angst. Nicht nur ihrem Ursprung nach, auch in der noch immer nicht geklärten Tatsache, daß sie aus Unlust, Schmerz und Beschämung aufsteigt, auch nach ihrer Intensität. Es spricht gegen die Psychologen, die sich bisher mit dem Problem des Masochismus beschäftigt haben, daß sie der Versicherung nicht Glauben schenken wollten, die masochistische Lust sei von verschiedener Art oder Intensität. Wir hören in der Analyse häufig von Perversen, daß diese Lust tiefer, farbenreicher, befriedigender sei als die des normalen Sexualverkehrs. Solche Versicherung wurde gehört, aber von den Psychologen und Ärzten wurde ihr gegenüber darauf hingewiesen, daß jede Perversion ihre spezifische Lust höher schätze als die übliche Befriedigungsform. Der Fall des Masochismus liegt doch anders. Es kommt etwas hinzu, vertieft das Lusterlebnis, verleiht ihm eine besondere Nuance. Dieses unbekannte Etwas, so meinte ich in der Analyse von Perversen und masochistischen Charakteren zu erkennen, muß gerade mit der Angst, die sonst Lustentwicklung hemmt, zu tun haben. Sagten wir nicht, daß Angstbewältigung und Lust zusammenfließen? Haben wir es nicht verfolgt, daß die Angst ursprünglich die Entwicklung der Lust störte, aber durch die Flucht nach vorwärts bewältigt wurde und dann zur Vertiefung der Lust beitrug? Es muß seine Bedeutung haben, daß die Lust, die aus Schmerz und Scham aufsteigt, tiefer empfunden wird. Die Lustintensität wird am Ende nicht durch den Schmerz oder die Unlust verringert, sondern verstärkt. Wir ahnen schon, daß die Angstüberwindung es ist, nicht die Angst selbst, welche eine so eigenartige Wirkung zustande bringt. Die seelische Situation muß derjenigen ähneln, die sich in der Manie kundgibt: Dort bekommt das Ich, das eine schwere Depression überwunden hat, nicht etwa das Gefühl der Sicherheit und des Mutes, sondern des extremen, unüberwindlichen Selbstvertrauens und des Übermuts. Der Hintergrund der depressiven Stimmung, die in der Höhe fortbesteht, gibt dem Manischen das Gewaltsame, Übertriebene und Forcierte. Auch im Masochismus muß das Ausmaß von Schmerz oder Unlust, das der Befriedigung vorausgeht, für eine Intensivierung der Lust verantwortlich sein. Wer so viel gelitten, kann sich eine tiefere Lust gestatten; was so lange gedämmt wurde, hat stärkeres Gefälle. Der Trotzdem-Charakter der masochistischen Lust gibt ihr eine besondere Tönung, über die noch zu reden sein wird. Gerade auf dem Hintergrund des Schmerzes erwächst ein intensiveres und lustvoller empfundenes Gefühl als sonst. Es gibt hier geheime Lustwerte, die sonst nicht im Sexualerlebnis erscheinen. Wir ahnen, daß hier neben der Triebbefriedigung der Sexualität andere, nicht mehr rein sexuelle Faktoren auf ihre Kosten kommen.

Die besondere Natur des masochistischen Lusterlebnisses und seine intimen Beziehungen zu Unlust, Schmerz und Beschämung sind aber unverständlich, wenn man die überragende Bedeutung der vorwegnehmenden Phantasie nicht würdigt. Ich habe sie als erstes und wichtigstes Merkmal des Masochismus gekennzeichnet und ihre Beziehung zum Suspense gezeigt. Sie trat dann wieder in unseren Gesichtskreis, als wir die Rolle der Angst überprüften und fanden, daß der Masochist der Angststeigerung gegenüber intolerant ist. In seiner Vorstellung wird die kommende Gefahr so drängend, daß er der Beängstigung nur Herr werden kann, wenn er ihr entgegenläuft. Aus übergroßer Angst wird er verwegen, kann

er die Strafe nicht abwarten, muß sie herausfordern. Die Flucht nach vorn ist nur möglich aufgrund solcher vorausnehmender Phantasie.
Der Masochismus zeigt uns ein Janusgesicht, dessen eine Hälfte ein von Angst verzerrtes, das andere ein von Lust verzücktes Gesicht aufweist. Es ist gewiß, daß auch der Lustvorgang durch die Macht vorausnehmender Phantasie beeinflußt wird. Hier aber komme ich auf ein Thema zurück, das ich in einem früheren Buch* angesprochen habe, ohne daß es bisher in seiner psychologischen Bedeutung gewürdigt wurde: das Thema des Vorwegnehmens. Dieser Mechanismus des Vorwegnehmens bestimmt auch den Charakter des masochistischen Lusterlebnisses in seinen ausgeprägtesten Formen. Es ist dasselbe Moment, welches die Suspense-Spannung aufrechterhielt. Dort ließ die Voraussicht die Reizspannung nicht über ein gewisses Maß hinausgehen, ließ sie aber auch nicht absinken. Wenn diese Schranke unter dem wachsenden Druck des Luststrebens durchbrochen ist, wird das Vorwegnehmen in der Phantasie die Spannung steigen lassen und zum Höhepunkt treiben. Noch während Schmerz und Unlust gefühlt werden, wird in der Phantasie das Lustziel vorausgenommenen. Ja die phantasierte Antizipation hilft die Leiden und die Beschämung ertragen. Hilft sie nur, sie zu ertragen? Nein, die Phantasie heißt die Unlust und ihre Verstärkung willkommen, denn der Gipfel der Unlust ist das Signal für die nahe Lust. Wenn sich der Schlag am fühlbarsten macht, die Erniedrigung am empfindlichsten gefühlt wird, gerade dort ist der Wendepunkt zum Orgasmus. Der Schmerz wird so, wenn er stärker wird, zum Signal, zum Zeichen der kommenden höchsten Lust, zur »promesse du bonheur«.

* Der überraschte Psychologe. Leiden 1935.

Die vorwegnehmende Funktion der Phantasie hat gewiß Beziehungen zum Charakter des Trieblebens selbst. Für den Trieb existiert subjektiv nur eine Zeit: die Zukunft. Das will sagen: das subjektive Verhältnis des Triebs zu Vergangenheit und Gegenwart ist rein negativ. Die Erinnerung an eine Triebregung bringt sie in irgendeinem Ausmaß zurück, belebt sie und macht sie in Form des Bedürfnisses wieder aktuell. Einen Trieb, der sein Ziel in der Gegenwart hätte, gibt es nicht, denn er hätte damit den Charakter des Treibenden verloren. Das Triebziel liegt in der Zukunft. Die einzige positive Beziehung zur Zeit, die der Trieb kennt, ist die zur Zukunft, die ihm Befriedigung und damit zeitweises Erlöschen gewährleistet. Diese allgemeine, in die Zukunft weisende Natur des Trieblebens, wird nun im Masochismus in ihrer Intensität verstärkt, gerade weil sie in ihrer Triebsetzung zuerst auf Dämme und Hindernisse gestoßen ist. Das Suspense bezeichnet einen solchen Damm, die Beschäftigung in der Phantasie einen anderen. Wenn aber der Weg zur Befriedigung in der Realität gefunden ist, werden diese Dämme gewaltsam durchbrochen. Der Masochist, solange daran gewöhnt, die Befriedigung hinauszuschieben, erlangt sie auch jetzt noch dadurch, daß er sie nur um einen Takt vorausnimmt. Gerade wenn die Unlust am höchsten wird, stellt sich die Lust, ungeduldig zu warten, ein. Unbekümmert um Schmerz und Beschämung, ja gereizt und aufgestachelt durch sie, eilt der sexuelle Drang zu seinem Ziel.
Von unseren psychologischen Voraussetzungen aus ist es gut verständlich, daß der Mechanismus des Vorwegnehmens in dieser Situation seine volle Wirksamkeit entfaltet. Die Flucht nach vorn läßt ja dem Masochisten die gefürchtetste Strafe zuteil werden und befreit ihn von unbewußter Angst. Die Lusttendenz kann sich mitten in der Unlust entfalten, ja trotz ihr und ihr zu Trotz. Während der Perverse noch den

schmerzhaften Reiz der Schläge spürt, ist seine Phantasie schon vorausgeeilt dem Ziele zu, das er sich so teuer erkauft hat. Steigerung des Schmerzes oder der Unlust, härtere Bestrafung werden nicht als solche ersehnt, sondern als Vorboten der kommenden Lust. Nur oberflächliche psychologische Betrachtung kann annehmen, daß der Masochist Unlust als solche wünscht, daß sie als ursprüngliches Triebziel erscheint. Sie ist nur der Herold, der das Nahen des Herrschers, der Lust, ankündigt.

Die Vernachlässigung des Mechanismus der Antizipation in der Phantasie ist besonders dafür verantwortlich zu machen, daß der soziale Masochismus fast unverstanden geblieben ist. Wie soll man auch das Wirken geheimer Tendenzen im Seelischen verstehen, welche danach streben, dem Ich soviel als möglich zu schaden, es zu benachteiligen und ihm Schande und Niederlage zuzuführen? Es hat sich gerächt, daß die Erklärungsversuche einer so schwer verständlichen Erscheinung nicht davon ausgegangen sind, was insgeheim gefürchtet, was gewünscht wird, welche Strafe vermieden, welche Lust angestrebt wird. Ich komme auf dieses Unverständnis zurück, wenn von den Ausdrucksformen des sozialen Masochismus gesprochen werden wird. Hier soll nur gesagt werden, daß dort wie im perversen Masochismus der Mechanismus der Antizipation den seelischen Ablauf entscheidet. Auch dort ist die Phantasie der Realität um einen Takt und oft um mehrere voraus.

11 Der geheime Sinn der Zurschaustellung

Im Suchen nach der spezifischen Natur der masochistischen Angst und Lust ist das Suspensemoment unser Wegweiser gewesen. Da wir unseren Marsch von der jetzt erreichten

Stelle aus fortsetzen wollen und die alte Markierung nicht weiterführt, müssen wir uns nach einem neuen Wegweiser umsehen.
Das andere Kennzeichen, das wir als den demonstrativen Zug bezeichnet haben, gibt von hier aus die Richtung an. Wir erinnern, daß es allgemein besagt, daß der Masochist Zeugen seiner Schmerzen oder Erniedrigungen braucht. Die Triebneigung kann ohne das nicht bestehen. Der Vergleich etwa mit dem Sadismus oder mit Voyeurneigungen zeigt, daß diese Perversionen auch heimlich ohne Zeugen ihre besondere Befriedigung verschaffen können. Warum benimmt sich der Masochist abweichend? Warum legt er Wert darauf, daß jemand seine Schmach sieht, Mitwisser seines Elends werde? Warum sollte er nicht allein seine Wonne, seine Pein haben können? Dort aber, wo dies der Fall zu sein scheint, ruft er doch in der Phantasie zumindest einen Zuschauer herbei. Einen Zuschauer im wirklichen Sinn, der sein Leiden mitansieht, und wenn es nur das Bild im Spiegel wäre, dem die eigene Entwürdigung gezeigt wird.
Man wird darauf vorbereitet sein, daß dieser demonstrative Zug bestimmt ist, auf einen besonderen Beitrag zum Lusterlebnis hinzuweisen. In dem, was dem Zuschauer gezeigt wird, was da zur Schau gestellt wird – selbst wenn es sich auffällig verbirgt –, muß sich Bedeutsames verraten.
An den Beginn eines früheren Teiles dieser Untersuchung haben wir eine sagenhafte Gestalt gestellt, die uns sozusagen an der Tür begrüßt und uns auf das Kommende vorbereitet: Till Eulenspiegel. Ähnliche Mythen- und Sagenfiguren haben uns geholfen, Wesenszüge gewissermaßen zu personalisieren, Kennzeichen zu verkörpern: Thersites erschien uns als Personifizierung jener Provokation, die zum Gezüchtigtwerden aufreizt. Die Lage des Tantalos bot sich zum Vergleich der Suspensesituation an. Till Eulenspiegels lustige Streiche, die

so eigenartig zwischen Narretei und Weisheit schwanken, halfen uns, die besondere Ungeduld des Geduldigen zu verstehen. An dieser Stelle soll eine andere, beziehungsreichere Gestalt uns manches veranschaulichen: die Figur Hiobs aus dem Alten Testament. Die Beziehung dieses Mannes aus Uz zu dem hier zu behandelnden charakteristischen Zug des Masochismus mag zuerst nicht klar sein. Erinnern wir uns aber der Abschnitte jenes Buches, so steigt das Bild des klagenden und anklagenden, des zweifelnden und verzweifelnden Dulders vor uns auf. Wir sehen ihn, geschoren und mit zerrissenem Kleid, von Geschwüren bedeckt, auf einem Aschenhaufen sitzend, wie er mit einer Scherbe seine Krätzen kratzt, von seinen drei Freunden umgeben, denen er beredt sein Leid klagt. Die Gestalt des klagenden Hiob könnte gewiß den demonstrativen Zug verpersönlichen. Er breitet nicht nur sein Leben und sein Elend vor den Freunden aus, sondern auch seine Verzweiflung. Er spricht: »So will ich meiner Klage freien Lauf lassen und reden in der Bitterkeit meiner Seele.« Am Ende sind nicht mehr die Freunde seine Zuhörer, er klagt und fordert vor Gott, schildert sein Weh und beteuert seine Unschuld. Dies ist ähnlich der Haltung des sozialen Masochismus, der ein widriges Schicksal anklagt, das ihn, den Unschuldigen, verfolgt.

Man könnte den demonstrativen Zug als Vertretung der Außenseite des Masochismus bezeichnen, während die zwei anderen Kennzeichen, die Phantasievorbereitung und das Suspense, die Innenseite repräsentieren. Was soll es für einen Sinn haben, daß das eigene Leiden, die Beschämung und die Strafe der Außenwelt gezeigt werden? Auch dieser Zug mutet, wie so viele im Masochismus, paradox an. Die meisten Menschen werden es gewiß vorziehen, die eigene Schande oder Bestrafung, die sie erlitten haben, zu verbergen. Es muß eine oder mehrere Bedeutungen haben, daß der Masochist die Aufmerksamkeit der anderen unbewußt auf das eigene Elend lenkt, daß er mit besonderer Auffälligkeit, ja Aufdringlichkeit die eigene Strafe oder die eigene Erniedrigung entblößt. Muß er damit etwas zeigen? Oder will er damit etwas verbergen?

Wenn ein Mann in einem Saal unter vielen Menschen sitzend, ununterbrochen etwa in die eine linke Ecke des Raumes starrt, wird man gewiß zuerst annehmen, daß er dort etwas Auffälliges sieht und auch die Aufmerksamkeit der anderen dorthin lenken will. Es ist aber – immer theoretisch gesprochen und doch praktisch nachprüfbar – möglich, daß er absichtlich in die linke Ecke sieht, weil er die Aufmerksamkeit der um ihn Sitzenden etwa von der rechten Ecke ablenken will. Der auffällige Blick in die eine Richtung kann auch bedeuten, daß es in der anderen etwas zu verbergen gibt. Schließlich lassen sich beide »Gesichtspunkte« vereinigen, wenn es in der einen Ecke wirklich etwas Bemerkenswertes gibt und in der anderen etwas viel Wichtigeres verborgen gehalten wird.

Wenn man vom Augenschein ausgeht – und was könnte beim demonstrativen Zug ein geeigneterer Ausgangspunkt sein? – gelangt man zu einer Ansicht, die bisher die meisten Analytiker, von anderen Standpunkten herkommend, vertreten haben. Sie haben – ohne Zusammenhang mit dem demonstrativen Zug – darauf hingewiesen, daß der Masochist Mitleid erregen will. Er wirbt um Liebe. Er will durch sein Leiden oder wegen seines Leidens geliebt werden. Das wäre also einem Nachklang aus der Kinderzeit gleichzusetzen; das kranke oder gekränkte Kind ist sicher, mehr Aufmerksamkeit oder Zärtlichkeit zu erhalten. Es spricht für diese Ansicht, daß die Umgebung, welche das Leiden oder die Entbehrungen sieht, dem Masochisten wirklich zuerst Mitleid entgegenbringt. Mitleid, sage ich, aber nicht Liebe. Entgegen allgemein geltenden Anschauungen zeigt die Analyse, daß die Inanspruchnahme von Mitleid nicht die Liebe verstärkt, sondern abschwächt. Ja in den meisten Fällen kann Mitleid an die Stelle der Liebe treten. Der umgekehrte Fall ist äußerst unwahrscheinlich. Die Erweckung von Mitleid gegenüber dem Masochisten gilt übrigens nur für die soziale, nicht für die sexuelle Erscheinungsform der Triebrichtung. Wir fühlen Mitleid für jene Menschen, die wie Hiob unverdient das Opfer eines schweren Geschicks geworden sind, für Unglückliche, Pechvögel, Schlemihle, die von einem bösen Wind immer wieder in die falsche Richtung getrieben werden. Dort mag es eine der masochistischen Absichten sein, das Mitleid der Umwelt zu erregen. Wie steht es aber mit der Mitleidserregung in der sexuellen Perversion? Dort wird der Partner oder die Partnerin zum Zeugen der Unlust oder Beschämung, aber dort soll dieser Anblick der Entwürdigung keineswegs Mitleid erwecken. Die Berichte der Perversen sprechen unzweideutig gegen eine solche Annahme. Ja im Gegenteil, der Anblick soll die Begierde des anderen, des Aktiven verstärken, weiter zu schlagen oder zu züchtigen. In manchen Fällen kommt es sogar vor, daß der Masochist gegenüber einer Mitleidsregung der aktiven Person darauf besteht, daß die Züchtigung fortgesetzt werde.

Die unbewußte Absicht, Mitleid und Liebe zu erwecken, kann aber auch im Gebiet des sozialen Masochismus nicht als starkes und sicherlich nicht, wie einige Analytiker denken, als einziges Motiv gelten. Die so zuverlässige Schlußfolgerung von der erreichten seelischen Wirkung auf die verborgene Absicht widerspricht einer solchen Ansicht auf das Entschiedenste. Wenn man dem so auffällig vom Schicksal Verfolgten und seinen unablässigen aufdringlichen Klagen zuerst auch Mitleid entgegenbringt, so gilt dies in den meisten Fällen nur für kurze Zeit. Die Reaktion ändert bald ihren Charakter.

Die Hartnäckigkeit der Klagen, das Bestehen darauf, daß das Schicksal die Person auserwählt habe, um sein Opfer zu werden, die Zurschaustellung des eigenen Elends, die oft etwas Unechtes, ja Spielerisches hat, läßt die Umwelt bald vom Mitleid zur Ungeduld übergehen. Von dort aber zur Abwehr der Zudringlichkeit und damit zur Aggression ist nur ein kleiner Schritt. Die Demonstration führt also endlich dazu, daß man ihn mißhandelt, daß er beschimpft und getadelt wird. Nicht einmal der Dulder Hiob findet in seinen Freunden, die gekommen sind, mit ihm sein Unglück zu beklagen und ihm ihr Mitleid zu bezeugen, allzu geduldige Zuhörer seiner Verzweiflung. Er zieht sich schließlich ihren herben Tadel zu. Es ist, wie wenn sie in seinem Bestehen auf dem Anspruch, es sei ihm von Gott Unrecht geschehen, einen rebellischen Hauch, eine Tendenz zu Hochmut und Auflehnung, die Forderung einer Ausnahmestellung erkannt hätten. Seine Klagen klingen ja auch meistens wie Anklagen, wie Vorwürfe und Angriffe. Sie werden dringender und eindringlicher, wie wenn sie eine Gegenaktion herausfordern wollten.

Von den analytischen Beobachtern wurde bisher immer wieder auf die Liebesbedürftigkeit des Masochisten hingewiesen, sein provokatives Benehmen soll den Sinn der unbewußten Liebeswerbung haben. *K. Horney, W. Reich* und andere betonen unermüdlich diesen Gesichtspunkt. Es ist aber keineswegs das Bedürfnis, geliebt zu werden, das hier zutage tritt. Es ist viel eher ein anderes, das mit ihm leicht verwechselt werden kann, nämlich das Bedürfnis, Verzeihung zu erlangen. Das »Liebesbedürfnis« in seiner gesteigerten Form ist selbst ein Zeichen dafür, daß die Sicherheit des Ichs durch das unbewußte Schuldgefühl geschwächt wurde. Wer soviel Liebe braucht, der zweifelt daran, daß er verdient, geliebt zu werden; er braucht sie, damit ihm bewiesen wird, er werde trotz allem geliebt. Die Unsicherheit des Ichs ist bedingt durch die innere Wahrnehmung, die verdrängte feindliche und aggressive Regungen erkannt hat. Von dieser seelischen Entstehung erhöhter Liebesbedürftigkeit kann man sich in der Analyse oft überzeugen. So wurde eine Patientin von besonderer Ungeduld gequält, weil sie längere Zeit keinen Brief von ihrem Verlobten bekommen hatte und zeigte alle Zeichen der Kränkung und des Sichvernachlässigtfühlens. Ihr verstärktes Liebesbedürfnis erwies aber bald seinen Ursprung, als die quälende Angst auftrat, sie könnte unwissentlich und unbeabsichtigt in ihren Briefen den Verlobten gekränkt haben. Der zärtliche Inhalt ihrer Briefe widersprach dem freilich, aber der Selbstvorwurf war doch psychologisch berechtigt: ihre unbewußten Haßregungen rechtfertigten ihn, ließen ihre Angst steigen. Sie suchte nun Beruhigung und Beschwichtigung ihres unbewußten Schuldgefühles in dem Wunsch, Liebesbeweise von dem Mann zu erhalten, gleichsam eine Versicherung dagegen, daß er ihr ihre unbewußten feindlichen Regungen nachtrage und sie dafür bestrafen wolle. Ihre verstärkte Liebesbedürftigkeit kam einem Verlangen, seiner Verzeihung sicher zu sein, gleich. Das provokative Verhalten hat aber dann den Sinn eines unbewußten Geständnisses: Sieh, wie böse ich bin. Daran schließt sich freilich der Satz: Trotzdem mußt du mir verzeihen. Das agierte Geständnis hat dann freilich meistens die Folge, daß der Masochist wirklich mißhandelt wird im Sinne seines Strafbedürfnisses. Es kommt dann zu jenem »vicious circle«, den wir in den Erscheinungen des Masochismus so häufig antreffen.

Wir verschieben die Diskussion über den verborgenen Sinn dieses Kreislaufes und beschränken uns jetzt darauf, den Absichten der Demonstration nachzugehen. Die Tendenz, eine neue Bestrafung zu provozieren, und die ihr scheinbar entgegengesetzte, welche Verziehenwerden anstrebt, sind gewiß vorhanden, verfließen ineinander, so daß es wirklich den Anschein gewinnt, Bestraftwerden bedeutet soviel wie Geliebtwerden. Das kann freilich unmöglich für das Anfangsstadium des Masochismus gelten, bezeichnet schon seine volle und vollendete Entwicklung. Für das Anfangsstadium nehmen wir eine neutralere, unbestimmtere Absicht für die Demonstration an, indem wir sagen, der Masochist wünsche, die Aufmerksamkeit auf sein Leiden, seine Strafe und Schande zu ziehen. In der Sprache des Bewußtseins ausgedrückt: seht her, wie ich leide, wie ich beschämt, bestraft, mißhandelt werde! Das kann nun zwei Bedeutungen haben: Ich bin zu Recht bestraft, dann ist es eine Klage. Oder: Ich bin zu Unrecht bestraft, dann kommt es einer Anklage gleich. Es kann aber etwas ganz anderes bedeuten, wobei das Moment des Rechthabens oder Rechtbehaltens vorerst nicht ins Gewicht fällt. Es kann auch bedeuten: Ich bin bestraft, ich habe gebüßt, jetzt ist die Triebbefriedigung erlaubt. Die Bestrafung würde so der Ausübung des Vergehens vorausgehen, sozusagen die Erlaubnis dafür liefern. Solche Umkehr und Vorwegnahme würde durchaus zu dem Mechanismus der Flucht nach vorn passen.

Einige Beispiele der masochistischen Demonstration sollen uns darüber hinausführen. Sie gehören durchaus dem Gebiet des sozialen Masochismus an und repräsentieren typische Phantasien. Ein Mann, der finanziell völlig von der Freigebigkeit seines Bruders abhängt, gibt sich gern der Vorstellung hin, daß er eines Tages mit zerrissenen Kleidern und löchrigen Schuhen bei dem Bruder erscheinen und dessen Wohnung nicht verlassen werde. Das ist gewiß eine deutliche Darstellung des eigenen Elends, die mit Behagen in der Phantasie genossen wird. Man kann bald ihr Motiv erkennen: Es gilt nicht nur dem Bruder die eigene ärmliche Lage zu veranschaulichen, sondern ihm sein Unrecht vorzuhalten. Sein Verhalten ist also nicht nur dazu bestimmt, Liebe und Mitleid zu erwecken, sondern auch den Bruder zu bestrafen. Geht man tiefer in den psychologischen Sachverhalt, erkennt man auch die für den Masochismus so charakteristische Form dieser Bestrafung durch die Zurschaustellung des eigenen Elends. Es ist die Form der Übertreibung. Der Bruder hatte dem Patienten oft vorgeworfen, daß er zuviel Geld für Kleider und Schuhe ausgebe. Das Benehmen bedeutet also jetzt eine Karikatur dieser als unberechtigt empfundenen Vorwürfe etwa in dem Sinne: deiner Ansicht nach bin ich also zu gut gekleidet, gebe zuviel Geld aus. Schau meine zerrissenen Kleider und Schuhe an. So sehe ich aus; ich muß in deiner Wohnung bleiben, kann so nicht auf die Straße gehen. Die Demonstration diente hier gewiß noch anderen Absichten als der, Mitleid oder Liebe zu erwecken. Ein anderer Fall: Ein kleines Mädchen stellt sich vor, der Vater werde von der Reise, die er eben unternahm, nicht mehr zurückkehren und im Ausland sterben. Die Tagträumerin stellt sich vor, sie werde dann hart arbeiten, Lehrerin werden und die Mutter und ihre Geschwister ganz allein ernähren. Mit großem Behagen verweilt sie in der Phantasie bei der Härte der Lebensbedingungen, den Opfern, die sie persönlich bringen, den Entbehrungen, die sie auf sich nehmen wird. Ein besonderer Zug ist, daß die Freunde und Verwandten das Elend und ihre rastlose Arbeit für die Ihren anerkennen werden. Das Motiv auch dieser Phantasie, welche in der Kleinmädchenzeit die Analysandin oft beschäftigte, ist nicht nur, Liebe und Mitleid zu erringen. In Wahrheit gibt es mehrere, leicht erratbare unbewußte Motive wie: die enge Vereinigung mit der Mutter, wobei der Vater ausgeschlossen wird, ihren Ehrgeiz, ihre Überlegenheit über die Geschwister. Ein von seinen Verwandten abhängiger Mann hat sich in der Analyse aus seiner einige Jahre dauernden Unfähigkeit so weit aufgerafft, daß er eine ihm gemäße Beschäftigung und einigen Verdienst finden kann. Er richtet sich ein Geschäft ein, doch verfolgen ihn merkwürdige Mißgeschicke, rätselhafte Vergeßlichkeiten, unbegreifliche Vernachlässigungen. Einige davon will ich berichten: er will an einige tausend Leute Prospekte über die Ware schicken, die er zu verkaufen hat. Er schreibt die Adressen auf den Kuverts selbst, unterbrach diese Arbeit oft, um Dringenderes zu tun. Als er die Kuverts zur Post tragen wollte, vergaß er sie und erinnerte sich erst auf dem Weg dahin. Zurückgekehrt, um sie zu holen, fand er Briefe vor, die ihn interessierten, ging wieder zum Postamt, ohne die Kuverts mitzunehmen. Er verlor die Briefe, die ihm Aufträge brachten, vernachlässigte den Zeitpunkt wichtiger Besprechungen, vergaß Anrufe usw. Er klagte über seine Mißgeschicke so beweglich, als hätte er keinen Anteil an ihnen und als hätten feindliche Mächte sich gegen ihn verschworen. So klagte er z. B. seiner Familie gegenüber darüber, daß ihn viele widrige Zufälle an der Lieferung der bestellten Ware hinderten. Neben den sehr verschiedenen einzelnen Determinanten seiner geschickten Ungeschicklichkeiten und Vergeßlichkeiten war ein unbewußtes Motiv durchgängig: seinen Verwandten zu zeigen, so geht es nicht. Diese masochistische Sabotage sollte sagen: wenn ihr mir nicht das Geld gebt, eine Bürokraft zu nehmen, die die Kuverts schreibt, Briefe tippt und aufgibt, Aufträge notiert, kann ich das Geschäft nicht führen. Wenn ich kein Auto habe, die Ware abzuliefern, passieren eben so zeitraubende und schädigende Mißgeschicke. Ich sah nicht ein einziges Beispiel solcher Sabotagetricks in diesem Fall, dessen Ziel es war, Liebe und Mitleid zu erregen. Das Ganze hatte in seinem Charakter der Zurschaustellung, den die vielen Klagen notdürftig verhüllten, den Sinn: »I told you so«. Den Sinn des Beweisenwol-

lens, daß eine Geschäftsführung, wie die Verwandten sie wünschten, nicht möglich war.
Ich werde also nicht bestreiten, daß sich der Wunsch, Liebe und Mitleid zu erregen, unter den Motiven der masochistischen Demonstration findet. Ich werde aber bestreiten, daß er eine so wichtige und schwer aufzufindende Seite des Problems ist. Es ist im Gegenteil jene Aussicht, die sich sogleich und dem ungeübtesten Auge bietet. In unserem Vergleich gesprochen: der Masochist bietet ihn auffällig dar. Er benimmt sich wie der Mann, der ununterbrochen in die eine Zimmerecke sieht, so daß alle Anwesenden ihre Blicke dorthin richten. Daß sich die meisten Analytiker auch unter diesen Anwesenden befinden, die sich vom Augenschein verführen lassen, ist verwunderlich und bedauerlich. Einige der oben dargestellten Beispiele lassen ahnen, daß sich manches Bemerkenswerte in der anderen vernachlässigten Ecke finden ließe.
Ich habe früher gesagt, daß der demonstrative Zug die Außenseiten der masochistischen Kennzeichen repräsentiert, die Triebneigung der Außenwelt vermittelt. Was will er zeigen und was will er verbergen und zeigt es gerade durch das Bemühen, es geheimzuhalten? Er zeigt die Strafe, die Beschämung und die Erniedrigung gewiß für eine Verbotsübertretung, für eine verbotene Triebbefriedigung – aber diese verpönte Triebbefriedigung folgt sofort. Wenn das Zeigen der eigenen Unlust und Schmerzen beweist, wie schuldig man sich fühlt, wie man um Liebe und Mitleid wirbt – was soll dann die unmittelbar folgende Trieberfüllung zeigen? Steht solche Aufeinanderfolge nicht den zweideutigen und zweiseitigen Handlungen der Zwangsneurotiker nahe, jenen Aktionen, in denen zuerst eine Sühnehandlung, dann eine verbotene ausgeführt wird?
Die Beobachtung und analytische Erforschung vieler ma-

sochistischer Erscheinungen hat mich dazu geführt, eine historische Entwicklung anzunehmen. Am Anfang steht wirklich das Zeichen der vollzogenen Strafe, der eigenen Beschämung, der Buße als Zeugnis des nachträglichen Gehorsams, des Schuldgefühls und des Gefühls, Strafe verdient zu haben. Wir haben nicht vergessen, was uns der Einblick in die Wirkung der Flucht nach vorn sehen ließ, daß der Vollzug der Strafe zur unerläßlichen Voraussetzung, zur conditio sine qua non der Triebbefriedigung wurde. Ihr Vollzug wird nun demütig und wehmütig gezeigt, vor Augen geführt. Die eigene Unlust und die eigene Entwürdigung wird nicht etwa nur schweigend ertragen, sie wird demonstriert. So bieten Schwächere, die sich fürchten, einen Tribut an. Sie liefern ihn nicht einfach ab, sie zeigen ihn vor als Beweis ihrer Unterwürfigkeit. So beweisen Rebellen, daß sie sich schuldig fühlen und daß sie die Strafe für ihre Schuld verdienen. Die Demonstration ändert aber mit fortschreitender Entwicklung ihren Charakter. Die Strafe wird immer mehr in den Bereich des Luststrebens gezogen. War es zuerst der Strafvollzug, der demütig gezeigt wurde, so ist es jetzt die Verkehrung der Strafe in Lust, die nicht mehr demütig, sondern trotzig dem Zuschauer vorgeführt wird. Ließ sich das Gefühl früher etwa übersetzen: seht her, wie ich bestraft werde und leide!, so ist das spätere etwa gleichbedeutend mit: seht her, wie ich noch die Strafe und das Leiden genieße! Das eine ist ein Zugeständnis der Unterwerfung an die Mächte der Erziehung und der triebversagenden Außenwelt, das andere ist eine Kriegserklärung an sie. Die Demonstration beweist am Anfang die Wirksamkeit der erzieherischen und moralischen Maßregel. Sie endet mit der Zurschaustellung ihres Bankrotts. In der ersten Phase der masochistischen Entwicklung wird der Erfolg jener Kräfte veranschaulicht. In der zweiten wird dargestellt, wie sich der Erfolg in Mißerfolg verkehren läßt.

Die Einsicht in diese sich verändernde Zielsetzung erhielt ich durch die analytische Beobachtung vieler masochistischer Charaktere während langer Zeit. Als ich einmal Zeuge einer merkwürdigen Szene war, glaubte ich, in ihr fast eine Verbildlichung der Endgestaltung dieser Entwicklung zu sehen. Ein sechsjähriger Junge, der sich früh als ein schwer erziehbares und störrisches Kind gezeigt hatte, wurde wegen seines Ungehorsams von seinem jugendlichen, jähzornigen Vater gezüchtigt. Zu meinem Erstaunen rief der Junge während der empfindlichen Mißhandlung – mein Interventionsversuch war zurückgewiesen worden – immer wieder: »Ich lache, ich lache«. Er wollte damit dem Vater und gewiß auch mir beweisen, daß er sich aus den Prügeln gar nichts mache, ja daß sie ihm im Gegenteil Vergnügen bereiten. Das Beispiel soll gewiß nicht als Fall von kindlichem Masochismus gewertet werden. Es war deutlich, daß dem Kind keineswegs zum Lachen zumute war. Ich meine nur, daß eine solche Demonstration in der Endphase der masochistischen Entwicklung unbewußt die Außenseite des Erlebnisses bestimmt. Ich erinnerte diese Szene häufig, wenn ich den Klagen und Beschwerden masochistischer Charaktere zuhörte, wenn, wie ein amerikanischer Patient dies ausdrückte, das »complaint-department« geöffnet wurde. Das Überfließen der Lust in die Unlust, in der Perversion so auffällig, im sozialen Masochismus so verborgen, verrät die Tendenz, welche der Junge so prägnant ausdrückte mit dem Schrei: »Ich lache«. Aus der Demonstration der Strafe für eine verbotene Triebbefriedigung ist eine Demonstration der verbotenen Triebbefriedigung in der Strafe geworden. Aus der Zurschaustellung der Unlust als Sühne wird eine Zurschaustellung der Lust als Bankrott der Sühneaktion.

Was hier als Entwicklung beschrieben wurde, stellt sich dem Psychologen rückblickend als Entfaltung, Deutlicherwerden,

Entäußerung von Zügen dar, die schon von Anfang an den Masochismus bestimmten und begleiteten. Der Masochist braucht einen Zeugen seiner Unlust, seines Schmerzes, seiner Erniedrigung – er zeigt seine Strafe, seine Schuld. Er braucht aber denselben Zeugen, um zu beweisen, wie vergeblich, wie sinnlos, ja wie lustbefördernd die Strafe war, ja wie sie zum Genuß wurde. Er führt die Strafe vor Augen, aber auch ihr Fehlschlagen. Er zeigt seine Unterwürfigkeit, gewiß, er zeigt aber auch seine nicht bezwingbare Unbotmäßigkeit. Ja, indem er demonstriert, daß er Lust trotz der Unlust gewinnt, beweist er, daß er Lust daraus zieht, der Unlust zu trotzen. Aus einer Absicht »in spite« aller Drohung die Befriedigung zu bekommen, wird eine Tendenz eine Befriedigung auch zu gewinnen, »to spite« alle Drohung.

Im perversen Masochismus ist diese Entwicklung der Zurschaustellung völlig deutlich. In der sozialen Gestaltung wird die Strafe, der Mißerfolg, die eigene Beschämung noch deutlicher dargestellt und beklagt. Wenn unsere Auffassung des Masochismus als einer psychologischen Einheit in allen Formen richtig ist, muß auch dort dieselbe Entwicklung nachzuvollziehen sein, muß die Demonstration auch dort, wo nur die eine Seite zu sehen ist, denselben verborgenen Sinn haben. Das soll später erwiesen werden, aber ein Seitenblick auf das Schicksal des Dulders Hiob mag uns verraten, daß die Freunde, die sein Elend als Beweis seiner Schuld ansehen, am Ende Unrecht bekommen und Zeugen seiner Rehabilitierung und seines Triumphes werden.

Der demonstrative Zug zeigt also wirklich etwas; er zeigt aber dem oberflächlichen Blick etwas anderes als dem tiefer dringenden. Dem einen Äußerungen von Liebeswerben und Schuldgefühl, von Schwäche und Unterwürfigkeit, dem andern solche von Rache, unbändiger Rebellion und Triumph. Die beiden Hälften des Jammergesichtes weisen entgegengesetzten Ausdruck auf. Was so deutlich vorgezeigt wird, hat den Sinn, das andere zu verbergen. Das ist also ein Teil der Paradoxie des Masochismus: wenn hier etwas, was man sonst verhüllt, sozusagen in die Auslage gelegt wird, soll zugleich etwas anderes den Blicken entzogen werden. Die Überdeutlichkeit auf der einen Seite soll die Verdunkelung auf der anderen verdecken.

Mit fortschreitender Entwicklung dringt aber jenes Verhüllte immer mehr hervor, wagt es sich aus dem Dunkel heraus. Es wird, früher nur dem »dritten Ohr« vernehmbar, besser hörbar. Noch immer wird die Unlust, die Erniedrigung, die Beschämung in den Vordergrund geschoben, aber der Psychologe wird erkennen, warum sie in den Vordergrund gerückt werden. Der demonstrative Zug will also etwas zeigen und etwas verbergen, verbirgt es aber so auffällig, daß er es dadurch zeigt. Nur zeigt? Nein, es beweist. Das Endresultat, die Lust trotz der Unlust, soll etwas beweisen. Sie hat den geheimen, für die Psychologie jetzt geoffenbarten Sinn: noch wenn ihr mich schlagt, züchtigt, straft, ich lasse mir die Triebbefriedigung nicht nehmen. Die Bezeichnung demonstrativ für diesen kennzeichnenden Zug des Masochismus habe ich gewählt, weil sie die Zeigetendenz verdeutlicht, ohne Näheres und Eindeutiges über den Gegenstand und die Motive dieses Zeigenwollens auszusagen. Wir wissen jetzt, was offen und verhüllt gezeigt werden soll und wissen, es sollte nicht nur um des Gesehenwerdens geschehen. Es sollte etwas bewiesen werden; das unbewußt angestrebte Ziel war ein Quod erat demonstrandum. Hier aber erkennt man, daß die Wahl des Ausdrucks demonstrativer Zug eine psychologische Bedeutung erhält, die ihm früher nicht eigen war, und erkennt seine volle Bedeutung.

12 Darstellung durch das Gegenteil und durch Übertreibung

Manche analytischen Untersuchungen betonen, daß die Absicht der masochistischen Perversion dahin geht, eine sexuelle Befriedigung ohne Verantwortung zu erreichen. Die Formel »Lust ohne Verantwortung« wird von *W. Stekel*, *W. Reich* u. a. als aufschlußreich für den Masochismus aufgestellt. Die Masochisten selbst hören diese Charakteristik gern, ja es kommt vor, daß sie selbst sie geben. Sie scheint ja zu bestätigen, was sie so oft über sich sagen: daß sie faule, minderwertige Menschen sind. Man möchte sagen: eine solche Formel schmeichelt ihrer negativen Eitelkeit – wenn man so sagen darf. Daneben hat eine Charakteristik dieser Art den Vorzug, daß sie die Tür zum Geheimfach zuschlägt.

»Lust ohne Verantwortung«, das klingt plausibel und enthält auch gewiß ein Fünkchen Wahrheit. Immerhin fragt man sich, warum solche Enthebung von der Verantwortung in der Form des Geprügelt-, Angespuckt- Gebundenwerdens vor sich geht. Vielleicht aber werden die Vertreter der angeführten Ansicht eine solche Frage als zu indiskret empfinden. Wir tragen ihrem Zartgefühl Rechnung und nehmen ein Beispiel, das ihre Anschauung zu bestätigen scheint: den masochistischen Tagtraum eines Mannes. Der Inhalt: der Chef des Mannes tritt in das Zimmer und befiehlt dem Tagträumer mit vorgehaltenem Revolver, mit seiner, des Chefs, Frau, sogleich sexuell zu verkehren. Das scheint ja geradezu ein Paradefall für die Anschauung: Lust ohne Verantwortung zu sein, zumal die Phantasie sehr erregend wird, so oft sie auftaucht, und sie taucht oft auf. Es fällt ja nicht weiter auf, daß die Wahrscheinlichkeit dieser Handlungsweise des Chefs nicht gerade groß ist. Es läßt sich aber nicht verschweigen, daß der Tagtraum einige Züge aufweist, welche zu der Formel Lust ohne Verantwortung nicht passen, ihr sogar entschieden widersprechen. So könnte man Zweifel darüber hegen, ob ein sexuelles Erlebnis unter so eigenartigen Umständen wirklich besonders lustvoll sein könne. Es ist zu befürchten, daß die Anwesenheit des Ehegatten mit dem Revolver im Schlafzimmer die Stimmung des Liebhabers gegen seinen Willen beeinträchtigen könnte. Dem steht entgegen, daß die Phantasie den Tragträumer sexuell so sehr erregt. Das ist so, aber das beweist nichts für die Richtigkeit jener Formel. Es könnte ja sein, daß andere psychologische Bedingungen für diese erregende Wirkung der Phantasie bestimmend sind. Bei einiger Phantasie läßt sich eine Möglichkeit vorstellen, das sexuell Erregende einer solchen Situation, Sexualverkehr mit einer schönen Frau unter Zwang des Ehegatten, nicht direkt aus der Formel Lust ohne Verantwortung abzuleiten. Ernsthaft gesprochen: eine Situation, die Lust ohne Verantwortung bringt, wird sich andererseits mancher auch bei geringerer Phantasiebegabung entschieden anders vorgestellt haben, etwa als ein unbefangenes, von keinem Verbot, aber auch keinem Gebot unter Waffenandrohung begleitetes Genießen. Etwa im Sinne: erlaubt ist, was gefällt. Gewiß nicht als: erlaubt ist, was erzwungen wird. Nebenbei sei noch die Frage gestattet: Ist es denn in diesem Fall Lust ohne Verantwortung? Es ist ja Lust unter Verantwortung, ja unter dem Zwang eines anderen; wenn du diese Lust nicht genießt, schieße ich dich nieder wie einen räudigen Hund. Des Lesers der Ausführungen von W. *Stekel* und W. *Reich* wird sich der bange Zweifel bemächtigen, ob es im Schlaraffenland wirklich so zugeht.

Man errät gewiß, wie diese Phantasie entstanden ist. Sie ist aus der masochistischen Umkehrung folgender Situation zu erklären: Der Tagträumer möchte gerne die schöne Frau besitzen, hat aber Angst vor dem Revolver des Ehegatten. Er fürchtet sich vor dessen Rache. Die Hoffnung auf diese sexuelle Beziehung steht unter Todesdrohung. In der Phantasie ist, was ursprünglich verboten war, geboten, ja der Träumer wird gezwungen, es zu tun. Jetzt ist die Todesdrohung auf die Unterlassung gerichtet. Man beachte eine weitere Veränderung der ursprünglichen Situation, die nicht ihren Inhalt, sondern ihre Anordnung betrifft. In der ursprünglich vorgestellten Szene ist die Reihenfolge: Sexualverkehr – Todesdrohung. Hier ist sie: Todesdrohung – Sexualverkehr. Die zeitliche Umdrehung gibt einen Hinweis auf die inhaltliche. Sie entspricht durchaus dem Wesen jener Flucht nach vorn. Man errät ferner, daß hier eine Darstellung durch das Gegenteil vorliegt. Man könnte etwa vermuten, daß der Tagträumer sich sagt: Das möchte mir so passen, wenn der Ehemann mich sogar zwingen wollte, mit seiner Frau zu verkehren. Das käme also einer selbstironischen Phantasie gleich. In Wirklichkeit geht der Tagtraum weit über diesen Rahmen hinaus und besagt etwa: ich möchte diese Frau besitzen, auch wenn ich dafür von ihrem Mann erschossen würde. Es ist sozusagen eine im masochistischen Jargon ausgedrückte trotzige Regung. Von Lust ohne Verantwortung ist keine Rede, eher von Lust unter höchster Verantwortung.

An Stelle des früheren »Das darfst du nicht tun« ist hier ein »Das mußt du tun«, aus Verbot ist Gebot geworden. Beispiele solcher Art sind in der masochistischen Phantasie nicht selten. Die Unlust in der Vorstellung ist dabei betont. Sexualerregung, welche die Vorstellung begleitet, zeigt, daß die Unlust nicht immer aufrichtig gefühlt ist. Ein Patient phantasiert etwa, er werde von Amazonen gefangen und in einem Garten, an Händen und Beinen gebunden, niedergelegt. Die schönen Jungfrauen entkleiden ihn und streicheln sein Genitale, bis es zur Erregung und zum Orgasmus kommt. Das ernsthafte Spiel wiederholt sich, bis der Gefangene völlig erschöpft ist. Der puritanisch erzogene Tagträumer setzt sich verzweifelt zur Wehr. Er wehrt sich dagegen, erregt zu werden, beißt die Zähne zusammen, macht ein grimmiges verzerrtes Gesicht, es kommt jedoch bei dem Gefangenen und zugleich bei dem Tagträumer zum wiederholten Orgasmus. Es ist auch hier leicht, die Formel Lust ohne Verantwortung anzubringen, aber sie gibt nicht das Wesentliche der seelischen Situation wieder. Sie klingt bestechend. Wer aber intellektuell redlich bleiben will, wird sich nicht bestechen lassen.

Derselbe Patient hatte eine Phantasie, deren analytische Würdigung uns weiter führen soll. Sein Vertreter in der Phantasie soll als Gefangener eines Aztekenstammes an einem bestimmten Tag als Verkörperung Gottes feierlich geschlachtet werden. In der Zeit der Vorbereitung des Festes wird er seinem angenommenen Charakter gemäß hoch geehrt und besonders schonend behandelt. Jede Nacht wird ihm eine der schönsten Jungfrauen des Landes zum Sexualverkehr zugeführt. Hier ist noch der ursprüngliche Text der ursprünglichen Phantasie zum großen Teil erhalten. Die Reihenfolge ist: Sexualverkehr – Todesdrohung. Schon ist aber die Situation so weit verändert, daß die Todesaussicht die schrankenlose Erlaubnis zu verbotener Befriedigung gibt. Wir erinnern uns, daß derselbe Patient bei der Vorstellung des von Schlangen erdrückten Laokoons oder des von Apoll geschundenen Marsyas sexuell erregt wurde. Die grausame Bestrafung weist er aber zurück auf die ungeheure Freveltat. Die Lust gilt zuerst ihr und wurde erst später auf die Strafe verschoben. Wir denken an das Mädchen, das der Anblick eines Skeletts der Verzückung nahebrachte. Auch dort war der Umkehrungsvorgang nachzuweisen: Zuerst war das Skelett eine Erinnerung an den Tod, der als Bestrafung für die verbotene Lust drohte. Erst später wurde er zur erregenden Erinnerung an diese Lust selbst. Wie tief und erstrebenswert muß sie sein, wenn sie mit dem Tod bedroht wird! Die Umkehrung in der Reihenfolge Lust – Bestrafung ist indessen nicht die einzige, welche für den Masochismus charakteristisch ist. Eine andere, kaum je bemerkte ist viel wichtiger, da sie als eine Entstellung erscheint, welche uns das Wesen dieser Triebneigung verhüllt.

Zuerst erhält man den Eindruck, als wären die masochistischen Szenen Wiederholungen kleiner Erlebnisse der Kindheit. Es sieht so aus, als ob der Masochist behandelt werden will wie ein schlimmes Kind. Wo anders als in der Kinderzeit gibt es Vorbilder für eine Szene, in welcher ein erwachsener Mann von einer Frau beschimpft, gezüchtigt, eingewickelt und gebunden wird? Ein Erwachsener muß sich in die Ecke stellen, die Rute selbst holen, mit der er geschlagen wird usw. Andere Züge widersetzen sich freilich der Auffassung, daß hier unentstellte Wiederholungen der Kinderzeit gespielt werden. Der Eindruck bleibt verwirrend, weil sich viele Züge, die an Szenen und Spiele der Kindheit erinnern, mit anderen kreuzen, die keine solche direkte Ableitung erlauben. Es liegt nahe anzunehmen, daß es sich oft um riesige Übertreibungen und Bereicherungen, phantastisches Weiterspinnen ursprünglich harmloser Kinderszenen handelt. Die Überprüfung dieser Vermutung ergibt kein unzweideutiges Resultat. Auch dort, wo sie sich bestätigt, bleibt die Frage: warum eine so banale Szene, wie die, daß ein Junge gescholten und bestraft wird, in dem einen Fall zum Mittelpunkt masochistischer Phantasien wird, während sie in den meisten anderen indifferent bleibt.

Wir suchen etwa die primäre Szene, die zum Ausgangspunkt der folgenden wird: Ein Mann kriecht auf allen vieren in einem Bordell herum, die Frau muß auf seinem Rücken reiten, ihm Befehle geben wie »Schritt«, »Trab«, »Galopp«,

»Halt« usw. und ihn mit einer kleinen Reitpeitsche schlagen. Der latente Sinn einer solchen Szene wird ersichtlich, wenn man den Umkehrungsmechanismus zu ihrer Deutung heranzieht. Die Umkehrung als Darstellungsmittel wird im Traum und in den Neurosensymptomen so häufig angewandt, um den ursprünglichen Sinn einer Vorstellungsgruppe zu entstellen und dem Bewußtsein zu entziehen. Versuchen wir in solchen Fällen eine Rückgängigmachung der Umkehrung, so ergibt sich wohl ein Sinn. Der Mann, der die Frau auf seinem Rücken reiten läßt und von ihr Schläge mit der Peitsche erhält, hat gewiß an eine Kinderphantasie angeknüpft. Er wollte auf der Mutter oder dem Kinderfräulein reiten und sie schlagen; ein sadistisch ausgedrückter Wunsch. Vermutlich haben sich unklare sexuelle Gefühle schon damals, als er auf dem Rücken von Mutter und Vater ritt, in ihm geregt. Warum aber die Umkehrung der Situation? Sogar die Szene, in welcher ein Mann sich von einer Frau in den Mund urinieren läßt, kann durch eine solche Aufhebung der Umkehrung einen Sinn erhalten. Wir wissen, daß Babys nur jene Personen naß machen, die sie lieben, als wäre die Urin- und Stuhlabgabe ein Liebesbeweis. Auch hier wäre also die Rückkehr in die Frühkinderzeit mit der Umkehrung in der Phantasie kombiniert. Gewiß würden viele masochistische Szenen und Phantasien ein Stück ihrer Fremdartigkeit verlieren, wenn man sich der Wirkung der Umkehrung erinnert und die Kinderzeit als ihren Ursprung anerkennt. Natürlich handelt es sich in diesen Szenen um viel später wiederbelebte Kindheitserinnerungen oder -phantasien. Oft steht der Masochist selbst dem Phänomen, daß ihn so groteske oder ekelhafte Dinge sexuell erregen, verständnislos gegenüber. Er steht unter dem Zwang, sie zu tun oder vielmehr, sie tun zu lassen, doch wundert er sich darüber. In anderen Fällen weiß er freilich eine ganze Reihe von Gründen für ihre erregende Kraft anzuführen. Diese Erklärungen machen aber durchaus den Eindruck von später hergestellten Rationalisierungen. Das Groteske und Forcierte solcher Szenen hat eine Nuance, welche einer angeblichen Sehnsucht nach der paradiesischen Kindheit widerspricht. Niemand, der eine detaillierte Beschreibung eines masochistischen Zeremoniells gehört hat, wird in ihr den ungetrübten Ausdruck einer Sehnsucht verspüren. Wie ist die Gegensätzlichkeit dieser Züge zu erklären? Der Widerspruch ist nicht unlösbar. Die Rückkehr zu den Kindheitsvorstellungen ist in manchen Zügen unzweifelhaft, aber sie ist nicht die Ursache des Masochismus, sondern schon seine Folge. Das will sagen: der Masochismus regrediert mit besonderer Vorliebe zu solchen Kindheitsvorstellungen, verwendet gern Material aus dieser Zeit, um seine uns noch immer dunklen Triebziele zu erreichen. In manchen Einzelheiten wird diese Rückkehr an Erinnerungen oder Gedächtnisspuren anknüpfen. In der Hauptsache ist sie ein Werk der Phantasie, die das Material durch Umkehrung und Übertreibung entstellt und im masochistischen Sinn lustbringend benützt.

Was ist nun der geheime Sinn der Umdrehung? Im Beispiel des Mannes, der von dem Ehemann mit dem Revolver bedroht wird, haben wir schon etwas davon erraten können. Dort bedeutet es: wenn es doch umgekehrt wäre! Wenn ich am Sexualverkehr mit der jungen Frau nicht durch die Angst verhindert, sondern geradezu dazu gezwungen wäre. Das muß nicht das einzige Motiv der Umkehrungsdarstellung sein, es ist aber bestimmt ein wichtiges Moment. Ein solcher Wunsch tritt häufig dann auf, wenn Triebregungen auf äußere und innere Widerstände stoßen, die nicht zu überwinden sind. Die Umkehrung kann, wenn diese Widerstände sich in der Vorstellung verbietender oder strafender Personen darstellen, leicht zum Ausdruck rachsüchtiger oder trotziger Regungen werden. Dieses Element wird in den Fällen masochistischer Perversionen kaum irgendwo fehlen.

Die andere Form der Umkehrung, welche nicht mehr den Inhalt, sondern die Person betrifft, ist von ähnlicher Art. Ich ziehe ein Beispiel aus der Traumpsychologie heran, um den Mechanismus zu verdeutlichen. Ein erwachsener Mann sieht sich im Traum neben seiner Mutter stehen, die auf einem Stuhl neben ihm sitzt. Er taucht einen Schwamm ins Wasser, seift sich tüchtig ein und wäscht der sich sträubenden Mutter das Gesicht. Sie weint jämmerlich und strampelt mit den Beinen. Neben anderen Momenten ist deutlich, daß der Träumer hier eine verspätete Rache an der Mutter wegen ihres unbarmherzigen Reinlichkeitsbedürfnisses nimmt. In der masochistischen Szene wird in passiver Umdrehung ein Wunsch ausgedrückt: so möchte ich es mit dir machen. Der Mann, der eine Frau auf sich reiten läßt, wird uns nun in seinen Triebhandlungen verständlich. Das, was dem anderen geschehen soll, wird dargestellt, indem es durch diesen anderen dem Ich geschieht.

Die andere Darstellungsform des Masochismus ist leichter zu beschreiben: es ist eine Gestaltung, deren Kern als groteske Verzerrung oder Übertreibung bezeichnet werden kann. Wenn absurde oder groteske Elemente in einem Traum vorkommen, so will das, auf einen Vorstellungsinhalt bezogen, sagen: das ist absurd, unsinnig. Das drückt also ein Urteil des Träumers aus, aber auch Hohn und Spott. Es ist ähnlich wie in den Karikaturen: wenn ein Zeichner eine Person mit großer Nase darstellen will, wird er nicht die Proportion wie in der Natur einhalten, sondern das Organ ins Riesenhafte ausdehnen, eine bestimmte Körperhaltung ins Bizarre übertreiben. Ebenso ist die Übertreibung und Verzerrung im Masochismus auf den Ausdruck von Spott und Hohn gerichtet. Statt zu sagen: das ist grotesk und unsinnig, wird eine Szene grotesk und unsinnig gestaltet. Das Forcierte und wie absichtlich Verzerrte mancher Szene macht oft den Eindruck der Parodie oder Travestie, einer hohnvollen Demonstration der Niederlage von Erziehungsmethoden oder späterer Disziplin. Ich gebe ein Beispiel einer solchen grotesken masochistischen Phantasie: Ein Mann stellt sich vor, daß er als Strafe dafür, daß er mehrere Mädchen geküßt hat, von seinem Vater gewogen wird. Zum Verständnis der Phantasie sei hinzugefügt, daß es wirklich vorkam, daß der 13jährige Junge einmal Mädchen geküßt hatte und von seinem Vater gerügt worden war. Der Vater hatte ihm damals mit Strafe gedroht, falls das Vergehen sich wiederholen sollte. Der Gedanke oder die Phantasie, welche an diese mögliche Strafe anknüpfte, war schon damals masochistisch gefärbt und hatte zu sexueller Erregung geführt. Die Strafe wird in der Phantasie des Erwachsenen so ausgeführt, daß der Vater ihn in seine Arme nimmt und ihn, der völlig hilflos ist, auf die Personenwaage legt. Das Erregende der Handlung beruht zum großen Teil auf der Vorstellung der Ohnmacht des Mannes, der als Junge erscheint, sowie in der Entwürdigung, die in solcher Behandlung liegt. Man hat gewiß das Recht, hier eine starke homosexuelle Regung als Komponente der Lust anzunehmen. Als Bestandteil dieser Phantasie erschien eine merkwürdige Einzelheit der Strafe: Als der Junge schon auf der Waage liegt, schiebt der Vater den Penis und die Textikel, die darüber hinausragen, darauf, so daß sie mitgewogen werden. Es sei erwähnt, daß sich im Badezimmer eine Personenwaage befand und daß der Vater in der Zeit, da der Tagträumer ein Junge war, sich oft besorgt zeigte, ob der Sohn genug wiege und ihn häufig drängte, auf der Waage sein Gewicht zu überprüfen. Was soll jener groteske Einzelzug bedeuten? Mein Analysand hatte dazu keine Einfälle außer der bekannten Zeile: »Gewogen und zu leicht befunden«. Der verborgene Sinn des Details ist nur zu finden, wenn man die Lücken im Gedankengang ausfüllt und das Verborgene aus den gegebenen Andeutungen errät. Dann läßt sich das Detail etwa in folgender Art übersetzen: wenn ich onaniere und eine Ejakulation habe, würdest du soviel Wesen und soviel dummes Getue daraus machen wie damals, als ich nicht genug wog. Du bist imstande, auch meine Genitalien abzuwiegen, um nachzuprüfen, ob ich eine Pollution gehabt habe. Es ist also eine bittere Verhöhnung des Vaters, ein Ad-absurdum-Führen seiner unsinnigen Erziehungsmethoden durch eine ungeheuerliche Übertreibung oder Verzerrung. Wir ahnen hier, daß das Paradoxe – der erste Eindruck, den die masochistischen Phänomene auf uns machten – keine Äußerlichkeit bedeutet, sondern tief im Wesen der Triebrichtung begründet ist. Will man den Charakter dieses verborgenen Hohns erfassen, so muß man sich daran halten, daß das Verbot oder Gebot in der Phantasie bis ins Extrem durchgeführt wird. Gerade durch diese buchstäbliche Übernahme und Folgsamkeit, durch diesen trotzigen Gehorsam wird es in seiner Unsinnigkeit erkannt und dargestellt. Es ist, wie wenn es sich in der sklavisch treuen Ausführung selbst erledige, seine Vergeblichkeit und Absurdität lebendig erweise. Dadurch aber schafft es Raum für die verbotene Triebbefriedigung. Diese hohnvolle Aufnahme der Gebote und Verbote sowie der Strafandrohung in die masochistische Phantasie und das masochistische Zeremoniell nähert das Phänomen den Ausdrucksformen der Zwangsneurose. Man möchte zuerst meinen, daß die Verhöhnung erst später dem masochistischen Bau eingefügt wurde. Vertieftere Erfahrung zeigt indessen, daß sie schon viel früher, schon in der Kinderzeit vorgebildet war. Ein Patient mit starken masochistischen Tendenzen erinnert sich an einen Spaziergang mit seinem Vater, wobei er, kaum ein halbwüchsiger Junge, viele Häuserstiegen hinauflief und wieder herabsprang. Der Vater fuhr ihn an: »Was machst du da?« Der Junge antwortete: »Ich spiele die meinem Alter entsprechenden Spiele.« Hier ist gewiß die Verhöhnung der väterlichen Autorität zu Wort gekommen.

In der Deutung des Ganzen oder der Einzelheiten von masochistischen Phantasien und Zeremoniells ist der Analytiker genötigt, eine Technik anzuwenden, welche die Entstellung und Verzerrung rückgängig macht. Diese Bildungen sind häufig durch Lücken, durch eine elliptische Darstellung so unverständlich geworden. Als Beispiel eine andere Phantasie des erwähnten Patienten, die wie die vorige sexuell erregend wirkte: Eine sehr arme Fischerfamilie besteht aus den Eltern und drei Söhnen. Der Vater hat ein neues Fischerboot nötig und beschließt, seinen ältesten Sohn zu verkaufen, um das Fahrzeug zu erstehen. Da aber die erhaltene Summe nicht ausreicht, wird auch der nächstälteste Sohn und schließlich der jüngste, der sich schon gerettet glaubte, verkauft und versteigert. Die Söhne werden von Priestern als Opfer für das bevorstehende Fest der Stammesgottheit bestimmt. Der sexuelle Höhepunkt der Phantasie wird bei der Vorstellung der Opferung durch den Hohenpriester erreicht, wenn die Angst des jüngsten Sohnes, angesichts der Martern des älteren ausgemalt wird. Der Tagträumer ist selbst der jüngste von drei Brüdern. Hier soll nur der Rahmen dieser masochistischen Phantasie analytisch erfaßt werden. Das Bild der armen Fischerfamilie ist eine Darstellung der Familie des Patienten, in eine andere soziale Schicht übertragen. Das will also sagen: wenn mein Vater, der ein sehr reicher Mann ist, ein armer Fischer wäre. Der geheime Sinn der Phantasie ist jetzt leicht zu erraten: mein Vater wäre in einer solchen Situation imstande, mich und meine Brüder ruhig zu verkaufen, wenn er es seinen materiellen Interessen förderlich fände.

Hier ist kein Zweifel, daß eine grotesk übertreibende und entstellende Bildung vorliegt.
Verzerrung, Übertreibung und Umkehrung erscheinen hier als Mittel, um Regungen von Trotz und Rachsucht, Hohn und Spott auszudrücken. Man ahnt, daß sich Kinder oder Jugendliche häufig in ihren Gedanken dieser Mittel bedienen, um sich der Übermacht der Erwachsenen zu erwehren. Wir Erwachsenen selbst drücken unsere Erbitterung oder unseren Hohn auf gleiche Weise aus, wenn wir sarkastisch oder ironisch sind. Ich will gleich ein Beispiel dafür anführen, das zeigt, wie wirkungsvoll die Waffe der Umkehrung in der Aggression gehandhabt wird. In der Zeit, da alles, was es in der Welt an Übeltaten und schlechten Eigenschaften gab, im Deutschen Reich den Juden zugeschrieben wurde, während die Germanen als arglose Opfer jüdischer Bosheit erschienen, erzählte man folgendes: Eine deutsche antisemitische Zeitung brachte eine neue Nachricht, welche die Schlechtigkeit und Arglist der Juden illustrieren sollte. Die Schlagzeile lautete: »Jüdischer Hausierer beißt deutschen Schäferhund.« Das ist gewiß noch nicht vorgekommen. Ebenso gewiß aber oft das Umgekehrte, daß nämlich ein deutscher Schäferhund – man beachte nur, daß das Adjektiv eine bestimmte Gattung bezeichnet – einen jüdischen Hausierer gebissen hat. Die Böswilligkeit der Juden wird im Sinne der antisemitischen Propaganda so übertreibend dargestellt, daß ein teuflischer Jude einen friedlichen Schäferhund deutschen Blutes anfällt und beißt. Hier wird das Motiv der Darstellung durch Umkehrung klar: die Dummheit antisemitischer Nachrichten soll verhöhnt werden.
Wären wir nicht durch die Analyse imstande, hinter die Schattenspiele der Bewußtseinsvorgänge zu sehen, wer könnte im Masochismus Trotz, Rachsucht, Spott und Hohn, eine mörderische Satire erkennen? Und wer hat sie bisher

selbst mit Hilfe der Analyse erkannt? Wurde nicht immer die äußerste Sanftmut und Unterwürfigkeit, die völlige Hingabe und Abhängigkeit des Masochisten als hervorstechendstes Kennzeichen hervorgehoben? Das Verhalten des Masochisten rechtfertigt gewiß ein solches Urteil, wenn man es nur obenhin beurteilt. Auch viele Analytiker ließen sich so durch oberflächliche Züge täuschen. Nach *K. Horney* ist die eigentliche Absicht des Masochisten völliges Aufgeben der eigenen Persönlichkeit, Untergehen im anderen. All sein Streben sei darauf gerichtet, von seinem Selbst erlöst zu werden, sein Ich zu verlieren. Wie man leicht erkennt, ist die hier vertretene Ansicht die gegenteilige: Auf einem eigenartigen Umweg sucht der Masochist, sein Ich zu behaupten, den eigenen Willen durchzusetzen. Der Masochist ist ein Revolutionär in der Selbstaufgabe. Das Lammfell, das er trägt, verbirgt einen Wolf. Die Nachgiebigkeit schließt den Trotz ein, die Gefügigkeit die Widerborstigkeit. Unter der Sanftmut ist Härte, unter der Unterwürfigkeit Aufruhr verborgen.

Wenngleich die Grenzen zwischen Trotz und Rebellion verschwimmen, stumme oder wortlose Auflehnung unmerklich in Hohn und Spott übergehen können, wird auch hier eine Entwicklung erratbar sein. Das Fortschreiten von trotzigem Ertragen zur Verhöhnung wird sich auch in den Ausdrucksformen des Masochismus geltend machen. Die Umkehrung wird sich mehr zur Darstellung der Rachsucht und der Widersetzlichkeit eignen, die Übertreibung mehr zum Ausdruck des Hohns. Man vergleiche etwa die Umkehrung in einem Kinderbilderbuch, in welchem Erwachsene einen Wagen ziehen, auf dessen Bock Pferde mit verschränkten Beinen sitzen, mit der perversen Phantasie jenes oft erwähnten Patienten: Mehrere junge Leute werden auf dem Sklavenmarkt nackt ausgestellt und an Frauen, meistens ältere Witwen, verkauft. Wenn die Sklaven, nach Hause gebracht, sich weigern, ihre Herrinnen sexuell zu befriedigen, werden sie kastriert. Den vielen, früher angeführten Beispielen von Übertreibung im Masochismus, bei denen wir eine hohnvolle Tendenz annahmen, sei eine gleichgerichtete Einzelheit im Verhalten des kleinen Jungen, von dem ich früher erzählt habe, gegenübergestellt: er wurde oft vom Vater wegen seiner schlechten Tischmanieren gerügt. »Iß nicht wie ein Schwein«, tadelte der Vater beständig, wenn der Junge die Suppe laut schlürfte. Als der Vater seinen Unmut wieder äußerte, hörte zwar das Schlürfen auf, dafür grunzte der Junge jetzt hörbar nach jedem Schluck. Zur Rede gestellt, erklärte er: »Ich bin ja ein Schwein« und wiederholte wie im Triumph »Ja, ich bin ein Schwein und muß grunzen«. Solche Selbstverhöhnung ist gewiß ihrem Ziel nach ein Hieb gegen den Vater. Es bedarf keines großen Scharfsinns, um zu erkennen, wie ähnlich – freilich nicht im Wort, aber in der Tat – die Selbsterniedrigungen und Beschämungen im Masochismus gemeint sind. Der Spott des Masochisten ist freilich hinterhältiger und hinterlistiger. In der analytischen Literatur erscheint dieser Trotz als Nebenzug, wie eine Vignette zu dem Bild. Er wird bagatellisiert. Es ist aber kein kleinliches Streben, Recht zu behalten, wenn es auch gelegentlich so aussieht. Mag es sich anscheinend auch um Details und unwichtige Dinge handeln, in denen der Masochist Recht behalten will, so ist dies wie in der Zwangsneurose nur das Resultat einer seelischen Verschiebung. Dahinter verbergen sich die wichtigsten Interessen des Individuums. Der masochistische Trotz durchzieht das ganze Leben der Person. Es handelt sich nicht darum, Recht zu behalten, sondern darum, dem Recht, das mit uns geboren, gegenüber dem überkommenen Recht zum Sieg zu verhelfen. In Wahrheit wird diesem unterirdischen Trotz des Masochismus keine andere mythologische Person gerecht als die des Titanen Prometheus, der vom höchsten der Götter an den Fels geschmiedet ist. Der Ingrimm des gefesselten Heros ist dem Charakter des verborgenen Trotzes im Masochismus am ehesten zu vergleichen.

Wie äußert sich aber dieser Trotz, wie diese verbissene Verhöhnung? Indem der Masochist seine Persönlichkeit behauptet auch in der Selbsthingabe, starrsinnig bleibt in seiner Nachgiebigkeit, hochmütig in seiner Demut. Indem er in Kleinigkeiten nachgibt, behauptet er das Recht auf seine Existenz und seine besondere Lust. Die Verhöhnung bedeutet einen Schritt über den Trotz hinaus: stolzer geworden durch Demütigungen, mutiger durch den Druck wird der Masochist zum Spötter ingrimmiger Art. Seine Sabotage nimmt die Gestalt völliger Fügsamkeit an. Daß er sich nicht wehrt, das ist sein Widerstand. Daß er blind gehorcht, wird zur Rebellion. Es gibt Völker, die in solch masochistischer Art die boshaftesten und bissigsten Witze gegen die eigenen nationalen Eigentümlichkeiten und Schwächen machen, Witze, welche in ihrer Treffsicherheit die Fehler der eigenen Gemeinschaft unerbittlich bloßstellen. Ich habe diese Eigentümlichkeit des jüdischen Witzes anderswo dargestellt. Solche Selbsterniedrigung und Selbstverhöhnung schließt freilich einen verborgenen Stolz auf nationale Vorzüge, die dem Fremden unbekannt und unzugänglich sind, nicht aus. Indem der Witz die Fehler des eigenen Volkes verspottet, preist er insgeheim die Tugenden seiner Fehler. Damit aber habe ich ein Thema berührt, das hier nicht behandelt werden kann: das Gefühl der Eigenwürde, das sich in der Selbstentwürdigung verbirgt.

Die Wirksamkeit von Regungen von Hohn und Spott im Masochismus sind in der Literatur über den Gegenstand kaum bemerkt, die von Trotz und Aufruhr kaum gewürdigt worden. Die Anwesenheit von Trotz war freilich so auffällig, daß sie nicht völlig übersehen werden konnte. Sie wird aber von den analytischen Autoren nur in Form des Auftauchens solcher Impulse, z. B. in der Übertragung bemerkt. Dort erscheint sie dann bei *Wilhelm Reich* als ein kindisches Streben, Recht zu behalten. Daran ist nur richtig, daß sich der Trotz natürlich auch in der Analyse äußert und daß sich das Kindische darin auf die Herkunft aus der Kinderzeit zurückführen läßt. Man sieht so, selbst dort, wo der Trotz bemerkt wird, wurde sein Charakter mehr verkannt als erkannt. Nichts ist falscher als sich den Trotz als einen gelegentlichen, in der Analyse auftretenden Zug des Masochismus vorzustellen. Er gehört vielmehr zu den konstituierenden Momenten dieser Triebrichtung. Ohne seine geheime Mitwirkung würde sie nie zustande kommen. Langsam aber geht der Masochismus dazu über, nicht nur den fremden Willen zum Scheitern zu bringen, indem er sich ihm völlig unterwirft, sondern dieses Scheitern auch darzustellen und auf besondere Art zu beweisen. Eine Phantasie als Beispiel: der Vater hatte einem jungen Mann, dessen Auto reparaturbedürftig war, die Bitte abgeschlagen, ein neues zu kaufen. Ein Tagtraum des Sohnes beschäftigte sich mit der Möglichkeit, daß er, sein schlecht funktionierendes Auto fahrend, einen schweren Unfall erleiden würde und dies gerade vor dem väterlichen Geschäft. Das Auto würde direkt in die Scheiben des väterlichen Geschäftes fahren, in das er dann blutüberströmt getragen würde. Man sage nicht, das zeige nur, wie im Masochismus die Tendenz vorwalte, »to cut one's nose to spite one's face«. Es ist nicht nur das eigene Gesicht, das beschädigt wird in solchen Phantasien. Es ist auch das des anderen. Er »verliert das Gesicht«, büßt an Ansehen ein. Der Vater in diesem Beispiel soll überzeugt werden, wie unsinnig seine Weigerung ist und wie absurd er sich benommen hat. Indem der Masochist den Weg, den man ihm vorschreibt, zu Ende geht, zeigt er, daß es ein Irrweg ist. Es ist wie eine Rache am anderen, die nur am Ich ausgeführt wird, wie das Harakiri der Japaner. Es ist nicht richtig, daß Masochismus ein nach innen gekehrter Sadismus ist, eine später gegen das Ich gewendete gewalttätige Triebneigung. Ihr Objekt bleibt im Tiefsten doch der andere. Es ist eher auf den Kopf gestellter Sadismus.

Immer wieder staunt man über die Beschreibung des masochistischen Charakters als schwach, unselbständig, leicht beeinflußbar, hilflos. Alle diese Züge sind dazu da, eine äußerste Entschlossenheit und Hartnäckigkeit zu verbergen. Was der Masochist zum Bestehenden und Herrschenden zu sagen weiß, klingt wie sklavische Unterwürfigkeit. Es ist aber ein hohnvolles Nein zu der Erscheinungswelt, die zur Herrschaft gelangt ist. Er unterwirft sich, um niemals nachzugeben. Er bleibt in der Opposition, besonders dort, wo er anhänglich ist bis zur Servilität. Wenn *K. Horney* immer wieder die Abhängigkeit masochistischer Charaktere betont, ihre Tendenz, sich an die geliebte Person anzuklammern, übersieht sie, daß man jemand auch in die Tiefe ziehen kann, indem man sich an ihn klammert. Der Masochist ist vom Stolz und Trotz des Prometheus geführt, selbst wenn er der Außenwelt als Ganymed erscheinen will. Unter der Maske des ewigen Ja bleibt er der Geist, der stets verneint. Indem er sich völlig unterwirft, bleibt er unabhängig Tausendfach gedemütigt, ist er unbesiegt und unbesiegbar. Immer wieder geschlagen, besteht er auf seinem Recht. Mit dem englischen Dichter könnte er sagen: »My head is bloody, but unbowed.«

Die Tiefenwirkung starker und andauernder Regungen des Trotzes und der Auflehnung im Masochismus hätte man auch in den allgemeineren Äußerungsformen und seiner Entwicklung erkennen müssen. Er beginnt ja mit dem Zweifel an der Berechtigung des Luststrebens, im Suspense ausgedrückt, im Schwanken zwischen Lust und Angst. Er läuft dann dem Gefürchteten entgegen, unternimmt jene Flucht nach vorn, indem er die Strafe vorwegnimmt, statt sie zu erwarten. Die Endphase seiner Entwicklung aber wird dadurch bezeichnet, daß er in der Bestrafung und Beschämung selbst seinen Genuß findet, die schmerzlichste Lust jeder anderen vorzieht. Das sieht so aus, als wäre es eine immer größere Hingabe an die Autorität, eine sich steigernde Unterwerfung. In Wirklichkeit aber – die Anwesenheit der Lust in der Strafe bezeugt es – ist es die gesteigerte Wirkung der hohnvollen Auflehnung, der Tatbeweis, daß jeder Einfluß von außen Schiffbruch gelitten hat. Wie denn, als ein solches Ad-absurdum-Führen soll man es deuten, wenn die Strafe für einen verbotenen Genuß gerade jenen Genuß bringt? Wie denn, wenn das Leid und die Beschämung gesucht werden, um dann das Verbotene zu genießen? Langsam schleicht sich in die Bestrafung die Lust ein. Die Strafe wird selbst zur Lust, das, was die Befriedigung stören sollte, selbst zum Gegenstand der Befriedigung. Der Hohn ist nicht minder wirkungsvoll, weil er verborgen ist.

Der vollentwickelte Masochismus zeigt uns, wie sehr der Charakter des »Trotz-allem« seine Erscheinungen beherrscht, wenn man sie nur analytisch sehen und deuten kann. Die Verkehrung der Strafe in Genuß kann als das innere Zeichen für dieses Wesen angesehen werden, als äußeres aber die bedeutsame Umkehrung der Reihenfolge Bestrafung – verbotene Triebbefriedigung. Hier enthüllt sich uns nämlich der latente Sinn der masochistischen Triebneigung am deutlichsten. Die Umkehrung will sagen: ich nehme alles auf mich, Leid, Schmerz, Beschämung und Entwürdigung, aber ich werde auf meine Befriedigung nicht verzichten. Die Vorwegnahme der Strafe und die auf sie folgende sexuelle Lust läßt nur die Deutung zu: und wenn ihr mich schlagt, fesselt, erniedrigt, ich werde doch zu meiner Lust gelangen! Indem der Masochismus selbst die Strafe anordnet, hat er sich zum Herrscher seines Geschicks gemacht. Ist schon solche selbstherrliche Vorwegnahme der Strafe ein Zeichen der Auflehnung, so wird die Lust, die gerade aus der Strafe quillt, zum Zeugnis dafür, daß der Masochist auf seiner Befriedigung besteht. Der unbewußte Gedanke, der im entwickelten Masochismus zum Ereignis wird, kann in einem Konditionalsatz ausgedrückt werden: »Ich werde meinen Genuß bekommen, auch wenn ich dafür gestraft, beschimpft und geschlagen werde.« Negativ ausgedrückt: »Ich werde auf meine Befriedigung nicht verzichten, auch wenn ihr mich noch so sehr züchtigt.« Dieser Konditionalsatz erscheint in der masochistischen Szene aufgelöst und ausgedrückt in der Aufeinanderfolge der beiden Teile: Strafe – sexuelle Lust. Diese Reihenfolge selbst hätte uns auf den Trotzdem-Charakter des Masochismus hinweisen müssen. Dieser ist gewiß nicht auf die sexuellen Formen der masochistischen Einstellung beschränkt und äußert sich in ihren sozialen Ausdrucksformen im selben Sinn. Auch dort ist dieser geheime Sinn der masochistischen Einstellung: »Und wenn ihr mich ausstoßt, beschämt, tötet, ich werde doch tun, was ich will. Ich lasse mich nicht davon abhalten, mein Ziel zu erreichen.«

Ich sagte schon, daß der Beweis oder die Zurschaustellung dieses triebhaften Zuges das Wesen der masochistischen Demonstration bestimmt. Prometheus zeigt noch in Fesseln, in den Tartaros geworfen, daß er sich nicht den Göttern beugen will. Es ist mir rätselhaft, wie man angesichts solcher unbeugsamer, nur passiv ausgedrückter Willensstärke von Schwäche, Hilflosigkeit und dem Bestreben, auf jede eigene Persönlichkeit zu verzichten, sprechen kann. Es wäre so, wie wenn man etwa einem Märtyrer, der sich eher verbrennen läßt, als seinen Glauben abzuschwören, Mut und Entschlossenheit absprechen wollte.*

Es ist leicht zu sehen, daß im perversen Masochismus das Ziel dieses Trotzes die verbotene sexuelle Befriedigung ist. Die Triebkraft, welche zur Entwicklung des Masochismus führt, ist aber nicht nur von sexueller Art. Sie erhält einen mächtigen Zustrom aus dem Streben des Ichs, sich gegenüber überlegenen Gewalten zu behaupten, seine innere Unabhängigkeit zu wahren, wenn es die äußere preisgeben muß. Im sozialen Masochismus wird diese aus dem geschädigten Selbstgefühl aufsteigende Rehabilitierungstendenz eine noch viel größere Bedeutung erhalten. Dort handelt es sich um das unbewußte Ziel, den eigenen Willen auch um den Preis von Schande, Mißerfolg, Armut am Ende doch durchzuset-

* *K. Horney* findet, daß der gemeinsame Nenner für den Masochismus ein Fühlen der eigenen Schwäche sei, die sich in der Einstellung gegen sich selbst, andere und das Schicksal zeigt. Der Masochist fühle sich allen Willens und aller Macht beraubt, völlig der Willkür eines anderen überliefert. Abhängigkeit sei für ihn geradezu »a life condition«. Er fühle sich wie ein Schilfrohr, das leicht durch jeden Wind bewegt wird. Allein, manches Schilfrohr, das sich neigt, kann dem Sturm trotzen, der Eichen entwurzelt. Die Neigung zur Schwäche und zur Abhängigkeit sind zwar vorhanden, sie gelten doch nur für das Bewußte. *K. Horney* hat sich von der Außenseite der masochistischen Klagen täuschen lassen. Die Schwäche ist nur Schein und die Abhängigkeit dient dazu, den Beschützer am Ende demütigen zu können und den zu beherrschen, von dem man abhängt. Es gilt auch nur für das Bewußtsein, daß der Masochist »feels a helpless toy in the hands of fate or he feels doomed and cannot visualize any possibilities for taking his fate into his own hand«. Noch wenn er die Macht des widrigen Schicksals beklagt, als ihm feindlich erkennt, weiß er unbewußt wohl, daß er Sieger bleiben wird.

Wie oben ausgeführt hat *Wilhelm Reich* den Anteil des Trotzes im Masochismus zumindest in der Psychoanalyse erkannt. Meine Anschauungen kommen in diesem Punkt wie in einigen anderen den seinen nahe. Der Vorteil solcher Annäherung ist freilich, daß man ermessen kann, wie fern man einander auch ist. An manchen Stellen trennt mich von den Anschauungen *W. Reichs* kein Abgrund, aber was bedeutsamer ist, eine Nuance.

zen. Dabei macht es gewiß keinen seelischen Unterschied, ob die Figur des Gegners noch am Leben oder längst tot ist. Wie in der Zwangsneurose bleiben die starken unbewußten Affekte des Trotzes und der Rebellion auch an Personen geheftet, die längst die Erde verlassen haben. In der späten Erreichung des Triebzieles muß wie auf dem Gebiet der Sexualität eine so hohe Befriedigung liegen, daß der Masochist alle Leiden und Opfer für sie gern erträgt.

Von dem Mönch Basilius, den der Papst exkommuniziert hat, erzählt die christliche Legende: er wurde nach seinem Tod einem Engel übergeben, der den Ort der ärgsten Qualen für ihn ausfindig machen sollte. Der Mönch fand aber selbst in der Hölle etwas zu preisen, so daß er eine Art Himmel aus ihr machte. Der begleitende Engel kehrte entmutigt mit seinem Gefangenen zurück und berichtete, daß kein Feuerstrom Basilius verbrennen könne und er noch in den schlimmsten Klüften der Hölle er selbst bleibe. Die Legende erzählt, die Exkommunikation sei zurückgenommen und Basilius in den Himmel eingelassen worden. Der Masochist ähnelt in seinem Verhalten dem frommen und in seiner Milde hartnäckigen Mönch, der sich der über ihn verhängten Strafe unterwirft, so ihre Vergeblichkeit beweist und auf dem Umweg der Demut sein geheimes Ziel doch erreicht.

IV

Der Ursprung

13 Die Entstehung des Masochismus aus der Phantasie

An dieser Stelle muß der Versuch, die seelischen Vorgänge im Masochismus zu schildern, unterbrochen werden. Unter den Erscheinungen, in denen sich diese Triebabweichung kundgibt, zeichneten sich solche ab, die unzweideutig die Wirkung von Regungen von Trotz, Hohn, Auflehnung und Rachsucht erwiesen. Unvorbereitet sind wir wieder auf ein fremdes Gebiet geraten, denn Impulse solcher Art gehören dem Triebreich des Sadismus an. Wir fanden uns schon einmal überrascht in diesem Grenzland, als wir unter den Merkmalen des Masochismus auf den provokatorischen Faktor stießen. Damals haben wir diesen Zug als Kontrapunkt erkannt und sind der Versuchung, die Beziehungen zwischen den beiden entgegengesetzten Triebarten zu diskutieren, ausgewichen. An dieser Stelle aber ist dies nicht mehr möglich. Bevor wir den unterbrochenen Versuch fortsetzen, müssen wir verstehen, von welcher Art diese Beziehungen sind.

Jedermann kennt den Typus von Ehepaaren oder Freunden, die immer zusammen gesehen werden. Wenn einmal ausnahmsweise der eine allein irgendwo auftaucht, vermutet man, der andere werde in der Nähe sein oder bald erscheinen. Diese Erwartung ist so gerechtfertigt, daß man verwundert fragt: »Ja, wo haben Sie denn Ihre Frau oder Ihren Freund gelassen?« Eine ähnliche Unzertrennlichkeit muß man dem Triebgegensatzpaar Sadismus – Masochismus zuschreiben. Die Gleichzeitigkeit und innere Zusammengehörigkeit der beiden Triebarten war bereits von der Psychoanalyse erkannt worden.

In der provokativen Tendenz haben wir das Auftauchen sadistischer Triebansprüche mitten im masochistischen Getriebe entdeckt. Der Leidsüchtige bedient sich häufig so gewalttätiger und aggressiver Mittel, um seine Befriedigung zu erreichen. Der Masochist schickt den Sadismus sozusagen als Agent provocateur voraus. Es geschieht aber auch, daß der Sadist sich zuerst völlig wie sein Gegenspieler gebärdet, um an einem bestimmten Punkt, scheinbar unvermittelt, seine wahren Triebabsichten zu enthüllen. Ein Frontwechsel ist so häufig wie in der Diplomatie mancher Regierungen. Das Ineinanderspielen der beiden Triebrichtungen ist ebenso auffallend wie ihre Aufeinanderfolge. Man hat in Analysen Gelegenheit zu konstatieren, daß solches Überschlagen der einen Triebrichtung in die gegensätzliche lange vor der Geschlechtsreife erlebt wurde. Ein masochistischer Patient berichtet aus seinem 10. Jahr, daß er mit seinem gleichartigen Freund ein eigenartiges Spiel zu spielen pflegte. Der Junge stellte einen Pagen vor, sein Freund eine stolze Königin. Die launenhafte und herrschsüchtige Monarchin gibt strenge Befehle, die der schüchterne Page eilends ausführte. Während der Ausführung jener Dienste als auch bei den Bestrafungen, denen der Page, der sich manchmal ungeschickt benahm, ausgesetzt war, verspürte der Junge ein wollüstiges Gefühl. Wenn die Königin den unterwürfigen Pagen lange genug ihren strengen Willen oder Unwillen hatte fühlen lassen, kam unversehens ein Punkt, an dem die ganze Situation sich verkehrte. Der bisher so geduldige und diensteifrige Page warf plötzlich den Jungen, der die Königin gespielt hatte, aufs Bett, legte sich auf ihn und machte deutliche Koitusbewegungen. Dabei mußte sich die »Königin« entrüstet und verzweifelt zur Wehr setzen und sich schließlich dem brutalen Zwang fügen. In diesem Spiel, das wie ein Vorspiel des Sexuallebens des Erwachsenen anmutet, folgt also auf eine masochistische Phase eine sadistische.

Das Umschlagen masochistischer Gefügigkeit in brutale Aggression ist nicht auf Individuen beschränkt. Die Geschichte gibt eine lange Reihe von Beispielen, daß Völker Jahrhunderte lang die Willkür grausamer Herrscherdynastien voll Verehrung ertragen, Leid und Entbehrungen freudig auf sich genommen haben, um sich plötzlich in wilde Revolutionäre zu verwandeln und sich wütend und zerstörend gegen ihre früher geliebten Bedrücker zu kehren.

Die Tatsache solcher Übergänge von Masochismus in Sadismus und umgekehrt ist durch eine Unzahl klinischer Beobachtungen gesichert. Es ist von besonderem psychologischem Interesse, den Voraussetzungen und Einzelheiten eines solchen Umwandlungsprozesses nachzugehen. Die Tatsache, daß der Umschlag plötzlich folgt, schließt nicht aus, daß er längere Zeit vorbereitet war. Mögen sich solche Zwischenphasen und -aktionen auch der oberflächlichen Beobachtung entziehen, sie verraten sich doch bei sorgfältigem Studium. Wie vollzieht sich die Verwandlung und warum? Die Frage geht weit über das Problem eines isolierten Triebschicksals hinaus. Sie bezieht sich auf die Entstehung des Masochismus.

Es sei daran erinnert, daß diese Triebperversion nach der ursprünglichen Annahme von *Freud* durch die Wendung sadistischer Antriebe gegen die eigene Person entsteht. Der elementare Sadismus hat Gewalttätigkeit und Aggression gegen eine andere Person zum Ziel. Dieses Objekt wird aufgegeben. An seine Stelle tritt das Ich, die eigene Person. Sie ist jetzt Subjekt und Objekt zugleich. Die Gewalttätigkeit richtet sich gegen sich selbst. Durch diese Wendung gegen die eigene Person ist aus einem aktiven Triebziel ein passives geworden.

Der weitere Vorgang zeigt schon den Fortschritt zu der Situation, die wir als die eigentlich masochistische kennen. Nun wird ein neues Objekt gesucht, das nun die Rolle des Gewalttätigen gegen das Ich übernimmt. Diese Person soll das Ich so behandeln wie dieses früher eine andere Person behandeln wollte und in der Zwischenzeit sich selbst behandelt hat. Mit der Überführung dieser Absicht in die Wirklichkeit ist die masochistische Situation voll erreicht.

In diesem von *Freud* skizzierten Vorgang zeichnen sich zwei Situationen klar ab, welche unsere Aufmerksamkeit beanspruchen. Der erste Umschlagplatz ist die Verwandlung von Sadismus in Autosadismus, Sadismus gegen die eigene Person. Der zweite ist die Ersetzung dieses gegen das Ich gerichteten Sadismus durch den Masochismus oder die Ausführung der sadistischen Absichten durch eine andere Person.

Diese beiden Umsteigstationen schließen eine mittlere Phase ein, welche zwischen dem Sadismus und dem Masochismus im eigentlichen Sinn abgrenzt. Ich nenne sie ihrer psychologischen Kennzeichnung entsprechend die reflexive Phase. Nach *Freuds* Beschreibung ist mit der Wendung des Triebes gegen die eigene Person die Verwandlung des aktiven Triebzieles in ein passives vollzogen. Das scheint mir nur halb richtig zu sein, wie man in diesem Fall mit Recht sagen muß. Es wäre richtiger zu behaupten, damit ist die Wendung in ein reflexives Triebziel vollzogen. Das Ich ist aktiv und passiv zugleich. Es spielt beide Rollen. Das will nicht sagen, daß es unentschieden ist, welche Rolle es eigentlich spielen soll. Eher, daß es sich entschieden hat, beide Rollen, den Handelnden und den Leidenden, zu spielen. Es ist dies eben ein Virtuosenstückchen des Ichs wie es gelegentlich auch Schauspieler zustande bringen. Die Situation hat andere, näherliegende Vergleichsmöglichkeiten wie etwa die folgende: ein Mädchen, das vor dem Spiegel steht, stellt sich vor, wie ein junger

Mann es bewundern und liebkosen würde. In Vertretung der abwesenden Person streichelt sie ihren eigenen Arm und küßt mit leichter Verneigung ihre Hand. Solche kleinen Spiegelszenen werden ja nicht selten in der Einsamkeit eines Mädchenzimmers gespielt. Der Übergang von einer solchen »reflexiven« Situation zu einer anderen, in der eine aktive und eine passive Person erscheinen, ist bald gegeben. An Stelle des Spiegelbilds, das noch immer die eigene Person zeigt, wird sich ein junger Mann einstellen, der, was das Mädchen vorgestellt hat, in der Wirklichkeit tut. Er bewundert sie, streichelt und küßt sie. Sie hat gefunden, was sie in der Spiegelszene vorweggenommen hat. Was aber hat sie getrieben, jene Szene zu spielen? Die Antwort ist einfach genug: sie war genötigt, beide Rollen zu spielen, weil die Wirklichkeit ihr noch keinen Mitspieler gegeben hatte. Die Realität hat ihr den gewünschten Partner noch versagt. Die Soloszene vor dem Spiegel ist eine Probeaufführung einer vorgestellten Szene zu zweien. Die einsame Szene mag für den Augenblick befriedigend sein, sie ist doch nur ein schwaches Surrogat der Wirklichkeit. Das Gefühl der Versagung, für den Moment beschwichtigt, kehrt zurück.

Der Vergleich ergibt nicht viel. Immerhin macht er uns auf die Wichtigkeit zweier Momente aufmerksam: auf die Versagung als Ausgangssituation und auf die Phantasieszene als einen Übergang von der Versagungssituation in die der Befriedigung in der Wirklichkeit. Die wichtigen Stellen sind der Übergang von der Realität in das phantastische Zwischenreich und der Übergang von dort in die Realität zurück. Wir verfolgen nun noch einmal den früheren Weg.

Der Ausgangspunkt ist der kindliche frühe Sadismus. Sein Triebziel ist, das Objekt gewalttätig zu ergreifen oder Besitz von ihm zu nehmen. In einer Bemerkung hat *Freud* auf die Bedeutung der körperlichen Reifevorgänge für die Erreichung dieser sadistischen Phase hingewiesen. Das Auftreten der Zähne, die erstarkte Muskulatur, die Beherrschung der Sphinkterfunktionen gehören zu diesen Voraussetzungen. Das Kind zeigt deutliche Tendenzen, dem Objekt wehzutun oder es in Beschlag zu nehmen, es in seine Gewalt zu bringen. Das Objekt, die Mutter oder die Pflegeperson, wird sich bald dieser aggressiven Zärtlichkeit entziehen und später Abwehrzeichen deutlich erkennbar werden lassen. Das Objekt schätzt offenbar den Schmerz nicht so hoch ein, wie das Kind es sich vorgestellt hat. Die Mutter empfindet es nicht so lustvoll, gezwickt, in die Augen gestochen oder an den Haaren gezogen zu werden. Man hat kein Recht, die Stärke dieser kindlichen sadistischen Impulse anzuzweifeln, weil ihre Auswirkungen in der Realität keinen schweren Schaden anrichten können. Hätte das Kind die Kräfte eines Simson, es würde das Haus niederreißen, in dem es lebt – und gewiß manchmal auch die Philister, mit denen es lebt. So aber kann das kleine Ich sein gewalttätiges Ziel nicht erreichen. Die andere Person entzieht sich seiner wehetuenden Zärtlichkeit, widersetzt sich ihr und bedroht das Kind sogar mit Strafe. In dieser Versagungssituation wird nun die Befriedigung in der Phantasie, die natürlich eine sadistische ist, gesucht. Diese Phantasie nimmt also vorweg, wie die Person ihr Objekt ergreifen und es gewalttätig behandeln wird. Dabei werden sicherlich die abwehrenden Gesten oder Reaktionen des bedrohten Objekts mit vorgestellt, um so mehr, als diese Vorstellung genußvoll ist. Die Reaktionen werden von Abwehr und Widerstreben bis zu Strafe und Racheaktionen reichen. Die Befriedigung in der Phantasie wird gestört durch die vorweggenommene Strafe oder Rache des angegriffenen Objekts. Das sadistische Bedürfnis, das nach Befriedigung drängt, wird von Angst wegen dieser Befriedigung, die als verbotene gefühlt wird, abgelöst. Die Vorstellung der eigenen Aggression und die der

Strafe gehen langsam ineinander über. Sie folgten zuerst aufeinander wie die Sühne auf eine verbotene Befriedigung; jetzt laufen sie parallel nebeneinander. Die Gewalttätigkeit gilt dem Objekt, sein Bösesein, sein Ärger und die angedrohte Strafe dem Ich. Das Objekt, das nicht da ist, wurde durch die Phantasie herbeigeschafft. Das Ich hatte auch seine Rolle in der Vorstellung übernommen. Seine Reaktionen und Bewegungen wurden mitgespielt und miterlebt. In der Phantasieübernahme der Rolle des Objekts werden seine wahrscheinlichen Reaktionen vorausgenommen, einsatzweise mitgemacht so wie wir als Zuschauer eines Fußballkampfs etwa die Bewegungen der Spieler im Ansatz in unseren eigenen Muskelintentionen miterleben. Am Anfang dieser Phase ist der Impuls noch deutlich sadistisch. Die Szene, welche die Phantasie zeigt, ist eine gewalttätige gegen das Objekt, freilich gefolgt von der Vorstellung der Reaktion dieses Objekts. Dieser aggressive Impuls, dem kein äußeres Objekt beschieden ist, nimmt nun das Ich zum Objekt, das Ich, das auch durch die Identifizierung mit dem ärgerlich gewordenen und schließlich strafenden Opfer der Phantasie identifiziert wurde. Man sieht hier: in diesem Zweirollenspiel gibt es noch keinen ausgesprochenen Masochismus. Dafür einen Sadismus gegen das Ich, das an Stelle des fremden Objekts getreten ist.
Das ungeduldiger gewordene Triebbedürfnis sowie die steigende Strafangst können nicht lange bei dem Nacheinander der vorgestellten eigenen und fremden Aggression stehenbleiben. Mit erhöhter Spannung wird die Reaktion des Opfers lebhafter vorgestellt. Aus solcher verstärkter Vorausnahme der drohenden Strafe in der Phantasie, die mit dem Streben nach Befriedigung in Konflikt kommt, ergibt sich ein Ausweg, welcher der Ungeduld gemäß ist. Das Bösewerden und die Aggression des anderen wird vorausgeschickt, an erste Stelle gesetzt. Daß *sie* gegen das Ich gerichtet ist, er-

scheint zuerst nicht wichtig. Wichtiger ist, daß sie in der Vorstellung mitgenossen wird. Es kommt zu jener Zwischenphase, in welcher das Ich als Gegenstand der Bestrafung erscheint und in eigener Regie Angreifer und Opfer zu spielen hat. Der Inhalt dieser Soloszene ist also Genuß der Grausamkeit und Herrschsucht, ausgehend vom Ich, aber auch durchgeführt am Ich. Der andere hat in der Phantasie nur eine der Rollen übernommen. Hier ist also der Platz für jene so häufigen Spiegelszenen, in denen Personen sich selbst schlagen und die Spuren dieser Selbstmißhandlung und die eigenen Mienen im Spiegel betrachten. Das Ich genießt hier die Lust des Angreifers, aber auch die Lust an der vorgestellten Unlust- oder Schmerzreaktion des Angegriffenen, des Opfers. Die Voraussicht der eigenen Bestrafung und der eigenen drohenden Unlust läßt es verstehen, daß sich der seelische Akzent immer mehr auf die Rolle des Passiven verschiebt. Darf man solche Szenen als masochistisch im strengen Sinn betrachten? Man sollte sie eher Vorspiele des Masochismus nennen. Sie sind Probeaufführungen, da die fehlende zweite Person – ursprünglich die passive, später die aktive – durch das Ich ersetzt wird. Das Ich genießt die eigene Gewalttätigkeit, die Lust an der Unterwerfung, aber es ist schon halb bereit, sie einem anderen als seinem Stellvertreter abzutreten und sie nur mittelbar mit ihm zu genießen. Der Mann, der sich vor den Spiegel stellt, sich schlägt und sich dabei betrachtet, ist auf dem Scheideweg. Er könnte sich auch für eine sadistische Phantasie entscheiden, wird aber meistens bei der masochistischen Vorstellung landen.

Die vorangehende Schilderung beschreibt den Übergang von einer sadistischen Phantasie zu einer reflexiven, in welcher das Ich seine gewalttätigen Impulse gegen sich selbst richtet. *Freud* hat diesen Vorgang nur in einem Satz festgelegt, in dem er sagt, daß das ursprüngliche Objekt des Sadismus aufgegeben und durch die eigene Person ersetzt wird. Dieser Satz liefert sozusagen das psychologische Gerüst im Gröbsten, zeigt das Skelett des Vorgangs, nicht mehr. Die bisher nicht erkannte und nicht anerkannte Bedeutung der Phantasie für diese Zwischenphase kann gar nicht hoch genug geschätzt werden. Sie ist es, welche die Zwischenlösung überhaupt möglich macht, ihr den Charakter eines Zweirollenspiels gibt und der weiteren Entwicklung zum Masochismus ihre Züge vorschreibt. Man kann also mit vollem Recht von der Geburt des Masochismus aus dem Geist der sadistischen Phantasie sprechen.

Die weitere Entwicklung wird bei *Freud* wieder in einem Satz zusammengefaßt: »Es wird neuerdings eine fremde Person gesucht, welche infolge der eingetretenen Zielverwandlung die Rolle des Subjektes übernehmen muß.« Es wird hier nicht gesagt, warum dies geschieht und wie es geschieht. Die Umwandlung der beschriebenen Zwischenphase in eine rein masochistische ist in erster Linie dadurch bestimmt, daß die Befriedigung an der einsamen Phantasie nicht vorhält. Sie ist auf die Dauer ebensowenig ausreichend wie die an der Spiegelphantasie des jungen Mädchens, die wir zum Vergleich herangezogen haben. Der Übergang zum Masochismus stellt also einen Rückweg aus der Selbstgenügsamkeit in die Gesellschaft dar. Noch immer behält die Phantasie ihre Bedeutung: sie setzt das Zweirollenspiel im Ich fort, indem sie die beiden Rollen nun in der Vorstellung auf zwei gesonderte Figuren verteilt. Diese Fortführung zeigt schon die Richtung an, in der sich die Entwicklung bewegt, die Richtung in die Realität. Die Personalunion des Sadisten und Masochisten zerfällt. Zwei Figuren erscheinen auf der Bildfläche der Phantasie. Sie stehen einander nun selbständig und doch durch einander bedingt gegenüber: der Aktive und der Passive. An Stelle des Ichs in der reflexiven Phase tritt wieder eine fremde Person auf. Das Ich bleibt der Gegenstand, gegen welchen sich der sadistische Impuls des anderen richtet. Es hat seine eigenen gewalttätigen Tendenzen dieser anderen Person abgetreten. Auf diesem langen Weg ist es wieder zu der ältesten historischen Situation zurückgekehrt: damals war es Gegenstand der erotischen und aggressiven Behandlung der Mutter oder Pflegeperson. Die Entwicklung war also ein Rücklaufen, eine Regression. Es finden sich noch Spuren des alten Zweirollenspiels in der eigentlich masochistischen Phantasie. Das Suspense, dem das Schwanken zwischen Lust und Angst zugrunde liegt, ist vielleicht das bedeutsamste Zeichen dafür, daß in der Phantasie das Luststreben durch die Vorwegnahme der Strafe behindert wurde.

Der eigentliche Masochismus, die perverse Szene, ist dann nichts mehr als Ausführung einer Phantasie, die Inszenierung des Dramas, das dem Dichter vorschwebte, auf der wirklichen Bühne. Wir konstatieren zwei wesentliche Vorgänge: die Verkehrung gewalttätiger Impulse, welche ursprünglich gegen den anderen gerichtet waren, gegen das Ich und die Überlassung dieser Impulse an eine fremde Person, der ihre Durchführung am Ich überantwortet wird. Das Ich sah sich genötigt, einen Teil seines gewalttätigen Willens dem fremden Objekt abzutreten. Es tritt ihn zwar ab, aber es hat Teil daran; es genießt ihn mit, als wäre er der eigene. Ähnlich wird der primitive Mensch den ursprünglichen Glauben an die eigene Allmacht später den Dämonen oder Gottheiten in seiner Vorstellung überlassen. Er ist nicht mehr allmächtig, sondern der Gott, zu dem er betet. Durch das Gebet aber hat er selbst Anteil an der Macht Gottes, wird also in Stellvertretung selbst allmächtig. Ein kleiner Junge wird ähnlich die Kraft des älteren Bruders, der ihn selbst gegen überlegene Angreifer schützen kann, als Erweiterung der eigenen Kraft betrachten und auf sie stolz sein. Ja der Junge könnte die Kraft seines großen Bruders noch immer wie eine eigene genießen, auch wenn er sie am eigenen Körper unangenehm zu spüren bekommt. An diesem Mitgenießen ist die Hoffnung, es dem Stärkeren zu vergelten, wenn man einmal selbst erwachsen sein wird, nicht unbeteiligt. Also ein Vorwegnehmen der eigenen künftigen Machtfülle. Das Machtgefühl, das mit dem Sadismus verbunden ist, ist auch in der masochistischen Umwandlung nicht verschwunden. Es ist nur anderswo lokalisiert. Der Aktive ist nur ein Stellvertreter der masochistischen Person: er führt nur ihre Aufträge aus, ist nur Instrument und Exekutivorgan eigener Triebimpulse. Es ist so, wie wenn der Masochist seinem Peiniger passiv vorspielen wollte, was dieser einmal werde leiden müssen. Man genießt sozusagen die künftige Bestrafung und Erniedrigung des anderen in der Phantasie voraus.

Wenn ich versuche, die gezeichnete Entwicklung so kurz, aber auch so prägnant als möglich aufzuzeigen, kann es am besten durch den Wechsel persönlicher Fürwörter im selben Satz geschehen. Ich gehe vom Sadismus aus, der danach strebt, dem Liebesobjekt, der Mutter, dasselbe zu tun, was diese ihm getan hat:

Wie du mir, so ich dir.	Sadistische Phase.
Wie ich dir, so ich mir.	Zwischenphase. Übergang zum Masochismus. Das fremde Objekt wird durch das Ich ersetzt. Phantasie: was das Ich dem Objekt tun will und was dann das Objekt dem Ich tun würde.
Wie ich mir, so du mir.	Eigentlicher Masochismus. Das Ich ist nun passiv, ein neues Objekt hat die Stelle des aktiven übernommen. Unbewußte Phantasie: was ich dir tun will.

Der Masochismus wird hier als eine sekundäre Triebbildung erkennbar. Er bezeichnet nicht nur eine Triebwendung gegen die eigene Person, sondern zugleich auch eine verschleierte Festhaltung des ursprünglichen Triebziels und des ursprünglichen Objekts in der unbewußten Phantasie. Die Tatsache, daß eine andere Person die aktive Rolle übernommen hat, bedeutet nur einen zeitweiligen Verzicht unter dem Druck äußerer und innerer Notwendigkeiten. Der andere ist nur ein Verschiebungsersatz des Ichs, ein Surrogat-Ich. In diesem Sinn kann man vom »Faute-de-mieux«-Charakter des Masochismus sprechen. Es muß wiederholt werden: er ist nicht so sehr gegen das Ich gewendeter als auf den Kopf gestellter Sadismus. Vergleicht man die obige Formel für den Sadismus mit der für sein Widerspiel, so erkennt man, daß die zweite die Umkehrung der ersten ist.

In den seelischen Prozessen vom Sadismus zur Zwischenphase und von dieser zum Masochismus habe ich zwei Momente hervorgehoben, die mir unerläßlich scheinen: das Ausbleiben einer ausreichenden Befriedigung, die Versagung, und die Phantasietätigkeit. Die psychologische Verfolgung der Entwicklung zeigt, daß die Phantasietätigkeit neue Situationen vorwegnehmen kann, weil sie damit nur auf wenig veränderte alte Situationen zurückgreift. In der Zwischenphase greift das Ich auf die Kindersituationen zurück, an denen sich das abhängige Kind zum aktiven und sadistischen entwickelte. In der Endphase, im eigentlichen Sadismus, ist das Ich bei der Ausgangssituation der Triebentwicklung wieder angelangt: das Kind ist ganz der Macht einer Ersatzperson der Mutter ausgeliefert. Es ist derselbe Weg, den der Mensch schon einmal gegangen ist, nur im Krebsgang zurückgelegt.

In der Mittelphase ist die gewalttätige Strebung, die Tendenz zur Besitzergreifung noch immer gegen das Objekt gerichtet, auch wenn sie sich am Ich auswirkt. Das wichtigste Hindernis für die direkte Aktion gegen den anderen ist äußerer Natur. Es wird durch die Schwäche des Ichs und die überlegene Kraft des anderen gebildet. In diesem Stadium kann vom Schuldgefühl als hemmenden Moment gewiß noch nicht gesprochen werden. Die Triebversagung ist eine äußere Abhaltung. Gelegentlich kann eine solche Abhaltung, welche zur Gewalttätigkeit gegen das Ich führt, sogar in der zeitlichen oder örtlichen Unerreichbarkeit des Objekts begründet sein. An einem plastischen Beispiel hat *Freud* einmal einen solchen Übergang geschildert, ohne ihn für die Theorie der Entstehung des Masochismus zu verwenden. Er hat die Bewegung der Hand am Bart der Mosesfigur des Michelangelo in diesem Sinn psychologisch gedeutet: der Gesetzgeber sieht, vom Sinai herabkommend, die Israeliten weit unten im Tal um das Goldene Kalb tanzen. In seiner ohnmächtigen Wut reißt er sich selbst am Bart. In ähnlicher Art werden Kinder ihre Wuterregungen gegen Erwachsene am eigenen Leibe abreagieren, da sie keine Möglichkeit haben, ihr Objekt zu erreichen und es zu schädigen, wie sie möchten. Erst viel später wird die Aggression, die auf dem Weg zur Ausführung durch äußere Hindernisse aufgehalten wurde, auch durch innere Vorgänge gehemmt werden können. An erster Stelle durch die Vorstellung der Reaktion des Objekts, dem der Angriff gilt, und durch die Angst vor den vorgestellten Folgen der eigenen Aggression, vor der zu erwartenden Strafe. Erst viel später wird das Schuldgefühl an die Stelle dieser Strafangst treten. Jene Wendung zu einer aggressiven oder wütenden Strebung gegen das Ich ist ja auch im Bereich des normalen Seelenlebens gut zu beobachten. Ich will eine sarkastische Bemerkung machen, sehe aber die zornige Reaktion der betroffenen, für mich wichtigen Person voraus. Ich unterdrücke die Bemerkung, aber ich beiße mich in die Lippen. Andere Personen werden sich bei ähnlichen Gelegenheiten heimlich die Fingernägel in die eigene Handfläche einpressen oder sonst einen schmerzhaften Druck gegen den eigenen Körper ausüben. Es ist klar, daß solche kleinen Reaktionen, die sich gegen das Ich richten, nicht nur der motorischen Unterstützung der Selbstbeherrschung dienen. Sie werden freilich so verwendet, ursprünglich aber sind sie ein Ausdruck der aggressiven Regungen, die den einzig möglichen Ausweg gefunden haben, die Wendung gegen das Ich als Vertreter des unerreichbaren Angriffsobjekts. Ihr Charakter (Sichbeißen, Sichwehetun) läßt ebensowenig wie die Selbstwahrnehmung einen Zweifel an dieser ursprünglichen Tendenz zu. Die Natur der Ersetzung kann wohl bewußtseinsfähig werden etwa in dem Gedanken: das möchte ich dir antun, wenn ich nur könnte oder dürfte. Das Ich dient in diesen Fällen als das nächste und beste Ersatzobjekt für die genannte Person. Auch hier, wo es unmöglich ist, seine Wut gegen eine andere Person frei zu äußern, gilt der Satz: jeder ist sich selbst der Nächste. Wie gesagt, kann man diese Zwischenphase nicht eigentlich masochistisch nennen. Sie verdient wirklich die Kennzeichnung eines gegen das Ich gewendeten sadistischen Triebziels. Der eigentliche Masochismus bedeutet eine Rückkehr zum Sadismus gegen das Objekt, wobei das Objekt nur durch die Notwendigkeiten der inneren Situation durch das Ich ersetzt wird. Es darf auch nicht unterschätzt werden, daß die Mittelphase nicht nur aggressive, sondern erotische Absichten hat. Wenn der Sadismus ein gewalttätiger Versuch der Objektergreifung war, so ist die Mittelphase ein Zeugnis für den Rückzug, den das Ich in der Versagungssituation angetreten hat. Es ist wieder auf die autoerotische Linie zurückgeworfen worden.

In der Phantasie war die eigene Aggression mit der Abwehr des Opfers und schließlich mit der Strafaktion von seiner Seite verbunden. Da die Angst vor der Strafe zugleich mit dem ungeduldiger gewordenen Bedürfnis steigt, wird sie allein vorweggenommen, um sie gleichsam zu erledigen und von der Vorstellung frei zu werden. So kommt es, daß die eigene Befriedigung und die Strafe wieder auf zwei gesonderte Personen verteilt wird. In dieser Entwicklung zerfällt also die Triebeinheit wieder in zwei Teile, wobei zuerst das masochistische Triebziel erreicht wird, dann das sadistische, zuerst das leidsüchtige, dann das gewalttätige. Der Vorgang entspricht so dem ursprünglichen, aus dem sich der Masochismus eigentlich gebildet hat. Es ist nur umgekehrt worden, hat sich um die eigene Achse gedreht. Ursprünglich wurde die sadistische Befriedigung phantasiert und nachher die zu vergegenwärtigende Strafe vorgestellt. Im Masochismus wird die Strafvorstellung vorausgeschickt und die sadistische Befriedigung ihr angehängt. Ist das aber wirklich so? In den masochistischen Phantasien und Szenen erscheint ja die Gewalttat am Objekt selten deutlich oder unverhüllt. Die masochistische Aktion wird selbst zur befriedigenden. Die Auflösung dieses Widerspruchs ist nicht schwierig. Sie liegt in dem Wort »wird«, das will heißen: ursprünglich folgt der Strafaktion am Ich wirklich die Phantasie der Gewalttätigkeit gegen das Objekt. Erst sekundär und allmählich wird diese sadistische Aktion, die gesetzmäßig dem masochistischen Leiden folgen soll, in den Hintergrund geschoben, in ihrer seelischen Bedeutung herabgesetzt, so daß sie nach und nach völlig zu verschwinden droht. Sie bleibt aber bestehen als unbewußte Phantasie, und ihr Zurücktreten bedeutet nicht Abwesenheit. Die sadistische Befriedigung ist nicht aufgehoben, sie ist nur aufgeschoben. Wir haben in den vorangehenden Abschnitten den Mechanismus und das Wesen dieses Aufschubs kennengelernt: das Suspense. Das Genießen von Schmerz, Unlust, Erniedrigung ist nur erklärbar als ein Resultat solcher vorweggenommenen Triebbefriedigung am anderen und gegen den anderen. Am Anfang ist die erfolgende Befriedigung masochistischen Strafleidens und sadistischer Objektergreifung in der perversen Szene noch deutlich erkennbar. Ein Mann läßt sich schlagen oder peitschen. Wenn die Unlust einen gewissen Grad erreicht hat, wirft er die Frau rücksichtslos aufs Bett und führt den Geschlechtsakt aus. Auch in der perversen Phantasie folgt auf die Strafvorstellung die Triebbefriedigung. Erst später wird die Vorstellung der eigenen Unlust und Schande alleinherrschend. Sie hat sozusagen die folgende sadistische oder trotzige Triebbefriedigung in sich aufgenommen, sie hat sie aufgesaugt, indem sie sie vorwegnahm. Jetzt wird die am Ich vollzogene Züchtigung zugleich die am Objekt durchgeführte. Hier ein Beispiel jener ursprünglichen Konstellation: ein schon erwähnter Patient kann den Sexualverkehr mit seiner Frau nur mit Hilfe masochistischer Phantasien durchführen. Die bevorzugte Vorstellung zu einer bestimmten Zeit war, daß ein englischer Offizier von Azteken auf das grausamste gemartert wird, wobei der Phantasierende sich mit dem Gefangenen identifiziert. Auf dem Rückweg zur normalen Sexualität während der Analyse unterliegt die Phantasie, die zuerst völlig befriedigend war, einer bedeutsamen Veränderung. Jetzt befreit sich der englische Offizier mitten in der unerträglichen Marter, schlägt seinen aztekischen Peiniger nieder und setzt ihn nun den früher selbst erlittenen Torturen aus. Der Orgasmus erfolgt nun bei der Vorstellung der Schmerzen des Azteken. Es ist übrigens bezeichnend, daß diese Veränderung der Phantasie äußerlich an den Besuch einer Revue am Abend vorher anschloß. Der Mann bezeichnete diese Aufführung als Anregung für seine zweiteilige oder zweiseitige Phantasie. In der Revue wird geschildert, wie ein junger ungeschickter und schüchterner Provinzler in das Netz einer Frau vom »Vamp«-Typus gerät. Sie führt ihn an der Nase herum und

macht ihn zum Opfer ihrer raffinierten Quälereien. Verzweifelt sucht der junge Mann Rat und Hilfe bei einer alten, ihm befreundeten Dame. Die rät ihm, die grausame Frau einmal tüchtig zu verprügeln. Er tut dies bei der nächsten Gelegenheit, da der Vamp seine quälerischen Künste wieder an ihm ausprobieren will. Die Überraschte sinkt dann entzückt in seine Arme mit dem Ruf: »You are wonderful«. Es ist gewiß bemerkenswert, daß sich der Patient auch in seinem sonstigen Verhalten zu seiner Frau im gleichen Sinn geändert hat. Er hatte sich lange von der Herrschsucht seiner Frau quälen lassen, um plötzlich in die aktive und sadistische Haltung umzuschwenken. Es war, wie wenn er jetzt zeigen wollte: Das ist die Art, mit Hexen umzugehen.
Vielleicht darf ich zur Kennzeichnung der Mittelphase noch hinzufügen, daß sie sich nicht nur der Spiegelszene bedient, um sich der Realität anzunähern. Ein anderer Weg ist das kindliche Spiel, in dem das Ich zum Gegenstand der Quälerei wird. Auch hier wird die Richtung auf den Masochismus oft eingeschlagen. So erinnert sich eine Patientin, daß sie ihre Phantasie, gezüchtigt zu werden, als kleines Mädchen in Wirklichkeit umsetzte, indem sie im Spiel mit ihren Freundinnen ein unartiges Kind in der Schule spielte, welches ein anderes Mädchen in der Rolle der Lehrerin schlagen mußte. Das kleine Mädchen, mit dessen Wassertropfenritual im Bad wir uns hier beschäftigt haben, kann als Gegenstück zu ihrer späteren stellvertretenden Machtausübung von einem Spiel berichten, in dem das Kind die Gewalttätigkeit des Erwachsenen gegen ihn selbst kehrte. Das kleine Mädchen liebte es, das Kinderfräulein mit dessen Einwilligung in einen Kasten zu sperren. Nun war sie vorher selbst oft von dem Fräulein dort eingesperrt worden.
Die Erwähnung dieses Falles erinnert mich daran, daß die geschilderte Überlassung der eigenen Machtstrebungen an

ein fremdes Objekt vom Masochismus aus später eine Richtung nehmen kann, die dem Phantasieleben der normalen Frau entspricht. Die Phantasien der Patientin sind als Ausläufer, Umgestaltungen exquisit masochistischer Phantasien zu erkennen, die sich ihrer weiblichen Rolle gut eingefügt haben. In ihrer Mädchenzeit hatte sie ausgebreitete, sexuell erregende Phantasien masochistischen Charakters. Sie stellte sich vor, sie würde in ein Bordell verschleppt, dort grausam behandelt, gefangengehalten und von rohen Männern sexuell gebraucht. Sie identifizierte sich mit einer Romanheldin, einem englischen Mädchen, die von einem arabischen Scheich gefangen wird, sich gegen seine erotischen Annäherungsversuche mit besonderer Energie sträubt und ihm doch verfallen ist. Jene verschollenen Phantasien der Jungmädchenzeit wurden nach fünfzehn Jahren in der Analyse zum Teil wiederbelebt. Es ist charakteristisch, wie das geschah, zumal Heirat, Mutterschaft und soziale Veränderungen in die Zwischenzeit fallen. Sie stellt sich jetzt vor, sie werde einem Mann begegnen, der ihr durch große politische Macht oder finanziellen Einfluß sehr imponiert. Sie denkt dabei an einen der großen Industriekapitäne, dem kraft seines Reichtums alles zur Verfügung steht, oder einen Diktator, dem ein ganzes Volk bedingungslos gehorcht. Jenem Mann, der sich zuerst mit ganzer Energie um sie bemüht, wird sie nun in der Phantasie hörig. Das sexuelle Moment ist dabei in keiner Art betont, die Phantasie des Hingegebenseins aber erweist sich als sehr erregend. In der Vorstellung genießt sie die Macht oder Übermacht des Mannes mit; man könnte besser sagen, sie genießt sie allein. Das ist auch dann der Fall, wenn sich die Machtäußerung auf ihre eigene Person erstreckt. Eine solche Phantasie ist aber durch den scheinbaren Verzicht auf die eigene Macht gekennzeichnet. In diesen wie in ähnlichen Fällen wird es deutlich, daß diese Phase eine frühere ablöst, in der man selbst Macht und Gewalttätigkeit ausüben wollte. Die jetzige Einstellung bedeutet also nicht Verzicht, sondern auch verhüllte Durchsetzung der eigenen aktiven Strebungen im Verschiebungsersatz. Es sei nur angedeutet, daß derselbe Vorgang eines teilweisen Verzichts und einer teilweisen Durchsetzung eigener gewalttätiger Regungen durch Stellvertretung sich bei vielen Frauen erraten läßt, die zu dem überlegenen Können und Wissen des Mannes aufblicken. In manchen Fällen ergibt sich eine eigenartige Mischkonstellation, welche die ursprüngliche ebenso verbirgt als verrät. Man weiß, daß z. B. eine besondere Hilflosigkeit und Abhängigkeit der Frau zur schlimmen Tyrannei werden kann, so daß hinter ihrer Fassade die Herrschaft und das Machtstreben durchschimmern. Eine so unbeschränkte Abhängigkeit kann zu einem ausgezeichneten Mittel werden, den Mann gefügig zu machen. Daß ein geschickt verhüllter Wille zur Ohnmacht nur ein besonderer Ausdruck weiblicher Willensstärke ist, hat mancher Ehemann erfahren.

Die Mischung von Verzicht auf die eigene Macht und von Genuß in der stellvertretenden Ausübung durch einen anderen hat im Leben der Völker und Religionen ihre besondere Bedeutung. Die Reichweite des Vorgangs erstreckt sich von der Zuneigung eines Monarchisten, der den Willen des Herrschers als Vertreter des eigenen empfindet, bis zur Begeisterung für einen Diktator, der den Willen aller einzelnen übernommen hat. Man wundert sich oft mit Unrecht darüber, daß die meisten Menschen in einer Diktatur so ganz auf die eigene Willensmeinung verzichtet haben. In Wahrheit ist dies nur zum Teil richtig. Zum anderen und wichtigeren haben diese Menschen ihren Willen durchgesetzt, freilich indem sie ihn in dem eigenen eines Menschen verkörperten. Ja man kann sagen, je gewalttätiger und brutaler der Machtwille des einzelnen, dem kein Bestimmungsrecht mehr geblieben ist, einmal war, um so gefügiger und hingebungsvoller wird er sich dem Willen des Selbstherrschers oder Führers, der ihn vertritt, unterwerfen. Dieser ist dann nicht so sehr brutaler Diktator als Verkörperung der vielen einzelnen, welche die Masse bilden, das aber will sagen, ausführendes Organ der unterdrückten, doch nicht verschwundenen Brutalität dieser einzelnen. Jeder von ihnen hat Teil an seiner Machtfülle und genießt sie mit. Man errät: man verzichtet nicht auf den eigenen Willen, wenn man ihn durch einen anderen durchführen läßt. Natürlich ist das Mitgenießen der Machtausübung unbeschränkter, wenn sie sich gegen die feindliche Außenwelt richtet. Es ist aber noch dann verständlich, wenn die sadistische Energie auch am eigenen Volkskörper verspürt wird. Der tyrannische Wille eines Diktators kann von der Masse sonst schwer ertragbare Opfer und Entbehrungen verlangen, wenn sie nur in ihm ihr idealisiertes Ebenbild sieht. Hier wird also das Bild des Massenmasochismus oder seines Vorläufers psychologisch verständlich.

Die Herkunft des Masochismus aus dem sadistischen Triebdrängen läßt sich gewissermaßen experimentell nachweisen. Wenn sich nämlich in der Analyse der Masochismus, welcher die Person beherrscht, zersetzt, treten sadistische Phantasien oder Aktionen in den Vordergrund. Auf diesem Rückweg kommt es zu Bildungen, die ein Durcheinander oder eine Vermengung von masochistischen und sadistischen Vorstellungen und Handlungen sind. Hier ein ausgezeichnetes Beispiel von jenem Patienten, dessen »synchronisierte« Phantasien uns interessiert haben. Die Phantasie sah ursprünglich so aus: die grausame und nymphomane Königin eines sagenhaften Reiches verwendet Reisende, die sich in ihr Gebiet verirrt haben, zu ihrer sexuellen Befriedigung. Wenn sie ihrer müde wird, läßt die angenehme Dame die Gefangenen pfählen, schinden oder kastrieren. Der Patient stellt sich nun einen jungen Mann vor, der als Anwärter auf die grausame Gunst der Königin als nächster an die Reihe kommt. Er wird Zeuge der schrecklichen Hinrichtung eines seiner Vorgänger und fühlt das Entsetzen dessen, den ein ähnliches Schicksal in nicht zu ferner Zukunft erwartet. Er identifiziert sich mit diesem Opfer, einer Bruderfigur, erlebt mit ihm Fesselung, Marter und Tod. Das ist gewiß eine masochistische Phantasie. Sie verändert während der Analyse ihren Charakter und bietet nun ein durch einzelne Züge und durch Rollenvertauschung verschiedenes Bild. Jetzt identifiziert sich der Patient mit dem gegenwärtigen Favoriten der Königin im Augenblick ihrer höchsten Gunst. Während des Sexualverkehrs wird sein Vorgänger gepfählt. Das Schreien und die Qualen des Opfers stören den Genuß nicht, sie vertiefen ihn. Kein Zweifel, das ist eine sadistische Phantasie. Die Fortsetzung der phantasierten Szene würde jeden möglichen Zweifel aus dem Wege räumen: nach dem Sexualverkehr sticht der Vertreter des Tagtraums dem Opfer ein Messer in die Brust, gibt ihm den Coup de grâce. Eine Episode in diesem entsetzlichen Bild zeigt indessen, daß die masochistische Tendenz nicht völlig verschwunden ist. In der Liebesszene entwickelt sich zwischen der grausamen Königin und ihrem Genossen ein Dialog. Der Mann spricht den Wunsch aus, auch in den folgenden Nächten immer einen seiner Vorgänger während des Sexualverkehrs auf eine von ihm gewünschte Weise gefoltert zu sehen. Die Königin gewährt die Bitte mit der halb ernsten, halb scherzhaften Hinzufügung, er selbst könnte vielleicht diese gefolterte Person sein. Er aber entgegnet, es sei nicht so wichtig, ob er oder ein anderer das Opfer sei. Hauptsache sei, daß jemand geschunden oder gepfählt werde. Man erkennt hier eine Mischbildung, aus der die Möglichkeit erwächst, sich noch in der sadistischen Rolle mit der leidenden Person zu identifizieren. So starken Ausdruck die Phantasie auch der Rachetendenz dem früher bevorzugten Rivalen gegenüber gibt, ein Einzelzug zeigt doch, daß die sadistische Strömung unbewußt auch der Frau gilt: die Bewegungen des gequälten Opfers und der sexuell aufs höchste erregten Königin sind synchronisiert. Ein anderer Fall zeigte bald nach Beginn der Analyse eine Rückentwicklung zum Sadismus in plötzlich auftauchenden Impulsen mitten in der masochistischen Situation. Seine besondere Sexualbefriedigung bestand darin, daß er sich im gefesselten Zustand von seiner Frau mit einer kleinen Peitsche schlagen ließ. Unvermittelt trat nun von einer bestimmten Zeit an gegenüber der Frau der Impuls auf: ich möchte sie erwürgen oder ich werde ihr an die Gurgel fahren.

Noch wenn der Masochismus desexualisiert erscheint, macht sich der heimliche sadistische Charakter bemerkbar. Ein Patient, dessen masochistische Tendenzen ihn hart an die Grenze der Selbstvernichtung trieben, zweifelte nicht daran, was das zuerst uneingestandene Ziel seiner Einstellung war. Es galt, den Vater tief zu kränken: »Indem ich mich unglücklich mache, mache ich ihn unglücklich. Wenn ich zugrunde gehe, wird er das nicht überleben.« Eine solche Haltung zeigt nichts von Zweifel an der Liebe des Objekts, am Geliebtwerden und ist mit einer Liebeswerbung nicht gut vereinbar. Sie setzt eher die Gewißheit, vom anderen geliebt zu werden, voraus.

Die Einsicht in der Entstehung des Masochismus hat einige bemerkenswerte Punkte zu seinem Verständnis beigetragen: Er ist kein ursprünglicher Trieb, sondern eine sekundäre Triebbildung. Er entsteht aus der Versagung, die der sadistischen Triebregung entgegentritt und entwickelt sich aus der die Realität ersetzenden sadistischen, aggressiven oder trotzigen Phantasie. Er bleibt unverständlich, solange man annimmt, daß er sich direkt aus dem Sadismus durch Wendung gegen die eigene Person ableiten läßt. So sehr sich alles in Nervenärzten und Sexologen dagegen sträuben möge, die Geburtsstätte des Masochismus ist die Phantasie. Ohne ihre Vorbereitung ist sein Zustandekommen nicht denkbar. Er behält seinen sadistischen Charakter in der Mittel- und Endphase seiner Entwicklung, dort, wo sich die Aggression gegen das Ich wendet, und dort, wo ihre Durchführung einer anderen Person überlassen wird. Mag die sadistische Befriedigung auch ins Dunkle zurücktreten oder zu verschwinden scheinen, sie ist doch da in allen Formen des Masochismus. Seine Entwicklung beweist, daß der Sadismus mächtig ist. Sie zeigt freilich zugleich, daß er nicht allmächtig ist.

14 Die Theorie Freuds und die eigene Ansicht

Eine Nebeneinander- und Gegenüberstellung der hier dargestellten Entstehungstheorie des Masochismus mit der von *Freud* formulierten ergibt zunächst, daß eine Fortsetzung der ursprünglichen Anschauung von *Freud* vorliegt. Diese Fortsetzung füllt Lücken aus, die unerklärt geblieben waren, schafft Übergänge, wo es früher keine gab, und klärt vorhandene Widersprüche als nur scheinbare auf. Durch die besondere Hervorhebung der Phantasie und anderer Momente weicht die eigene Ansicht von der *Freuds* in entschiedener Art ab. Der Vorgang des Übergangs von Sadismus in Masochismus, wie *Freud* ihn schildert, macht den Eindruck plötzlicher und unvermittelter Veränderungen. In Wirklichkeit gibt es Verbindungen und Übergänge. Die Entwicklungsstufen, die er unterscheidet, stehen nicht wie Granitblöcke nebeneinander, sie gehen ineinander über.

Nun aber ist es Zeit, sich der Frage zuzuwenden: gibt es einen Urmasochismus, einen primären masochistischen Trieb? Wir wissen, *Freud* hat mit dem Recht des Forschers, den neue Einsichten zu einer geänderten Anschauung bringen, 1921 eine neue Theorie gegeben, welche die Existenz eines primären Masochismus annimmt. Die Hypothese von den Todes- und Liebestrieben war lange vorbereitet. Sie ergab sich nicht aus der Notwendigkeit, die Entstehung des Masochismus zu verstehen, sondern aus einer Revision der ganzen Trieblehre. Sie gab aber dem Problem des Masochismus einen veränderten Aspekt und ließ ihn als eine der großen Äußerungen des Todestriebes erscheinen. Die *Freud*sche Konzeption, gewaltiger als die *Schopenhauer*sche Trieblehre, gründet sich auf biologischen Grundlagen. Sonst ist *Freud* seinen Weg in kleinen, vorsichtigen Schritten gegangen. Hier hat er gezeigt, daß er Siebenmeilenstiefel-Schritte machen kann. Niemand, der sein Format kannte, hat daran gezweifelt.

Auch wenn man die Existenz von Todes- und Liebestrieben als das beherrschende Prinzip von Vergehen und Werden annimmt, müßten sich schon von Anfang an die beiden großen Triebarten im einzelnen sichtbar äußern. Als Vertreter des Todestriebs aber begegnen wir im Kleinkind nirgends dem Masochismus, nur keimhaften aggressiven, abwehrenden und angreifenden Impulsen. Ein primärer Masochismus ist im Baby nicht nachzuweisen, keine seiner triebhaften Äußerungen läßt sich ohne Zwang in diesem Sinn deuten. Wo immer man eine irdische Äußerung jener blinden und mythischen Triebgewalt der Destruktion zu erkennen meint, trägt sie das Gesicht des Sadismus oder seiner Abkömmlinge. Ein frühes, psychologisch erfaßbares Zeugnis eines primären Masochismus ist nicht aufzufinden. Der erogene Masochismus, der nach *Freud* biologisch und konstitutionell begründet ist, ist nichts als ein infantiler physiologischer Mechanismus. Er trägt den Namen Masochismus zu Unrecht, ist eigentlich nur eine physiologische Voraussetzung dafür, daß sich

später einmal eine masochistische Sensation einstellen kann, wenn entsprechende seelische Vorgänge dazu führen. Dieser frühkindliche Mechanismus bestimmt es, daß so wie bei Schmerz- und Unlustspannung eine libidinöse Miterregung stattfinden kann. Diese physiologische Möglichkeit ist unzureichend, die Entstehung des Masochismus zu erklären. Sie könnte nur herangezogen werden, wenn diese Entstehung psychologisch schon verständlich geworden ist und nun auf ihre physiologischen und biologischen Tatsachen als die letzten, uns erreichbaren zurückzuführen wäre.
Wir stehen hier an einem entscheidenden Punkt. Wenn es gelingt, im Seelenleben des kleinen Kindes ein Zeugnis jenes dunklen Drangs nach Selbstvernichtung zu finden, werden wir anerkennen, daß es einen primären Masochismus gibt. Diese ursprüngliche, von vornherein gegebene Triebrichtung wäre dann neben der aktiven sadistischen eine Äußerung der großen Destruktionstendenz, die im Innern alles Organischen wirkt. Ist es nicht möglich, daß es das Neugeborene zurückzieht in die Ruhe und das Nichtsein, in das Dunkel, aus dem es gekommen ist? Warum sollte nicht schon im Baby dem Lebensdrang ein dunkles Verlangen nach dem ewigen Schlaf entgegentreten? Desselben Verlangens, das uns so oft überfällt und uns mit dem Dichter fühlen läßt: »Ach ich bin des Treibens müde. Was soll all der Schmerz und Lust.« Bisher ist es nicht gelungen, eine solche Manifestation des elementaren, gegen das Ich von Anfang an gerichteten Selbstzerstörungstriebes zu isolieren und zu zeigen. Das schließt nicht aus, daß es der Forschung einmal gelingen könnte.
In der Zwischenzeit müssen wir uns bescheiden, im Masochismus eine verwandelte, umgeformte Triebäußerung sadistischer Art und Abstammung zu sehen. Er erscheint nicht als eigener primärer Trieb, sondern als eine späte Fortentwicklung und Umbildung eines anderen. Diese Abkunft wird sich

noch im Charakter später Verwandlung nicht verleugnen lassen.

Eine Neuorientierung wird an dieser Stelle notwendig, eine Revision unseres Begriffes vom Wesen des Masochismus. Erst jetzt, da wir seine Entstehung studiert haben, sind wir in der Lage, nicht nur Neues über ihn zu sagen, sondern auch Neues über ihn zu fragen: Ist der Masochismus von Anfang an und seinem Wesen nach ein triebhaftes Verlangen nach Schmerz, Unlust, Beschämung, Unterwerfung und Dienenwollen? Können diese passiven Ziele überhaupt ursprünglich gewünscht werden? Hier ist ja das größte Rätsel der Triebrichtung und der Perversion, die wir Masochismus nennen, beschlossen. Hier kehren wir zu der Anfangsfrage zurück, wie es geschehen kann, daß eine große Anzahl Menschen triebhafte Lust aus der Unlust, Befriedigung aus Schmerz körperlicher und seelischer Art ziehen kann. Die bisherige Antwort hieß: diese Menschengruppe weist eine ursprüngliche, perverse Triebrichtung auf, eben die masochistische.

Ich meine nun, die Frage ist falsch gestellt, und so mußte auch die Antwort falsch sein. Die Konzeption des Masochismus ist fehlerhaft, seine Triebziele sind bisher nicht richtig gezeichnet. Die bisherige Fragestellung ist davon ausgegangen, daß der Masochismus eine selbständige, von anderen scharf zu unterscheidende Triebrichtung ist. Der ungewöhnliche, ja monströse Zug, daß dabei Schmerz oder Unterwerfung aufgesucht wird, zog alle Aufmerksamkeit auf sich. Hier erschien ein unerklärlicher Ausnahmefall, der allen bisher bekannten seelischen Erscheinungen zuwiderlief. Diese Konzentration der Aufmerksamkeit auf den einen Punkt ließ alles andere als unwichtig erscheinen und in den Hintergrund treten. Die übersehene erste Frage ist aber: Ist Unlust und Unterwerfung wirklich das Triebziel und nicht eher eine Station am Weg, ein Mittel, um das Triebziel zu erreichen? Ist der Masochismus überhaupt eine originäre Triebbildung und nicht vielmehr ein Umgehungsversuch, sozusagen ein psychisches taktisches Manöver? Ich meine, es gibt keine ursprüngliche Lust an der Unlust, wie sie gemeinhin dem Masochismus zugeschrieben wird. Wohl aber kann das gewöhnliche Luststreben unter bestimmten psychologischen Bedingungen dazu gelangen, auch die Unlust oder die Erniedrigung zu genießen.

In den vorangehenden Abschnitten habe ich die unbewußt seelischen Vorgänge im Masochismus zum größten Teil dargestellt, seine Ursprungssituation und Entwicklung skizziert und seine verborgenen Ziele angedeutet. Seine Entstehung ist nicht, wie bisher angenommen wurde, mit der sadistischen Aktion verknüpft. Eine direkte Ableitung von der Aggression als solcher ist unmöglich. Welches Motiv sollte ein Sadist haben, um seine genußreiche Perversion aufzugeben und Masochist zu werden? Erst der Mißerfolg, die Versagung in der Verfolgung aggressiver und gewalttätiger Triebziele und später die Angst vor der Strafe lassen eine Triebumkehrung möglich erscheinen. Diese Triebveränderung setzt aber nicht an der wirklichen Durchführung ein, sondern in der Phantasie. Die sadistische Phantasie, nicht die sadistische Handlung ist der Mutterboden des Masochismus. Wir haben gesehen, daß seine weitere Entwicklung und sein Charakter für immer durch diese Abstammung bestimmt werden. Seine Entwicklung kann als ein besonderes Triebschicksal sadistischer Tendenzen bezeichnet werden.

Und nun zur Bestimmung dieser Triebziele selbst. Ist es wahr, daß der Masochismus von Anfang an Unlust, Schmerz, Unterwerfung anstrebt? Ich habe gezeigt, daß dies nicht der Fall ist. Der Masochist ist eine Person von stark sadistischer Triebanlage, die von ihrem Triebziel durch die Vorstellung der Strafe abgelenkt wurde. Diese Angst hält ihn von der Erreichung seiner Befriedigung zurück, und er entscheidet sich in dem Konflikt zwischen Angst und Luststreben schließlich dahin, zuerst die Angst durch jene Flucht nach vorn loszuwerden. Er strebt also nicht etwa Unlust und Bestrafung als solche an. Er sucht sie auf, weil sie später den einzig möglichen Weg zur ungestörten Befriedigung bezeichnen. So wird ein Mann, sehnsüchtig nach Hause zu gelangen, auch durch Sumpf und Dickicht gehen, wenn er keinen anderen Weg zur Verfügung hat. Es ist also nicht eine ursprüngliche Sehnsucht nach Schmerzen oder Peinigung, welche die Straße des Masochisten bestimmt, sondern die Angst, die der Lust vorgelagert ist. Er hat auf sein Triebziel nicht verzichtet. Seine Ungeduld, es zu erreichen, ist im Gegenteil so groß geworden, daß er den unangenehmsten Weg nimmt, wenn er es nur möglichst rasch erreichen kann. Sein Vorwärtsdrängen nach Bestrafung und Beschämung ist ein Zeichen eines unbändigen und ungebändigten Verlangens nach dem Sexualziel. Ich habe geschildert, wie es sekundär dazu kommt, daß die Angst und später die Bestrafung und Beschämung selbst zum Gegenstand triebhafter Bedürfnisse werden kann. Die Verschiebung des seelischen Akzents von dem ursprünglichen Triebziel auf die drohende Bestrafung für eine verbotene Befriedigung liefert die Lösung dieses Rätsels. Die Achse des Problems ist durch die Momente Lust und Angst gegeben. Lust ist das nie aufgegebene Ziel, und die masochistische Inszenierung ist nur ein Umweg zur Lusterreichung. Das Luststreben ist so mächtig, daß es sogar die Angst und Strafvorstellung in ihren Bereich zieht und schließlich sie selbst zum Lustziel macht wie zum Hohn jeder angedrohten Einschüchterung gegenüber.

Kann die Behauptung, daß der Masochist ursprünglich Unlust aufsucht, Schmerz begehrt, nach Erniedrigung verlangt, aufrechterhalten werden? Ist sein Ziel Bestrafung und Beschämung? Nein, er genießt nicht den Schmerz, sondern das, was durch Schmerz erkauft wird. Er strebt nicht nach Unlust, sondern nach Lust, die mit Unlust bezahlt werden muß. Er hat seine Position nicht aufgegeben, sondern nur gewechselt. Erst in der Endphase wird er trotzig noch den Schmerz, die Bestrafung und Erniedrigung zur Lust erheben, noch im Schmerz seinen Genuß finden. Der Masochismus ist ein Umweg zum ursprünglichen Ziel, ein Umweg, der durch äußere und innere Faktoren notwendig wurde. Der Umweg bedeutet nur eine zeitweilige Ablenkung vom Marsch auf das Ziel zu, nicht einen Marsch nach einem anderen. Das Ziel bleibt das gleiche und es ist nicht wesentlich, daß es nicht immer erreicht werden kann. Es bleibt dabei: Der Charakter des Masochismus bezeugt, daß der Sadismus mächtig ist; er zeigt zugleich, daß er nicht allmächtig ist. Seine Grenzen sind bestimmt durch den Respekt vor der überlegenen Kraft anderer Personen, durch die Angst vor der Bestrafung und schließlich durch das Schuldgefühl. Die Kräfte der Zerstörung stoßen hier auf die Macht der Liebe.

Wie verhält sich diese Ansicht zu der von *Freud* aufgestellten Hypothese, dem Gegensatz von Todestrieb und Eros? Sie ist unabhängig von ihr, berührt sie nicht, widerlegt sie weder noch bekräftigt sie sie. Sie bewegt sich auf anderer, der psychologischen Erfahrung näheren Ebene. Wer die seelischen Kräfte als schicksalsbestimmend in sich und anderen erkannt hat, braucht das Wirken der gigantischen überseelischen Mächte, die über Tod und Leben, Werden und Vergehen entscheiden, nicht zu leugnen. Er kann die Gesetzmäßigkeit seelischer Vorgänge anerkennen und sich doch dem Zwang jener großen kosmischen Notwendigkeiten beugen. Ich stimme mit W. *Reich* und anderen Analytikern, die meinen, daß die biologische Todestrieb-Eros-Hypothese die Bildung psychologischer Theorien ausschließe, nicht überein. Die Erklärung, welche die Psychologie gibt, ist ja nur eine

Teillösung und nimmt nur einen bestimmten Platz unter den Versuchen, das Naturgeschehen aufzuhellen, ein. Was unter dem Mikroskop psychologischer Forschung so bedeutend erschien, die seelische Entwicklung einiger Jahre, schrumpft im Riesenspiegel der großen Gesetzmäßigkeiten, die alles Geschehen in der Welt bestimmen, auf winzige Dimensionen ein. Es ist wie eine aufstrebende und sogleich wieder verschwindende Welle in einem mächtigen Strom. Das seelische Geschehen hat doch seinen Platz auch in so umfassender Betrachtung. Wir sehen die kleine, dann die große Welt.

Vielleicht empfiehlt es die vorliegende, begrenzte Hypothese, daß sie eine befriedigende Erklärung der Tatsachen und des Wesens des Masochismus zu liefern scheint. Mir bleibt nichts übrig, als sie der Aufmerksamkeit psychologisch Interessierter zu empfehlen. Bei ihrer Überprüfung ist gewiß wissenschaftliche Vorsicht am Platz. Auch befriedigende Hypothesen können falsch sein.

Bisher hat uns das Rätsel des Masochismus als Triebrichtung im allgemeinen interessiert. Wir haben uns noch nicht damit beschäftigt, ob sich diese späte Triebbildung in gleicher Art bei Mann und Frau äußert. Im Vordergrund unserer Betrachtung stand bisher der Masochismus als Problem des Geschlechtslebens. Wir wenden uns jetzt der Frage zu, welche besondere Formen er im Leben der beiden Geschlechter erkennen läßt.

V

Die Geschlechter

15 Die Beziehung zur Weiblichkeit

Freud sagt vom Masochismus, er unterhalte eine intime Beziehung zur Weiblichkeit. Das Verhalten des männlichen Masochisten trägt viele Züge, welche diese Behauptung rechtfertigen. Die Passivität im Sexuellen ist nur das augenfälligste Moment. Es gibt andere, die bedeutungsvoller sind. Andere Züge widersetzen sich der Annahme, daß die Beziehung des Masochismus zur Weiblichkeit so intensiv ist wie *Freud* meint. Diese Beziehung scheint nicht so ungetrübt wie etwa beim passiv Homosexuellen. Die Passivität mag freilich vom Wesen der weiblichen Sexualität nicht leicht abtrennbar sein, aber das Erdulden von Schmerzen, Gepeitschtwerden, Gefesseltwerden, Demütigungen und Erniedrigungen gehören nicht zu den sexuellen Zielen der normalen Frau. Wenn sich solche Vorstellungen auffällig an der seelischen Oberfläche zeigen und zur Bedingung sexuellen Genießens werden, würden wir die Betreffende als Masochistin bezeichnen. Selbst wenn man sich zu der Annahme entschließt, daß Züge solcher Art irgendwie in der weiblichen Sexualvorstellung angedeutet sind oder leise mitschwingen, so beherrschen sie doch gewöhnlich nicht das Bild wie beim Masochisten. Auch die Bevorzugung der Afterzone als erogenen Körperteil entspricht nicht dem weiblichen Wesen. Anders ausgedrückt: Der Masochismus mag, von einem bestimmten Gesichtspunkt gesehen, der Ausdruck eines weiblichen Wesens des Mannes sein. Das weibliche Wesen ist aber gewiß nicht der Ausdruck masochistischen Fühlens. Wir stoßen hier wieder auf den Eindruck des Paradoxen, den wir so oft in der Beobachtung der masochistischen Erscheinungen erhalten. Es sieht so aus, wie wenn der Masochist, der in seinen Phantasien und Szenen die weibliche Rolle spielt, sich zugleich über sie lustig mache, sie verzerrt darstelle. Er zeigt weniger einen Ausdruck des weiblichen Wesens als dessen Parodie oder Karikatur. Eine solche Verhöhnung ist ja beim Halbwüchsigen nicht selten. Dort kann sie bewußt erscheinen. Ein Patient erinnert sich aus der Zeit, da er ein Junge war, einer ähnlichen Einstellung. Er fand damals ein besonderes Vergnügen daran, vier Worte auszusprechen und mit besonderen Körperbewegungen und Gesten zu begleiten. Es war der schwärmerische Satz: »Der liebe, wilde Mann!« Er erkannte selbst den Ursprung dieses Ausrufs. Er stammte aus einem der Bücher seiner Schwester, die im Backfischalter stand. In dem Buch werden die Worte von einem jungen Mädchen gesagt, das zärtlich an einen abwesenden Mann denkt. Indem sie das ausruft, wendet sie sich errötend und verschämt ab. Der Junge hatte diese Stelle im Buch gelesen; später stellte er sich vor den Spiegel und spielte pantomimisch die Szene, sagte den Satz wohl auch laut, indem er ihn mit sprechenden und entsprechenden Gebärden begleitete. Er stellte sich dabei vor, daß das Mädchen sich mit schwenkenden Röcken abwendet. Wieder eine Spiegelszene! Kann man sagen, daß der Junge, der später zum Masochisten wurde, in diesem spielerischen Gehaben einen Ausdruck weiblichen Wesens zeigte? Gewiß nicht. Man wagt es, das ursprüngliche Motiv seines Spiels zu erraten: Er muß gewünscht haben, daß ein anziehendes junges Mädchen sich beim Gedanken an ihn so benimmt. Wir erkennen hier also eine Phantasie, die im Zweirollenspiel dargestellt wird. Erst später erhält die Szene einen spöttischen Charakter, nachdem sich etwas in den Beziehungen zu den Mädchen geändert hatte. Hatte die Phantasie ursprünglich etwas von der Sehnsucht des Jungen verraten, so wurde sie später zum Ausdruck seiner hohnvollen Regungen gegen die Mädchengeneration, der seine Schwester angehörte. Seine Schüchternheit im Umgang mit dem anderen Geschlecht läßt es wohl begreifen, daß er schließlich an demselben Punkt landet wie der Fuchs in der Fabel, der die Trauben sauer findet, die er nicht erreichen konnte.

Das Verhalten des Masochisten zeigt femininen Charakter, aber es zeigt diesen Charakter nicht rein. Das weibliche Wesen ist darin weniger dargestellt als entstellt, weniger gekennzeichnet als verzerrt.

Die Einsicht in die verborgene, ursprüngliche Bedeutung der Spiegelszene hat uns dem weiblichen Element im Masochismus nähergebracht, doch nicht nahe genug. Vielleicht wird ein Vergleich uns einen besseren Dienst leisten. Ich war einmal Zeuge einer Lektion, die ein ziemlich rundlicher, lebhafter und glatzköpfiger Tanzlehrer einer Anzahl junger Damen und Herren erteilte. Nachdem er jeder Schülerin die Schritte und Bewegungen des neuen Tanzes beigebracht hatte, versuchte er, mit jeder Dame den Tanz auszuführen. Natürlich führte er. Gelegentlich aber, wenn eine Dame sich besonders ungeschickt zeigte, mußte er selbst die weibliche Rolle übernehmen, um das Verhalten der Dame im Tanz vorzuführen. Haltung, Schritt und Benehmen waren in der Situation der Absicht entsprechend die der geführten Dame. Es war ein merkwürdiger Anblick, zu sehen, wie der korpulente, kleine Tanzlehrer zurücktrat, die Schößel seines Frakkes zierlich mit den Händen anfaßte, wie wenn sie die Schleppe eines Abendkleids wären und anmutig vortrippelte. Dem Mann war todernst zu Mute, er war sichtlich müde, wenn er sich auch im Dienst seiner Rolle zu dem stereotypen

Lächeln zwang, und er arbeitete buchstäblich im Schweiße seines Angesichts. Wie kam es nur, daß seine Vorführung ohne sein Wollen und sicher gegen seine Absicht auf die meisten Zuschauer einen überwältigend komischen Eindruck machte? Es lag gewiß zum großen Teil in dem Kontrast, den seine Erscheinung zu der Vorstellung einer tanzenden jungen Dame machte. Wenn sich aber die Vorführung einige Male wiederholte, wurde man ernst, ja fast betrübt. Man ahnte, daß es die Not war, welche den Mann zu dieser tragikomischen Rolle zwang.

In der masochistischen Phantasie muß der Vorgang ungefähr umgekehrt sein: Die Szene ist ursprünglich ernst, entspringt der sexuellen Not, trägt alle Zeichen der Versagung oder Entbehrung und nimmt erst später eine höhnende oder parodierende Note an. Die Spiegelszene des Jungen und die Produktion des Tanzlehrers als Dame haben eine Gemeinsamkeit, die sie zum Vergleich mit den masochistischen Phantasien und Szenen geeignet machen: das ursprüngliche Ziel des Tuns. Der Charakter der Vorführung ist bestimmt durch den unzweideutigen Wunsch, daß das weibliche Objekt die gezeigten Aktionen nachmachen soll. Der Jüngling sehnt ein Mädchen herbei, das sich so verschämt zu ihrer Zuneigung zu ihm bekennt, und der Tanzlehrer möchte, daß die Dame sich in Schritt und Haltung so benimmt, wie er es vorführt. Nun ohne Vergleiche und Umschweife gesprochen: Der Masochist zeigt in seiner femininen Haltung der Frau, in welcher Lage er sie sehen möchte. Was er tut, hat also den Sinn der Vorführung, einer Art agierten Szene. Gewiß, die Szene hat für uns Fernstehende einen Zug von Parodie. Die Situation ist ja die, daß ein Mann das sexuelle Verhalten einer Frau spielt. Das Wesentliche aber in der Phantasie und in der perversen Situation ist, daß er ihr vorspielt. Der Zeuge seiner Produktion ist ja eine Frau. Die Rollen sind vertauscht.

Wenn die Situation überhaupt einen verborgenen Sinn in der Beziehung zur Frau haben soll, kann er nur in der Absicht des Vorführens oder Vorspielens liegen, also in der Umkehrung: was du mir tust, möchte ich dir tun, oder: ich möchte dich in dieser passiven oder leidenden Position sehen. Dieser bisher meines Wissens noch nicht erkannte Sinn der masochistischen Szene und Phantasie steht in voller Übereinstimmung mit den früher dargestellten Vorgängen der Umkehrung und der Demonstration. Er hat aber eine darüber hinausgehende Bedeutung. Die Aussicht, die sich an diesem neuen Punkt eröffnet, zeigt das Panorama der masochistischen Erscheinungen von einer anderen Seite, aber sie ergibt dasselbe Bild. Das will heißen, sie bestätigt noch einmal, was wir von anderen Stellen aus beobachtend erkannt haben: die masochistische Phantasie und Praktik ist eine sadistische, ausgedrückt in der Umkehrung, vorgeführt durch das Gegenteil. In der sexuellen Richtung meine ich dies bisher ausreichend dargestellt zu haben. Dort, wo der Masochismus nicht mehr ein ausgeprägt sexuelles Phänomen ist, sondern sozialen Charakter annimmt, bleibt doch diese seine Wesensart unberührt von dem Wechsel. Man kann nicht sagen, daß das, was er zeigt, nur seine Außenseite ist, nur Schein. Es wäre besser zu sagen, sie ist Widerschein, reflektiert nur etwas, was in der Innenseite in umgekehrter Richtung verläuft. Man bekommt ein ausreichendes Verständnis für das Wesen des Masochismus nur, wenn man ein psychologisches Verfahren anwendet, das der wiederholten Umkehrung in den seelischen Vorgängen angemessen ist. Ich habe dieses Verfahren anderswo mit einem *Goethe* entlehnten Wort als »wiederholte Spiegelung« bezeichnet*. Sieht man die Phänomene des

* *Reik,* Der überraschte Psychologe. Leiden. 1935. Die Bezeichnung hat *Goethe* der Sphäre der Entoptik entnommen. Über dunkle Stellen des Fausts schreibt der Dichter: »Da sich gar manche unserer Erscheinungen

sozialen Masochismus in solcher Art, so erkennt man auch hier die Darstellung der Wirkung ursprünglicher Tendenzen in der Umkehrung. Die unbeschränkte Unterwerfung drückt Rebellion aus, das Nachgeben Starrsinn, die Unterwürfigkeit Trotz und die Selbsterniedrigung Hochmut.

Wie aber kommt es zu dem hohnvollen oder parodistischen Charakter, den die Phantasie oder Praktik des Masochisten verborgen, doch deutlich annimmt? Dieser Charakter fließt aus mehreren Quellen. Hier will ich nur auf die historische Seite hinweisen, die sich dem analytischen Beobachter, wenn er nur lange und aufmerksam genug beobachtet, enthüllt. Diese Seite erklärt nicht alles, doch vieles von dem Grotesken oder Burlesken mancher masochistischer Praktiken und Vorstellungen. Die masochistischen Szenen und Phantasien sind nicht nur Umkehrungen sadistischer Vorstellungen, sondern Wiederbelebungen und Inszenierungen der Vorstellungen, die Kinder sich vom sexuellen Tun der Erwachsenen gemacht haben. Unbewußt greifen die Personen auf diese infantilen Sexualvorstellungen zurück, welche die Knaben einmal vom Ablauf der sexuellen Beziehungen hatten. Die groteske Vermengung von Wahrem und Falschem, die in jenen kindlichen Sexualtheorien erscheint, kehrt hier in Praxis und Phantasie wieder. Der infantile Charakter, der unbewußt festgehalten wurde, noch als man Mann wurde, verrät sich oft in den Einzelzügen solcher Phantasien und Akte. Die große Rolle, welche die Exkremente, Urin und Stuhl darin spielen sowie die Abwesenheit von Scheu und Ekel, die erst spät als Dämme in der Erziehung aufgerichtet

nicht rund aussprechen und mitteilen läßt, so habe ich seit langem das Mittel gewählt, durch einander gegenübergestellte und sich gleichsam ineinander abspiegelnde Gebilde den geheimen Sinn dem Aufmerksamen zu offenbaren.« Daß sich die Methode dieser wechselseitigen Erhellung auf dem Gebiet psychologischer Forschung eine weitgehende Umformung gefallen lassen muß, versteht sich von selbst.

wurden, deutet in dieselbe Richtung. Das parodistische Element stammt so zum großen Teil aus dem Rückgreifen des Denkens eines Erwachsenen auf verschollene Kindervorstellungen wie die, daß die Frau vom Mann grausam behandelt wird, daß er auf sie uriniert oder defäziert usw. In allen diesen Vorstellungen, die in der masochistischen Praxis umgekehrt erscheinen, schwingt gewiß eine aggressive und gewalttätige Note mit, erscheint die Frau als unterworfenes, duldendes Wesen, dem Willen des Mannes hingegeben.

Ich will diese Auffassung nur an einem prägnanten Beispiel überprüfen, an das ich den Leser erinnere. Es wurde in der Darstellung des »femininen« Masochismus in *Freuds* Theorie berichtet. Es ist dies jener Patient, dessen sexuelle Befriedigung im Geschlagenwerden bestand, wenn er in bestimmter Haltung, mit einer schwarzen Hose bekleidet, dastand. An früherer Stelle habe ich die seelische Entstehung dieser besonderen Lustbedingungen aus der Umkehrung einer Kinderszene auseinandergesetzt. Der kleine Knabe war in die Badekabine der Mutter eingedrungen, als sie sich, den Körper mit Schlamm bedeckt, eben vornüberneigte, um etwas vom Boden aufzuheben. Beim Anblick der Rückenpartie der Mutter hatte das Kind den Impuls verspürt, ihr einen Schlag auf den ihm zugekehrten Körperteil zu versetzen. Das wäre also eine sadistische Aktion, in der sich eine frühe sinnliche Regung Ausdruck verschafft. Er hatte sich in einer solchen Vorstellung mit dem Vater identifiziert, der dieselbe kleine Liebkosung der Mutter oder dem Stubenmädchen zuteil werden ließ. Wir haben hier also den Ausdruck einer entschieden männlichen Einstellung des Knaben, die später in der masochistischen Szene völlig ins Passive und Feminine verkehrt wird. Jetzt wird er die Rolle der Frau spielen, sich auf denselben Körperteil schlagen lassen. Eigentlich ist dies nicht richtig ausgedrückt. Er wird die Rolle spielen, die seinem

Wunsch und seiner Vorstellung nach die Frau spielen sollte, er wird sie ihr vorspielen. Hier ergibt sich also die Beziehung zum weiblichen Wesen, hier wird die Umkehrung klar, der ursprüngliche Charakter der Vorführung als einer Einladung zum Tanz, der Ursprung der masochistischen Vorstellung aus der Kinderzeit.
Ist es die Rolle, welche die Frau für sich selbst ersehnt? Die Antwort ist entschieden Nein, aber – so seltsam dies klingen mag – gefolgt von einem zaghaften Ja. Das will sagen: nach den Reaktionen, die der Knabe an den Frauen zu Hause beobachtete, durfte er halb annehmen, daß die Frauen der derben Liebkosung nicht ganz abgeneigt waren. Sie zeigten nämlich eine nicht ganz ernsthafte, oft von Lachen oder Kichern begleitete Abwehr. Selbst wenn man zugesteht, daß die Liebkosung den Frauen nicht ganz unangenehm war, muß man zugeben, daß die Vorstellung des Knaben weit über das Ziel hinausschoß. Er nahm für das Ganze, was nur eine Einleitung war. In seiner Vorstellung war der Schlag das Wesentliche und eigentlich Lustvolle des geheimnisvollen Sexualvorganges zwischen den Erwachsenen. Für den später masochistisch Gewordenen genügte der unter bestimmten Bedingungen empfangene Schlag, um einen Orgasmus auszulösen. Die irrige Voraussetzung ist also, daß die Frau einen solchen Schlag genießt, ja daß er zur völligen Befriedigung ausreicht. Diese Ansicht stammt aber aus der sadistischen kindlichen Auffassung des Kindes, entspricht eher den eigenen gewalttätigen Wünschen als denen der Frau. Die weibliche Form der sexuellen Befriedigung ist nicht identisch mit den Sensationen des Geschlagenwerdens, wenn es da auch einige Berührungspunkte geben mag. Die Abkunft der masochistischen Szene aus der sadistischen Phantasie erwies sich in der Analyse auch, als sie später durch eine kraß sadistische ersetzt wurde. Die Umkehrung wurde rückgängig gemacht.

Bei seinen Spaziergängen durch die abendlichen Straßen begleitete ihn jetzt die Vorstellung, er sei ein Lustmörder, der auf seine weiblichen Opfer lauere. Wenn er mit einem Mädchen spazierenging, fühlte er manchmal den Impuls, eine zärtliche Bewegung in eine brutale, schädigende zu verwandeln. Die verschwiegene und unbewußte Vorstellung des Masochisten ist, daß die Frau eine Behandlung wie die, der er sich unterwirft, als lustvoll empfinden würde, ja sehnlich wünscht. Das kleine Stück Berechtigung, das am Grunde dieser Vorstellung liegt, ist maßlos und grotesk übertrieben. Die Frau will nicht bestraft, beschimpft, gequält oder gegeißelt werden, sondern geliebt. Sie mag ein gewisses Ausmaß von Rücksichtslosigkeit am geeigneten Platz und ein Hinwegsetzen über ihre kaum ernsthaften Widerstände als Zeichen männlicher Energie schätzen und als Beweis des männlichen Willens, sie zu besitzen, willkommen heißen, aber dieses Maß ist beschränkt. Das psychologische Mißverständnis des Masochisten, wenn man es so nennen darf, ist das Genießen von Leid und Entwürdigung, das er der Frau als Sexualbefriedigung zuschreibt. Ich erinnere hier an den Patienten, der beim Anblick mittelalterlicher Märtyrerbilder sexuelle Erregung fühlte und sich in seinen masochistischen Phantasien mit ihnen identifizierte. Er fand eine Abbildung des heiligen Laurentius am Rost »not convincing«, weil das Gesicht des Paters einen ruhigen, sanften Ausdruck trug statt eines verzückten, in dem sich Schmerz mit höchster Lust vereinigt. Wenn der Masochismus Ausdruck weiblichen Wesens ist, wie *Freud* meint, so ist er gewiß ein verzerrter und karikierter Ausdruck. Als solcher aber hat er den Sinn des Vorführens: das möchte ich der Frau antun und sie würde sich dabei so benehmen. Es ist eine plastische Wunschdarstellung in der Umkehrung. Nur angedeutet sei hier, daß sich die Mittelphase der Entwicklung, in welcher die Person jenes Zweirollenspiel vorführt, in solcher Art noch im ausgeführten Masochismus fortsetzt. So groß ist die Bedeutung der unbewußten Phantasie für diese Triebbefriedigung, daß die Realität als solche nicht ausreicht, wenn die Phantasie nicht mithilft. Ich möchte also behaupten, daß trotz allem scheinweiblichen Wesen der Masochist in seiner Vorstellung an seinem männlichen Charakter festhält. Noch ein Zug wie der so häufig gespielte oder dargestellte, daß der Masochist ein Tier ist, das dem Willen der Herrin unterworfen ist, spricht für diese Annahme. Oft wird ein feuriges Pferd, auf dem die Frau reitet, vorgestellt. *Goethe*freunde werden sich des Gedichtes »Lillis Park« erinnern, in dem sich der junge Dichter mit einem Bären vergleicht, dem die Geliebte Schläge gibt und der ihr zu Füßen liegt. Sie hat ihn zahm gemacht, »bis auf einen gewissen Punkt versteht sich«. Das Gedicht endet mit der Bitte an die Götter, ihm die Freiheit zu schaffen und mit den Worten: »Doch sendet ihr mir keine Hilfe nieder, – nicht ganz umsonst reck' ich so meine Glieder: Ich fühl's! Ich schwör's! Noch hab' ich Kraft.« Wie mir scheint, ergibt der in der Phantasie betonte Gegensatz der eigenen männlichen Stärke und Wildheit, deren sich der Masochist bewußt bleibt, und seiner Unterwürfigkeit und Schwäche einen besonderen Beitrag zu seiner Lust.

Als ein anderer Ausdruck des weiblichen Wesens muß das unterirdische Verhältnis zum Mann, das durch die Figur der Frau auf der Bühne verdeckt wird, bezeichnet werden. In dem früher angeführten Fall war es ja die Vorstellung des Mannes, die beim Anblick der Fuchsboa bewußt zu werden drohte, und die der Perversion ein Ende machte. Solange die Vorstellung verdrängt bleibt, gehört sie zu den Bedingungen der masochistischen Befriedigung. Der Pelz, seit *Sacher-Masoch* als Attribut der Szene bekannt, die hohen Stiefel, die Peitsche oder Rute sind verräterisch. Sie werden der Frau nur geborgt, gehören aber psychologisch zur Ausrüstung des sadistischen Mannes, der in der perversen Szene hinter den Kulissen bleibt. So gesehen, erscheint sie als Umarbeitung und Entstellung einer passiv-homosexuellen Phantasie: ich werde vom Vater benützt und geschlagen. Diese Transposition, einer Überführung von Dur in Moll zu vergleichen, ist vom Bewußtsein ausgeschlossen. Der Zugang ist dieser Vorstellung gestattet, wenn sie genügend entstellt, von der eigenen Person abgelöst und ihrem Sinn nach unkenntlich gemacht wurde. Ein Masochist findet z. B. Bilder, auf denen Schülerinnen eines Pensionats von ihrer Lehrerin auf den nackten Popo geschlagen werden, äußerst erregend. Hier liegt also eine Übertragung auf das andere Geschlecht vor, die ursprüngliche Phantasie hat sich sozusagen um 90 Grad gedreht. Er selbst hält in seiner Perversion an der Frau als der aktiven Person fest und würde eine Züchtigung durch einen Mann zurückweisen.

Wie kommt überhaupt der Mann in die masochistische Szene? Was bedeutet sein Erscheinen, wenn er auch im Dunkel der Staffage bleibt? Die Antwort lautet: die ursprüngliche Phantasie habe zum Inhalt: ich werde vom Vater geliebt und gestraft. Wie kommt es, fragen wir, daß dann nicht die Zärtlichkeit oder Liebe des Vaters beziehungsweise seiner Vertreterin, in der Schlageszene erscheint, sondern seine Strenge und Grausamkeit? Die Antwort: in der Szene und in der Phantasie fällt die homosexuelle Erotik mit der Befriedigung des unbewußten Schuldgefühls zusammen. Schuldgefühl wofür? Für die inzestuösen Begierden des Kindes, die als verboten erkannt werden, und für die feindlichen Regungen, die sich aus der Rivalität mit dem anderen Mann, ursprünglich mit dem Vater, ergeben. Die masochistische Szene wäre demnach die Reaktion, Bestrafung und Sühne, für die in der Ödipussituation charakteristischen Triebregungen. Sie würde also in der Fassung: ich werde vom Vater geliebt und gestraft gewissermaßen noch eine Umkehrung mehr aufweisen. Sie wäre ein später, umgebildeter Ersatz einer noch älteren Phantasie: ich möchte die Frau besitzen und den Rivalen erschlagen. Die Abfolge der Umwandlungen ist eine historische, verschiedenen Schichten entsprechende.

Diese Ableitung der femininen Haltung des Masochisten, die demnach einer zärtlich-passiven Einstellung zum Vater entspricht, ist die von *Freud* und seinen Schülern vertretene. Ihre psychologische Berechtigung ist unbestreitbar. Eine andere Frage ist die der seelischen Wertigkeit der einzelnen Motivierungen. Mir scheint nun, daß das Moment der verborgenen homosexuellen Einstellung an Bedeutung hinter dem des zu befriedigenden Schuldgefühls zurücktritt. Anders ausgedrückt: für den Masochisten ist das Gestraftwerden, das er durch jene Flucht nach vorn erreicht und das ihn von der Angst befreit, wichtiger als das Geliebtwerden. Wenn er sich unbewußt dem Mann als homosexuelles Objekt anbietet, geschieht dies weniger aus Zärtlichkeit denn aus Angst. Die groteske Vorstellung: ich will vom Vater geliebt werden wie ein Weib ist nicht nur Ausdruck einer femininen Einstellung, sondern auch ihre hohnvolle Abwehr. Wenn dies die Liebe zum Mann ist, so spottet sie ihrer selbst und weiß nicht wie. Jene Abwehr, die so stark ist, entspricht also einem Sträuben gegen die Vorstellung, vom Vater gezüchtigt und geliebt zu werden. Das Sträuben stellt sich sogleich ein, wenn sich die betreffende Vorstellung dem Bewußtsein annähert, z. B. wenn an Stelle von Phantasiefiguren die eigene Person in den Vorstellungen in Beziehung zu einem anderen Mann deutlich in den Vordergrund tritt. An einer bestimmten Stelle sträubte sich der Patient, von dessen aztekischen Opferphantasien hier so oft die Rede war, in der Analyse aufs äußerste dagegen, mir eine Vorstellung zu sagen, die ihm eben eingefallen war. Auf mein Drängen sagte er, er würde vorziehen, sich von mir foltern oder töten zu lassen, ehe er mir verriet, was seine Phantasie jetzt gewesen sei. Er mußte sogleich zugestehen, daß er eben damit den Inhalt des Gedachten preisgegeben hatte. Er hatte den Diwan, auf dem er während der Analyse lag, in seiner Vorstellung mit dem Opferaltar verglichen, sich darauf als Gefangenen, als Opfer gesehen und mich mit dem alten, glatzköpfigen aztekischen Hohenpriester, der die Exekution durchführt, verglichen.

An der Existenz und Wirksamkeit der passiv-homosexuellen Vorstellung im Masochismus kann kein Zweifel sein, wohl aber an ihrer vorherrschenden Bedeutung. Sie erscheint nicht immer und sie erscheint nicht immer gleich wichtig. Der eben angeführte Patient, dessen reiches Phantasieleben zu bewundern ich lange Zeit Gelegenheit hatte, produzierte auch folgendes Bild: junge, kräftige Männer werden auf dem Marktplatz öffentlich versteigert, um an ältere Damen verkauft zu werden, die von ihnen sexuell bedient werden sollen. Die liebebedürftigen Damen bezahlen dem Staat für Überlassung der Sklaven größere Summen, von denen ein kleiner Teil den Männern selbst zugute kommt. Dies die Voraussetzungen der Phantasie. Sie selbst setzt ein, wenn sich im Haus der Käuferin die Ware als nicht willig erweist. Wenn sich bei den jungen Männern im Sexualverkehr keine genügende Erektion einstellt, werden sie so lange von der Frau gepeitscht, bis das Resultat ihren Wünschen entspricht. Die Umdrehungen und Entstellungen des zugrunde liegenden Gedankens sind in einem solchen Beispiel wohl leicht zu erkennen, die älteren Damen als Muttersatz-Figuren, das Kommando zum Sexualverkehr als Verkehrung des Verbots gut zu verstehen. Auch daß die phantasierte Strafe ursprünglich der Erektion, nicht ihrem Ausbleiben galt, wird sich rasch erfassen lassen. Nun ist es gewiß im Hintergrund die Vätergeneration, welche auf die Inzestantriebe mit Strafandrohung reagiert. Soweit stimmen wir also mit der üblichen Auffassung überein. In diesem und ähnlichen Beispielen mag sich die homosexuell-feminine Einstellung zu den Vätern hinter der Fassade verstecken, sie fällt aber gewiß nicht stark in die Waagschale. Damit sind wir wieder zur Frage der seelischen Wertigkeit dieses Faktors zurückgekehrt. Wesentlicher als die Erotik gegenüber dem Mann ist die von ihm drohende Strafe. Das aber will sagen, daß sich in das der Frau geltende Verlangen die angstvolle Vorstellung des Vaters oder seines Stellvertreters einmengt, sie stört und schließlich durch jene merkwürdige Mischfigur der Frau mit den männlichen Attributen teils zugelassen, teils abgewiesen wird. Damit aber tritt sie, obwohl unsichtbar, in den Rahmen der masochistischen Szene, wird zum Bestandteil des Vexierbildes, das so auch die Frage verbirgt: wo ist der Mann? Wichtiger als die Bedeutung des Vaters, von dem man geliebt werden will, ist die des Vaters, von dem man gestraft werden will. Gestraft für den verbotenen Wunsch und vorwegnehmend für die Durchführung des verbotenen Wunsches, die eben durch die Bestrafung seelisch möglich wurde. Dahin nämlich geht die Sorge des Masochisten: Er will die Strafe »hinter sich« haben, wie es ein Perverser, der sein Vergnügen im Geschlagenwerden auf jenen Körperteil fand, in einem komischen Wortspiel ausdrückte. Die Strafe will vollzogen sein, um zur verbotenen Lust zu kommen. Damit aber habe ich auch schon der Befriedigung des unbewußten Schuldgefühles einen sekundären oder vielmehr historisch jüngeren Platz angewiesen. Nicht darauf kommt es an, daß Strafe sei, sondern daß das Lustspiel erreicht werde. Die Strafe ist die Straße, die allein dorthin führt.

In der Verwirrung, die sich in der so verwickelten, durch Verschiebungen und Umdrehungen schwer erkennbaren Situation unserer bemächtigen will, gibt es einen Lichtschimmer, der unserem Fahrzeug wie von einem fernen Leuchtturm kommend den Weg weist. Es ist dies der wesentliche Inhalt der masochistischen Phantasie und Szene: eine Frau schlägt oder beschämt einen Mann. Von hier aus könnte man etwa zur Übersetzung des unbewußten Gedankens kommen: wenn ich schon geschlagen, gezüchtigt, gedemütigt werden soll, dann wenigstens von einer Frau. Die Vorstellung der Strafe wird zugelassen, ja sogar willkommen geheißen unter der Bedingung, daß nicht der Mann sie durchführt, sondern die Frau. Er bleibt zumindest von der Bewußtseinsfläche ausgeschlossen. Wo er erscheint, weicht die sexuelle Erregung. Der oft angeführte Patient hatte einen Phantasiezyklus, in dem schöne Jungfrauen einen gefesselten Gefangenen so lange am Genitale streicheln, bis eine Ejakulation des Widerstrebenden erfolgt. Diese Befriedigung wider Willen wurde in der Onaniephantasie, die »synchronisiert« war, erreicht. Einmal tauchte nun mitten in der Phantasie die Vorstellung auf: wenn die streichelnde Hand die eines Mannes wäre. Der Gedanke erwies sich so störend, daß jede Erregung verschwand. Die Beziehung zur Frau wird also festgehalten, das alte Objekt bleibt erhalten. Im Hintergrund erscheint sogar das alte Wunschziel, wie wir gesehen haben, in der Darstellung der Umkehrung. Freilich, die schlagende Frau vertritt den Vater, hat die Exekutive in seiner Vertretung übernommen, aber sie bleibt doch der Gegenstand der Wünsche, um deretwillen so viel Leiden und Entwürdigung gern und sogar mit Genuß ertragen werden. Es kommt ja nicht auf das Leiden an, sondern auf das, was ihm folgt: auf die sexuelle Befriedigung. Die Strafe bringt schließlich nicht nur die vorweggenommene Reaktion auf ein verbotenes Tun, sondern sie bringt auch die Lust wieder.

Nachdem man alles dies überlegt, geprüft und gegeneinander abgewogen hat, bleibt doch ein Zweifel bestehen. Im Interesse größerer Vereinfachung und Verständlichmachung und einer gefälligen und gar eleganten Darstellung zuliebe könnte man ihn freilich verschweigen. Gegen die Versuchung einer solchen intellektuellen Unterschlagung sträubt sich indessen die gedankliche Redlichkeit, die dem analytischen Forscher Ruhm und Pflicht zugleich ist. Der Zweifel hat folgenden Inhalt: ob die historisch älteste Schicht des Masochismus als Phantasie und Aktion nicht doch auf die Beziehung Mutter – Kind als geschichtliche Realität zurückgreift? Das würde also einem Alter entsprechen, das die Ödipussituation noch nicht erreicht hat und in dem die Erziehung noch andere Aufgaben als die Bewältigung inzestuöser Triebregungen hatte. Damals, in der Frühkinderzeit, war die Mutter wirklich unbeschränkte Herrscherin, die dem Kind Reinlichkeit, Pünktlichkeit und Gehorsam beizubringen hatte und es sicher manchmal bedrohte. Der Masochismus würde so zuletzt noch ein spätes Denkmal von Schwierigkeiten der Anpassung an eine dem Kind unerfreuliche Realität darstellen. Die Aufeinanderfolge von Nachgeben und Trotz, Strafe und Triebbefriedigung wäre dann ein Nachhall längst vergangener Schwierigkeiten der Erziehung durch die Mutter. Sie muß damals gewiß gelegentlich als das Objekt, von dem Strafe drohte, gefürchtet worden sein. Vielleicht ist hier der Platz für die lange Reihe von grausamen, mythischen Frauengestalten, der Salome, Brunhilde, Turandot, die den Mann zu töten oder köpfen drohten, Vertreterinnen der Mutter, wie sie die masochistische Phantasie sieht. Die individuelle Entwicklung könnte hier zu einem Spiegelbild der Völker-Urgeschichte werden: die Disziplin und Strenge des Vaters, die den Hintergrund der masochistischen Szene beherrschen, ist nur eine Fortsetzung der pädagogischen Gewalt der Mutter so wie die Herrschaft der Vätergeneration das ursprüngliche

Matriarchat abgelöst hat. Die Sphinx, in deren Gestalt wir den plastischen Niederschlag historischer Schichten erkannt haben, wäre demnach wirklich ursprünglich eine Frauenfigur, die erst später männliche Teile erhalten hätte. Sollte *Heine* recht behalten mit den Versen: »Die Gestalt der wahren Sphinx weicht nicht ab von der des Weibes. Faselei ist jener Zusatz des betazten Löwenleibes«? Daß die masochistische Szene eine späte Bildung ist, die vielfache Entstellungen ihres ursprünglichen Inhalts erfahren hat, würde einer solchen Hypothese nicht durchaus widersprechen, denn die späteren Gestaltungen können auf alte Vorbilder zurückgreifen. Um einen Vergleich zu gebrauchen: Die überragende Stellung, welche die Frau im amerikanischen kulturellen und sozialen Leben innehat, ist gewiß auch auf historische Voraussetzungen zurückzuführen. Sie ist z. B. durch die Nachwirkung der Zeit des Pioniertums, in dem die energische Frau so oft Arbeits- und Pflichtenkreis des Mannes zu versorgen hatte, bedingt. Das schließt nicht aus, daß sie zugleich ein Stück Wiederkehr des gesellschaftlichen Zustands der Urorganisation sein kann.

Wenn die obige Hypothese richtig wäre, würde im Masochisten gewiß auch eine gewisse Feindseligkeit und ein Stück Trotz gegen die Frau zu einem verhüllten Ausdruck kommen, als Überbleibsel und Echo ähnlicher Gefühle des Kindes gegenüber der Frau, die eine so überragende Rolle in seinen ersten Lebensjahren gespielt hat. Auch jenseits der Frage der Berechtigung jener Hypothese erkennen wir in den Zügen der masochistischen Vorstellungen und Akte gelegentlich Andeutungen von Ressentiment oder Hohn, die der Frau gelten. Der entscheidende Eindruck bleibt doch, daß der geheime Trotz, die unbewußte Sabotage gegen den Mann, die verbietende Autorität, gerichtet ist. Dieser Eindruck wird gerade in den Fällen, in denen aggressive und verhöhnende

Impulse gegen die Frau deutlich werden, bestätigt durch die verschiedene Art, wie sie sich ihr und dem Mann gegenüber äußern. Es ist, wie wenn jemand der einen Person mit einem Zeigefinger und einer anderen mit der Faust drohte.

16 Der Masochismus der Frau

Der Ausdruck »femininer Masochismus« wurde im vorangehenden Abschnitt vermieden und an seiner Stelle vom Masochismus des Mannes gesprochen. Der feminine Zug ist freilich einer der Charaktere des männlichen Masochismus, aber eben nur einer. Wir haben andere und wesentlichere kennengelernt. *Freud* selbst hat die Bezeichnung femininer Masochismus, wie er sagt, »a potiori« gewählt. Die Bezeichnung wäre untadelig, wenn man auch bei der Frau einen femininen und einen maskulinen Masochismus unterscheiden könnte. Femininer Masochismus der Frau? Das klingt wie ein Pleonasmus. Wir sprechen aber doch auch vom maskulinen Charakter vieler Frauen. Die Schwierigkeit ist, wie man sieht, nur eine sprachliche, keine in der Sache begründete. Der seelische Geschlechtsunterschied fällt ja mit dem anatomischen nicht zusammen. Die Tatsache der Bisexualität beider Geschlechter, die jetzt allgemein von Biologie und Psychologie anerkannt wird, hat uns die Erklärung für so viele, früher mißverstandene Erscheinungen geliefert. Ich meine, es wäre doch besser, die Bezeichnung femininer Masochismus zu vermeiden. Will man sie gebrauchen, so wird man sie für die perverse Einstellung des Mannes reservieren und sie vom Masochismus der Frau unterscheiden.
Etwas an jenem »sprachlichen« Bedenken erscheint doch berechtigt. Etwas in uns sträubt sich dagegen, sich einen maskulinen Masochismus als Gegensatz des femininen vorzustel-

len. Das Eigenschaftswort paßt nicht zum Wesen der Erscheinung, welche durch das Hauptwort bezeichnet wird. Der Masochismus scheint sich als Triebabweichung und Charakter mit der Idee des Männlichen schlecht zu vertragen und läßt sich eher mit der Idee der Frau vereinigen. Wir meinen hier dasselbe, was *Freud* in der Bemerkung ausdrückte, der Masochismus unterhalte eine intime Beziehung zur Weiblichkeit. Gewiß gibt es verschiedene Arten solcher intimer Beziehungen, sogar einseitige. Es wäre so möglich, daß der Masochismus etwas Weibliches in seinem Wesen hat, aber das Weib nichts vom Wesen des Masochismus. In *Freuds* vorsichtiger, aber auch lakonischer Bemerkung deutet nichts darauf hin, daß die Frau als solche masochistisch fühle. Seine Aussage hat nun eine merkwürdige Folge gehabt: einige Analytiker und noch mehr Analytikerinnen haben es so dargestellt, als sei der Masochismus ein der weiblichen Sexualität und dem weiblichen Seelenleben immanenter Zug. Der Kirchenvater *Tertullian* hat es um die Wende des ersten Jahrhunderts zur Verteidigung der Glaubenswahrheiten als erster verkündet, daß die menschliche Seele eine natürliche Neigung zum Christentum habe. In ähnlicher Art wird in manchen analytischen Arbeiten der Frau eine »anima naturaliter masochistica« zugeschrieben. Ich fürchte, diese Ansicht ist nicht viel begründeter als die des großen karthagischen Glaubensstreiters. Sie wird z. B. von *S. Rado* auch mit einer Logik, deren Charakter zwischen Scharfsinnigem und Spitzfindigem schwankt, vorgetragen. Liest man die Ausführungen dieses Autors, wird man an das Urteil von *Vinzenz von Lerinum* über die dogmatischen Schriften *Tertullians* erinnert: soviel Siege als Sätze. Dieser Gabe raschen und sicheren Auffassungsvermögens gegenüber fällt es kaum ins Gewicht, daß der Griff meistens das Falsche erfaßt. Auch in den Aufsätzen vieler weiblicher Analytiker scheint die Ansicht vorzuherrschen, daß die Rolle, welche die Natur der Frau zugeteilt hat, sie zum Masochismus dränge. Fast erhält man den Eindruck, als wäre eine Frau, die nicht ein großes Stück Masochismus in sich trägt, pervers und habe Anlaß, als unweiblich zu erscheinen. In der Diskussion sieht es so aus, als sei der Masochismus gewissermaßen eine Prärogative der Frau, eher ein Privileg als eine Triebabweichung. Das feinere Ohr hört in diesem Anspruch etwas wie eine Herausforderung. Es klingt minder feminin als feministisch.

Nacht hat gegen diese Auffassung manche treffende Argumente vorgebracht. Daneben freilich auch einige schwache z. B.: Wenn die Frau von Natur aus masochistisch ist, dann ist sie es eben nicht. Das will heißen: dann ist es eben keine pathologische Reaktion mehr, sondern eine allgemeine natürliche Erscheinung, ein sekundärer Geschlechtscharakter. Dieses Argument wäre stichhaltig, wenn man im Masochismus nur ein pathologisches Phänomen sieht. Das aber ist die alte und zu beengte Auffassung. Der Masochismus ist eine Triebneigung, deren Möglichkeit und Wirklichkeit allen Menschen gemeinsam ist und wird erst dann pathologisch, wenn er gewisse Grenzen überschreitet und einen, die anderen Triebrichtungen ausschließenden Charakter erhält. In dem Streit über die Natur des weiblichen Masochismus bin ich geneigt und mutig genug, beiden Parteien ein Stück Recht und ein Stück Unrecht zuzuschreiben. Die Beziehung des Masochismus zur Weiblichkeit, von der *Freud* sprach, ist nicht abweisbar. Die Frage ist nur, von welcher Art diese Beziehung ist. Das Problem ist mit den Fingerspitzen anzufassen, mit den Fingerspitzen eines Psychologen, nicht eines Psychiaters oder Sexologen. *Nacht* findet, daß sich der Charakter der masochistischen Frau »cliniquement« nicht von dem des masochistischen Mannes unterscheidet. Das wäre möglich, wenngleich es nicht sehr wahrscheinlich ist. Was für das Auge des Klinikers ununterscheidbar ist, kann für das des Psychologen noch immer Differenzen aufweisen. Das Mikroskop des Laboratoriums leistet viel. Es ist unbillig zu erwarten, daß es alles leisten soll. *Nacht* überschreitet sozusagen die Grenzen intellektueller Notwehr, indem er den Masochismus nur als sexuelle Perversion gelten lassen will. Auch sieht er nicht – oder will er nicht sehen –, daß zumindestens in unseren Kulturbreiten Tradition und Erziehung einen vagen und milden Masochismus bei der Frau begünstigen. Es muß unentschieden bleiben, wieweit psychologische und soziologische Tendenzen hier reinspielen. Immerhin gibt es zu denken, daß die gesellschaftliche Entwicklung in den Vereinigten Staaten eher einen milden – und nicht einmal immer milden – seelischen Sadismus der Frau zu begünstigen scheint.

Auf der anderen Seite ist anzuerkennen, daß die biologischen Bedingtheiten des weiblichen Lebens (Menstruation, Defloration, Geburt) der Ausbildung einer masochistischen Einstellung Vorschub leisten könnten. Diese Faktoren machen ihn leicht möglich, sie machen ihn aber nicht notwendig. Die Frau kann die passiven und schmerzhaften Gelegenheiten ihres Lebens geduldig ertragen. Sie braucht sie nicht zu genießen. Der Masochismus ist mit dem Genuß der passiven Situation gegeben. Die Passivität im Sexuellen ergibt eine Bedingung des Masochismus. Sie macht nicht sein Ganzes aus. Der typische Masochist sucht die Unlust, die Beschämung oder Entwürdigung auf. Die Frau wird sich mit diesen peinlichen Situationen gewöhnlich auseinandersetzen, wenn sie da sind, ihnen eventuell sogar eine angenehme Seite abzugewinnen suchen. Das bedeutet noch nicht, daß sie masochistisch fühlt; sie strebt die Unlust im allgemeinen nicht an. Es ist außerordentlich wichtig, daß der Masochismus als Perversion bei den Frauen eine Seltenheit ist, während er als die häufigste Triebabweichung des Mannes anzusprechen ist. In dieser Beziehung hat *Nacht* recht, wenn er versichert, die Frau sei weniger masochistisch als der Mann. Fraglich bleibt nur, ob das Auftreten der manifesten Perversion der alleinige Maßstab für die Entscheidung sein soll.

Nacht lehnt es ab, etwas bei der Frau als normal zu bezeichnen, was beim Mann als pervers betrachtet wird. Seine scharfsinnige Zurückweisung einer natürlichen oder biologischen Zuneigung der Frau zum Masochismus ist berechtigt, aber er setzt sich ins Unrecht, weil er die Soziologie nicht berücksichtigt. Ein Kuß unter Frauen ist wie einer unter Männern eine Liebesäußerung, aber niemand wird in einem solchen Kuß den Beweis für eine vorherrschende homosexuelle Neigung bei der betreffenden Frau sehen. Er ist dieselbe Handlung wie beim Mann, aber sie bedeutet nicht dasselbe für die Frau. Wenn zwei das Gleiche tun, muß es psychologisch nicht den gleichen Sinn haben. Etwas, was beim Mann gewöhnlich schon als masochistisch gewertet wird, wird von der Gesellschaft bei der Frau keineswegs so angesehen, obwohl es derselben Kategorie angehört. Die Verschiedenheit der Wertung von Triebäußerungen feinerer Art macht uns darauf aufmerksam, daß die Bezeichnungen normal und pervers nur für die gröbsten und augenfälligsten Äußerungen des Trieblebens Geltung haben, im übrigen aber konventioneller Art sind. Es ist mir ein Beispiel aus einem streng puritanischen Milieu bekannt, in dem die Lust eines jungen Mädchens, einen Tanzabend zu besuchen, in allem Ernst als pervers betrachtet wurde.

Faßt man Masochismus als eine grobe Triebperversion auf, so ist die Frage, ob die Frau mehr oder weniger masochistisch ist als der Mann, rasch entschieden. In diesem Sinn ist die Frau gewiß weniger masochistisch. Die Frage bekommt einen veränderten Aspekt, wenn man vom Masochismus als Trieb-

neigung ausgeht. Dann ist sie schwieriger zu beantworten.
Es ist nicht zweifelhaft, daß die biologischen Umstände eine Neigung der Frau zum Masochismus begünstigen könnten. Sie müssen aber nicht zu diesem Resultat führen. Sie könnten aber dazu beitragen, daß die Frau bestimmte seelische Situationen, die eintreten, masochistisch verwertet. Das würde aber noch immer von einem Aufsuchen dieser Situationen, die als schmerzlich genossen werden, verschieden sein. Man könnte also sagen, sie setzt dem masochistischen Gefühlston als Begleiterscheinung der Rolle, welche die Biologie ihr zugeteilt hat, einen geringeren inneren Widerstand entgegen. Man muß ferner berücksichtigen, daß die Erziehung des Mädchens einer Art masochistischer Einstellung nach zwei Richtungen hin begünstigt, während die des Knaben ihr entgegenwirkt. Das Mädchen soll lernen, die passive Rolle zu übernehmen und Schmerzen und Unbillen geduldig zu ertragen und es wird mehr dazu angehalten, aggressive und gewalttätige Impulse zu unterdrücken. Die Erziehung des Mädchens wird im Sinne einer jahrtausendealten Frauentradition bestimmt. Es ist denkbar, daß noch jenes Urteil vieler Analytikerinnen, der Masochismus sei ein natürlicher Ausdruck weiblichen Fühlens, unter dem Schatten dieser fortwirkenden Tradition steht. Der weibliche Masochismus wäre demnach viel mehr ein Erziehungsprodukt als der des Mannes. Die äußeren und inneren Umgestaltungen der Pubertät, die Vorbereitung zur Passivität und zu anderen Bedingtheiten der weiblichen Rolle müssen hier als seelische Faktoren gewürdigt werden. Die masochistische Neigung eines Mädchens läßt sich leichter in das Leben der Frau einbauen als die eines Jungen in sein späteres Verhalten. In dem Gewebe ihrer sozialen Haltung wird eine solche leise Neigung kaum auffällig sein, in dem des Mannes einen groben Webfehler darstellen.

Gibt es Unterschiede zwischen der masochistischen Einstellung des Mannes und der der Frau? Wir haben gehört, daß die Klinik des Masochismus keine feststellen konnte. Das will freilich nicht bedeuten, daß keine vorhanden sind. Im Vergleich mit dem männlichen zeigt der Masochismus der Frau einen etwas verdünnten, fast möchte man sagen, anämischen Charakter. Es ist darin eher etwas vom Überschreiten einer bürgerlichen Grenzlinie, die doch im Bewußtsein erhalten bleibt, als von einem Einfall in feindliches Gebiet. Auch hat die weibliche masochistische Phantasie selten die Note der wilden Lust, die Nähe der Raserei wie die des Mannes, und die Orgie in der Phantasie steigt nicht in so steiler Kurve an. Es ist darin nichts von der Wildheit des gefesselten Prometheus, eher von der Unterwerfung Ganymeds. Man verspürt nichts von dem Antizyklonenhaften, das dem männlichen Masochismus so oft eigen ist, der blinden ungedämmten Lust an der Selbstzerstörung. Die masochistische Phantasie hat eher den Charakter des Nachgebens und des Sichhingebens als den des Hinstürzens, der orgiastischen Steigerung, der Selbstaufgabe. Wie mir scheint, läßt sich diese Verschiedenheit von zwei Voraussetzungen ableiten: von dem Unterschied der Libidoverteilung bei Mann und Weib und von der Differenz der sadistischen Triebstärke bei beiden Geschlechtern. Die Libido, die sexuelle Begierde, ist männlicher Natur, auch in ihrem Auftreten bei der Frau. Sie ist bei beiden Geschlechtern gewöhnlich verschieden verteilt. Wie die Sexualität das ganze Leben der Frau durchtränkt und bestimmt, obwohl sie nicht den aktiven und tumultuösen Charakter des Mannes hat, so hat auch der Masochismus der Frau eine von dem des Mannes verschiedene Art. Er spielt vermutlich dem Ausmaß nach eine größere Rolle, bleibt aber unbestimmter und vager als der des Mannes. Er ist vielleicht im Seelenleben des Weibes mehr verbreitet, aber dadurch auch minder intensiv geworden. Der diffuse Charakter weiblicher Erotik ist auch für die masochistische Triebneigung bestimmend.

Unsere Ableitung des Masochismus hat gezeigt, daß er sich aus der sadistischen Phantasie entwickelt hat. Wo es keinen ausgeprägten und starken Sadismus gibt, dort kann sich keine masochistische Triebneigung entwickeln. Ich habe früher darauf hingewiesen, daß die Erziehung des Mädchens sadistische Antriebe früher und energischer unterdrückt als die Erziehung beim Knaben. Wir würden hier also auf ein den Masochismus begünstigendes Moment stoßen. Wie kommt es aber, daß dem weiblichen Masochismus die Wildheit und Entschiedenheit, die Aggression und Stoßkraft des männlichen abgeht? Ich glaube, daß die anatomische Situation die Ausbildung eines starken Sadismus bei der Frau gar nicht zuläßt. Die Voraussetzung des Penis als des Trägers der Aggression fehlt. Es soll natürlich nicht geleugnet werden, daß in der Frau genügend sadistische Impulse wirken, wohl aber, daß sie normalerweise nicht die Intensität und den Dauercharakter der männlichen erreichen. Aus dem Gesagten scheint sich zu ergeben, daß körperliche Bedingtheiten für die Verschiedenheit des Masochismus bei beiden Geschlechtern mitbestimmend sind. Wenn der Sadismus als ein Triebausdruck der Aggression bei der Frau gewöhnlich nicht jenen Stärkegrad wie beim Mann erreicht, wird sich auch die Reaktion auf ihn bei ihr verschieden ausprägen.

Eine weitere geschlechtliche Differenzierung scheint mir zu sein, daß der weibliche Masochismus in seiner Fortentwicklung sich von seinem Mutterboden meistens nicht so weit entfernt als der männliche. Er bleibt noch in seiner diffusen Beschaffenheit der Sexualität inniger verbunden als der des Mannes. Selten werden sich Frauen in ihrem Masochismus so genußwütig, aber selten auch so fanatisch, widersinnig und sich nutzlos aufopfernd zeigen wie die Männer. Wenn wir früher den Masochismus als ein Ad-absurdum-Führen des Realitätsprinzips durch Übertreibung erkannt haben, müssen wir zugestehen, daß den Frauen ein solcher revolutionärer Drang – Gewalttat in der Umkehrung – fremder ist als dem Mann, der unter seiner Herrschaft oft verbohrt, verschroben, eigensinnig und krakeelerhaft wird. Der weibliche Masochismus geht also in seiner sexuellen und sozialen Gestaltung selten so weit wie der des Mannes. Die Frauen beweisen noch hier den praktischen Realismus, über den wir uns bei ihnen so oft wundern und den wir manchmal bewundern. Noch in den Formen des sozialen Masochismus wird die Frau dem erotischen Leben inniger verbunden bleiben als der Mann. Ihre Aufopferungsfähigkeit wird seltener abstrakten und idealen, ichfremden Zielsetzungen gelten als bei ihm. Es gibt weit weniger weibliche Märtyrer in der Geschichte der Religionen als männliche. Auch hier zeigt sich der geringere Anteil von oppositionellem Eigensinn und Trotz in dem Charakter des weiblichen Masochismus. Die Loslösung von der Realität wird kaum je mit derselben Konsequenz durchgeführt und ins Wild-Phantastische getrieben, der Gegenstand zwischen Luststreben und Verbot hat kaum je die Schärfe des Gegensatzes angenommen wie beim Mann. Die Frau, die selten eine so erbitterte, eigentlich unversöhnliche Gegensätzlichkeit zu ihrer Umgebung in sich birgt, wird auch den Hohn und Trotz in ihren Phantasien nicht so weit entwickeln wie der männliche Masochist. Das Sich-Aufbäumen, das *Beethoven*sche der männlichen masochistischen Phantasie fehlt, der prometheische Trotz weicht einer milderen, gesänftigteren Leidenssehnsucht. Die männliche Leidenssehnsucht hat in ihren ausgeprägten Formen etwas Titanisches, die der Frau eher etwas Dulderhaftes. Es fehlt ihr das verborgene Aufbegehren gegen die irdischen und himmlischen Mächte.

Wir glauben, daß auch das Schuldgefühl, das der Aggression entstammt, und das ihm entsprechende unbewußte Strafbedürfnis bei der Frau gewöhnlich nicht jene Stärke erreicht wie beim Mann. Die Verschiedenheiten in der Ausbildung des Über-Ichs, des Vertreters moralischer Forderung, bei Frau und Mann, wie sie *H. Sachs* treffend geschildert hat, werden hier entscheidend. Die Flucht nach vorwärts, jener Ausweg aus dem Konflikt zwischen Lust und Angst, der den Masochismus bestimmt, ist auch bei der Frau nachweisbar. Sie hat aber bei ihr nicht die Art einer Panik wie beim Mann, ist eher ein Vorwärtsneigen als ein Vorwärtsstürzen. Es läßt sich nicht leugnen, daß der Masochismus in der Form des Genießens der Passivität, der Unterwerfung und des Duldens sich mit der Sexualität des normalen Weibes besser verträgt als mit der des Mannes. Etwas in dem Nachgeben und Hingeben, in dem phantasiemäßigen Genießen der Kraft und Macht des anderen, gepaart mit der eigenen Passivität, ist dem masochistischen Fühlen nah verwandt, wenn es nicht ein Stück davon ist. Es macht aber gewiß nicht das Ganze des Masochismus aus. Abweichend von den bisherigen psychologischen Beobachtern haben wir gefunden, daß der weibliche Masochismus sich sowohl nach Stärke als nach seiner Verteilung und seinem Charakter von dem des Mannes unterscheidet. Die Gemeinsamkeiten sind so auffallend, daß die Differenzen sich bisher der Aufmerksamkeit entzogen haben. Sie sind aber vorhanden. Auch der Ausdruck der Aggression gegen das Ich kann verschieden sein, wenn auch das Resultat dasselbe bleibt. Ist es nicht bemerkenswert und psychologisch wichtig, daß Frauen im Selbstmord Gift und Ertrinken anderen Arten vorziehen, während Männer eher den Revolver und den Strick wählen? Auch vom Standpunkt der *Freud*schen Hypothese wäre es verständlich, wenn sich der Gegensatz zwischen Todestrieb und Eros bei der Frau anders ausprägt als beim Mann und ihre Vermengung gewissermaßen ein anderes Mischungsverhältnis aufweist. Sie, die dem Todestrieb ein neues Leben streitig machen soll, zeigt sich auch im Masochismus seiner grausamen Zerstörungslust nicht so sehr ausgesetzt wie ihr Gefährte.

Es gibt außer den angeführten gewiß noch andere Unterschiede in der Ausbildung masochistischer Triebneigung bei Mann und Frau. Es wurde ihnen bisher noch nicht genügend Aufmerksamkeit gezeigt, weil sie besonders in den Phantasien der beiden Geschlechter hervortreten. Man kommt ihrem Verständnis näher, wenn man eine weibliche Phantasie der entsprechenden männlichen gegenüberstellt. Ich gebe hier ein Beispiel einer solchen weiblichen Phantasie: Ein orientalischer Feldherr hat die Heimatstadt der Tagträumerin erobert. Er sitzt nun mit seinem Wesir in seinem prächtigen Zelt und spielt Schach. Während des Spiels werden ihm die schönsten Frauen der Stadt in langem Zug nackt vorgeführt. Jedes Mal, wenn eine Frau nackt vor ihn gebracht wird, blickt er für einen Augenblick vom Brett auf und nickt wortlos, wenn er wünscht, daß diese oder jene für ihn reserviert werden soll. Schon in der nächsten Sekunde wendet er seine Aufmerksamkeit wieder dem Spiel zu, indem er eine Figur schiebt oder den Gegenzug des Wesirs überlegt. Es ist gewiß unnötig zu sagen, daß die Tagträumerin unter den Schönen, die an dem Sultan vorbeiwandern und für einen Augenblick geprüft werden, erscheint. Die Phantasie ist sexuell erregend. Ihre masochistische Qualität ist nicht zweifelhaft: die Frauen erscheinen nackt auf Befehl vor dem Sultan, und er würdigt sie kaum eines Blicks. Das Schachspiel findet er wichtiger als die Schönheit der Frauen, die seiner Lust zur Verfügung stehen.

In der Bildung der Phantasie wurden Elemente aus der Geschichte des Heimatlandes der Tagträumerin, das mehr als einmal von türkischen Armeen überflutet worden war, ebenso verwendet wie die individuelle Erinnerung an die leidenschaftliche Liebe ihres Vaters für das Schachspiel. Wir machen den Versuch, uns dieselbe Phantasie mutatis mutandis als von einem Manne stammend vorzustellen, also etwa: eine Amazonenkönigin hat eine Stadt erobert und läßt sich die kräftigsten jungen Männer in ihrem Zelt vorführen usw. Wir verändern keinen wesentlichen Zug, lassen nur das Geschlecht des Tagträumers wechseln. Der masochistische Charakter dieser Vorstellung bleibt unverändert. Sie wird auch beim masochistischen Mann Lust erregen. Ich brauche nur an die früher erwähnte Phantasie zu erinnern, daß junge Sklaven auf offenem Markte an ältere, sexuell bedürftige Damen verkauft werden, um die Wahrscheinlichkeit ähnlicher masochistischer Vorstellungen beim Manne zu erweisen. Doch bleiben wir bei derselben Phantasie. Lassen sich Unterschiede in den Lustquellen angesichts dieser Phantasie bei Mann und Frau nachweisen? Sicher ist, daß beide aus den gleichen Vorstellungen, z. B. der erzwungenen Vorführung, der eigenen Passivität, der verächtlichen Behandlung eine bestimmte Lust ableiten. Und doch gibt es eine verschiedene Lustqualität. Das wird sogleich ersichtlich, wenn man Einzelzüge sozusagen mit den Augen des männlichen und des weiblichen Tagträumers betrachtet. Die erzwungene Nacktheit der Männer, die vor der Amazonenkönigin zu erscheinen haben, und die der Frauen vor dem Sultan hat eine verschiedene seelische Bedeutung. Das will sagen, die phantasierende Frau wird gerade aus der Tatsache, daß diese Vorstellung ihr Schamgefühl verletzt, aus ihr eine stärkere masochistische Lust ziehen können als der Mann. Der Einzelzug, daß die Amazonenkönigin die einzelnen Männer obenhin prüft und sich sogleich in ihr Spiel vertieft, ist dem masochistischen Mann weniger genußvoll als der Frau in der entsprechenden

Szene, in welcher der Sultan ihrer Schönheit kaum Beachtung schenkt. Der geringe Eindruck ihrer zur Schau gestellten Reize, die erniedrigende Behandlung durch den Sultan, die Tatsache, daß sie eine unter vielen, nur als Geschlechtsobjekt, nicht als Gegenstand der persönlichen Neigung in der Szene erscheint – alle diese Züge, die für den Mann kaum von großer seelischer Bedeutung sein würden, wurden zu besonderen Lustquellen masochistischer Art für die Frau. In solchen Unterschieden spiegeln sich die Differenzen zwischen den Verletzbarkeiten beider Geschlechter deutlich wider. Für den Mann wird es gewiß auch eine Erniedrigung bedeuten, nur als Geschlechtswesen gebraucht zu werden, sozusagen »ohne Ansehen der Person« gewählt zu werden, für die Frau aber eine ungleich tiefere. Ja es kann vorkommen, daß diese Vorstellung allein und isoliert von anderen für die Frau zum Inhalt der masochistischen Phantasie wird. Während es im Fall des männlichen Tagträumers sicher nicht bedeutungslos ist, wenn die Amazonenkönigin seiner Erscheinung geringe Aufmerksamkeit schenkt, wird diese Vorstellung allein ihn kaum sexuell erregen können. Der entsprechende Zug in der Phantasieszene der Frau trug aber den Hauptakzent der masochistischen Erregung. In den Vorstellungen dieser feingebildeten Patientin spielte die Erniedrigung als Geschlechtswesen auch dort eine deutlich masochistische Rolle, wo die Eigenbeziehung nicht so klar wie hier zutage trat. Als sie z. B. am Tag nach jener Sultanphantasie von den Merkwürdigkeiten ihres Heimatlandes erzählte, berichtete sie manche Einzelheit in einer Art, die über ihre unbewußte masochistische Lust an ihr keinen Zweifel zuließ. So erzählte sie, in ein kleines Städtchen ihrer Provinz sei einmal während der Manöver ein General mit seinem Stab eingezogen. Als er sich im Hotel gewaschen und zum Spaziergang bereit gemacht hatte, erwartete ihn am Eingang des Hotels eine nicht mehr junge Frau, die ihn mit tiefem Knicks begrüßte und sagte: »Bitte schön, ich bin die Stadthure.« Die Patientin, welche die Gesten und die Sprechweise der Prostituierten lebhaft imitierte, hatte den Zusammenhang zwischen dieser Geschichte und der Phantasie, die sie am Tage vorher erzählt hatte, nicht erkannt. Ebensowenig war es ihr aufgefallen, daß ihre Erzählung von sichtbarem masochistischem Behagen an der Selbsterniedrigung begleitet war. Gerade bei stolzen und Annäherungsversuchen gegenüber unzugänglichen Frauen sind ähnliche Phantasien mit dem Inhalt lustvoller sexueller Erniedrigung nicht selten.

Vielleicht ist es nicht überflüssig zu bemerken, daß Phantasien solcher Art in der Analyse nur nach Überwindung großer Widerstände zu hören sind. In der Anstrengung, sie zu erlangen, wird sich der moralische Mut der Patientin, die sich über das eigene Sträuben und die Hindernisse der Scham und des Stolzes hinwegsetzen muß, mit der Geduld des Analytikers vereinen müssen. Es sind mir nur zwei Frauen erinnerlich, die relativ leicht über solche lustvollen erniedrigenden Phantasien und Vorstellungen sprechen konnten. Bei der einen, einer Ärztin, war diese Möglichkeit nicht etwa das Resultat einer beruflichen Unbefangenheit gegenüber den eigenen sexuellen Bedürfnissen, wie man hätte hoffen können. Jene Möglichkeit war vielmehr bedingt von einer affektiven Sperre, einer Trennung von Inhalt und dazugehörigen Gefühlen, die allein es ihr erlaubte, darüber so ruhig zu sprechen wie etwa ein Reporter über ein lokales Ereignis. Da sie alle Affekte fernhielt, war der Inhalt des Gesagten seelisch fast bedeutungslos geworden und sie konnte so unbefangen berichten, als handle es sich um eine fremde Person. Die andere Patientin war in der Analyse endlich so weit gelangt, daß sie auch krasse sexuelle Phantasien berichten konnte. Wann immer sie das aber tat, stellte sich schon wenige Stunden nachher eine heftige Wut gegen mich, ihren Zuhörer, ein. Dann müsse sie immer zornig denken: Wie komme ich dazu, über so intime Dinge mit einem fremden Mann zu sprechen. Sie war dann heftig über mich und sich selbst entrüstet. Aus dem Gesagten ist leicht abzuleiten, daß die analytische Situation und der selbstauferlegte psychologische Zwang, alles zu sagen, sekundär selbst masochistisch verwertet werden und zum Kern ausgebreiteter Phantasien werden können.

Es ist deutlich, daß die Vorbereitungshandlungen, Verschiebungen, Andeutungen und Umschreibungen in den masochistischen Phantasien der Frauen häufig an die Stelle des eigentlichen Sexuellen treten, wenngleich es an grob sinnlichen und grausamen Vorstellungen nicht mangelt. Der Frau genügt häufiger als dem Mann ein kleiner Vorfall und ein geringfügiges Zeichen, um eine leidsüchtige Phantasie auszulösen. In einem Fall war das Hören der rauhen Stimme eines Mannes genug, um eine solche Erregung fühlen zu lassen. In einem anderen Fall sah die Tagträumerin in der Phantasie zuerst nur die schreckensvollen, weit geöffneten Augen eines jungen, am Boden liegenden Mädchens vor sich, erst später Hände, die sich in das Haar des Mädchens verkrampften, und erst dann verschwommen eine weibliche Gestalt, die das Mädchen an den Haaren riß. Erst mit der onanistischen Betätigung wurde es der Phantasierenden klar, daß sie selbst das junge Mädchen ihrer Vorstellung war. Ich bin geneigt, auch in solchem zögerndem Zugeben an das Wesentliche der masochistischen Bilder einen typisch weiblichen Zug zu erblicken. Bestätigungen dieser Eigenart von anderer Seite stehen freilich noch aus.

Es wurde meines Wissens bisher auf eine einzige Verschiedenheit der weiblichen und männlichen masochistischen Phantasie hingewiesen. Sie betrifft das Geschlecht des Objekts und bezieht sich nicht auf das Phantasieleben von Erwachsenen, sondern von masochistischen Kindern und Halbwüchsigen. In der analytischen Deutung einer von *Freud* dargestellten typischen Phantasie mit dem Inhalt, daß ein Kind geschlagen wird, hat er diesen Unterschied in der Vorstellung beider Geschlechter zeigen können. Die Entwicklung dieser Phantasie verläuft in drei Phasen, deren letzte den Inhalt hat, ein oder mehrere Kinder werden geschlagen oder sonstwie gezüchtigt. Diese Vorstellung geht mit sexueller Erregung einher, die meistens durch Onanie beschwichtigt wird. Die schlagende Person ist in der Vorstellung beider Geschlechter immer der Vater oder sein Stellvertreter. Die Personen, die gezüchtigt werden, sind durchaus Knaben, auch in der Phantasie von Mädchen. Nun ist es aber unzweideutig, daß in der letzten Phase die geschlagene Person die phantasierende vertritt. Es mag einen solchen Geschlechterwechsel in der Vorstellung des kleinen Mädchens zugute kommen, daß in der Wirklichkeit Buben gewöhnlich unartiger sind als Mädchen und öfter Schläge vom Vater bekommen. Es ist auffällig, daß das Kind immer ein Prügelknabe, niemals ein Prügelmädchen ist. Diese typische Kinderphantasie, daß ein Kind geschlagen wird, eignet sich dazu, erweitert und ausgestaltet zu werden. Ihre wesentlichen Züge bleiben dieselben auch dort, wo sie Novellencharakter annimmt. Bei Übersicht über solche masochistische Phantasien wird man an Musikstücke etwa mit dem Titel: Variationen über ein Thema von Mozart oder Beethoven erinnert. Ein besonderer melodischer Reichtum variiert ein einziges Thema, das einmal klar hervortritt, dann unter der Fülle des Beiwerks zu verschwinden scheint, dann wieder in den begleitenden Stimmen nur angedeutet wird, um plötzlich in neuer Umarbeitung wieder aufzutauchen. Hier ein Beispiel einer Phantasie dieses Charakters von einem halbwüchsigen Mädchen: sie sieht sich als Schiffsjunge und hat sich im Dienst ungeschickt benommen oder einen

Befehl nicht richtig ausgeführt. Der Kapitän ist böse und befiehlt, daß sie oder vielmehr der Schiffsjunge zur Strafe an den Mast gebunden werden solle. So muß sie viele Stunden stehen und fühlt, wie die Stricke ihr ins Fleisch schneiden. Während der Phantasie steigt die sexuelle Erregung. Zum analytischen Verständnis der Phantasie sei nur gesagt, daß der Vater Reeder ist, der häufig die Brüder der Tagträumerin auf Schiffsreisen mitnahm, niemals aber das kleine Mädchen. Die Knabenphantasie des Mädchens scheint fast wie ein Pendant zu der femininen Rolle des masochistischen Mannes. Indessen sind die Unterschiede klar: in der Vorstellung des Mädchens ist die gezüchtigte Person ein Knabe; das Geschlecht erscheint als gewechselt. Der Knabe hält aber in der masochistischen Phantasie bewußt an der männlichen Rolle fest.

Wo sich bei der Frau ein sozialer Masochismus entwickelt, wird er die Verbindung mit der Erotik viel weniger leicht aufgeben als der des Mannes. Er wird in geringerem Maße desexualisiert werden können. Das Weib wird sich gewiß in Phantasie und Leben ebenso mit unbewußter Absicht und geheimer Lust schädigen können wie der Mann, aber die am schwersten empfundene Schädigung wird doch im freiwilligen Verzicht auf Heim und Mann und Mutterschaft bestehen. Der sexuelle Ursprung des sozialen Masochismus bleibt noch deutlicher, und die Fäden mit dem Sexualleben scheinen nicht plötzlich abgerissen. Es wurde schon bemerkt, daß das Gewissen bei der Frau selten die Überstrenge des männlichen erreicht und sie selten dazu treibt, sich selbst und ihr Leben in solchem Ausmaß zu zerstören wie es der masochistische Mann tut. Wir sagten schon, dieser Unterschied rührt vermutlich daher, daß die Frau nicht jene gewalttätige und überstarke Aggression in sich zu bekämpfen hat, deren Abwehr erst zu so tiefgehenden Reaktionen führt. Die weibliche Entwicklung, deren Charakter eher ein gleitender als ein abrupter ist, schützt das Weib davor, so ausgebreiteten, gegen das Ich gerichteten Gegenregungen zu verfallen. Der Untergang der Ödipus-Konstellation vollzieht sich beim kleinen Mädchen nicht so kataklysmenähnlich wie beim Knaben. So wird auch das Über-Ich, das als moralische Ich-Instanz die Erbschaft der Ödipus-Situation angetreten hat, nicht dieselbe Schärfe einnehmen wie beim Jungen. Noch die selbstzerstörende Form des Masochismus findet bei der Frau ihren Ausdruck oft in der eigenen sexuellen Erniedrigung. Ein Fall dieser Art hat mir Eindruck gemacht: es ist der einer jungen Frau, die in wenigen Jahren eine unglaubliche Anzahl von Liebhabern hatte, von denen sie immer in der gleichen verletzenden Art behandelt und schließlich im Stich gelassen wurde. Der oberflächliche Eindruck einer nymphomanischen Neigung wurde bald durch die Einsicht in die starke Bindung an die Mutter abgeschwächt. Ihr sexuelles Leben stand im Zeichen einer schmerzvollen und trotzigen Demonstration gegenüber der Mutter, die sie einmal enttäuscht hatte. Die Mutter hatte das junge Mädchen immer wieder grundlos verdächtigt, intime Beziehungen zu den jungen Männern, die sie auf Gesellschaften traf, zu unterhalten. Endlich reagierte die Tochter auf diesen kränkenden ständigen Verdacht sowie auf die unbegründeten Vorwürfe nach der von ihr ausgeführten Devise: »If I have the name, I shall have the game.«

Feinfühlende Frauen müssen mit einer raschen, unbedenklichen Hingabe, der kaum eine Werbung vorangeht und die keiner persönlichen Neigung entspricht, ein Gefühl der eigenen Erniedrigung verbinden. Sie haben auch recht damit, denn die Erfahrung zeigt, daß Männer jene Frauen, die sie leicht besitzen können, nicht hoch einschätzen. Es kommt häufig vor, daß das Gefühl der Frau, sich durch ein solches Verhalten degradiert oder deklassiert zu sehen, zum Inhalt ausgebreiteter Phantasien wird. Manche Frauen wundern sich oft darüber, daß solche Vorstellungen, die sie bewußt als besonders peinlich empfinden, lebhafte Lustgefühle gegen ihren Willen ihn ihnen auslösen können. Wie der sexuelle Masochismus des Mannes zeigt auch der der Frau deutlich Strafcharakter, der aber, wenn man das so nennen darf, einer aktiven Note entbehrt. In einem Fall, den ich beobachtet habe, blieb eine junge Frau frigide, wenn ihr Mann sie normal behandelte. Wenn er sich aber im Sexualverkehr roh benahm und ihr wehtat, sie z. B. würgte, kam sie zum Orgasmus. Hier ist gewiß eine ausgeprägte masochistische Triebneigung zu konstatieren, aber die passive Rolle der Frau und die aggressive des Mannes verdeckt manchmal ähnliche Tendenzen. Man wird vermuten, daß ein gewisses individuell verschiedenes Maß von Masochismus als Bestrafung für die ursprünglich verbotene Sexualbefriedigung in das weibliche Seelenleben unauffällig eingegangen ist. Es ist oft schwer als solches zu erkennen, denn es ist vom übrigen Sexualleben so schwierig zu unterscheiden wie kleine Fehler in den kunstvollen Stickereien der Frau.

Verfeinerte Beobachtung wird sicherlich andere, differente Züge in der masochistischen Triebneigung bei Frau und Mann finden. Wir stehen hier am Beginn neuer Forschungen. Es sei nur noch auf eine auffallende Gemeinsamkeit hingewiesen, die wir nicht erwartet hätten. Der erste Anschein, daß es in der Phantasie der masochistischen Frau immer der Mann ist, von dem sie die Zufügung von Schmerz und Bestrafung erwartet oder ersehnt, schwindet bald. Daß er meistens im Vordergrund steht, will noch nicht heißen, daß er von Anfang an die beherrschende Figur war. Das ist die Mutter oder ihre Ersatzperson, die später in der Vorstellung häufig als Begleiterin, Zuschauerin oder in einer anderen Episodenrolle auftritt. So hatte eine Patientin eine Phantasie, deren wesentlicher Inhalt sich um die Guillotinierung einiger aristokratischer Damen in der Französischen Revolution drehte. Die Phantasie war im Anschluß an einen vor kurzem gesehenen Film aufgetaucht. Die Behandlung der Frauen durch den rohen Henker erregte sie sehr, aber sie konnte durch diese Vorstellung allein nicht zum Orgasmus gelangen. Schließlich schob sich in der Phantasie vor die Figur des rohen Gesellen die einer Zuschauerin der Exekution, eine der tisseuses, eine weißhaarige Hexe, welche die verurteilten Frauen verhöhnt und quält. Erst diese Vorstellung führte die Befriedigung herbei. Dieselbe Tagträumerin stellt sich einmal vor, sie werde in ein Bordell verschleppt. Die Frau, welche die Männer heranbringt, das Mädchen dazu zwingt, sich ihnen hinzugeben, es quält und beschimpft, enthüllt sich als Vertreterin der Mutter. In anderen Fällen ist die quälende, aktive Person eine Mischfigur aus Vater- und Mutterersatzgestalten zusammengesetzt. Nun kann es geschehen, daß z. B. in der Analyse diese Mischfigur wieder in zwei gesonderte Personen auseinanderfällt. Eine Frau hatte durch mehrere Jahre nur Phantasien gekannt, in denen sie von Männern einer erniedrigenden Behandlung unterworfen wurde. Im Verlauf der Analyse veränderte sich dieses Bild: sie oder die sie vertretende passive Person wurde nun zu gleicher Zeit oder nacheinander von einem Mann und einer älteren großbusigen Frau mißhandelt. Schließlich blieb in der Phantasie nur die Frau übrig, die einen kleinen Penis trug, ähnlich dem, den die Tagträumerin als kleines Mädchen bei einem gleichaltrigen Cousin einmal gesehen hatte. Am Ende war nur die Frau die sadistische Person. In der Übergangszeit verdeckte die männliche Figur die ihre: so sah die Patientin einmal in der Phantasie die große Hand eines Mannes vor sich, die in ihr Genitale griff und Stücke Fleisch herausriß. Dahinter aber erschien sogleich die Vorstellung der Mutter, der sie als kleines Mädchen in der Küche zusah, wie sie die Innereien von Geflügel ausnahm. Es wurde deutlich, daß das, was in der Phantasie später hervortrat, die frühere und bestimmende Schicht war.

Wie weit die masochistische Phantasie auf ihrem Rückweg zu kindlichen Vorstellungen gehen kann, mag das folgende Beispiel, das von derselben Patientin stammt, erweisen: sie sah beim Abendessen der Mutter zu, wie sie die gefüllte Gabel zum Mund führte. Dabei mußte sie an eine unlängst gelesene Reisebeschreibung denken, in der geschildert wird, wie ein australischer Kannibalenstamm einen weißen Missionar auffraß. Sie fragt sich, welche Körperteile die Kannibalen bei ihrer Mutter bevorzugen würden, wenn sie ihrer habhaft werden könnten, ob die Hüften, die Schenkel oder Brüste. Das stellt also eine extrem sadistische Phantasie vor. Sie beobachtet indessen die Mutter weiter, das alte Gesicht, die verfallenen Züge. Die Mutter ist wirklich schon ziemlich leblos, denkt sie. Später vor dem Einschlafen nimmt sie den Gedanken noch einmal auf: ja, die Mutter hat nur noch Interesse für das Essen. Das zeigte sich heute in der Art, wie sie die Gabel gierig zu dem weitgeöffneten Mund führte. Alle anderen Gefühle sind bei ihr bereits ausgelöscht. Sie fühlt weder Liebe noch Mitgefühl mehr für die Ihren. Sie könnte die eigene Familie aufessen wie das die Kannibalen manchmal tun. Man kann hier verfolgen, wie die ursprünglich sadistische Phantasie in gleitendem Übergang bis nahe an die masochistische Vorstellung führt, von der Mutter gefressen zu werden. Der Umstand, daß diese Vorstellung in der Verallgemeinerung und in der Möglichkeitsform auftritt, ist bemerkenswert. Es heißt nicht: die Mutter frißt mich, sondern: die Mutter könnte die eigene Familie auffressen. Diese verallgemeinerte Form beweist natürlich bereits die Einwirkung der Abwehr. An dieser Stelle bricht der Gedan-

kengang ab. Ein unzweideutiges Zeugnis dafür, daß die Phantasie masochistischen Charakter hat, ist die sexuelle Erregung, die zugleich auftritt. Die Vorstellung geht auf Kinderängste zurück, auf dieselben, welche in unseren Märchen ihre Spuren hinterlassen haben. Dort sind Kinder häufig in Gefahr, von bösen Riesen, Hexen und Zauberern, in denen man leicht Ersatzfiguren der Eltern erkennt, aufgefressen zu werden. Der bösen Mutterfigur, etwa der Hexe in »Hänsel und Gretel«, wird die gute gegenübergestellt. Nebenbei sei bemerkt, daß kannibalistische Phantasien, die masochistisch gefühlt werden, manchmal unverhüllter bei Männern auftreten. Eine solche schloß z. B. an einen Bericht an, in dem beschrieben wurde, wie einige Matrosen und ein Schiffsjunge viele Tage lang, vom Hunger gequält, als Schiffbrüchige auf dem Meer trieben. In der Phantasie beschlossen die Matrosen endlich, den Jungen zu töten und zu fressen. Der Tagträumer identifiziert sich mit dem Schiffsjungen, dem der Beschluß mitgeteilt wird, erlebt seine Angst mit usw. Die wachsende Erregung drängt ihn zur Onanie.
Aus welcher ursprünglichen seelischen Schicht stammt gewöhnlich die masochistische Phantasie der Frau? Die angeführten Beispiele scheinen darauf hinzuweisen, daß es nicht jene Schicht sein kann, welche die Ödipus-Situation in voller Blüte sieht. Der Mann dient in der Phantasie als eine Deckfigur, hinter der sich die ursprünglichere Gestalt der Mutter verbirgt. Hier ein Beispiel einer zweiteiligen Phantasie, welche diesen Zusammenhang zeigt: eine reife Frau stellt sich vor, sie sitze auf dem Schoß eines Mannes, der ihr befiehlt, Urin oder Stuhl zu lassen. Dann verändert sich die Situation: die aktive Person wird unbestimmt – ist es ein Mann oder eine Frau? –, aber sie befiehlt ihr jetzt gerade, Urin und Stuhl zurückzuhalten. Beide Vorstellungen sind lustvoll. Im ersten Fall kann man noch an eine Lust aus der Erniedrigung, aus

dem Zwang, sich über die Hemmungen der Scham hinwegzusetzen, denken. Der zweite Fall ist von anderer Art. Der Inhalt dieser Vorstellung reicht in ein Alter, in dem die Ödipus-Situation noch nicht entwickelt war und in dem die körperlichen und seelischen Schwierigkeiten des kleinen Mädchens nur mit der Mutter verknüpft sind. Die ersten masochistischen Phantasien des weiblichen Kindes haben die Mutter als Objekt. Der Mann erschien erst später auf der Bildfläche. Mit Bezug auf die Entstehung des Masochismus kann man sagen: er kam zu spät. Die auf ihn gerichtete Phantasie ist eine zweite, völlig umgearbeitete Auflage einer ursprünglichen Ausgabe, deren zentrale Figur die Mutter war.

Hier ist also eine unerwartete Gemeinsamkeit in der Phantasie der zwei Geschlechter. Sie nimmt ihren Ausgang von Vorstellungen, die mit der Erziehung des Kleinkindes, seiner Pflege, Reinhaltung und Sphinkterbeherrschung verknüpft sind und sich um die Mutter als aktive Gestalt gruppieren. Die spätere Entwicklung ist beiden Geschlechtern verschieden. Der Knabe hält bewußt an dem Geschlecht dieses ersten Objekts fest. Die aktive Person ist und bleibt eine Frau. Entsprechend den Veränderungen, die durch die Ödipus-Konstellation gegeben werden, ändert das Mädchen später in der Phantasie die Geschlechtszugehörigkeit des Aktiven. Nun nimmt der Mann den Platz ein, der früher der Mutter gehörte. Die beherrschende Figur, von der in der Frühzeit Lust, Leid und lustvolle Unlust kam, bleibt doch im Hintergrund bestehen und läßt sich wie durch einen durchsichtigen Vorhang erraten. So wirken die Anregungen, die in Pflege, Versorgung und Erziehung in den ersten Jahren zur Bildung masochistischer Vorstellungen von ihr ausgingen, fort. Die Entwicklung, wie vielgestaltig sie sich später auch darstellen mag, entsprang doch zuerst dem Verlangen nach Befriedigung von ihr, durch sie.

VI

Ich-Wünsche

17 Die verletzte Selbstliebe und der Stolz

Wir sind zu der Ansicht gelangt, daß die masochistische Triebneigung bei der Frau im allgemeinen schwächer ist als beim Mann. Wir haben uns diesen Unterschied daraus erklärt, daß ihre aggressiven und sadistischen Tendenzen nicht jene Stärke erreichen, die wir beim Mann erkennen. Wir dürfen uns nicht vor der Tatsache verschließen, daß wir uns in der Meinung des schwächeren Masochismus beim Weib in Gegensatz zu der überwiegenden Mehrzahl der Analytiker und Psychologen gestellt haben. Eine Möglichkeit, die eigene Ansicht zu überprüfen, kann von einem anderen Gesichtspunkt aus unternommen werden. Wir sagten, in der Wahl zwischen zwei masochistischen Phantasien wird die Frau unfehlbar diejenige wählen, in der sie als Geschlechtswesen, als Frau erniedrigt erscheint. Wir müßten daraus schließen, daß der Stolz der Frau im Leben mehr ausgebildet ist als beim Mann, denn die Reaktion läßt nur diese Folgerung zu. Wir nähern uns hier dem Problem des Masochismus von einer neuen Seite, er erscheint nun als Reaktion auf eine geschädigte Selbstliebe, auf eine narzißtische Kränkung. Dabei sind wir genötigt, einen neuen psychologischen Begriff einzuführen, den des Stolzes.

Was ist Stolz? Wie entsteht er? Stolz ist eine bestimmte seelische Haltung, die sich auf die Wertung der eigenen Person bezieht. Sie ist nicht von Anfang da, sondern entsteht als

Reaktionsbildung auf eine Schädigung der ursprünglichen, naiven Selbstliebe des Ichs, auf eine Störung des Narzißmus. Die freie und souveräne Einstellung des Kindes gegenüber der Außenwelt zeigt, daß es nicht stolz ist, solange es keine solche Enttäuschungen oder Schädigungen erfahren hat. Stolz entwickelt sich also als Reaktion auf eine Verletzung der ursprünglichen Selbstliebe und dient der Abwehr neuer Beschädigung. Er hat Schutzcharakter, aber beschützt braucht nur zu werden, was verletzbar ist. Am ehesten kann man den Stolz den Geschwülsten vergleichen, bei denen sich aus der Neubildung von Gewebe krankhafte Umfangserweiterungen ergeben. Diese Kennzeichnung wird genügen, die Beziehung von Narzißmus und Stolz klarzustellen. Narzißmus ist die ursprüngliche und natürliche Liebe zum Ich, Stolz die sekundäre Ich-Verliebtheit, die als Ersatz nach einer Störung dieser naiven Einstellung folgt. Aus dem Gesagten erhellt, daß der Masochismus keine direkten Beziehungen zum Narzißmus hat, wohl aber welche zu seinem Surrogat, dem Stolz.

Der Stolz der Frau als Geschlechtswesen ist, sagte ich, größer als der des Mannes. Wir wissen, warum. Das kleine Mädchen hat früh eine Entdeckung gemacht, die zu einer seelischen Quelle der Demütigung wurde, also eine narzißtische Schädigung bedeutete. Wenn sie den eigenen Körper mit dem des kleinen Jungen oder eines neugeborenen Brüderchens verglich, mußte sie erkennen, daß die Natur ihn mit einem Organ ausgestattet hat, das ihr fehlt. Im »Kaufmann von Venedig« macht sich die kluge Porzia über die angemaßte Überlegenheit der jungen Männer lustig. Man hört da die Stimme des Mädchens, das sich gegen die männliche Arroganz aufbäumt. Sie wettet, sagt sie ihrer Zofe, sie wird als junger Mann verkleidet ihren Degen mit Anstand tragen.

> ». . . und sprechen, wie im Übergang vom Knaben
> zum Mann in einem heiseren Diskant.

Ich will zwei jungfräuliche Tritte dehnen
In einen Männerschritt, vom Raufen sprechen
Wie kecke junge Herren und artig lügen,
Wie edle Frauen meine Liebe suchten
Und, da ich sie versagt, sich tot gehärmt.
Ich konnte nicht mit allen fertig werden.«

Hier ist das Thema des weiblichen Stolzes angeschlagen. Es wird in der späteren Szene, die den Verlust des Ringes behandelt, heiter, doch ernst fortgeführt. Hier meldet sich ein »weiblicher Protest« gegen die Geringschätzung der Frau und ihres Wertes durch die Männer wie ein spätes Echo der Gefühle, die einmal das kleine Mädchen gegenüber Knaben erlebte. Die unbewußte Ursache dieser Minderschätzung ist aber in der körperlichen Differenzierung zu suchen. Porzia spricht sie auch aus, da sie ihrer Zofe mitteilt, sie würden sich als Männer verkleiden. Sie werden so wohl gesehen, doch nicht erkannt werden. Die Männer werden sie sehen,

... but in such a habit,
That they shall think we are accomplished
With what we lack«.

Der Ring, den Bassanio weggegeben hat, ist nicht nur ein Symbol der Treue, er ist mehr, er ist ein Symbol des Genitales der Frau, um deren Liebe er wirbt, und die wünscht, daß er sie hochschätzt. Indem Bassanio ihn wohl bewahren und behalten soll, soll er seine Achtung vor der Frau und dem weiblichen Geschlecht beweisen.

Neben der Kränkung über den körperlichen Defekt haben sich später die sozialen Privilegien des Mann-Seins und die Nachteile, eine Frau zu werden, dem kleinen Mädchen eingeprägt. Dem Minderwertigkeitsgefühl gegenüber, das sich ihrer bemächtigen will, hat die werdende Frau einen hohen Damm von mädchenhaftem Stolz aufgerichtet. Sie schätzt ihre körperlichen Reize und ihren seelischen Wert bewußt hoch ein und verknüpft diese Gefühle mit einer erhöhten Abwehr gegen alles, was ihr Schamgefühl, ihren Sinn für das sozial Geziemende und Schöne verletzen könnte. Es versteht sich leicht, warum der Zusammenbruch dieses Schutzwalles, den weiblicher Stolz und die Übung der Zurückhaltung gebaut haben, zu einem wesentlichen Lustmoment in der masochistischen Phantasie der Frau werden kann.

Eine scharfsinnige Kollegin, *Jeanne Lampl de Groot*, hat darauf hingewiesen, daß der weibliche Masochismus die Absicht hat, die Selbstliebe, den Narzißmus der Frau, zu entlasten. Der nachwirkende Schmerz über jenen körperlichen Defekt werde für das junge Mädchen dadurch gemildert, daß es sich eine neue Lust, die masochistische, verschaffe. Diese neue Lust, die an die Strafvorstellung geknüpft ist, wird gesucht, um sich die Kränkung bei der Vorstellung »Man hat mir meinen Penis weggenommen« zu ersparen. Nun, das ist ein ungewöhnlich ökonomischer Prozeß. Es wäre etwa so, wie wenn jemand den Schmerz nach einer Beinamputation dadurch mildern wollte, daß er sich vorstellt, er werde ausgepeitscht. Das ist in der Tat ungewöhnlich, aber das bedeutet ja nicht, daß es unmöglich ist. Es ist kein Zweifel, daß die narzißtische Kränkung auch im Aufbau des weiblichen Masochismus eine bestimmte Rolle spielt, aber sicher nicht die, welche *J. Lampl* ihr zuschreibt.

Sein Wesen schon widerspricht dem Bild, das die geschätzte Kollegin gemacht hat. Jene narzißtische Kränkung wird in der masochistischen Phantasie nicht etwa verhüllt und abgeschwächt, sondern erneuert, akzentuiert, hervorgehoben. Hier eine charakteristische Phantasie aus dem Bereich, wo der eigentliche Kern des Problems liegt: Die Phantasie eines jungen Mädchens zieht ihre Lust besonders aus der Vorstellung, daß sie auf einem langen Tisch – ähnlich dem Operationsstuhl eines Gynäkologen – ausgestreckt liegt, die Beine weit gespreizt, so daß die Vagina deutlich ist. Vor ihr steht ein Mann, dessen Gesicht nicht gut auszunehmen ist, und besieht genau ihr Genitale. Die Phantasie ist für das besonders schamhafte Mädchen so erregend, daß sie meistens zur Onanie führt. Wie stimmt eine solche Phantasiebildung zu der von *J. Lampl* vorgetragenen Theorie? Wenn sie zuträfe, dürfte nicht gerade die Zurschaustellung jenes körperlichen Defekts den lustvollen Mittelpunkt der Vorstellungen bilden. Angeblich soll ja diese größere Unlust durch eine kleinere abgeschwächt und verleugnet werden. Hier kann von Verleugnung keine Rede sein, eher von Hervorhebung. Nun könnte ein Ausnahmefall vorliegen, indem gerade die Demonstration jener Kränkung in den Vordergrund tritt. Die masochistische Phantasie zeigt aber regelmäßig die Neuinszenierung einer narzißtischen Kränkung auf der Gedankenbühne. Die Kränkung, die Erniedrigung, die eigene Würdelosigkeit, die Schmach des Ichs, um ein pathetisches, doch bezeichnendes Wort zu gebrauchen, bildet ein konstituierendes Moment der masochistischen Szene. Dabei kann man sowohl an den Verlust der menschlichen Würde als auch an jene, die jedes Geschlecht als die ihm eigene schätzt, denken. Ist aber in einer Phantasie wie der gezeigten und ähnlichen, die in Fülle anzuführen wären, nicht gerade die weibliche Scham aufs äußerste verletzt und gerade das wird zur Lustquelle? Wenn der weibliche Masochismus eine Flucht vor jener großen Kränkung ist, warum wird dann in der Phantasie diese Kränkung dargestellt, ja wiederholt?

Dennoch hat Frau *Lampl* etwas Richtiges vorgeschwebt, als sie meinte, der weibliche Masochismus sei ein Heilungsversuch des geschädigten Narzißmus. Was sie nicht gesehen hat, war, daß das geschädigte Selbstgefühl gerade auf dem Weg der Demonstration dieser Schädigung wiederhergestellt werden sollte. Die Flucht vor der narzißtischen Kränkung in den

Masochismus, wie *J. Lampl* sie beschreibt, ist wahr. Was sie nicht geahnt hat, ist, daß es eine Flucht nach vorn ist. Gerade aus der Zurschaustellung der Schmach soll die Erhöhung kommen, sie selbst wird zum Zeichen des Stolzes, des Ersatz-Narzißmus. Aus der Wiederholung der Kränkung der Selbstliebe soll ihre Stärkung aufsteigen. Frau *Lampl* hat also richtig gesehen, aber sie hat nur die eine Seite der Medaille gesehen. Die andere zeigt ein völlig verschiedenes Bild.

Die weibliche Situation wird in der Phantasie nicht etwa nur gezeigt oder dargestellt, das Erniedrigende oder Entwürdigende nicht nur demonstriert, sondern auch übertrieben. Wir erinnern uns eindrucksvoller Beispiele wie der Phantasie jenes jungen Mädchens, das den Fleischer bittet, geschlachtet zu werden und stundenlang unbeachtet auf der Fleischbank liegen muß, oder der Frau, die nackt vor dem Sultan erscheint, der ihre Schönheit kaum eines Blickes würdigt und lieber Schach spielt. Solche Szenen enthalten also nicht nur die Darstellung des weiblichen Unterworfenseins, sondern ihre Entstellung, nicht nur die Betonung, sondern die Überbetonung. Das aber will heißen: sie enthalten eine Verspottung der Vorstellung, der sich der Mann von der weiblichen Rolle macht. Um das Gemeinte ganz klar zu machen, will ich es auf folgende Art veranschaulichen: Ein junges Mädchen, das in seinem Verhalten in bestimmten Situationen seine Hilflosigkeit und Schutzbedürftigkeit zeigt, wird auf die Männer einen gewissen Reiz ausüben. Nehmen wir aber an, das junge Mädchen spreche beständig von seiner Unselbständigkeit, betone immer seine Abhängigkeit und Schwäche, könne keine Handlung allein ausführen. Solche Übertreibung einer Seite des weiblichen Wesens muß auf die Dauer die Männer ermüden und ernüchtern. Wenn ununterbrochen gezeigt wird: seht her, wie mädchenhaft schwach und hilfsbedürftig ich bin, wird der Verdacht entstehen, daß das eher demonstriert als wahr ist. Solche Überbetonung entspricht also nicht der männlichen Vorstellung vom Weiblichen, sondern eher ihrer Karikatur. Sie bedeutet kein Akzeptieren der weiblichen Rolle, sondern ihre Ablehnung in der Übertreibung. Von einer griechischen Philosophin im antiken Byzanz wird erzählt, daß sie den um sie werbenden jungen Männern ihre blutige Menstruationsbinde gezeigt habe mit den Worten: »Seht, das ist es, was ihr an mir liebt!« Das ist gewiß philosophisch gedacht, aber masochistisch gefühlt. Fraglos wird solche Demonstration des Weiblichen ad oculos – wie fügt sie sich übrigens in die Theorie von der Flucht vor der narzißtischen Kränkung? – ihre ernüchternde Wirkung auf die Verehrer nicht verfehlt haben. Zusammenfassend läßt sich sagen: einer der charakteristischen Züge des weiblichen Masochismus ist eine übertreibende Darstellung bestimmter Charaktere des weiblichen Wesens oder bestimmter Situationen der Frau. Hier aber ergibt sich ein ausgeprägter, bisher nicht beachteter Gegensatz zum männlichen Masochismus. Davon sogleich mehr.

In ihrer Theoriebildung ging *J. Lampl* von der masochistischen Phantasie eines kleinen Mädchens aus, die sich etwa so in die Sprache des Bewußtseins übersetzen ließ. »Ich habe einen Penis besessen, ihn aber zur Strafe verloren.« Die in jenem Verlust enthaltene Kränkung sollte eigentlich Zorn und Wut hervorrufen. *J. Lampl* meint nun, diese Aggression, welche in der Außenwelt nicht genügend untergebracht werden könne, sei jetzt von dem kleinen Mädchen zu masochistischer Lustgewinnung verwendet worden. Die Autorin sagt: »Den Vorgang bei der Entwicklung dieser Phantasie kann man auch als Ausnützung der nach innen gewendeten Aggression zum masochistischen Lustgewinn, um stärkerer Unlust durch Erschütterung des Narzißmus und unbefriedigbarer Wut und Zorn zu entfliehen, beschreiben.« Gewiß kann man den Vorgang so beschreiben, wenn man Wert darauf legt, auch die geringste Anschaulichkeit zu vermeiden. Solche Beschreibung ist indessen nicht nur stilistisch, sondern auch inhaltlich höchst anfechtbar. Wir haben gefunden, daß der Masochismus eben aus der Erschütterung der kindlichen Selbstliebe aufsteigt und daß er Zorn und Wut nicht erspart, sondern auf seine besondere Art zum Ausdruck bringt. *J. Lampl* geht von zwei Grundvoraussetzungen aus, die beide falsch sind. Die erste ist, daß die Frau eine stärkere Neigung zum Masochismus habe. Wäre dies der Fall, müßten wir der Frau auch eine intensivere Aggression und eine tiefergehende sadistische Anlage zuschreiben. Diese Triebneigungen sind ja mit dem Masochismus unlösbar verbunden. Nun hat man die Frau für viele, ja manchmal für die meisten Übel der Welt verantwortlich gemacht – haben die Kirchenväter sie nicht Instrumentum diaboli genannt? –, aber es ist unsinnig zu behaupten, daß Kriege, Pogrome, Mord und Totschlag zu ihrer Domäne gehören. Die zweite Voraussetzung ist, daß das kleine Mädchen auf die Entdeckung ihrer Penislosigkeit mit Wut und Zorn reagieren müßte, wenn diese Affekte nicht durch die Innenwendung zum Masochismus erspart würden. Wie mir scheint, sieht *J. Lampl* das Ausmaß der Aggression nach der Entdeckung des Geschlechtsunterschiedes übertrieben. Auch verfügt das Mädchen über andere Mittel, die narzißtische Kränkung zu überwinden. Der Stolz auf ihre körperliche Schönheit gehört z. B. hierher. Ich bin mit der geschätzten Kollegin darin einig, daß die narzißtische Kränkung einen Beitrag zur Bildung des weiblichen Masochismus liefert. Diese Triebneigung aber allein auf diesen Ursprung zurückzuführen, heißt das Kind, das eben seinen weiblichen Körper entdeckt hat, mit dem Bade ausschütten.

J. Lampl geht aber weiter, indem sie das Stück Erkenntnis, das sie gewonnen zu haben glaubt, nun auch für die Entstehung des männlichen Masochismus geltend macht. Das will heißen, daß sie den weiblichen Masochismus als vorbildlich für den männlichen hinstellt. Ihre Berufung auf *Freud*, der eine intimere Beziehung des Masochismus zur Weiblichkeit konstatiert hat, ist hier fehl am Platz. Diese Beziehung besteht in einer, wie wir wissen, mehrdeutigen Übernahme der weiblichen Situation, z. B. der Passivität der Frau, sicherlich aber nicht in der Übernahme des weiblichen Masochismus. Die Autorin findet den Angriffspunkt für den geschädigten Narzißmus des Mannes in Vorstellungen wie der des Beschnittenseins, im Vergleich der Größe und Erektionsfähigkeit des eigenen Gliedes mit dem anderer und ähnlicher Erfahrungen. Solche Vorstellungen werden gewiß im Sinne des femininen Masochismus seelisch verwertet werden. Sie sind aber ebenso gewiß nicht das Wesentliche der männlichen Triebperversion. Es ist unmöglich, die Entstehung des Masochismus auf die schmale Grundlage der Kastrationsangst zu gründen. Er geht bei beiden Geschlechtern auf eine Zeit zurück, welche der genitalen Phase vorausgeht.

Wir sind *J. Lampl* nicht nur für eine Reihe guter Beobachtungen dankbar, sondern auch für die Gelegenheit zum Widerspruch, der sich aus ihren Schlußfolgerungen ergibt und der hilft, die eigene Ansicht zu überprüfen und sich über bestimmte Punkte klarer zu werden. Wichtiger als dieser kritische Einspruch ist ein neues Stückchen Einsicht in die Verschiedenheit des Masochismus beider Geschlechter. Eine Verschiedenheit, die sich von dem Grunde des Gemeinsamen nur abhebt wie Hügel und Tal von einem Landschaftsrelief von ungefähr gleichem Charakter der Szenerie. Der Vergleich einer männlichen Phantasie mit derselben, von einer Frau vorgestellt, soll diese Differenz veranschaulichen. Der Patient, der uns hier so oft psychologisches Material geliefert hat, berichtet einen lustvollen Tagtraum: Ein junger Mann, vielleicht ein Offizier, ist in die Gefangenschaft eines wilden Stammes geraten, der eine weise schöne Frau als Königin hat. Er teilt das Schicksal vieler früherer Gefangenen: er wird zum Liebhaber der mächtigen Frau*. Im Sexualverkehr benimmt er sich zwar aktiv männlich, hat aber den Befehlen seiner Partnerin zu gehorchen. Diese trainiert ihn so, daß sie Bewegungen im Koitus, sowie ihr Tempo und ihre Stärke in Schlagworten anordnet. Jede Art der Bewegung oder Liebkosung ist mit einer Nummer versehen, die der Sklave natürlich zu lernen hat. Er versteht also, was es bedeutet, wenn er den Befehl: »Nummer 8, langsam« hört. Diese groteske Vorstellungsreihe verbindet der Tagträumer, der sich mit dem jungen Offizier identifiziert, mit lebhaften Lustgefühlen. Über den masochistischen Charakter dieser Phantasie kann kein Zweifel sein. Sie wurde später des öfteren »ausprobiert«, das will heißen ihre Fähigkeit, sexuell zu erregen, wurde geprüft, wenn der Patient mit seiner Frau verkehrte. Natürlich benahm er sich dabei völlig normal und von den Befehlen und dem Nummernzeremoniell war keine Rede, aber er verwertete die Phantasie, indem er mit geschlossenen Augen seine Frau in die Rolle der Königin versetzte und ihr jenes sonderbare Verhalten zuschrieb. Ein Fall wie dieser und viele ähnliche, deren Zugehörigkeit klar ist, läßt keinerlei Möglichkeiten zu, die *Lampl*sche Theorie des Masochismus geltend zu machen. Versuchsweise sei dieselbe Phantasie, natürlich mit veränderten Rollen, als von einer Frau stammend vorgestellt, also etwa: Eine europäische Touristin sei von einem Araberstamm gefangengenommen. Der mächtige Scheik befehle ihr, indem er mit ihr sexuell verkehrt, bestimmte Bewegungen, kommandiere nur kurz die Nummern

* Der Patient kannte, wie ich feststellen konnte, weder *R. Haggards* »She« noch *B. Bennoits* »Atlantide« oder ähnliche Romane, in denen ein Thema solcher Art literarische Verwendung findet.

usw. Eine solche masochistische Phantasie einer Frau ist sicherlich keine Unmöglichkeit. Wir sind ja ganz ähnlichen Beispielen begegnet. Der Eindruck beider Fälle ist ganz verschieden, obwohl der Inhalt und Charakter der Phantasie derselbe ist. Die Frau als Tagträumerin steigert und übertreibt ihre Gefügigkeit als Sexualobjekt. Sie liefert eine Karikatur ihres Wesens, wie es sich der Mann vorstellt. Im Falle des Mannes wird aber die Situation als ganze umgekehrt. In eine Formel gefaßt: ich möchte das dir tun und so solltest du dich benehmen. Die Vorstellung des Weibes aber will sagen: du möchtest das mir tun und so sollte ich mich deinem Wunsch nach benehmen. In ihrem Falle sieht es aus wie eine Hypertrophie bestimmter Züge des weiblichen Wesens, in seinem Fall wie eine Atrophie von Zügen des männlichen. Das Verhalten der Tagträumerin würde einer unnatürlichen Verlängerung der weiblichen Linie entsprechen, das des Tagträumers aber einer Brechung der männlichen. Die Phantasie selbst hat beim Mann den Charakter einer Umformung ins Weibliche, bei der Frau den einer erzwungenen Anpassung an die männlichen Anforderungen. Der Masochismus als Triebrichtung ist gewiß nicht, wie viele Analytiker annehmen, der Natur des Weibes gemäß, aber er kann ihr angepaßt werden. Er widerspricht aber dem Wesen des Mannes. Um wieder im Vergleich zu sprechen: die Frau, die sich masochistisch einstellt, verändert ihre natürliche Schrittart in ein verzierlichtes und unsicheres Trippeln, der masochistische Mann verwandelt seine Art des Ausschreitens ins Weibliche. Das Weib wird die Rolle, die Natur und Erziehung ihr zugeteilt haben, im Masochismus übertreiben, der Mann wird die seine umkehren. Aus diesem Unterschied ergibt sich auch, daß der verborgene Hohn oder Trotz, der in der masochistischen Situation liegt, beim Mann so viel deutlicher, krasser und erbitterter ausfällt als bei der Frau. Die Umkehrung ist

eine viel weitergehende und treffsichere Art der Verhöhnung als die Übertreibung.
Diesem Unterschied muß eine Differenz in den Gegebenheiten des seelischen Geschehens entsprechen. In der Übertreibung wird gewissermaßen dargestellt, daß man mehr hat, als der Wirklichkeit entspricht. Die femininen Züge des männlichen Masochismus wollen den Partner glauben lassen, daß man weniger Trümpfe in der Hand hat als der Wirklichkeit entspricht. Im ersten Fall wird also auf Trümpfe hingedeutet, die man nicht hat. Im anderen werden Trümpfe verheimlicht, die man besitzt. Die Vorbereitung und Zubereitung bei der masochistischen Frau ist also einem »overdone« zu vergleichen, die des Mannes einem »underdone«. Wenn es aber zum Endspiel kommt, wird die Kurzlebigkeit und Vergeblichkeit all dieser Manöver ersichtlich: Spielen kann man nur mit den Karten, die man vom Schicksal erhalten hat.

18 Die vorweggenommene Rehabilitierung

Es ist Zeit, die Frage, ob das Weib im allgemeinen masochistischer ist als der Mann, eindeutig zu beantworten. Die Antwort lautet: Nein, im Gegenteil, das männliche Geschlecht ist masochistischer als das weibliche. Diese Antwort gilt ebensowohl, wenn man unter dem Wort die Perversion, als wenn man darunter die Triebneigung versteht. Sie bezieht sich sowohl auf die sexuelle als auch auf die soziale oder, wie *Freud* es nennt, moralische Gestalt des Masochismus. Der Anschein, daß das Weib leidsüchtiger sei als der Mann, wird begünstigt durch einige Tatsachen, wie die Verbindung biologischer Vorgänge bei der Frau mit Leiden, ihre Passivität im sexuellen und zum Teil auch im sozialen Leben usw. Das Leiden und die Passivität gehören freilich zum Masochismus, sie bilden aber nicht das entscheidende Merkmal, sondern die Lust am Leiden oder das triebhafte Aufsuchen der Unlust. Unsere Ableitung hat uns den Masochismus als eine seelische Umformung sadistischer und aggressiver Triebregungen gezeigt. Auch von diesem Gesichtspunkt, dem des Ursprungs und Wesens der Triebneigung ist es verständlich, daß der Masochismus dem Mann näher liegt als der Frau.

Die Verfolgung des Themas der geschädigten Selbstliebe und ihre Wiederherstellung führt in ein Gebiet, in dem der Geschlechtsunterschied keine Rolle mehr spielt. Die Gelegenheiten für solche Schädigungen sind für die frühe Kindheit und die folgenden Entwicklungsjahre für das Mädchen und den Knaben gegeben. Bisher haben wir den Masochismus insbesondere als eine bestimmte Reaktion auf äußere und innere Versagungen, als eine Bildung gesehen, welche aus dem Konflikt zwischen dem sexuellen triebhaften Verlangen und der ihm entgegenwirkenden Angst entsteht. Das Resultat der masochistischen Phantasie und Szene war, die sexuelle Triebbefriedigung trotz der angedrohten Strafe – ja durch die angedrohte Strafe – zu erhalten. Die Aussicht, die sich jetzt von einem anderen Gesichtspunkt ergibt, zeigt uns die andere, wesentliche Seite der Leidsucht. Der Masochismus ist auch eine Reaktion des Ichs auf eine Zurückweisung seiner Ansprüche. Dem Willen des schwachen Ichs hat sich ein stärkerer entgegengestellt, dem man weichen mußte. Die ursprüngliche Selbstliebe erhielt auf diese Art eine Erschütterung, und der Masochismus zeigt sowohl diese Wirkung als auch die Bemühung, ihrer Herr zu werden. Als ein Memento an diese frühen Niederlagen des Ichs, ist er zugleich auch ein Denkmal seines vorweggenommenen Sieges.

Diese Doppelnatur des Masochismus ist gewissermaßen ererbt; sie kann aus seiner sadistischen Abkunft verstanden werden. Der Sadismus selbst ist so von zweifacher Art. Er stellt eine Triebrichtung dar, die das Objekt zwingen und zur eigenen sexuellen Befriedigung gewaltsam besitzen oder schädigen will. Auf der anderen Seite will er alle ihm entgegenstehenden Hindernisse zerstören, seinen eigenen Willen gegen den der Umgebung durchsetzen, die ihm widerstrebenden Personen vernichten. Widerstand steigert so die sadistische Begierde, gibt ihr neue Nahrung. Der Masochismus ist in seiner seelischen Zusammensetzung von ähnlicher Art. Er zeigt nur, welches Triebresultat zum Vorschein kommt, wenn die sadistischen Tendenzen auf überlegene Kräfte stoßen, denen sie weichen müssen. Besser gesagt: Der Charakter des Masochismus zeigt einen möglichen Ausgang eines solchen Konflikts.

Das eine Thema des Masochismus ist also das Zusammenstoßen der sexuellen Triebspannung mit den seelischen Kräften, die ihr in den Weg treten. Das andere ist das des Kampfs des Ichs gegen überlegene Objekte, die Geschichte der Niederlage des Ichs und seines kommenden Sieges. Wir erkennen zwei Lust- und Leidmotive des Masochismus: eines aus der Triebsphäre aufsteigend, das andere aus dem Ich-Bereich stammend. Ihre Vereinigung und ihre Isolierung, die Einzelstimmen und das Unisono zu verfolgen ist die Aufgabe, die dem Psychologen gestellt sind, der diese verwirrend reiche Partitur des Masochismus studiert.

Wir haben in diesem Studium eine wertvolle Hilfe, die der Masochismus selbst uns liefert: den demonstrativen Zug. Er hat ja, ohne es zu wollen, eine psychologische Funktion. Er will ja etwas zeigen, ja mehr, er will etwas beweisen. In der masochistischen Phantasie oder Szene wird die Person herabgesetzt, beschimpft, entwürdigt, mit Schande bedeckt. Hier wird also das Ereignis wiederholt oder jene Eindrücke erneuert, welche die Schädigung der Selbstliebe bestimmt haben. Dies zu zeigen ist die Absicht der masochistischen Demonstration: sieh her, was mir an Schmach und Schande angetan wurde, oder besser: sieh her, womit ich bedroht werde, was ich zu fürchten habe. Ist es die einzige Absicht der Zurschaustellung? Nein, es ist nur die auffälligste, fast möchte man sagen, aufdringliche Seite der Demonstration. Die andere, minder offenbare, doch nicht minder deutliche ist: und trotzdem tue ich, was ich möchte. Ich weiche diesen überlegenen Kräften, aber gerade auf dem Weg der Unterwerfung erreiche ich, was ich ursprünglich wollte. Wie alle Merkmale des Masochismus hat auch der demonstrative Zug ein doppeltes Gesicht. Er zeigt die erlittene oder angedrohte Erniedrigung, er zeigt aber auch die bevorstehende Erhöhung. Im sexuellen Masochismus ist ja diese psychologische Sachlage klar genug: Nachdem die Person geschlagen, gepeitscht, gedemütigt worden ist, gelangt sie doch zur sexuellen Lust. Das Bild der geschädigten Selbstliebe und ihrer Wiederherstellung stellt sich in der masochistischen Szene in großen deutlichen Linien dar. Das Ich war durch die Strafandrohung eingeschüchtert und gedemütigt, in seinen Ansprüchen auf Triebbefriedigung beschränkt und gekränkt. Die masochistische Szene führt das sozusagen plastisch vor; die Bestrafung wird vollzogen, die Demütigung erlitten. Trotzdem oder vielmehr gerade dadurch wird die verbotene sexuelle Lust erreicht. Man kann hier gut den Begriff der Rehabilitierung einführen. Rehabilitierung würde in diesem Sinn die Genugtuung bedeuten, welche das geschädigte oder gekränkte Ich erhält: die Wiederherstellung seiner früheren Rechte.

Im Masochismus als sexuelle Triebneigung und Perversion wird die Rehabilitierung als ein wichtiger Nebengewinn erscheinen. Das eigentliche Ziel ist ja die Befriedigung des sexuellen Verlangens. Die Genugtuung, die aber damit für das Ich verbunden ist, besteht darin, daß dieses Ziel trotz der

starken äußeren und inneren Hindernisse erreicht wird. Was hier als Nebengewinn erscheint, wird im sozialen Masochismus zur Hauptsache, zu einem der großen Triebziele selbst. Das Zurücktreten des sexuellen Faktors gegenüber dem sozialen läßt die Wiederherstellung des bedrohten Selbstgefühls in den Vordergrund treten, zeigt den Grund für alles Leid und allen Streit. Die Rehabilitierung enthüllt sich hier als das Triebziel von der Ich-Seite her.
Die Aussicht, die sich dem Beobachter von hier aus bietet, ist die eines Touristen, der einer Bergkette gegenübersteht, aus der zwei große Gipfel, der eine näher, der andere entfernter, alle anderen überragen. So heben sich auf den Gebilden des Masochismus zwei Erscheinungen ab: In der einen ist der höchste Punkt die verbotene Triebbefriedigung sexueller und aggressiver Art, in der anderen die Befriedigung der zuerst verkümmerten und dann trotzig geltend gemachten Ich-Ansprüche, der Genugtuung für die Schädigung des Selbstgefühls. Bei wanderndem Nebel wird sich dem betrachtenden Touristen manchmal der eine Gipfel deutlicher zeigen, während der andere verhüllt ist. Dann wird wieder der andere klarer hervortreten, während dicke Schwaden den Nachbarberg dem Blick entziehen. Beide Berge aber sind von ähnlicher Struktur, gehören annähernd derselben geologischen Schicht an und sind Erhöhungen einer einzigen Gebirgsformation. Vielleicht ist dieser Vergleich geeignet, den Eindruck, den der Forscher von den Phänomenen des sexuellen und moralischen Masochismus, ihren verschiedenen Aspekten und Zielsetzungen erhält, zu veranschaulichen.
Die masochistische Triebneigung ist, von dieser Seite aus gesehen, kein sexuelles Problem, sondern eine Frage des Selbstgefühls und der Selbstliebe, ein Ich-Problem. Dieser Zug tritt im sexuellen Masochismus wohl zurück, verrät sich aber doch in den Entwürdigungen und Erniedrigungen des Zeremoni-

ells oder der Einzelheiten der masochistischen Aktion, z. B. daß ein Mann gescholten oder wie ein schlimmes Kind behandelt wird. Er verrät sich auch – nämlich wieder in der Darstellung durch das Gegenteil – in der Unterwürfigkeit und Servilität, dem Sklaventum gegenüber der Frau. Die Strafdrohung und die Versagung, auf welche der sexuelle Drang stieß, haben das Selbstgefühl erschüttert. Die Angst, welche Tadel und Strafaussicht für das verbotene Tun in dem Kind auslöste, zeigt in ihrer Intensität, daß das Ich nicht gefestigt war. Der äußere Tadel wird später verinnerlicht, die Strafandrohung von den Personen der Eltern und Erzieher abgelöst. Dort, wo sie einst von außen einwirkten, entsteht eine andere Form der Angst: das Schuldgefühl. Dieses drückende Gefühl aber ist in gesteigertem Maß geeignet, den noch erhaltenen Narzißmus des Ichs einzuschränken und zu schwächen. Wer sich innerlich verurteilt und sich schuldig fühlt, kann sein Ich nicht lieb haben, kann von seinem Wert und seiner Persönlichkeit nicht überzeugt sein. Das Ich, dessen ursprüngliches starkes Selbstgefühl durch die Strafandrohung und den vorausgenommenen Tadel erschüttert, durch die Gewissensangst herabgesetzt wurde, macht nun einen heroischen Versuch, die verlorene Position zurückzuerobern. Es wirft sich der Strafe entgegen, es nimmt das Leiden auf sich. Es sagt gleichsam: »Gut, schlagt mich, straft mich, erniedrigt mich, dann aber will ich doch meinen Willen haben.« Es unterwirft sich, um sich wieder erheben zu können, es läßt sich strafen, um doch die sexuelle Befriedigung zu bekommen. Aus dem Vorangegangenen muß man schließen, daß einer der ersten Antriebe zur Ausbildung des Masochismus ein leicht verletzbares Selbstgefühl war, das geschädigt wurde, und daß eines seiner ersten Ziele eben die Rehabilitierung des Ichs gewesen sein muß.

Dieses Ziel des Masochismus bestimmt auch über einen Charakter, der bisher nicht diskutiert wurde, sich jetzt aber wie zum indirekten Beweis darbietet. Das ist die Einschränkung der Liebesfähigkeit des Masochisten und des masochistischen Charakters. An dieser Stelle bin ich auf einen Ansturm von Einwendungen und Argumenten gefaßt. Nicht genügend gewappnet und kaum dialektisch geschult, bin ich doch bereit, den wichtigsten von ihnen zu begegnen. Vorausschicken muß ich, was mit der Bezeichnung gemeint ist: ich behaupte also, daß der Masochist nur in einem beschränkten Ausmaß befähigt ist, Liebe für ein Objekt zu fühlen und Liebe zu geben, daß seine Liebesfähigkeit durch bestimmte seelische Faktoren eingeschränkt wird. Nun zu den Einwürfen und Einwänden. In der analytischen Literatur wurde des öfteren, zuletzt von W. *Reich* auf das erhöhte Liebesbedürfnis des masochistischen Charakters hingewiesen, auf sein Verlangen, sich immer wieder zu vergewissern – auch um den Preis hoher Opfer und freiwilliger Entbehrungen –, daß er geliebt wird. Gewiß doch, das wurde hier nicht bestritten. Das Bedürfnis, geliebt zu werden, und die Fähigkeit selbst zu lieben, sind indessen psychologisch zwei verschiedene Dinge. In bestimmtem Sinn sind es sogar zwei einander entgegengesetzte Dinge. Das erhöhte oder gesteigerte Liebesbedürfnis, das Verlangen, geliebt zu werden, kann unter bestimmten psychologischen Umständen geradezu zum Zeichen werden, daß man selbst der eigenen Liebe nicht sicher ist. Wer ein übertriebenes Verlangen hat, geliebt zu werden, zweifelt aber gewiß daran, daß er geliebt werden kann. Das kann verschiedene seelische Begründungen haben. Die wichtigste ist die, daß die Person annimmt, daß sie nicht wert ist, geliebt zu werden. Die innere Wahrnehmung sagt z. B., daß man voll Aggression und Haß ist, so daß sogar Objekte, die uns nahestehen, zugleich zu Gegenständen feindlicher Regungen werden. Jener Zweifel, ob man geliebt wird, und die Bemühung, sich die Liebe zu erwerben, darf sich in diesem Fall auf das unbewußte Schuldgefühl berufen, das aus eigenen Haßregungen resultiert. Jedenfalls aber hat das verstärkte Liebesbedürfnis nichts mit der eigenen Liebesfähigkeit zu tun. Es ist vielmehr ein Zeichen dafür, daß die ursprüngliche Sicherheit oder Unbekümmertheit des Selbstgefühls verlorengegangen ist. Das Baby ist sicher geliebt zu werden, es zeigt ein selbstverständliches Vertrauen, daß die Mutter, der Vater, alle Welt es liebe. Dieses Vertrauen ist psychologisch gerechtfertigt, nicht nur weil es meistens den Tatsachen entspricht, sondern weil das Kind in seiner Selbstliebe noch nicht gekränkt und geschädigt wurde. Ein besonders starkes Verlangen nach Geliebtwerden zeigt schon an, daß solche Zufuhr von Liebe für das Ich notwendig geworden ist. Wir stoßen also wieder auf das Moment des gestörten Narzißmus, welches das verstärkte Liebesbedürfnis erklärt. Nebenbei bemerkt: Es ist mir nicht zweifelhaft, daß es sich weniger um das Bedürfnis, geliebt zu werden, als um das, Verzeihung zu erhalten, handelt. Im Sinne der kindlichen Anschauung, die den Liebesverlust bei den nächsten Personen fürchtet, kann der Satz: es wurde mir verziehen, dem Ausdruck: ich werde wieder geliebt, psychologisch gleichgesetzt werden. Ein anderer Einwand, gewichtiger als dieser, wird auf das Benehmen des Masochisten, sein Verhalten zu seinem »Liebesobjekt« selbst hingewiesen. Er wird uns vorhalten, daß es selten, wenn irgendwo in der Welt, leidenschaftlichere Beteuerungen der eigenen Liebe und Ergebenheit gibt, als in den Briefen und Gesprächen masochistischer Menschen, daß unzweideutiger Beweise der Opferfähigkeit, des Diensteifers, ja der sklavischen Unterwürfigkeit gegenüber dem Liebesobjekt kaum zu finden sind als in den masochistischen Szenen. Und werden nicht im Dienst der »strengen Herrin« alle Schranken heiliger Scheu überwunden, darf die Gebieterin nicht alles verlangen, was sonst niemand ungestraft vom andern fordern darf, auch das Ekelhafte und Erniedrigende, wird nicht sogar Bestraftwerden, Gescholtenwerden zu Lust, wenn es nur von ihr kommt? Wenn diese leidenschaftliche Glut, dieser Überschwenglichkeit, diese grenzenlose Verehrung, kein Beweis von Liebe ist, was ist es dann? Ist der Masochist nicht willig, sich die stärksten Demütigungen von seiner Geliebten gefallen zu lassen? Mehr als dies: er ist nicht nur willig, er will es auch. Er will es nicht nur, er sehnt sich danach, er bittet darum, fordert es. Und dennoch: die wahre Liebe ist das nicht. Gerade die Überschwenglichkeit, gerade das Übertriebene, ins Unwahrscheinliche und Phantastische Geführte eines solchen Verhaltens sollte uns mißtrauisch machen. Sind diese Zeichen wirklich Beweise von Liebe, nicht Beweise anderer Triebziele? Romeo fordert von Julia nicht, beschimpft, gepeitscht, gebunden, gedemütigt zu werden. Daß das Mißtrauen gerechtfertigt ist, hat uns die Analyse der seelischen Vorgänge im Masochismus gezeigt. Es handelt sich nicht um Liebe, sondern um Lust. Alle überschwengliche Verehrung des Objekts, alle Bereitwilligkeit sich zu unterwerfen, versklavt, gezüchtigt und gedemütigt zu werden, sind keine Beweise der Tiefe des Liebesgefühls, sondern der Tiefe des sexuellen Lustverlangens. Und dieses selbst hat ja nicht das gewöhnliche Ziel, weicht von dem natürlichen der geschlechtlichen Vereinigung ab und scheint absonderliche Wege zu gehen. Die Beziehung zum Liebesobjekt scheint die hingebungsvollste zu sein, aber ist es auch ein Liebesobjekt? Ist es nicht vielmehr ein Objekt der sexuellen Lust, ein Instrument, auf dem man spielt oder vielmehr eines, das auf dem Masochisten spielen soll? Eine tiefere Einsicht ergibt, daß die angebetete Frau nicht als Persönlichkeit, sondern als Geschlechtsvertreterin erscheint. Alles andere ist Schein und Manöver, Übertönung anderer seelischer Möglichkeiten. Alle Vorspiegelung besonderer

Verehrung, ja Vergötterung soll nur verdecken, daß für den Masochisten die sexuellen Beziehungen keine persönlichen sein müssen. Sie gelten der Frau, sie gelten aber nicht dieser bestimmten Frau. Wir wissen, daß sich der masochistische Drang aus aggressiven und sadistischen Phantasien abgeleitet und seinen ursprünglichen Charakter noch in der Entstellung und Darstellung durch das Gegenteil behalten hat. Die sadistische Objektergreifung und Objektzerstörung ist aber gewiß keine Äußerung ungemischter Liebe zur Frau. Die Analyse des demonstrativen Zuges hat nicht nur die Annahme jener Abkunft vom Sadismus bestätigt, sondern auch die dauernde Wirkung aggressiver Tendenzen gezeigt. Das Objekt sollte verhöhnt und herabgesetzt werden, indem man sich dasselbe von ihm antun läßt, was man ihm zufügen möchte. Das groteske Beiwerk masochistischer Szenen, das Paradoxe dieser Phantasien wies unzweideutig auf solche Absichten hin. Umkehrung und Übertreibung schienen anzudeuten, daß das Verhalten des Masochisten selbst darstellen will, welcher tiefe Sinn in diesem kindlichen Spiel liegt. Hier wurde unser erster Eindruck vom Masochismus durch die psychologische Analyse seiner Vorgänge bestimmt: die Paradoxie gewann ihren Sinn. Der Masochist könnte im Sinne jenes Ausspruchs *Tertullians* sagen: Facio, quia absurdum. Das aber will sagen: Was ich tue, ist Unsinn, ich zeige dir damit nur, was ich eigentlich dir tun will. Was der Masochist in seiner Beziehung zur Frau darstellt, ist freilich obenhin gesehen völlige Unterwerfung. Was er aber dadurch darstellen will, ist der Wille zu unterwerfen, also eine besondere Art triebhaften Begehrens. Man muß wiederholen: die wahre Liebe ist das nicht. Die Frau erscheint zwar in seinem Verhalten besonders hoch gewertet und geschätzt. Daran ist nur wahr, daß sie als Sexualobjekt hoch geschätzt wird, als Vertreterin des Geschlechts, nicht als Person. Das ganze Verhalten des Masochisten scheint zu beweisen, daß er dem Weibe unbedingt dienen will. Es beweist aber in Wirklichkeit, daß er sich ihrer unbedingt bedient.

Haben wir aber nicht gesagt, daß sich hinter der Figur der Frau die männliche Figur verbirgt, die Gestalt des strafenden Vaters sich verrät. Gilt nicht die verborgene Liebe eigentlich ihm? Nein, es ist eher ein Verlangen, von ihm bestraft zu werden, um dann Triebfreiheit zu haben, ja gerade in der Bestrafung die Triebbefriedigung zu erringen. Wir haben uns davon überzeugt, daß auch die Liebesregung in dieser Beziehung zum Mann keineswegs vorherrschend ist. Was sich als solche präsentiert oder erraten läßt, wird sich auf ein Gemenge von Strafbedürfnis, Angst, Trotz und dunkle homosexuelle Regungen reduzieren. Der Masochist scheint so mit Hamlet von sich sagen zu können: »Ich habe keine Lust am Weibe und am Manne auch nicht.« Das stimmt nicht, er hat Lust am Weibe und am Manne auch, aber er hat wenig Liebe zu ihnen. Wir haben ja auch nur von der Einschränkung der Liebesfähigkeit gesprochen. Diese Abschwächung der Liebesgefühle aber ist bestimmt dadurch, daß die Liebe von den Objekten zum größten Teil wieder auf das Ich zurückgezogen wird. Die seelische Situation der gestörten Selbstliebe, des geschädigten Narzißmus macht es notwendig, die Liebe wieder dem Ich zuzuwenden. So wird der Feldherr seine vorgeschickten Truppen zurückziehen, wenn eine wichtige Stadt im eigenen Land durch einen feindlichen Angriff bedroht erscheint. Die Zurückziehung der Liebesbesetzung von den Objekten auf das gefährdete Ich hat aber nicht nur Schutzcharakter, sie wird auch in den Dienst der Rehabilitierung des Selbstgefühls treten.

Diese Rehabilitierung geht aber auf eine merkwürdige Art vor sich: indem die Erniedrigung, Beschämung und Strafe freiwillig erneuert wird. Ich erinnere an den Jungen, den der

Vater wegen seiner schlechten Tischsitten als Schwein beschimpfte und der zu grunzen begann; an die masochistischen Szenen, in denen ein Mann wie ein schlimmes Kind gerügt und getadelt werden will. Was ist das Motiv eines so sonderbaren Verhaltens? Es sieht aus wie eine ingrimmige Erinnerung an eine erlittene Beleidigung, eine dargestellte Wiederholung. Wir wissen, es ist eine Flucht nach vorn, um die Angst zu bewältigen. Indem aber der Masochist die Strafe aufsucht, hat er sozusagen das innere Recht gewonnen, das Verbotene zu tun, seinen Willen durchzusetzen. Indem er die Beschämung erneuert hat, hat er sich und den anderen bewiesen, wie ungerecht, dumm und kurzsichtig sie war und kann auf diesem Umweg sein Selbstgefühl wieder herstellen. In dieser Darstellung ist freilich immer wieder zu berücksichtigen, daß harmlose Kinderszenen und Drohungen dramatisiert werden, die Strafaussicht stärker wirkte als die wirkliche Strafe und daß die Bedrohung durch die Phantasiearbeit eine schreckenerregende Gestalt erhielt. Dieser Schrecken wird abgeschwächt, indem die Strafe vollzogen wird. Durch die Darstellung der Bestrafung und Beschämung wird aber die Rachelust verstärkt und die Kraft gefunden, dem Willen der Außenwelt zu trotzen. Wir bekommen so den Eindruck, daß die masochistische Aktion den Sinn hat, eine Rachephantasie darzustellen, und zwar indem sie wiederholt, was das Rachegefühl und den Trotz rechtfertigt. Es ist dem Menschen schwer, auf Rache zu verzichten. Es ist ihm aber unmöglich, auf die Rachephantasie, auf die Vorstellung, sich Genugtuung auf eine erlittene Beschämung und Erniedrigung zu holen, zu verzichten. Der Reiz, der von der Phantasie ausgeht, es »ihnen zu zeigen«, ist in seiner seelischen Wirkung schwer zu überschätzen. Indem die Rachephantasie das erlittene Unrecht erneuert – in der masochistischen Aktion läßt sie es sogar wieder geschehen –, rechtfertigt sie ihre Wut und die folgende Reaktion, die grausam oder trotzig ist. Die Genugtuung, die aus der Durchführung eines lange unbefriedigt gebliebenen Rachedrangs fließt, hat nur wenige von gleichem Lustwert auf Erden. In ihr vereinigen sich Lustquellen aus der eigenen Aggressivität mit solchen aus der Wiederherstellung des Machtgefühls und des Selbstvertrauens. Es soll nachgetragen werden, daß Vergleiche mit anderen, die zum Nachteil der eigenen Person ausfallen, und das Hinstellen anderer Kinder als Vorbilder oft als Demütigungen und Schädigungen empfunden werden, lebhafte Rachegefühle auslösen und ein Verlangen nach Rehabilitierung erregen können.

In der masochistischen Phantasie und Szene muß diese Rehabilitierung oder Wiederherstellung des Selbstgefühls nicht immer zum Ausdruck kommen. Sie ist aber, bewußt oder unbewußt, immer vorhanden und wirksam. Die Szene mag nur die Erniedrigung und Beschämung, die Strafe oder das Leid darstellen. Der Psychologe, der ihren geheimen Sinn erraten will, hat die Aufgabe, das fehlende Stück zu ergänzen und daran zu denken, daß das Dargestellte dem Ich das subjektive Recht gibt, sein Selbstgefühl wiederherzustellen. Die Möglichkeit, die Art und den Umfang des Fehlenden zu erraten, ist durch Andeutungen und Anspielungen der Demonstration gegeben. Die verborgene Tendenz, anerkannt und geschätzt zu werden, nachdem man gedemütigt und erniedrigt wurde, tritt im sozialen Masochismus ungleich stärker hervor als im sexuellen. Sie beherrscht die seelische Tiefendimension viel entscheidender als die Befriedigung des unbewußten Schuldgefühls. Wer nicht nur ein »gelernter«, sondern auch ein geborener Psychologe ist, wird die Anwesenheit und Stärke dieser geheimen Absicht in den Äußerungsformen des sozialen Masochismus erkennen. Die eigene Entwürdigung und Beschämung, das eigene Leid und Unglück stehen freilich im Vordergrund. Das hat aber nur den Wert eines Vorspiels. Dahinter erscheint der leidenschaftliche Anspruch auf Geltendmachung des Ichs so deutlich, daß er manchmal bemerkbar, hörbar und sichtbar wird. Das Verlangen, geschätzt und anerkannt zu werden, ist dann übermächtig geworden, durchdringt den Vorhang des Leidens. Das Leiden wird dann zum Zeichen und Ausdruck des eigenen Werts. Wer soviel Ungemach und Unglück erduldet, hat ein Recht darauf, stolz zu sein. Er ist ein vom Schicksal Gezeichneter? Er ist damit zugleich ein vom Schicksal Auserwählter, einer, dessen Eigenart und Los ihn aus der Menge hervorhebt. Wer so viel leiden muß, so vielen Benachteiligungen ausgesetzt ist, darf sich erlauben, auf andere herabzusehen, ist nicht gebunden durch Gesetz und Regel, welche die Masse binden. Die Berufung auf Ungemach und Niederlagen wird zur inneren Legitimation der eigenen Überlegenheit. Aus ihr schöpft das Ich seine unbeschränkten Ansprüche. Hier kann gewiß nicht, wie es in so vielen analytischen Büchern und Zeitschriftenartikeln heißt, von einer narzißtischen Befriedigung die Rede sein. Die Schmach wird als solche empfunden, die Entwürdigung tief erlitten, daran kann kein Zweifel sein. Erst nachträglich wird die Schmach umgedeutet, wird zum Vorzeichen der Auszeichnung, die eigene Erniedrigung wird zum Ausdruck der kommenden Erhöhung, die Ausstoßung zum Symptom der Besonderheit. Nicht die natürliche starke Selbstliebe wird hier sichtbar, sondern ihr Ersatz, der Stolz, der ihre Schädigung überwinden will. Ein solcher Stolz läßt sich seiner Natur nach am besten mit der Eitelkeit vergleichen. Auch die Eitelkeit ist keine Äußerung der natürlichen Selbstliebe. Sie bezeugt nicht ein ursprüngliches Gefallen an der eigenen Person, sondern weist auf eine Bemühung hin, ein Mißfallen zu bewältigen. Sie ist kein Zeichen des befriedigten Narzißmus, sondern eines Versuchs, seine Verletzung wiedergutzumachen. Auch die Eitelkeit wird einen körperlichen Nachteil oft so verwenden und verdecken, daß der Außenwelt dort ein Reiz erscheint, wo ein Mangel vorliegt.

Die Umkehrung und Umdeutung einer Erniedrigung und Beleidigung in eine Auszeichnung oder Besonderheit erscheint so in Individuen und Gruppen als eine späte seelische Reaktion. Diese Umdeutung ist eine Bemühung, aus der eigenen Niederlage masochistische Lust zu ziehen, eine Lust, die in erster Linie auf Rehabilitierung des geschädigten Ichs gerichtet ist. Der Anspruch, besser zu sein als die Umgebung, mag verborgen sein, dem Bewußtsein der Person selbst, die ihn erhebt, fern; er ist doch als eine der stärksten Lustgewinne im sozialen Masochismus anzuerkennen. Man hat bisher, soviel ich sehen kann, den Zug der Überlegenheit, ja gelegentlich der Überheblichkeit im masochistischen Charakter nicht gesehen. Die Demut und betonte Abhängigkeit, die Schwäche und Unterwürfigkeit haben diese Tendenzen bisher unerkennbar gemacht. Der Anspruch, an seelischen und moralischen Qualitäten überlegen zu sein, wird indessen durch das unterwürfige, selbsterniedrigende Benehmen des Masochisten nicht entkräftet, nur verdeckt. Auch wird die Demut durch gelegentliche Anfälle von Hochmut, der sich hinter ihr verbirgt, durchbrochen. Sie ist einem dünnen Firnis zu vergleichen, der die tiefere Schicht nur oberflächlich schützt. Ja es ist sogar möglich, ein gewisses Minderwertigkeitsgefühl mit Hochmut gegen andere zu vereinigen. Das Minderwertigkeitsgefühl ergibt sich nämlich aus einem inneren Vorgang, dem Vergleich des wirklichen Ichs, seiner Leistungen und seiner Schwächen, mit den hohen, ja übersteigerten Ansprüchen an das Ich, die der masochistische Charakter stellt. Das Defizit, das so entsteht, muß ihn mit Unzufriedenheit erfüllen. Er kann jene großen Leistungen nicht erfüllen,

kann seine Fehler und Schwächen nicht loswerden. Der Vergleich des aktuellen Ichs mit dem Ich-Ideal, das er für sich aufgestellt hat und dem er nachstrebt, fällt fast immer zuungunsten der Person aus und erregt Schuldgefühle. Eine solche Demut gegenüber dem Ich und seinen Anforderungen schließt – so sonderbar dies klingen mag – nicht einmal einen heimlichen Stolz aus. Dieser Stolz oder diese moralische Eitelkeit bezieht sich ja nicht auf die großen Ich-Leistungen, sondern auf die Höhe und Strenge der eigenen Anforderungen. Es ist also Stolz auf das Ich-Ideal, auf das Über-Ich, das der Kulturmensch in sich trägt. Noch besser aber ist eine solche Bilanz, die negativ ausfällt, mit Hochmut gegenüber anderen zu vereinigen. Die Strenge gegenüber sich selbst, ja besonders eine solche, die das Ich unbewußt mit Strafen belegt, kann gut mit Überlegenheitsgefühlen der Umwelt gegenüber gepaart gehen. Sehr charakteristisch sagte einmal eine Patientin mit ausgeprägt masochistischen Zügen: »Ich fühle mich sehr klein, wenn ich mich mit dem vergleiche, was ich eigentlich sein will, aber sehr groß, wenn ich mich mit dem vergleiche, was andere sind.«
Eine solche Haltung des Hochmuts, die von hohen Ich-Ansprüchen ausgeht, schafft doch ein Ungenügen, eine seelische Spannung, die nur durch neue Unlust, durch selbstarrangierte Leiden, durch Provokationen neuer Kränkungen und Verfolgungen herabgesetzt und besänftigt wird. Die neuen Prüfungen werden nun dazu verwendet, das gesunkene Selbstgefühl zu heben. Das Leiden wird so zum Beweis der eigenen Vorzüge und damit der eigenen Überlegenheit. Diese seelische Wirkung kann nicht von langer Dauer sein, denn die Kräfte der Aggression sind wieder erstarkt und der Aufwand, sie zu unterdrücken, erzeugt wieder unbewußtes Schuldgefühl. So ergibt sich der unendliche Kreislauf, in dem sich der Masochismus bewegt.

Das Leiden oder das Ertragen von Beschimpfung und Beschämung als Beweis der Überlegenheit gewinnt etwa den Sinn: Wie gut muß ich sein, wenn ich soviel ungerechte und unverdiente Unbilden ertragen muß. Subjektiv ist diese Verbindung wohl zu verstehen. Die Person hat den erfolgreichen Versuch gemacht, ihr unbewußtes Strafbedürfnis und die Angst, welche beide das Selbstgefühl herabdrückten, zu bewältigen, indem sie Leiden auf sich nimmt. Durch das Leiden erhält also das Ich ein Stück der alten hohen Selbsteinschätzung oder Selbstliebe zurück. Diese darf sich dann auch darauf berufen, daß man gut, ja besser ist als andere und zum Beweis auf geduldig ertragene Leiden hinweisen.

Wer der Gewalt nicht mit Gewalt begegnet, wer der Brutalität ausgeliefert ist, ohne sich zu rächen, wer die Tücke des Geschicks so willig erträgt, erscheint ja als ein besserer Mensch, verglichen mit uns allen, die wir ungeduldig und rachsüchtig sind und uns zur Wehr setzen. Das Leiden und die Art, es zu ertragen, der Verzicht auf Grausamkeit und Triebbefriedigung werden zum deutlichen Beweis der menschlichen Superiorität. Der masochistische Charakter hebt sich so von einem allgemeinen dunkleren Hintergrund ab. Vom Standpunkt einer objektiven Ethik muß zugestanden werden, daß der Masochist, verglichen mit seinem Gegensatz, dem Sadisten, harmlos erscheint. Es ist zuzugeben, daß der Schaden, den der masochistische Charakter verursacht, fast ausschließlich die eigene Person trifft und kaum oder nur mittelbar die anderen. Es ist aber nicht unsere Aufgabe, Wert oder Unwert des Masochisten im Sinne der Moral zu bestimmen, sondern seinen Anspruch auf Überlegenheit psychologisch zu verstehen. Dieser Anspruch aber wird durch zwei Momente in seiner Berechtigung abgeschwächt. Das erste ist die Tatsache, daß der Masochist seine moralische Superiorität mit dem Genuß von Leiden verbindet, und das zweite ist, daß er diese Überlegenheit aller Welt und sich selbst beweisen will. Der verborgene Charakter dieser beiden Momente macht einige erklärende Worte nötig. Ein altes jüdisches Sprichwort sagt mit psychologischem Tiefblick: »Wer gut ist zu sich, ist gut zu anderen.« Das klingt zwar paradox, aber hat seinen tieferen Sinn. Es will besagen, daß man auch gut zu sich selbst sein muß, wenn man Anspruch darauf erhebt, gütig anderen gegenüber zu sein. Anders ausgedrückt: Ist man nur gut zu anderen, während man sich selbst schlecht behandelt und sich selbst ohne Notwendigkeit Leiden und Opfer auferlegt, dann darf man an der Reinheit oder Tiefe jener Güte anderen gegenüber zweifeln. Man muß dann annehmen, daß man den anderen die für sie gebrachten Leiden und Opfer übelnimmt und unbewußte Rache an ihnen nehmen will. Der masochistische Charakter ist zu gut, um gut zu sich zu sein. Gerade das aber erweckt Verdacht gegen die Reinheit und Tiefe seiner freundlichen Regungen. Dieser Verdacht wird durch die Folgerungen, welche man aus dem demonstrativen Zug ziehen muß, bestätigt. Was hier gezeigt wird, ist ja das eigene Leiden, die eigene Schwäche und Nichtswürdigkeit, die eigene Unfähigkeit und Kleinheit. Was hier unterstrichen und herausgestrichen wird, scheint also das Gegenteil des Sichfürbesserhaltens, des eigenen Überlegenheitsgefühls, des Stolzes und der Selbstsicherheit zu sein. Es ist aber nicht das Gegenteil, es ist nur die Darstellung durch das Gegenteil. Gerade daß es dargestellt und zur Schau gestellt wird, macht es verdächtig. Es erweckt die Vermutung, daß alle Demut, alle Erniedrigung und Selbsterniedrigung sowie alle Unterwürfigkeit nur ein ausgedehntes Vorspiel ist, dem das Eigentliche folgt. Es ist so, wie wenn Herolde mit einer Trauerbotschaft vorausgeschickt würden, denen viel später eine Siegesnachricht folgt. Wir wissen, es ist die Siegesnachricht des stolzen Ichs.

Noch der Heilige, der seine fromme Demut zu auffällig zeigt, scheint zugleich zu beweisen, wie stolz er darauf ist, so demütig zu sein. Der Prediger, der so beweglich klagt: »Eitelkeit der Eitelkeiten!«, kann selbst sehr eitel sein. In den Klagen über das eigene Unglück hört ein empfindlicheres Ohr einen Unterton verborgenen Stolzes, ja Triumphs. Es ist, wie wenn die Person durch Unglück ausgezeichnet wäre. Es gibt sogar ganze Familien, die nicht nur von viel Unglück und Pech verfolgt erscheinen, sondern die auch einen sekundären Familienstolz daraus entwickeln. Es ist durchaus möglich, daß der Fluch der Atriden in solch masochistischer Art als ein Vorzug betrachtet wurde. So kann es kommen, daß der masochistische Charakter genußsüchtig im Leiden, glücklich im Elend sein kann. Als Entschädigung für das Ungemach erhält er ja das Geschenk einer besseren Meinung von sich.

Spürt man den heimlichen Anspruch darauf, besser zu sein als die anderen, im Verhalten des masochistischen Charakters? Ich meine, er ist spürbar genug. Noch dort, wo er sich verbergen will, wo das individuelle Benehmen zu sagen scheint: Lerne zu leiden, ohne zu klagen, verrät er sich. Etwas in uns will sich diesem Leidmotiv des Masochismus widersetzen, als ahnten wir, daß es ein Lustmotiv ist. Welches Recht hat der einzelne, soviel Leiden auf sich zu nehmen und sie so geduldig zu ertragen, möchte man fragen. Wir spüren, daß der Masochist einen ihm nicht zukommenden Anspruch erhebt, sozusagen als eine Art wandelnder Engel unter uns schwachen, zornigen und sündigen Menschen wandern will. Zu den Schwierigkeiten des Umgangs mit masochistischen Charakteren kommt so die Unannehmlichkeit, daß er sich selbst besser, aufopferungsfähiger, duldsamer und duldender als seine Umgebung vorkommt. Mehr noch, daß er diesen seinen Eindruck verborgen, doch spürbar seiner Umgebung vermittelt. Die Wiener Mädchen, die sich den

Torturen moderner Schönheitspflege unterwarfen, hatten ein Sprichwort: »Eitelkeit muß leiden«. Fast ist es für den Fall des moralischen Masochismus gestattet, die Redensart in gewissem Sinn umzukehren: wer soviel Genuß an seinem Leiden findet, muß eitel sein. Er bringt so viel Opfer, trägt so schwere Entbehrungen, verzichtet auf so viel, weil er in seinen Ansprüchen auf Anerkennung und Schätzung schwer zu befriedigen ist.

Das Beste, was über diese Seite des masochistischen Charakters, seinen verborgenen Stolz und seine heimliche Überheblichkeit gesagt wurde, ist nicht von Analytikern ausgesprochen worden. Es ist vielmehr in einem Satz enthalten, der dreiundzwanzig Jahrhunderte vor der Psychoanalyse ein wesentliches Forschungsresultat über den masochistischen Charakter vorausnimmt. Ein Kyniker, ein Anhänger jener asketischen Lehre, die im Verzicht und in der Entbehrung eine Art moralisch-masochistischer Befriedigung fand, griff *Plato* auf dem Athener Marktplatz an. Er warf dem Philosophen und seinen Schülern vor, daß sie Festmähler geben, heiter ihre philosophischen Gespräche führen und sich sauber kleideten. *Plato* antwortete mit jenem Satz, der von großem psychologischem Verständnis zeugt: »Ich aber sehe den Hochmut, der durch deine Lumpen scheint.«

19 Rast und Rückblick

Im vorigen Abschnitt habe ich die Triebziele des sexuellen und des sozialen Masochismus mit zwei Gipfeln verglichen, die aus demselben Gebirgszug aufsteigen. Der Masochismus als sexuelle Perversion war der Psychologie und Sexualwissenschaft lange bekannt, ohne freilich seiner seelischen Natur nach näher erkannt zu werden. Bemühungen um das Problem reichen fast ein Jahrhundert zurück. Der Masochismus als eine besondere Art von Lebensverhalten ist erst vor kurzem von der Psychoanalyse entdeckt worden. Das ist um so erstaunlicher, weil diese seelische Erscheinung unverkennbar die kulturell bedeutendste unter allen denen ist, die durch eine Triebabweichung bestimmt sind. Die Auswirkungen dieser Eigenart, die so tief im dunklen Erdreich wurzeln, reichen bis in die Regionen, denen unsere wertvollsten Kulturerrungenschaften angehören. Dieser neu entdeckte Berg bezeichnet den höchsten Gipfel.

Bevor wir uns ihm nähern und eine neue Anstrengung machen, ist eine kurze Rast angezeigt, die zu einem flüchtigen Rückblick auf den zurückgelegten Weg benützt werden soll. Um im Gleichnis zu bleiben: so sieht der Tourist von einem Berg herab und denkt: von dort unten bin ich gekommen, und sieht zu einem anderen hinüber: und dort muß ich noch hinauf. Vielleicht gibt der Blick zurück ihm ein Stück Zuversicht für die Aufgabe, die vor ihm liegt. Der Weg, den der geduldige Leser mit mir gegangen ist, war oft schwierig und unbequem, ich weiß es. Ich kenne doch keinen anderen, der uns bis hierher gebracht hätte, sonst hätte ich ihn gewählt. Oft schien sich der Weg zu verlieren, oft war er unwegsam und schwer gangbar, wurde zu einem schmalen Pfad zwischen Abgründen.

Von wo sind wir ausgegangen? Die Neugierde des Forschers, dunkleren Instinkten entwachsend, hat sich das Problem des Masochismus, der Lust, zu leiden, zum Objekt gewählt. Was man vorfand war zweierlei: ein großer Reichtum an Tatsachen, Beschreibungen klinischer und anderer Art und eine Reihe von Lösungsversuchen des Problems von ungleicher Tiefe und verschiedenem Wert. Am bedeutsamsten schienen uns die Beiträge *Freuds* zu der Frage, seine Differenzierungen der Formen, ihre Charakterisierungen, die nie an der Oberfläche haften blieben, immer in die seelischen Tiefen vordrangen, das erneute Aufgreifen desselben Problems von verschiedenen Gesichtspunkten und schließlich die Bemühung, die befremdende Erscheinung in den Zusammenhang der Triebtlehre einzureihen. Was man jenseits von Annahme oder Kritik im einzelnen als die Einzigartigkeit der Leistung erkennen muß, ist eben die Betrachtungs- und Untersuchungsweise des großen Forschers. Er hat das Rätsel des Masochismus nicht gelöst, er hat aber die Möglichkeit geschaffen, es zur Lösung zu bringen. Nur wenige Schüler sind ihm auf dem Weg, den er gezeigt hatte, in einer Art gefolgt, die dem Geist seiner Forschung nahe war, ob sie die besonderen Resultate seiner Bemühungen nun akzeptierten oder ablehnten. Jene Vereinigung von Respekt vor *Freuds* Leistung und Selbständigkeit des Denkens, seiner geistigen Unabhängigkeit, ist bei den Analytikern selten.

Ich habe schon geschildert, wie die eigene, viele Jahre fortgesetzte Beobachtung masochistischer Phänomene zu bestimmten Eindrücken führte. Neue Einsichten dämmerten und bekamen langsam deutlichere Form, konnten allmählich bewußtseinsscharf gefaßt werden. Endlich erschloß sich auch ein neuer Zugang zum Zentrum des Problems, die Darstellung bisher nicht erkannter oder nicht gewürdigter Merkmale, die allen Formen des Masochismus gemeinsam sind. Der Weg, der von hier weiter führt, ist dem Leser bekannt.

Je deutlicher sich die Grundlinien einer neuen Auffassung des Masochismus, seines Wesens, seiner Voraussetzungen und Absichten, abzeichneten, um so ernster wurde der Zweifel daran, daß die bisherige Erklärung seinen Erscheinungen gerecht geworden war. Meine Kritik der bisherigen Auffassung war zuerst schüchtern und zurückhaltend gewesen, bezog sich auf Einzelzüge, die sich nicht einfügen lassen wollten, Widersprüche und Lücken, die Bedenken erweckten. Die Kritik wurde mutiger oder zuversichtlicher, je mehr man von den verborgenen Eigentümlichkeiten des Masochismus erriet, je mehr sich der Schleier lüftete, der das Gesicht dieses Phänomens verhüllte. Die Antworten, welche die Analyse auf die durch den Masochismus gestellten Fragen gegeben hatte, machten einen unbefriedigenden Eindruck auf mich. Die von *Freud* hypothetisch angenommene primitive Schmerzlust lieferte nichts als eine physiologische Voraussetzung. Die Befriedigung von unbewußtem Schuldgefühl und homosexuell-passiven Regungen in der Leidlust konnte in den meisten Fällen nachgewiesen werden, aber erklärte sie das Wesen der Triebneigung und war sie das Ziel, dem sie zustrebte? War sie nicht vielmehr ein Nebenerfolg, ein Gewinn, den man am Weg zum Ziel gefunden und aufgenommen hatte? Daß der soziale Masochismus nur auf die Einwirkung moralischer Instanzen zurückzuführen war, nur die Stärke der Gewissensmächte erwies und allein das Strafbedürfnis befriedigte, konnte ich nicht glauben. Was die Analyse in ihrer Erforschung der masochistischen Phänomene gefunden hatte, war neu und es war richtig. Zweifelhaft und später nicht einmal mehr zweifelhaft blieb es, ob damit das Wesen der Perversion und Triebneigung erklärt wurde, ob diese Funde ihre Motive und Ziele erhellten. Die Auskünfte, die sich aus der analytischen Forschung ergaben, mußte man als die besten anerkennen, die bisher zu erhalten waren, aber das bedeutete nicht, daß sie die besten waren, die man erhalten konnte. Ihre Art ist am besten im physikalischen Vergleich darzustellen. Es ist so, wie wenn jemand die Frage nach dem Wesen der Wärme dahin beantwortet, daß Wärme die Körper ausdehne. Das ist gewiß richtig, beschreibt eines der Resultate der Wärmeeinwirkung, aber es erklärt nicht ihr Wesen und vermag z. B. über die Tatsache, daß Wärme durch mechanische Art erzeugt wird, keine Rechenschaft zu geben. In ähnlicher Art hatte die Analyse die Frage nach dem Wesen der masochistischen Lust beantwortet. Sie hatte Wichtiges und Richtiges gefunden, aber das Zentrale des Problems unberührt gelassen. Der wesentliche Aspekt ergab sich erst aus der Gegenüberstellung von Luststreben und Angst und aus der Erkenntnis des dynamischen Prozesses, der sich zwischen dem Gewünschten und dem Gefürchteten entwickelt. Erst von dort aus konnte man durch die Entdeckung des Suspensevorgangs und der Flucht nach vorn die Eigenart der masochistischen Vorgänge bestimmen.

Diese Kritik galt jetzt nicht mehr der analytischen Erklärung, sondern ihrer ursprünglichen Fragestellung. Mein Zweifel und meine Überlegungen oder Überprüfungen betrafen nun nicht mehr – oder nicht mehr nur – die Frage, ob die analytischen Einteilungen und Ableitungen korrekt sind, sondern ob ihre Fragestellung richtig ist. Traf sie das Wesentliche? Jetzt war der Ausgangspunkt selbst fragwürdig geworden. Die neuen Einsichten zwangen zu einer Revision.

Welches war dieser Ausgangspunkt der analytischen Untersuchungen? Es war die Frage, wie es zugehen könne, daß Unlust und Schmerz zum Gegenstand sexuellen Verlangens, das Leiden, die eigene Ohnmacht und Demütigung zum Triebziel werden konnten.

Es war auch der Ausgangspunkt der eigenen Forschung gewesen. Dabei hatte ich naiverweise, wie ich jetzt sagen muß, die Konzeption, daß es so ist, als Tatsache von vornherein angenommen. Es war so, denn alles wies darauf hin, daß es nicht anders sein konnte. Jetzt aber mit den neuen Einsichten, die sich aus der langen Beobachtung und psychologischen Vertiefung in das lebendige Material ergaben, entstand die Frage: Ist es auch wirklich so oder scheint es nur so zu sein? Kann es wirklich nicht anders sein? Die unzweideutige Antwort, die aus den psychologischen Auskünften resultiert, lautet: Es ist nicht so, und es kann gar nicht so sein. Das will heißen: Die Triebtendenzen, die wir als masochistisch bezeichnen, haben gar nicht ursprünglich das Ziel der Unlust und des Leidens, sie streben nicht von Anfang danach, die sexuelle Befriedigung aus Geschlagenwerden und Gedemütigtwerden zu gewinnen. Der Masochismus startet nicht mit dieser Aussicht, er gelangt nur dahin. Sie bezeichnet nur das Finish, den Endpunkt des Rennens. Das Verlangen ging ursprünglich nach derselben Lust wie bei allen, hatte dasselbe Triebziel. Bestimmte psychologische Bedingungen aber erzwangen eine Ablenkung, nötigten zu einer neuen Zielsetzung. Die Unwahrscheinlichkeit eines solchen Vorgangs leuchtete mir noch nicht ein, nicht einmal die Schiefheit des Vergleichs. Ich dachte nicht einmal daran, daß der Trieb nicht mit dem Reiter, der ein Ziel bestimmt, zu vergleichen ist, sondern eher mit dem Pferd, das den Reiter trägt und das mit ihm durchzugehen droht. Der vorausgesetzte Vorgang würde also dem Unwahrscheinlichen eines Pferdewechsels entsprechen. Ich landete bei der alten Redensart: »You cannot change the horse during the running.«

Anders ausgedrückt: Es hatte im Masochismus keine Zielablenkung stattgefunden. Das Triebziel war von Anfang an gesetzt und dann festgehalten worden. Hatte also die bisherige analytische Auffassung doch Recht, war das Genießen von Unlust dieses ursprüngliche Triebziel? Alle Ergebnisse der eigenen Forschung widersetzten sich dieser Auffassung. Was ich an Einsichten gewonnen hatte, zeigte, daß sich die analytische Konzeption, so wertvoll auch die einzelnen Beiträge zum Problem waren, auf einer falschen Grundauffassung des Masochismus gründet. Die Überwindung der Schwierigkeit ergab sich durch neue Beobachtungen, die endlich Klärung und Erklärung brachten. Das Triebziel des Masochismus ist nicht Unlust und Leiden, sondern sexuelle Befriedigung mit einer sadistischen Tönung auf einem Umweg. Die Unlust, das Leiden, die Erniedrigungen bezeichnen nur einen Durchgangspunkt, eine Station auf dem Weg zu diesem Ziel. Oberflächlich betrachtet konnte diese Auffassung sich freilich nur auf die Minderzahl der Fälle berufen, in denen auf das Geschlagen- oder Beschimpftwerden ein genußvoller Sexualverkehr mit allen Zeichen der Rücksichtslosigkeit und Ungehemmtheit folgte. Ein tieferes psychologisches Eindringen in die Vorgänge bei perversen und masochistischen Charakteren zeigte nun, daß diese Auffassung in allen Fällen stimmt. Die bisherigen Beobachter hatten die Bedeutung der Phantasietätigkeit im Masochismus nicht erkannt und das Moment des Vorwegnehmens in ihm nicht gesehen. Der Zeitfaktor, derselbe Faktor, der den Suspensevorgang bestimmt, war in der Analyse der Vorgänge nicht berücksichtigt worden – eine Nachlässigkeit, die sich in der Bewertung der seelischen Prozesse schwer gerächt hat. Die falsche analytische Grundauffassung der masochistischen Phänomene ist dadurch bedingt, daß der Mechanismus der Antizipation nicht in Rechnung gestellt worden ist. Die unscharfe Beobachtung der seelischen Vorgänge, die sich im Ausfall in der Beschreibung und Darstellung dieser Momente rächt, führte zu übereilten und unrichtigen psychologischen Folgerungen weitgehender Natur. Der Wert der einzelnen analytischen Beiträge blieb so freilich bestehen, aber ihre Wertigkeit, ihr Geltungsbereich für die Aufhellung der Dynamik des Masochismus erschien verändert. Sie waren nicht zum zentralen Punkt des Problems vorgedrungen, hatten das ursprüngliche Triebziel nicht bestimmt und weder die Motive noch die Mechanismen, welche den seelischen Weg dahin eigenartig gestalteten, erraten. In der eigenen Arbeit hatte ich das Wertvollste, was *Freud* uns gab, seine Methoden mit

der Strenge und Selbstkontrolle, die ich bei ihm gelernt hatte, angewendet und war zu Resultaten gelangt, die von den seinen weit abwichen. Nachdem man die Spatenarbeit, diese so wichtige und mühevolle Vorarbeit des Ausgrabens, getan hatte, war man im tiefen Erdreich zu Funden gelangt, deren Untersuchung und vorsichtige Einreihung früheren Annahmen entschieden widersprachen.
Die neuen Funde störten den Schein, daß das masochistische Triebziel mit dem Schmerz oder der Unlust zusammenfalle. Sie machten deutlich, daß es jenseits dieser gesteigerten Unlust liegt, also eine bestimmte Zeit – und wenn es nur ein Zeitbruchteil ist – später. Das will heißen: Die Bestrafung oder Erniedrigung gehen der Befriedigung voraus. Die lustvolle Erregung, die sie erwecken, gilt nur scheinbar und mittelbar dem Schmerz und der Beschämung. In Wirklichkeit gilt sie dem Folgenden, der vorausgenommenen Befriedigung. Die Darstellung einer unlustvollen Lust, wie sie bisher üblich war, ist zu korrigieren. Die Contradictio in adjecto läßt sich, wenn man erkennt, daß das Miteinander sich aus einem Nacheinander ergibt. Die Erregungssteigerung ist nur oberflächlich mit der Steigerung von Unlust und Schmerz verknüpft, tatsächlich damit, daß mit dieser Steigerung die ursprünglich ersehnte Befriedigung nahegerückt ist. Wo die Unlust am höchsten, ist die Lust am nächsten. Die wenn auch nur für Sekundendauer in der Phantasie vorausgenommene Lust fließt schließlich in die Unlust über und am Ende mit ihr zusammen. Sie ist dann für den Beobachter nicht mehr von der Steigerung der Unlust zu trennen. Es kommt zu jener Osmose von Leiden und Lust, zu der Wollust am Leiden. Die Phantasietätigkeit ist als die wesentliche psychologische Bedingung für die Möglichkeit solchen Vorwegnehmens anzusprechen. Jetzt können wir erst den vollen Umfang, den dieses Moment für die Entstehung und Entwick-

lung des Masochismus beansprucht, überblicken. Wir haben verfolgt, daß die Triebneigung aus der Umformung einer sadistischen Phantasie entsteht, haben die Macht der Phantasie im Suspense wirken gesehen, wo sie die Strafe oder Gefahr vorausnimmt und die Luststeigerung verhindert. Jetzt erkennen wir, daß sie im ausgebildeten Masochismus die ersehnte Triebbefriedigung so weit vorwegnehmen kann, daß sie endlich zeitlich annähernd mit der höchsten Unlust zusammenfallen kann. Im Suspense war die Entwicklung der Phantasie in der Vorwegnahme der Strafe im Wesentlichen retardierend. In der Endphase des Masochismus, in der Vorwegnahme der Befriedigung ist sie beschleunigend. Zugleich verstehen wir, daß die Vernachlässigung des Zeitfaktors in der Dynamik des Masochismus für das Zustandekommen jenes fundamentalen Mißverständnisses mitverantwortlich ist.

Was aber dieses Mißverständnis oder Unverständnis selbst anlangt, behaupten wir, daß es von einer falschen Prämisse ausging, deren Festhalten den weiteren Forschungen ihre Richtung vorschrieb. Diese irrige Anfangsvoraussetzung liegt der Frage zugrunde, von der die Erforschung des Masochismus ausging. Es kommt zu sexueller Befriedigung und starker Lust, während die Person Schmerz, Unlust, Beschämung empfindet – wie ist das möglich? Ich meine, gezeigt zu haben, daß diese Grundfrage von einer falschen psychologischen Voraussetzung ausging, indem sie die bewußte Schilderung der Masochisten wörtlich nahm und akzeptierte sowie das Zusammenfallen von gesteigerter Unlust mit der Befriedigung als kausale Verbindung auffaßte. Anders gesagt: Weil sich für den Masochisten Lust aus der Unlust ergibt, wurde als selbstverständlich angenommen, daß Unlust für ihn Lust bedeutet. In Wirklichkeit liegen zwei gesonderte seelische Vorgänge vor, die später verlötet erschienen. Die psychologischen und analytischen Beobachter sind einer optischen

Täuschung unterlegen, die freilich entschuldbar ist, aber deren Wesen aufgezeigt werden mußte. Dies ist um so notwendiger, als die Masochisten selbst, soweit ihr Bewußtsein reicht, in derselben Täuschung befangen sind. Ihr Zeugnis ist, wenn auch bona fide gegeben, deshalb nicht so hoch zu werten als es gewöhnlich geschieht. Man übertreibt nur wenig, wenn man sagt, daß die Psychologen in ihren Erklärungsversuchen des Masochismus einem unbewußten Trick erlegen sind. Die Notwendigkeit der Verdeutlichung wird es entschuldigen, wenn ich ihre ursprüngliche Fragestellung mit krasser Vergröberung mit der alten Scherzfrage vergleiche: »Der Rabe flog, obwohl ein Hund auf seinem Schweif saß. Wie ist das möglich?« Wir verspüren eine Versuchung, die zwei Aussagen miteinander ursächlich zu verknüpfen und sie zu einer Einheit zu machen. Wir verstehen also fälschlich die Frage dahin, daß der Rabe flog, obwohl der Hund auf dem Schweif des Vogels saß. Wirklich aber flog der Rabe, während der Hund auf seinem eigenen Schweif saß, was gewiß durchaus möglich ist. Die Psychologen haben gewissermaßen einer ähnlichen Tendenz, zwei voneinander unabhängige Ereignisse in einen einheitlichen Vorgang umzudeuten, nachgegeben. So haben sie angenommen, daß die masochistische Lust von der Art der Unlust, des Schmerzes und der Ohnmacht sein müsse, weil die beiden Erscheinungen eng verknüpft und gleichzeitig auftreten können.

Alle diese Resultate wären von geringer Reichweite, wenn sie sich nur auf das Gebiet sexueller Perversion bezögen. Sie würden dann nur einen Einblick in die psychischen Vorgänge und die seelischen Eigenarten einiger Millionen Menschen geben, die in ihrem Sexualleben abseitige Wege gehen. Der Geltungsbereich dieser Forschungen geht aber sehr weit über dieses Interesse an einer bestimmten Menschengruppe hinaus und er erstreckt sich auf die Unzähligen, deren Triebnei-

gung in diese Richtung geht, und von dort noch weiter auf alle Menschen, deren Einstellung zu ihren Mitmenschen und zum Schicksal eine masochistische Note annimmt, mag dies nun zeitweise oder für ihr ganzes Leben gelten. Die psychologische Geltung erweitert sich hier in einem solchen Ausmaß, daß sie jeden von uns angeht, denn jeder ist durch Charakter und Umstände gezwungen, manchmal jene Einstellung anzunehmen. Wir schwanken alle zwischen ihr und der entgegengesetzten, deren Aktivität einen gewalttätigen oder aggressiven Charakter hat. »Du mußt Hammer oder Amboß sein«, sagt der Dichter. Die Alternative gilt freilich nur für das aktive Leben; im Bereich des Seelischen, dessen größerer Teil das Unbewußte ist, ist es kein Enweder-Oder, sondern ein Sowohl-Als auch. Man ist beides zugleich.
Langsam gleitet unser Blick zum Gebiet des sozialen Masochismus hinüber, zu einem Verhalten im Leben, einer seelischen Eigenart, die sich außerhalb des Geschlechtlichen im engeren Sinne äußert. Gilt auch dort das Resultat, das wir gefunden haben? Ist auch in diesem weiteren Gebiet ein verhüllter Lustgewinn nachzuweisen, der aus dem eigenen Leiden und den eigenen Niederlagen gezogen wird? Wir wissen schon, daß die Analyse bisher angenommen hatte, die Lust aller jener Erniedrigten und Gedemütigten entspringe aus der Befriedigung eines unbewußten Strafbedürfnisses. Das ist richtig, aber ist es das einzige, was richtig ist, ja ist es auch nur das Wichtigste von dem Richtigen? Wenn dies so wäre, müßte für den sexuellen und für den sozialen Masochismus eine völlig verschiedene seelische Dynamik gelten. Die eine Form würde eine verbotene sexuelle und aggressive Befriedigung bringen, die andere die Bestrafung für die verpönten Wünsche. Das wäre denkbar, aber außerordentlich unwahrscheinlich. Die seelische Kontinuität, die beide Formen verbindet, würde durch eine solche Verschiedenheit gebrochen

erscheinen. Wir werden erkennen, daß diese Differenz nicht besteht. Hier wie dort ist ein triebhaftes Ziel von vornherein gesetzt und wird allen Hindernissen zum Trotz festgehalten und erreicht. Hier wie dort gibt es ein Schwanken zwischen Luststreben und Angst, wird etwas angestrebt und seine Erreichung wegen einer dunklen drohenden Strafe gefürchtet. Auch in der sozialen Leidsucht gibt es verborgene Ziele, die sich keineswegs im befriedigten Strafbedürfnis, in der Erfüllung strenger Gewissensansprüche erschöpfen. Auch auf diesem weiten Gebiet gilt der Mechanismus des Vorwegnehmens in der Phantasie, ja er wird noch wichtiger als auf dem sexuellen, dessen Triebziele von so viel vergänglicher Art sind. Die Macht der Phantasie, die sich in dieser umfassenden Region erweist, geht weit über das eigene Leben hinaus, greift in die Zukunft kommender Geschlechter. Im sozialen Masochismus werden Leiden zu Genüssen, eigenes Elend zu Glück und Niederlagen zu Siegen, weil das kommende Heil alles Gegenwärtige zu wesenlosem Schein herabdrückt. Das Leid, das jetzt erlitten wird, wird als Versprechen kommender Seligkeit empfunden, und so kann es kommen, daß im Vorwegnehmen der bevorstehenden Erreichung des Gewollten noch die Unlust willkommen geheißen wird. Jenseits eines Einzelschicksals wird das Ende des »Faust« von *Goethe* zu einem symbolischen Ausdruck solchen Vorwegnehmens in der Phantasie, der die Macht gegeben ist, das Seiende im Sinne übermächtiger Wünsche umzudeuten und das Künftige als gegenwärtig zu sehen. Der greise blindgewordene Faust nimmt den Anblick des von ihm eröffneten Erdraums, der von Millionen tätig frei bewohnt wird, vorweg. Das Geklirr der Spaten, die sein Grab graben, ergötzt ihn, weil er es als Zeichen der emsigen Arbeit an jenem Damm gegen die Fluten hält. Die letzten Sätze, die er spricht, klingen wie der vergeistigteste Ausdruck jener seelischen Vorgänge, welche das

Wesen der masochistischen Lust bestimmen. Wie ein spätes Echo der Suspensestimmung klingt es in jener Sehnsucht:

> »Werd' ich zum Augenblicke sagen:
> Verweile doch! Du bist so schön!«

Das Triebziel, die Wiedergewinnung des Selbstgefühls und der Selbstliebe, erscheint beseligend in der Ferne und wird im nächsten Satz von der Phantasie vorweggenommen:

> »Es kann die Spur von meinen Erdentagen
> Nicht in Aeonen untergehen. –«

Die Worte an der Schwelle der Vernichtung aber bringen die ferne Befriedigung in die nächste Nähe. Der magischen Kraft der Phantasie gelingt es so, noch das eigene Ende zu verklären:

> »Im Vorgefühl von solchem hohen Glück
> Genieß' ich jetzt den höchsten Augenblick«.

VII

Soziale Formen

20 Der soziale Masochismus

Zwischen dem Masochismus als einer sexuellen Perversion oder Triebneigung und einer Lebenseinstellung, die dem Ich ein unterwürfiges und leidendes Verhalten vorschreibt und ihm immer wieder Niederlage, Versagungen und Unglück bringt, scheint keine Brücke zu bestehen. Bisher hat die Analyse es nur vermocht, einen solchen Zusammenhang zu vermuten. Es ist mir aus der Literatur nichts bekannt geworden, in dem der Übergang von der masochistischen Perversion zu dem charakteristischen Verhalten dieser Art dargestellt und psychologisch bewiesen würde.

Wenn man die Phänomene des sozialen Masochismus, wie ich es nenne, beobachtet, scheint es zuerst, als befinde man sich auf einem völlig neuen Gebiet, das keinerlei Verbindung mit dem der Sexualperversion besitzt. Dennoch läßt sich erweisen, daß zwischen den beiden Kontinenten eine Brücke besteht. Sie ist nur unterirdisch geworden, gleicht den in das Meer versunkenen Ländern, welche einmal zwei Erdteile verbanden. Jene Form des »All round«-Masochismus, die wir hier als soziale beschreiben, hat sich aus der sexuellen Triebneigung entwickelt. Die Tatsache, daß die Analyse diese Entwicklung bisher nicht nachweisen konnte, ist damit zu begründen, daß jene geheime Verbindung nicht erkannt wurde. Sie wird gebildet durch unbewußte Phantasien.

Die folgenden Abschnitte werden den Versuch machen, die Konturen der Brücke, die von einem zum anderen Ufer führen, nachzuzeichnen. Vorher aber wollen wir den Eindruck schildern, den das neue Land uns macht, da wir uns ihm nähern.

Wir erleichtern uns den Übergang zu diesem neuen und weiten Gebiet durch die Analyse eines Traums. Sie soll uns als Darstellung einer Phantasieproduktion auf die seelischen Eigenheiten des sozialen Masochismus vorbereiten. Es sei bemerkt, daß die folgende Analyse nebenbei Anlaß zur Diskussion einiger Probleme der Deutungstechnik in besonderen Fällen gibt. Die psychologische Würdigung dieses Traums führt darüber hinaus zu einer erneuten Fragestellung, welche die Beziehung von Traum und Leben betrifft. Ein bisher nicht genügend beachteter Sinn der Phantasien, die wir schlafend produzieren, wird in diesem Beispiel deutlich: der Traum ist ein mögliches Leben. Die Träumerin ist wegen verschiedener neurotischer Beschwerden in der Analyse. Sie ist seit einem halben Jahr verheiratet und im vierten Monat der Schwangerschaft. Der Traumtext lautet: *»Ich weiß nicht, wer der Vater meines Kindes ist. Manchmal denke ich, es ist Piet. Mutter aber sagt, es ist Jan. Ich bin sehr verzweifelt und weine viel. Schließlich halte ich es nicht mehr aus und beschließe Selbstmord zu begehen.«*

Der manifeste Trauminhalt scheint zunächst nur an einem Punkt, der Tatsache der Schwangerschaft, mit der Realität verknüpft zu sein. Natürlich ist die junge Frau ihrem Mann, den sie zärtlich liebt, nicht untreu gewesen. Sie weiß natürlich, daß dieser Mann der Vater des Kindes, das sie erwartet, ist. Um so merkwürdiger ist es, daß sie nach dem Erwachen an den Traum wie an eine Wirklichkeit zurückdenkt. Es ist ihr einen Augenblick lang, als wisse sie wirklich nicht, wer der Vater ihres Kindes sei. Dieses Realitätsgefühl tritt sogleich in scharfen Gegensatz zu ihrer bewußten Kenntnis. Es bleibt aber, auf den Traum als Ganzes bezogen, während des Tages bestehen. Ihre Stimmung war in den letzten Wochen vor dem Traum besonders gut gewesen. Jetzt fühlte sie sich deprimiert. Sie hatte nach dem Erwachen aus dem Traum viel geweint. Sie weinte auch, während sie mir den Traum erzählte und beklagte sich darüber, daß sie immer wieder an ihn denken müsse.

Vielleicht ist die Warnung davor, den Sinn des Traums von seinem manifesten Text aus zu erraten, gerade in einem solchen Fall nicht überflüssig. Man würde auch durchaus fehlgehen mit der Annahme, daß die Dame heimlich wünsche, einen anderen Vater für ihr Kind zu haben. Sie hatte häufig erklärt, sie könne sich keinen anderen Vater für ihr Kind wünschen oder auch nur denken. Sie hatte seit langem gewünscht, gerade diesen Mann zu heiraten und fühlt sich mit ihm glücklich. Um so sonderbarer das Wirklichkeitsgefühl im Traum, das noch lange nachhallt. Es zeigt an, daß ein Stück Wirklichkeit mit ihm verbunden sein muß. Welches? Ihre Einstellung zur Schwangerschaft ist wechselnd. Oft kann sie wie andere Frauen in dieser Zeit stundenlang selig von dem Kind wachträumen, während sie Babywäsche strickt. Sie ist stolz darauf, daß sie ein Kind haben wird, und stellt sich oft vor, wie sie mit dem Wagen in den Park fahren wird, wo andere Frauen das Kind bewundern werden, und ähnliche Situationen. Dem steht ein unlustvolles Aufnehmen der ersten Kindesbewegungen und eine unbestimmte schwache Angst, die sich aber nicht auf die Gefahren der Geburt bezieht, gegenüber. Bis vor kurzem war die Stimmung depressiv. Sollte die Träumerin doch unbewußte Gedanken, die auf eine Untreue hinstreben, haben und einen anderen Mann

als Vater für ihr Kind wünschen? Ich habe nichts finden können, was eine solche Auffassung, die sich ja auch nur auf die Traumfassade beziehen könnte, bestätigen würde.
Zum Traum weiß die Patientin keine Assoziationen beizubringen als jene Bemerkungen über seinen Wirklichkeitscharakter und ihre anschließende trübe Stimmung. Was sie sonst in dieser Analysestunde sagt, bezieht sich auf ihren körperlichen Zustand. Es hat anscheinend keinen Zusammenhang mit dem Traum. Zu diesen Aussagen ist der Bericht über eine Bemerkung ihrer Schneiderin, die ein Umstandskleid für sie fertiggestellt, zu rechnen. Die Näherin hat gestern einen Vergleich zwischen der schlanken Gestalt des Mädchens und der Figur der schwangeren Frau angestellt. Als die Patientin sich abends auskleidete, hatte sie in den Spiegel gesehen und war über ihr Aussehen erschrocken. Ihr Gesicht habe ihr mißfallen, während sie sich früher besonders hübsch gefunden hatte. Sie habe sich selbst den ganzen Tag über nicht leiden können. Sollte hier die Traumanknüpfung, der Tagesrest versteckt liegen? Ich sehe vorläufig keine Verbindung. Die Traumaufklärung zeigt dann, daß die Bemerkung der Schneiderin tatsächlich zu unbewußten Gedanken geführt hat, welche den Vergleich von jetzt und früher nach bestimmter Richtung fortsetzten.
Was beginnen wir mit diesem Traum, zu dem sich keine Einfälle einstellen wollen und der doch so empfindlich in den Tag hinübergreift? Sein verborgener Sinn ist nicht zu erraten, solange man nicht mehr von der Lebensgeschichte der Träumerin weiß. Die Kenntnis einer bestimmten Lebensphase aber macht den Traum fast transparent für den Analytiker. Der Ausfall der zum Traum gehörenden Assoziationen wird in einem solchen Fall durch die Vertrautheit mit der Lebensgeschichte und der seelischen Situation des Träumers fast wettgemacht.

Die Träumerin entstammt einer ausgezeichneten Familie und hatte sich früh schon besonders selbständig benommen. Von überzärtlichen und schwachen Eltern erzogen, hatte das junge Mädchen jede Freiheit des Handelns genossen. In mißverständlicher Auffassung bestimmter pädagogischer Theorien hatten die Eltern jede Aufsicht gegenüber dem Mädchen schon zur Zeit der Pubertät ausgeschaltet. Sie hatten sich darauf verlassen, daß es sich im Verkehr mit jungen Männern selbstverständlich innerhalb jener Grenzen halten würde, die im Haus und im Gesellschaftskreis der Eltern als Gesetz galten. Auf Reisen, die das Mädchen fast immer allein unternahm, trat sie sehr sicher auf und wurde fast immer als viel älter angesehen. In einem Kurort lernte sie einen verheirateten Mann kennen, dessen Werbungen sie bald darauf nachgab. Es kam zu einer sexuellen Beziehung, die nur kurze Zeit bestand. Diesem Verhältnis folgten im Laufe der nächsten Jahre sexuelle Beziehungen zu drei anderen Männern, von denen der letzte mehr als doppelt so alt war wie sie. Es ist Jan, der im Traum erscheint (»Mutter aber sagt, es ist Jan.«). Piet, der andere, im Traum erwähnte Mann, hatte sie immer wieder gedrängt, ihn zu heiraten. Sie hatte abgelehnt. Piet hatte auch mehrere Male gesagt, es werde ihm nichts anderes übrigbleiben, als sie schwanger zu machen. Dann werde sie ihn heiraten müssen. Ein Nachklang dieser Situation findet sich im manifesten Trauminhalt: »Manchmal glaube ich, es ist Piet.« Diese Beziehungen liegen einige Jahre vor ihrer Heirat. Weder jene Männer noch sie selbst hatten jemals antikonzeptionelle Mittel beim Sexualverkehr gebraucht. Als sie – viele Wochen vor dem Traum – diesen Teil ihrer Lebensgeschichte erzählte, antwortete sie auf meine Frage, ob sie damals die Möglichkeit einer Schwangerschaft erwogen hatte, entschieden verneinend: »Daran habe ich nie gedacht.« In jeden dieser vier Männer hatte sie sich rasch verliebt, aber immer klar gewußt, daß sie keinen liebe. Niemals hatte sie gewünscht, einen von ihnen zu heiraten. Sicherlich, so sagte sie mit Nachdruck, hätte sie von keinem ein Kind gewünscht, denn eine Frau wünsche sich nur ein Kind von dem Mann, den sie liebt. Jene Beziehungen, so behauptete sie manchmal, hätten sich im Halbschlaf abgespielt. Wegen ihrer Anmut früh von Bewerbern und Bewunderern umgeben, war sie Komplimenten leicht zugänglich gewesen. An keinen der Männer bestand eine stärkere Bindung. Sie war auch in jedem Fall rasch von ihrer anfänglichen Verliebtheit zurückgekommen. Sexuell war sie immer frigid gewesen. Zu ihrem jetzigen Gatten hatte sie sogleich eine starke Neigung gefaßt, die sich später vertiefte. Er war, seit sie ihn kannte, der Gegenstand ihrer zärtlichen und sinnlichen Phantasien.

Diese Züge der Lebensgeschichte der Patientin, die einen ausgeprägten Wahrheitssinn hatte, waren mir bald nach Beginn der Analyse bekannt geworden und waren seither des öfteren zur Sprache gekommen. Sie wurden in der Stunde, in der der Traum berichtet wurde, von ihr nicht erwähnt. Ihre Kenntnis in Verbindung mit der wachsenden Einsicht in die Besonderheiten ihrer neurotischen Erkrankung befähigten mich, den Sinn des Traums auch ohne hilfreiche Einfälle zu finden.

Wir haben gehört, daß die junge Dame ihren Mann liebt und durchaus kein Kind von einem anderen Mann wünscht. Der manifeste Trauminhalt steht also im Gegensatz zu ihrer jetzigen Situation, in der sie sich glücklich fühlt. Der Traum tritt mit dem Anspruch auf, wirklich zu sein, drängt sich in ihren Tag und bringt ihr eine viele Stunden dauernde Verdüsterung. Wir wissen ferner, daß sie sich in den Beziehungen zu jenen Männern niemals von der Möglichkeit der Konzeption geschützt hat, ja nicht einmal daran »gedacht« hatte.

Einer der Männer, Piet, hat oft davon gesprochen, sie schwanger zu machen. Hier eröffnet sich der Weg zum Verständnis des Traums.

Er zeigt diese Möglichkeit, nämlich daß sie schwanger ist, ohne verheiratet zu sein, und nicht weiß, wer der Vater des Kindes ist, als Wirklichkeit. Er zeigt ihre Verzweiflung und den Entschluß, Selbstmord zu begehen. Er stellt also eine vergangene mögliche Situation als eine gegenwärtige, real gewordene dar. Es hätte ja wirklich leicht so kommen können. Wir haben gehört, daß sie an eine solche Möglichkeit nie auch nur gedacht hat. Es scheint, daß der Traum diese unterbliebenen Gedanken und Sorgen nachholt. In ihm ist sie wirklich in diese schreckliche Lage gekommen. Sie ist schwanger und weiß nicht, wer der Kindesvater ist. Der Traum, der eine vergangene Möglichkeit als Wirklichkeit der Gegenwart darstellt, sagt also: So hätte es kommen können.

Er würde seinem Charakter nach einem Gedanken oder einer Phantasie, die sich mit der Vergangenheit beschäftigt, entsprechen. Wir kennen wenigstens eine Anknüpfung an den Tag: die Bemerkung der Schneiderin, welche ihre jetzige Figur mit der des jungen Mädchens verglich. Von dort ausgehend hat der Traum den Gedanken: »wenn ich damals schwanger geworden wäre« als Wirklichkeit dargestellt.

Der Traum nähert sich hier seiner Natur nach am ehesten einer Dichtung, da er eine Schicksalsmöglichkeit als geschehen sieht. Die analytische Literaturforschung und Biographik haben die flache Annahme, daß der Dichter Geschehnisse des eigenen Lebens gestalte, indem er die Lichthülle abstreift und einiges an ihren Äußerlichkeiten verändert, abgewiesen. Es sind viel eher unterbliebene Möglichkeiten des Schicksals, von denen die Dichter in ihrer Produktion ausgehen. Die Phantasie, die der Konzeption vorangeht, knüpft nicht an die

Erinnerung an: So war es, sondern an die Vorstellung: So hätte es werden können. Wie der Traum stellt die Dichtung diese Möglichkeit, die im Charakter oder im eigenen Schicksal verborgen waren, als Wirklichkeiten dar. Was das Schicksal des Dichters hätte sein können, ist nun das Schicksal einer seiner Gestalten, mag es nun ein glückliches oder unseliges sein. In unserem besonderen Falle läßt sich unerwarteterweise sogar ein Beispiel belegen, das eine ganz ähnliche Situation, wie sie der Traum schildert, als entscheidend für eine dichterische Gestaltung zeigt. Man erinnert sich angesichts des Traumtextes sogleich an jene Erzählung, die durch ihre kühne Stoffwahl und ihren gleichsam gehämmerten Stil berühmt ist, an die »Marquise von O . . .« von *Heinrich von Kleist*. Man vergleiche die Einzelheiten des Traumtextes mit dem ersten Satz der Novelle, der wie mit einem Sprung mitten in ihre entscheidende Situation führt: »In M. . . ., einer bedeutenden Stadt im oberen Italien, ließ die verwitwete Marquise von O. . . ., eine Dame von vortrefflichem Ruf und Mutter von mehreren, wohlerzogenen Kindern, durch die Zeitungen bekannt machen, daß sie ohne ihr Wissen in andere Umstände gekommen sei, daß der Vater zu dem Kinde, das sie gebären würde, sich melden solle und daß sie aus Familien-Rücksichten entschlossen wäre, ihn zu heiraten.« Die Ähnlichkeit der Traumsituation mit der in der Erzählung beschränkt sich im Wesentlichen freilich nur auf diesen einen Zug*, daß eine wohlerzogene junge Frau nicht wissen soll, wer der Vater des von ihr erwarteten Kindes ist. (Die Träumerin, die einem entfernten Kulturkreis angehört, hatte übrigens weder von *Kleist* noch von jener Novelle jemals gehört.) Immerhin ist auch in der dichterischen Gestaltung

* Es gibt kleine Ähnlichkeiten in Einzelzügen wie der verzweifelten Stimmung der Marquise von O. und der sozialen Ächtung der Schwangergewordenen.

die von der Patientin geträumte Situation zur Wirklichkeit geworden.

Man darf den »Wirklichkeitscharakter« der Erzählung mit dem Realitätsgefühl, das den Traum begleitet, zusammenstellen. Bei der Träumerin stammt es sicher aus der Vorstellung: »So hätte es sehr leicht kommen können«, beim Dichter aus der ähnlichen: So etwas könnte gewiß geschehen.

Der Traum kann nach seinen seelischen Eigentümlichkeiten eine Möglichkeit nicht anders darstellen als eine Wirklichkeit. Ein Vergangenes erscheint in ihm als Gegenwärtiges. Warum aber wurde der Traum überhaupt geträumt? Sein Inhalt hätte sich ja auch in einem Gedanken während des Tages oder einem peinlichen Tagtraum Ausdruck verschaffen können. Wir haben die ausdrückliche Versicherung der Träumerin zum Zeugnis, daß es nicht geschah. Auch die psychologische Wahrscheinlichkeit spricht dafür, daß sie sich bewußt nicht mit diesem Gedanken beschäftigt hat, denn sonst könnte sie seine Traumwirklichkeit nicht so erschüttert haben. Auch ihre besondere Art der seelischen Reaktion wäre hier anzuführen; sie ging unangenehmen Gedanken aus dem Wege und versuchte, sie »wegzudenken«. Gerade beim Thema der Konzeption haben wir gehört, daß sie an diese Möglichkeit nie gedacht habe. Wir müssen ihr zumindest glauben, daß sie bewußt kaum daran gedacht oder den Gedanken daran rasch unterdrückt hatte. Solche Vermeidung würde auch erklären, warum gerade dieser Gedanke jetzt, nachdem sich ihre Situation so entschieden geändert hat, aus der Versenkung auftaucht und sich ins Bewußtsein drängt. Er zeigt seine vorborgene Kraft jetzt, da die Gefahr, daß es so kommen kann, gewichen ist und sie ein Kind von dem geliebten Mann erwartet.

Was soll die Aufgabe dieses Traumes innerhalb des seelischen Geschehens sein? Wir haben bisher nichts von einer

Erfüllung unterdrückter Wünsche in ihm entdecken können. Die im Trauminhalt dargestellte Möglichkeit wäre ja die für ein Mädchenleben schrecklichste. Die Analyse kennt eine Reihe solcher Träume, die gerade das Gefürchtete geschehen lassen, den Träumer in einer schrecklichen Situation zeigen. Bei einer Anzahl von Träumen solchen Typus zeigt die analytische Deutung freilich, daß die gefürchtete Situation, so sehr sie im manifesten Trauminhalt hervortritt, nur den Rahmen bildet, in dem etwas anderes geschieht. Das Wesentliche ist dann ein verborgener Zug, der mit jeder Situation zeitlich, örtlich oder durch bestimmte Umstände verbunden ist und dem eigentlich die verdrängten Wünsche gelten. Bei anderen Träumen läßt sich ein solcher verdeckter Wunsch nicht auffinden. In vielen solchen Fällen tritt der Trauminhalt in bewußten Gegensatz zum Tageswissen, was aber intensive Angst oder andere peinliche Affekte nicht ausschließt. Wenn in diesen Fällen Ängste im Traum auftreten, werden wir vermuten, daß sie früher bewußt nicht gefühlt oder nicht seelisch bewältigt wurden. Der Traum holt sie aus dem Dunkel, läßt sie den Träumer erleben und nimmt ihnen auf diese Art der Darstellung oder Präsentierung ihre seelische Macht. Die unterbliebene Angst wird im Traum nachgeholt und bewältigt. So werden alte Gefahren dem Ich in manchem Traum präsentiert, alte Schuld ihm vorgehalten, damit es sie zur Kenntnis nehme und damit fertig werde. Wenn man sich angesichts der Gefahr bewußt nicht gefürchtet hat, muß man die Angst nachholen, um seelisch gesund zu bleiben. Der Reiter, der nichtsahnend über den gefrorenen Bodensee reitet, und später von der Gefahr, in der er schwebte, erfährt, sinkt in dem bekannten Gedicht tot nieder. Der plötzlich anstürmende Angstaffekt war so stark, daß er den Mann überwältigte. Er starb an einem Schrecken, den er nicht nachholen konnte.

Die dem Bewußtsein unbekannt gebliebene Angst meldet im Traum ihren psychologischen Anspruch an. Sie erfüllt sozusagen nachträglich ihre Aufgabe als Warnsignal. In dem Fall, der uns hier beschäftigt, bringt der Traum eine Angst, die nicht bewußt gewesen war, sowie ihre Ursache an die seelische Oberfläche. Das Schicksal, das der Träumerin im Falle einer Schwangerschaft, bei der sie den Kindesvater nicht angeben konnte, in ihrer kleinen, an strenge Konventionen gebundenen Stadt wartete, war nicht ungewiß. Sie hat, wie sie sagt, gar nicht an diese Möglichkeit gedacht. Anders ausgedrückt: sie wagte gar nicht, daran zu denken. Da jetzt diese Gefahr gebannt ist, taucht die Möglichkeit wie gegenwärtig auf und erschreckt sie. Von einer Angst war ihr vorher kaum etwas bewußt gewesen. Nachdem ich ihr nach diesem Traum davon gesprochen hatte, erinnerte sie sich eines Romans »Moeders, wat weet jullie van je dochters? (Mütter, was wißt ihr von euren Töchtern?), der auf sie einmal einen starken Eindruck gemacht hatte. In diesem Roman wird geschildert, daß ein halbwüchsiges Mädchen, in strengbürgerlicher Umgebung erzogen, schwanger wird und Selbstmord begeht. Ihr Interesse während des Lesens war zwar stark, aber unpersönlich gewesen. Sie hatte in keiner Art während oder nach der Lektüre die Heldin mit sich selbst in gedanklichen Zusammenhang gebracht. So fern eine solche Gleichstellung ihrem Bewußtsein lag, so nahe war sie ihr doch unbewußt. Das Mädchen in jener Erzählung war gewissermaßen eine Vertretung von ihr vor dem Schicksal, eine Stellvertreterin einer nicht erlebten Wirklichkeit. Es war bezeichnend, daß die Erinnerung an das Buch, an das sie viele Jahre lang nicht gedacht hatte, jetzt, da ich ihr meine Auffassung des Traums mitgeteilt hatte, wie eine Bestätigung auftauchte.

Der Traum hätte nach unserer bisherigen Ansicht den Sinn, die Angst vor jener Möglichkeit nachzuholen. Es ist zunächst schwer, jene geheime Lusttendenz darin zu entdecken, die wir sonst am Grund der Träume wirksam sehen. Er bewegt sich im Gebiet jenseits des Lustprinzips und bewältigt im nachhinein große Erregungsintensitäten, die der seelische Apparat zur Zeit des Geschehens bewußt nicht zur Kenntnis nehmen wollte. Die Aufgabe eines solchen Traums kann im weiteren Sinn eine psychotherapeutische genannt werden. Er hilft dem Ich, mit alten, unerledigten Erlebnissen fertig zu werden, indem er plastisch und gegenwärtig zeigt, was hätte werden können. Indem so die Angst nachgeholt wird, wird sie zugleich – durch den Gegensatz zum Tageswissen – als überflüssig abgeführt*.

* Zwei Nächte später träumt die junge Dame folgendes: *Ich bin bei einer Ärztin und werde von ihr untersucht. Ich habe kleine rote Flecken am Körper. Die Ärztin fragt mich: »Haben Sie einmal* ... (undeutlich) ... *Tuberkulose gehabt«? Ich sage: »Nein.« Die Ärztin sagt: »Hm«. Dann kommt die Mutter, und sie sieht, daß ich am ganzen Körper Geschwüre habe.«* Sie ist während des Traums sehr erschrocken und fühlte die Wirkung dieses Schreckens am Tage nachher wie eine Wirklichkeit. Sie kann an Assoziationen wieder nichts beibringen als die Tatsache, daß sich in der Kinderzeit bei ihr verdächtige Symptome gezeigt hatten, die auf die Möglichkeit einer Tuberkulose hinwiesen. Die Diagnose bestätigte sich nicht. Zur Deutung des Traums nur folgendes: In der Diskussion der früher berichteten Traumanalyse war es zur Sprache gekommen, daß sie sich auch vor den Gefahren sexueller Infektion in der Zeit jener Beziehungen in keiner Art gefürchtet hatte. Auch daran hatte sie »überhaupt nicht« gedacht. Der Traum zeigt, daß der Gedanke daran unbewußt doch vorhanden gewesen sein muß. In Anknüpfung an die Möglichkeit der Tuberkulose in der Kinderzeit sieht sie sich jetzt im Traum bei der Ärztin, die sie fragt, ob sie jene Krankheit (hier die Undeutlichkeit, ob es Tuberkulose ist) gehabt hat. Die Ärztin zweifelt. Tuberkulose steht hier als Vertretung der Syphilis. Der Traum beschäftigt sich mit der Vorstellung, wenn ich damals Syphilis bekommen hätte, und stellt diese vorbeigegangene Gefahr als wirklich dar. Sie wäre in diesem Fall zu einer Ärztin gegangen, die Mutter hätte von der Infektion erfahren müssen usw. Der Schrecken wird im Traum und am Tag nachher nachgeholt wie die Verzweiflung im ersten Traum. Die Analyse hatte den Affekten, die sie während jener Zeit versäumt hatte, zu einer Möglichkeit des Ausdrucks verholfen.

In der späteren Vergegenwärtigung und Gegenständlichkeit von Möglichkeiten aber kann sich der Sinn eines solchen Traumes nicht erschöpfen*. Die Funktion, die wir ihm da zuschreiben, gilt nur der obersten seelischen Schicht. Ähnliche Träume, die freilich nur selten in der analytischen Literatur berichtet und gedeutet wurden, brauchen, wie *Freud* zeigte, der Wunscherfüllungstendenz nicht zu widersprechen. Sie zeigen zwar nicht die Erfüllung primitiver selbstsüchtiger oder sexueller Triebwünsche, aber die Befriedigung eines Strafbedürfnisses, das auf diese, vom Bewußtsein verpönten Wünsche reagiert. Auch in unserem Traum wird ein unbewußtes Strafbedürfnis befriedigt. Er zeigt ja, welches Schicksal die Träumerin eigentlich verdient hätte. Gerade eine solche Auffassung kann durch das Verhalten der Patientin mannigfache Bestätigung finden. Einige ihrer wichtigen neurotischen Symptome dienten der Befriedigung oder Beschwichtigung verborgener Straftendenzen.

Auch Tagträume, die von ihr freilich unwillig empfangen wurden, weisen in diese Richtung. Ihr Vergleich mit dem Traum, den wir diskutieren, ist aufschlußreich, da sie eine ähnliche Struktur zeigen. Hier nur ein repräsentatives Beispiel: Sie phantasiert, daß ihr Mann sie bald nicht mehr lieben werde. Dabei stellt sie sich lebhaft vor, daß sie einen solchen Gefühlswandel nicht aushalten könne. Sie weint viel und reist schließlich in einen fernen Weltteil, wo sie ein einsames, entbehrungsreiches und unglückliches Leben führt.

* Die hier dargestellte Auffassung des Traums als eines möglichen Lebens wirft ein Streiflicht auf Spekulationen, wie sie in *Ouspenskys* »A New Model of the Universe«, in *J. B. Priestleys* »Dangerous Corners« und »Midnight on the Desert« und ähnlichen Werken erscheinen. Kann man ein Stück gelebten Lebens rückgängig machen, die Vergangenheit verändern? Die Antwort lautet positiv: Gewiß, das ist in der Phantasie durchaus möglich. Damit ist zugleich der seelische Ursprung solcher Überlegungen gekennzeichnet.

Die von uns vermutete seelische Tendenz, die Tagträumen dieser Art zugrunde liegt, ist gelegentlich so bestimmt und klar, daß sie sich der Bewußtseinsschwelle nähert. So geht sie einmal durch ihre schöne Wohnung, sieht sich die geschmackvolle Einrichtung an und freut sich darauf, die Möbel ihren Freundinnen zeigen zu können. Da hat sie für einen Augenblick das Gefühl: das alles sei nicht wirklich, sie sei nicht verheiratet, erwarte kein Baby. Das Gefühl der Unwirklichkeit ihrer Situation könnte man in die Bewußtseinssprache übersetzen: es ist zu gut, um wahr zu sein. Es ist aber auffällig, daß diese Stimmung, die plötzlich auftaucht, in eine längere Depression mündet, die anscheinend völlig unmotiviert eintritt. Die Übereinstimmung zwischen dem Traum und einem solchen Gefühl liegt in dem Gegensatz zwischen den wirklichen Umständen und dem Wirklichkeitscharakter, mit dem eine Schicksalsmöglichkeit sich dem Bewußtsein repräsentiert. So ist es, sagt der Realitätssinn. So kann es nicht sein, denn eigentlich müßte es anders sein, sagt das Strafbedürfnis. Es ist fast umgekehrt wie im Märchen: Dort befindet sich der Held in großer Not oder Gefahr und phantasiert eine rettende oder beglückende Möglichkeit, die plötzlich, etwa durch das Eingreifen einer gütigen Fee, zur Wirklichkeit wird. Hier ist die Wirklichkeit fast »märchenhaft«, und die Patientin ist gezwungen, sich eine große Not und Gefahr als wirklich vorzustellen.
Dieser innere Zwang stammt zu einem Teil aus dem unbewußten Schuldgefühl, das ihr Erziehung und Tradition des Elternhauses vermittelt hatten. Eine abergläubische Angst, ähnlich der, welche die Griechen angesichts der Hybris fühlten, war im Lauf der Analyse bewußtseinsnahe geworden. Sie wurde noch durch allerlei äußere Zeichen – gleichsam Warnsignale des Schicksals – genährt. Die »guten Freundinnen« ihrer Mädchenzeit hatten dafür gesorgt, daß allerlei

dunkle Gerüchte über ihre Beziehungen zu Männern heimlich die Runde taten. Man tuschelte, sie sei auf eine schiefe Bahn geraten, werde ein schlechtes Ende nehmen und dergleichen mehr an Tröstungen der eigenen Selbstgerechtigkeit und des beleidigten »moralischen« Gefühls. Ihre Verlobung und Heirat mit einem geliebten Mann, der allgemeine Achtung genoß und dem ihre Vergangenheit kein Geheimnis geblieben war, kam den Freundinnen als eine unliebsame Überraschung. Es war wie ein Echo der Stimmen ihres Kreises in ihr selbst, wenn sie jetzt oft denken mußte: warum habe ich es eigentlich so gut. Mädchen aus ihrem Bekanntenkreis, die sich sehr zurückhaltend benommen und auf den einen gewartet hatten, hatten nicht geheiratet oder eine unglückliche Ehe geschlossen. Sie aber, die es ihrer unbewußten Ansicht nach nicht verdient hätte, hatte ein so unerwartetes Glück gefunden. Und nun sollte sie dies als gewöhnlich und gewohnt finden? Jedesmal wenn sie von einer unglücklichen oder auch nur sozial bescheideneren Ehe ihres Kreises hörte, verspürte sie jetzt ein dunkles Angstgefühl, das sich etwa in die Worte fassen ließe: warum sollte ich es soviel besser haben nach dem Leben, das ich geführt habe? Diese Angst trat nicht in bestimmterer Form auf. Sie klagte aber auffällig genug über allerlei kleine Mißgeschicke, die ihr im Alltagsleben zustießen. Es wurde mir langsam klar, daß sie aus so geringfügigen Vorfällen eine geheime Befriedigung hole, ja daß sie sie inszeniere. So gerieten ihr die Kleidchen und Wäschestücke, die sie für das Baby strickte, regelmäßig zu groß und zu klein; sie schnitt sich häufig in die Finger, wenn sie Brötchen zurechtmachte, entging beim Überqueren der Straße mit Mühe einem vorbeifahrenden Auto usw. Es war deutlich, daß sie solche Zufälle arrangierte, um das Schicksal zu versöhnen und die Strafen, die es bereithaben mochte, durch eine Art Opfer vorauszunehmen und abzumildern.

Diese Mißgeschicke dienten der Beschwichtigung des unbewußten Strafbedürfnisses und letzten Endes dem Selbstschutz. Sie klagte freilich genug über diese Zufälle, aber als sie einmal beim eiligen Schließen einer Tür die Hand schmerzhaft eingequetscht hatte, kam ihr der Einfall: Gott sei Dank! Es war nicht schwer, die unbewußt gebliebene Fortsetzung zu erraten: Gott sei Dank, daß das geschehen ist. Da wird nichts Böseres passieren. Wie im religiösen Glauben der Griechen und Römer wird hier durch ein kleines Mißgeschick oder eine Versagung der Neid der Götter beschwichtigt.
Doch zurück zum Traum und seiner Auffassung. Er diente, sagten wir, der Bewältigung einer alten Angst, die nicht zum Bewußtsein gelangt war, doch in der Tiefe wirkte. Er holte diese Angst nach und beschwor sie für die Zukunft. Die Wunscherfüllung, die wir sonst dem Traum zuschreiben, scheint sich hier auf Strafwünsche, die das Gewissen der Träumerin diktiert, zu beschränken. Die Bestrafung war gefordert wegen Übertretung eines Sittenkodexes, den sie für sich und die Ihren anerkannte. Diese Übertretung kann gewiß als später Ersatz jener ursprünglichen Triebziele angesehen werden, denen das kleine Mädchen in früher Kindheit zustrebte.
Hier aber taucht die Frage auf: Beschränkt sich die Wunscherfüllung dieses Traumes wirklich nur auf die Befriedigung solcher Selbstbestrafungstendenzen? Bedeutet der Widerspruch zu der wirklichen Situation nur das Nachholen der Angst, die in der »Gefahrensituation« nicht da war?
Wenn man den Traum, die Symptomatologie und die Tendenzen der Neurose der Träumerin zusammenhält, ergibt sich ein veränderter Aspekt. Man könnte sagen, die Patientin, die alte, längst gebannte Gefahren heraufbeschwört, die, um sich selbst zu erschrecken, die Unfälle und Mißgeschicke arrangiert, sich selbst schädigt und dabei doch eine dunkle

Befriedigung verspürt, benimmt sich wie eine Masochistin, aber eine Masochistin besonderer Art. Ihr Sexualleben zeigt nichts, das auf masochistische Tendenzen hinweise. Wenn man nur an den Traum denkt und zugleich bedenkt, welche Funktion er erfüllt, indem er eine gefürchtete Möglichkeit als eine erwünschte gestaltet, wäre man versucht, von einem masochistischen Traum zu sprechen. Hier wie in ihren Phantasien und Selbstschädigungen findet sich jene dunkle Lust am Leiden, die für den Masochismus charakteristisch ist, deutlich genug. Jene Triebströmung ist freilich nicht direkt auf das sexuelle Leben beschränkt – dort spielt sie keine ausgesprochene Rolle –, sie erstreckt sich vielmehr auf das gesamte Leben, sie schreibt ein bestimmtes Verhalten vor.

Wenn vorbeigegangene Gefahren im Gang ihres Traumes wie Spuk auftauchen, so erfüllt sich eine geheime Bedingung ihrer Bedürfnisse, etwas wie eine Sehnsucht nach Unheil. Die Triebbedingung, die man etwa in den Satz fassen könnte: »Aus Leiden Freuden« – eben jenen Satz, der das Wesen des Masochismus umschreibt –, liegt hier vor. Kann man demnach von masochistischen Träumen reden? Ich meine: nein. Wohl aber kann man von Träumen sprechen, welche masochistische Wünsche erfüllen*. Ein solcher Traum liegt hier vor. Der Widerspruch, der in dem Gegensatz ihrer wirklichen Situation und der geträumten mit soviel Wirklichkeitscharakter liegt, läßt eine nähere Bestimmung zu. Das ist die schreckliche Gefahr, sagen der Traum und die Stimmung des folgenden Tages. Eigentlich hätte es so kommen können, ja kommen müssen. Ihr alle, ja ich selbst war davon überzeugt, daß mich ein solches Schicksal erwartet. Es ist aber anders

* Strenger ausgedrückt: von Träumen, welche masochistische Phantasien und Tagträume fortsetzen und erfüllen. Ähnlich wie in Träumen von Zwangsneurotikern wird in diesen Träumen der »Text« der zugrunde liegenden Gedanken deutlicher erkennbar als im Wachdenken.

gekommen. Der Traum zeigt freilich nur den ersten Teil eines solchen Gedankenzugs als erfüllt und wirklich, den zweiten haben wir zu ersetzen, als eine verschwiegene Fortsetzung zu ergänzen. Was der Traum zeigt, sind nur die Obertöne. Die Triebmelodie ist nur für feinere Ohren vernehmbar. Die Möglichkeit wird kraß, ja übertrieben als Wirklichkeit im Traum dargestellt. Sie beherrscht im Traum und in den folgenden Stunden das seelische Feld. Ihre Betonung ist notwendig, weil sie als psychische Bedingung des Masochismus vorausgeschickt wird. Die verborgenere Befriedigung, das Lustvolle ist im Traum nicht ersichtlich. Es liegt auf einer Nebenlinie. Wie im Masochismus selbst ist das Phänomen das Resultat einer seelischen Akzentverschiebung. Wo aber haben wir jene Fortsetzung zu lokalisieren, wo verbirgt sie sich, auch vor dem Träumer? Ich meine, in jenem erhalten gebliebenen, doch verdunkelten Bereich des Bewußtseins während des Traums. Wie mir scheint, weiß jeder Träumer auch während des Schlafes, daß er nur träumt. Das bekannte Phänomen, bei dem die Erkenntnis »Ich träume nur« während des Traums bewußt wird, wäre demnach nur ein Spezialfall, während bei allen Träumen jene Gewißheit verdunkelt wird, doch den Traum sozusagen von ferne begleitet. Die Traumwirklichkeit in unserem Fall ist ernsthaft, ja tragisch, und doch könnte darin ein spielerisches Element enthalten sein. Oder irre ich mich? Gewiß nur im Ausdruck. Es wäre richtiger, von einer Art innerer Heuchelei zu sprechen, einem Versteckspielen vor sich selbst. Noch in der Tragik, die der Traum der Träumerin zeigt, liegt eine verborgene Süße. Sie will sagen: Sieh, so schreckliche Gefahren waren da, aber du bist doch an ihnen vorbeigegangen. Der ganze Spuk wird heraufbeschworen, weil ein heimlicher Triumph ihm folgt, ja weil die Bedrohung mit Erniedrigung und Leid die Bedingung dieses späteren Triumphs, der heimlichen Lust ist. Ist nicht derselbe seelische Mechanismus in der Fabrikation der kleinen Mißgeschicke wirksam, ist nicht auch ihre Depression zu einem Teil ein Paravent, hinter dem sich der Jubel über ihr Glück verbirgt? Sie klagt beständig, daß sie es nicht wert sei, aber sie triumphiert doch. Es ist, als hätte sie sich dem moralischen Urteil der Umwelt nur mit einem Teil ihrer Persönlichkeit angeschlossen. In einem anderen aber ist sie von unbeugsamem Willen wie so oft die Sanftmütigen, trotzt der Welt und ist stolz auf ihren Sieg – den Sieg, den sie über alle Unheilsverkündigungen, auch die in ihr selbst, errungen hat. Gewiß, die Befriedigung eines Strafbedürfnisses ist deutlich, die Angst vor der Vergangenheit und damit die für die Zukunft wird verspürt. Die Depression nach dem Traum zeigt noch immer vergangene Möglichkeit als unheildrohend und wirklich am Horizont. Das Wesentliche ist aber nicht der Schatten, der vom Schuldgefühl herüber auf ihr Glück fällt, sondern ihr Jubel: ich habe es doch erreicht, trotz allem und trotz allen.

21 Orientierung im neuen Gebiet

Jene Ausdrucksformen masochistischen Fühlens, die keine Beziehung zur Sexualität mehr zeigen und aus dem Verhalten zu sich, den Mitmenschen und dem Schicksal erkennbar sind, nennt *Freud* moralischen Masochismus. Er wollte damit den besonderen Anteil hervorheben, den moralische Faktoren am Zustandekommen dieser sekundären triebhaften Bildung beanspruchen können. Mein Widerstreben gegen diese Bezeichnung und den Begriff, den sie deckt, geht auf die Befürchtung zurück, daß das Beiwort im Sinne einer Wertung gefaßt werden könnte. Die Gefahr liegt nicht fern, daß das Adjektiv moralisch einseitig auf die bei uns geltende

Moral bezogen werden kann. Was wir moralisch nennen, erscheint anderen Völkern und Kulturen unmoralisch und umgekehrt. Zweifellos lassen sich aber in diesen so verschiedenen Kulturen viele Erscheinungen erkennen, die man dem desexualisierten Masochismus zurechnen muß. Auch meine ich, daß es besser gewesen wäre, nicht der Moral, sondern dem unbewußten Schuldgefühl einen so hervorragenden Anteil am Zustandekommen dieser Art des Leidgenießens zuzuschreiben. Dieses Schuldgefühl ist, wie wir gerade von *Freud* am besten gelernt haben, seiner Genese und seinem Wesen nach nichts anderes als soziale Angst. Es ist die Fortsetzung und später die Ersetzung der kindlichen Angst vor dem Vater durch die Angst vor der Gemeinschaft und ihren berufenen Vertretern. Nun steht die Moral dem Begriff der sozialen Angst nahe, aber sie ist nicht mit ihm identisch. Die Moral ist durch die Veränderungen der Jahrtausende eine Art inneren Besitzes geworden, der nicht nur negative Bedeutung hat, sondern auch bestimmte andere seelische Bedürfnisse befriedigen soll. Die versagende oder verbietende Note des Begriffs ist freilich noch immer deutlich, aber sie gibt nicht das Ganze. Eine Gestalt *J. B. Shaws* äußerst einmal, wie wenn sie eine unliebsame Verwechslung zurückweisen wollte: »Ein Engländer kommt sich schon moralisch vor, wenn er sich unbehaglich fühlt.«

Ich ziehe den Ausdruck sozialer Masochismus der *Freud*schen Bezeichnung vor. Er vermeidet nicht nur die Gefahr von Mißverständnissen, sondern weist auch auf die Lebenssphäre hin, in der sich die Triebneigung am stärksten auswirkt. Dabei ist er neutraler und schränkt den Charakter der Erscheinungen nicht von vornherein auf den Faktor der Moral als den vorherrschenden ein. Der Unterschied zu der engeren Gruppe, dem sexuellen Masochismus, ist dabei ganz deutlich.

Dieser Unterschied ist so ausgeprägt, daß man am Anfang überhaupt daran zweifelt, ob die beiden Phänomene etwas Gemeinsames haben. Erst der durchdringende psychologische Blick *Freuds* hat die Fülle von seelischen Erscheinungen dem Gebiet des Masochismus eingeordnet und ihre psychologische Zugehörigkeit zu diesem Triebbereich erkannt und bestimmt. Die Bedeutung dieser Leistung ist erst zu ermessen, wenn man bedenkt, daß damit ein Gebiet für die wissenschaftliche Psychologie erobert wurde, das bisher ausschließlich den Dichtern und den Seelenkennern unter den Religiösen zu eigen war. *Freud* selbst hat auf diese seine Vorgänger des öfteren, so z. B. in dem Artikel, »Zwangshandlungen und Religionsübung«, hingewiesen. Dort sagt er, das Schuldbewußtsein als Folge der nicht erlöschenden Versuchung sei »uns ja auf religiösem Gebiete früher bekannt geworden als auf dem der Neurose«. Ich behaupte, daß die Lektüre großer Dichter und religiöser Geister noch immer für das Verständnis des vergeistigten Masochismus fruchtbarer und ergiebiger ist als die Lektüre der Arbeiten der Psychiater und der Psychoanalytiker. *Shakespeare* und *Dostojewskij*, der Apostel *Paulus* und der Kirchenvater *Augustinus* wissen auf diesem dunklen Gebiet noch immer besser Bescheid als die wissenschaftliche Psychologie unserer Tage.

Zunächst möchte man meinen, man habe sich auf ein völlig abseitiges Gebiet verirrt, sei in einer neuen Welt, die mit den bisher behandelten Problemen nichts zu tun hat. Wo sollten auch die Verbindungslinien laufen zwischen einem sexuellen Sonderverhalten oder einem besonderen geschlechtlichen Appetit und einer bestimmten Einstellung zu Schicksal und Leben, zur Frage des Erfolgs und des Versagens des einzelnen und der Völker? In dem einen Fall handelt es sich um eine Abart des sexuellen Spiels, im anderen um Lebensentscheidungen der Menschen. Dort ist das Problem gestellt, was ein bestimmter Geschmack der Sinnlichkeit bedeutet. Hier geht es um den Sinn des eigenen Lebens. Gewiß, es handelt sich um völlig verschiedene Probleme. Hier wird ein Körper gepeitscht, um zu einer sexuellen Befriedigung zu gelangen, dort quält und zerfleischt sich die Person seelisch ohne irgendeine augenscheinliche Kompensation. Ja es scheint sogar, als ob sich ein direkter Gegensatz zwischen den so begrenzten Erscheinungen der sexuellen Triebneigung und dem Phänomen des seelischen Leidens, das von noch nicht abschätzbarer Bedeutung für unsere Kultur ist, andeutet. Sie treten kaum je in derselben Person auf. Wer sich jener körperlichen Unlust und Mißhandlung unterwirft, ist meistens frei von der seelischen Tortur. Wen aber das Schicksal oder das eigene Ich schweren Prüfungen aussetzt, dem ist die sexuelle Perversion fremd. Der Masochist, der durch Schläge geschlechtlich erregt wird, kann im Leben tätig, erfolgreich und glücklich sein. Wen aber Schicksalsschläge verfolgen, der zeigt keine Neigung, jene körperlichen von einer Frauenhand zu erhalten. Was soll den einen, der Lust im Schmerz sucht, mit dem anderen, dem ewigen Leidsucher, der mit sich und seinem Los hadert, verbinden? Ja es scheint, als schließe die Erniedrigung und Mißhandlung des Körpers die geistige aus, als benehme sich der Masochist, der sich auspeitschen und demütigen läßt und einer Dirne als seiner gestrengen Herrin dient, meistens entschieden und männlich im Leben. Im sexuellen Masochismus gibt es ein Objekt, ja sogar ein »Liebesobjekt« – das Anführungszeichen hat hier seine psychologische Berechtigung –, jedenfalls ein Objekt, von dem die Lust kommt und das Leid. Wo aber ist das Objekt in jener anderen Form des Leidens? Und dennoch soll man beide Erscheinungen dem Masochismus zurechnen? Haben sie denn etwas anderes gemeinsam als den Namen? Und wo soll denn diese Gemeinsamkeit gesucht werden? Wie weit muß man zurück-

gehen, um die seelische Ursache für beide zu finden? Wo laufen die Fäden zwischen ihnen?
Die Analytiker haben, *Freud* folgend, eine solche gemeinsame Ursache wie selbstverständlich angenommen. Sie haben es bisher aber versäumt, sie zu bezeichnen und zu bestimmen. Aus den analytischen Arbeiten ergibt sich die Meinung, daß der soziale Masochismus aus dem sexuellen hervorgegangen sei, aber wie? Auf welchem seelischen Wege und auf welche Art geht die Verwandlung vor sich? Nur *Freud* hat eine Antwort – nicht gegeben – doch angedeutet: er meint, daß diese »in gewisser Hinsicht wichtigste Erscheinungsform des Masochismus« von der Psychoanalyse als meist unbewußtes Schuldgefühl gewürdigt wurde. Das ist nur ein Hinweis auf den bedeutendsten Faktor im sozialen Masochismus, gibt keine Auskunft über die Art und die Ziele der Umwandlung und ist gewiß keine ausreichende Antwort. Gibt es Übergänge von einer Form zur anderen, so müßten sie gezeigt werden können. Das ist bisher nicht geschehen. Es soll nachgetragen werden.
Man begibt sich jeder Möglichkeit, solche Übergänge zu finden, wenn man von der Annahme ausgeht, daß sich der soziale Masochismus direkt als Fortsetzung oder Ersetzung einer perversen, im Leben hervortretenden, also »ausgelebten« Triebabweichung ergibt. Es gibt gewiß solche Fälle – ich könnte aus der eigenen Erfahrung einige anführen –, aber sie bilden eine Ausnahme und erklären als Grenzfälle nicht jene Überzahl, in der keine irgendwie auffallende perverse Sexualbetätigung nachgewiesen werden kann. Ja, ich kenne Fälle von ausgesprochen moralischem Masochismus, in dem sich die Person niemals auch nur einer Neigung in dieser Richtung bewußt war, so deutlich sie auch in der analytischen Untersuchung hervortreten mag. In dieser Richtung wird man also keine ausreichende Aufklärung finden. Sie

ergibt sich nur, wenn man bis zu dem Quellgebiet der masochistischen Triebneigung zurückgeht: zur Phantasie. Es gibt keinen sozialen Masochismus, der sich im Leben und in der individuellen Einstellung äußerte ohne solche vorangehende Phantasiebetätigung. Um es direkt zu sagen: will man das bedeutsame Phänomen des sozialen Masochismus verstehen, muß man auf die sadistisch gefärbte Phantasie als seinen Ursprungsort zurückgehen. Es gibt keine unmittelbare Verbindung zwischen der ausgeführten perversen Aktion und jenem selbstschädigenden Verhalten. Dagegen laufen unterirdische Fäden, die von beiden zu ihrem gemeinsamen Mutterboden, der Phantasie, führen. Der Vergleich der Phantasie mit Probeaufführungen ist von mir schon einmal gebraucht worden. Er bietet sich noch einmal an, wenn man berücksichtigt, daß ja die Versagung in der Realität die Aufführungen auf der Gedankenbühne begünstigt. War es nicht der geistreiche *Talleyrand*, der den Sexualverkehr »le théâtre des pauvres« genannt hat? Dort also, vor dem bildreichen Repertoirealbum der lustvollen Vorstellungen, entscheidet sich auch, was später dargestellt oder aufgeführt werden soll, mögen sich später auch unvorhergesehene Verschiebungen oder Besetzungsveränderungen ergeben. Der Spielplan wird hier ungefähr festgestellt. Ich vermute auch, daß die Vorgänge der Entsexualisierung und Entpersönlichung, die beim Übergang von der sexuellen zur sozialen Form des Masochismus nachzuweisen sind, ein solches Zurückgreifen nicht ausschließen.

Die Vorstellungen, welche das Ziel des Triebverlangens ursprünglich repräsentieren, sind sadistisch. Sie streben die Besitzergreifung oder gewalttätige Behandlung des Objekts an. Ich nehme das Resultat vieler Einzeluntersuchungen voraus, wenn ich als meine Vermutung ausspreche, daß der wesentliche Inhalt und Charakter dieser Phantasien für die Form der Triebäußerung bestimmend sein wird. Das will sagen, daß es entscheidend sein wird, ob sich die Vorstellung mehr nach der sexuellen oder nach der aggressiven Richtung entwickelt, wenn auch natürlich beide Tendenzen immer zusammenwirken. Bei Vorherrschung des sexuellen Faktors in den Vorstellungen wird der Phantasierende eher zur Perversion, bei überwiegend aggressivem Inhalt eher zu einer sozialen Auswirkung der masochistischen Neigung gedrängt werden. Das Wesentliche aber ist, daß beide Formen sich auf die Phantasie zurückführen lassen, die sich in jedem bisher von mir studierten Fall als Vorläufer masochistischen Verhaltens präsentierte. In der Analyse wird es oft schwierig sein, diese urprünglichen Phantasien zu finden oder als solche zu erkennen. In einem ausgeprägten Fall von sozialer Leidsucht hatten sie sich z. B. hinter einer Angst des Patienten zur Zeit der Vorpubertät versteckt. Damals hatte sich der Junge plötzlich von Spielen wie Fußball, Baseball usw. sowie von gymnastischen Übungen zurückgezogen aus Angst, er könne dabei verletzt werden. Die ursprüngliche Form der Befürchtung ging dahin, er könne am Genitale verletzt werden. In der Zeit, da er sich von allen Spielen fernhielt, stellte er sie sich doch lebhaft vor. Dabei hatten sich zu seiner Verwunderung sexuelle Gefühle eingestellt. Er hatte z. B. Tennisspiele phantasiert, bei denen der Sieger dem Unterlegenen den Sportregeln entsprechend in aller Freundlichkeit den Kopf abzuschlagen hatte. Dabei hatte er natürlich ursprünglich die dankbarere Rolle des besseren Spielers übernommen, sie aber später gegen die des Unterlegenen eingetauscht. Die sexuelle Erregung hatte er erst bei der Vorstellung, daß er geköpft werden würde, verspürt. Da er als Mann das geliebte Spiel wieder aufnahm, erwies er sich als guter, manchmal als erstklassiger Sportler in der ersten Hälfte des Spiels. Sobald er seine Überlegenheit aber erreicht hatte, kam ein merkwürdiger Zustand der Unsicherheit und Verwirrtheit über ihn, so daß er seine Chancen verdarb und meistens auch weit unterlegenen Partnern weichen mußte. Die Analyse konnte aufdecken, daß jene alten Köpfungsphantasien während des Spiels wieder aufgetaucht waren und sich als störend erwiesen hatten. Die unbewußte sadistische Tendenz in seinen früheren Vorstellungen ging dahin, seine älteren, ihn in allen Spielen bevorzugten Brüder einmal, wenn er erwachsen sein würde, zu besiegen. Diese aus der Rivalität aufsteigende Phantasie war dann später masochistisch umgearbeitet worden. Ein anderes Beispiel, das ein solches Rückgreifen auf frühe Phantasievorstellungen illustriert, wird zugleich zeigen, wie der soziale Masochismus an die Stelle des sexuellen treten kann. Es war mir in der Analyse gelungen, einen Patienten so weit zu fördern, daß er fähig war, mit seiner Frau zu verkehren, ohne wie bisher genötigt zu sein, masochistische Phantasien zur Aufrechterhaltung seiner Potenz zu Hilfe zu rufen. Mit dieser Verbesserung aber trat eine unliebsame Veränderung seines Charakters auf. Er wurde ungeschickt in seinem Beruf, den er bisher gut ausgeübt hatte, zeigte sich ängstlich und depressiv, fürchtete, daß sein Chef ihn nicht mehr gern habe, fühlte sich oft ungerecht behandelt und gekränkt und zog sich schließlich wirklich einige Male den Tadel seines Chefs zu. Er beklagte sich über sich und andere, zeigte sich mutlos oder unmutig, fand, daß er seine Aufgaben nicht erfülle und litt sehr darunter, daß er nicht vorwärtskam. Da er bei einer bestimmten Gelegenheit nicht avancierte, faßte er die Zurücksetzung als Strafe auf. Es wurde in diesem Falle klar, daß mit dem Zurückweichen der masochistischen Triebneigung in der Sexualität aggressive und ehrsüchtige Regungen ausgebrochen waren und nun in masochistischen Reaktionsbildungen zum Vorschein kamen. Diese Tendenzen, die zum Angriff auf die Autorität und zur Geltendmachung des eigenen Willens drängten, waren aber schon in den Phantasien der Jungenjahre aufgetreten und hatten schon damals zu Vorstellungen von grausamen Bestrafungen geführt.

Mit diesem Beispiel sind wir bei einer Frage angelangt, die schon früher in unseren Gesichtskreis trat: die des Alternierens der zwei verschiedenen Formen des Masochismus. Die ausgeprägten Fälle beweisen, daß die soziale Gestaltung späteren Datums ist und die frühere, sexuell charakterisierte ablösen kann. Diese Fälle scheinen aber auch zu bezeugen, daß die eine Äußerungsform die andere ausschließt. Die Erfahrungen, die man in der Analyse macht, bestätigen diese Annahme. Der Mann, der sich zweimal wöchentlich mit großem Genuß von einer Dirne beschimpfen und prügeln läßt, erweist sich in seinem sozialen Verhalten als gut angepaßt und in Beruf und Leben erfolgreich. Sein Sexualleben bildet sozusagen ein Reservatgebiet. Auf der anderen Seite führt der Unglückliche, der von Pech verfolgt wird, von Feindschaften und verderblichen Intrigen umgeben ist, ein befriedigendes und normales Sexualleben.

Wenn dies aber so ist, so haben wir in der Analyse mit Unrecht behauptet, daß das Sexualleben des einzelnen eine bestimmte Vorbildlichkeit für sein Verhalten in den übrigen Lebenssphären beanspruchen darf. Diese unsere Annahme aber gründete sich auf eine Fülle von Erfahrungen. Jeder, der lange Zeit Menschen analytisch beobachten konnte, wird den starken Eindruck erhalten, daß das intime sexuelle Leben der Einstellung der Person zur Gesellschaft ein bestimmtes Gepräge gibt. Diese Vorbildlichkeit geht außerordentlich weit, erstreckt sich auf Gebiete, die fernab dem sexuellen liegen, bis auf Einzelheiten der Berufsführung, Arbeitsweise und des Umgangs mit Menschen. Ja sie geht so weit, daß man – gewiß mit gewissen Einschränkungen – den umgekehrten Schluß vom allgemeinen Verhalten eines Menschen auf sein Sexualleben ziehen kann, wenn man nur der Präzision und Verläßlichkeit der eigenen Beobachtung sicher ist. Ich gebe hier ein prägnantes Beispiel, um diese Vorbildlichkeit zu illustrieren und sie dem verwirrenden Eindruck des masochistischen Verhaltens gegenüber zu stellen. Ein Professor der Mathematik suchte die Analyse wegen verschiedener Arbeitshemmungen und Depressionen, die sich mit ihnen verbanden, auf. Er klagte über typische, sich seit langem wiederholende Eigentümlichkeiten im Verlaufe seiner Arbeit. Er fand z. B. ein interessantes Problem und ging ihm mit besonderer Verve an den Leib. Die ersten Schritte waren immer so glücklich und erfolgreich, daß sie mit Sicherheit die Lösung des wissenschaftlichen Problems erwarten ließen. Fachkollegen des noch jungen Mannes, welche diese Bemühungen und Versuche verfolgten, drückten immer wieder ihre Bewunderung über die Kühnheit und Originalität der Problembehandlung aus. Je näher er aber den letzten und entscheidenden Folgerungen kam, wenn er sozusagen das Fazit der eigenen Bemühungen ziehen sollte, um so mehr schienen seine denkerischen und kombinatorischen Fähigkeiten zu erlahmen. Ein Zaudern und eine Unsicherheit bemächtigten sich seiner und brachten ihn um die Früchte seiner harten und geduldigen Arbeit. Die Beschäftigung mit dem Problem, die so energisch und verheißungsvoll eingesetzt hatte, lief in nichts aus; sie versandete gewissermaßen. Der kühne Anlauf fand keine entsprechende Fortsetzung und jedesmal mißlang die Lösung, deren er früher so sicher war und die er schon zum Greifen nahe glaubte.

Mit der so vielen Anglosachsen eigenen Scheu hatte es der Patient in der Analyse viele Wochen vermieden, von seinem Sexualleben zu sprechen. Da entschloß ich mich, ihm zu sagen, was ich aus seinen so oft wiederholten und ausführlichen Klagen über die Art seiner Forschungsarbeit erraten hatte:

daß er sich nämlich am Anfang des Sexualverkehrs durchaus männlich benehme, mit einer starken, vielleicht sadistisch akzentuierten Energie einsetze, daß sich aber am Schluß kein lustvoller Orgasmus, sondern ein vorzeitiger und unerfreulicher Samenerguß, eine ejaculatio praecox ergebe. Der Patient war außerordentlich überrascht und betrachtete mich scheu wie eine Person, die mit magischen oder hellseherischen Kräften begabt ist, und doch hatte ich nur eine naheliegende Folgerung gezogen, deren analytische Verwertung sich später mit einem vollen therapeutischen Erfolg auf beiden Gebieten belohnte.

Die hier gekennzeichnete Vorbildlichkeit des Sexuallebens scheint nun für den Masochisten oder den masochistischen Charakter nicht zu bestehen. Zu den vielen Paradoxien und psychologischen Anomalien des Masochismus, den Rätseln, die er uns aufgibt, würde so noch die Tatsache hinzukommen, daß er das Gesetz der Vorbildlichkeit des sexuellen Verhaltens durchbricht. Eine tiefergehende Untersuchung beweist freilich, daß das nur so scheint. Feinere, nicht leicht beobachtbare Einzelzüge erweisen, daß der sexuelle Masochist seine Erfolge mit weitgehenden Einschränkungen bestimmter Seiten seiner Persönlichkeit bezahlt und seine soziale Sicherheit nur mit Mühe aufrechterhält. Man erkennt auch, daß der Leidsüchtige sozialen Charakters in seinem sexuellen Leben gewisse geheime Bedingungen einhalten muß, wenn er seine Potenz voll entfalten und seine Befriedigung erreichen will. Jener erste Eindruck ist also nur scheinbar richtig, aber es ist überraschend, daß er sich überhaupt als richtig herausstellt. Der Masochismus bestätigt die Annahme jener Vorbildlichkeit nicht. Er scheint eher die Umkehrung der Relation zu befürworten, ähnlich der, welche die Redensart »Unglück im Spiel, Glück in der Liebe« ausdrückt.

Es bleibt unbefriedigend, das Verhalten des Masochisten als

jene Ausnahme gelten zu lassen, welche die Regel bestätigt. Man möchte zumindest die Regel erkennen, der die Ausnahme folgt. Vielleicht ergibt die analytische Prüfung des Materials eine solche Möglichkeit. Hier einige charakteristische Beispiele: Eine junge Frau, die wegen Frigidität in die Analyse kommt, muß zu ihrem Erstaunen konstatieren, daß sie im Sexualverkehr mehr Erregung, ja sogar eine Art Genuß fühlt, wenn sie am Tage unter schwerer Angst oder Depressionen gelitten hatte. Es war, wie wenn sie sich ein Stück Befriedigung erlauben konnte, nachdem sie Schmerzen oder Kränkungen erduldet hatte. Sie äußert ihre Verwunderung darüber, daß es so »gut gegangen« ist, während es ihr so schlecht gehe. Ein Mann, der längere Zeit Gegenstand analytischer Beobachtung war und als ein Übergangstypus bezeichnet werden konnte, zeigte ein merkwürdiges funktionales Phänomen in seinem Verhalten zu seiner Frau, der er hörig war, und zu seinem Geschäftspartner. Wenn seine Geliebte ihn besonders quälte, ihm Opfer und Entbehrungen auferlegte und ihn in Gesellschaft durch ihre Taktlosigkeit oder Dummheit beschämte, waren seine beruflichen Erfolge besonders groß, bewies er Unternehmungsgeist, Scharfsinn und Initiative. Wenn er sich aber in befriedigenderen Beziehungen zu seiner Freundin befand, vernachlässigte er seine Geschäfte, begann er, sich mit seinem Partner, von dem er finanziell abhing, zu streiten, benahm er sich aggressiv und quälerisch und gefährdete seine Lebenssituation aufs äußerste. Nun wird man vermuten können, daß sich der Gegensatz und die funktionale Abhängigkeit der beiden Beziehungen aus dem Schwanken zwischen der Anziehung zur Frau und zum Mann ableitet. Der Fall würde also als eine neurotische Verzerrung jenes Schwankens zwischen heterosexueller und homosexueller Objektwahl erscheinen, wie sie in abgeschwächter Form in jedem Leben erkennbar ist. Das ist auch so, erklärt indessen nicht, warum beide so verschiedenen Beziehungen für ihn einen masochistischen Charakter annahmen. Wenn er relative Ruhe von seiner Geliebten hatte, provozierte er einen Skandal im Büro, der jedes Mal zu seinem Nachteil ausschlug. Als sich die masochistische Triebneigung im Verhältnis zu jener Frau abschwächte, erreichten die Störungen und Zwistigkeiten einen solchen Grad, daß es vieler Mühe bedurfte, ihn von äußersten selbstschädigenden Schritten zurückzuhalten. Wenn er wieder große Erfolge im Beruf hatte, tat er alles, um von seiner Geliebten finanziell ausgenützt, beschimpft und gedemütigt zu werden. In beiden Fällen wurde er also Objekt der Mißhandlung, seitens der Frau als auch von seiten seines Partners, wenn sich die andere Seite seiner Beziehungen befriedigender gestaltete. Das sexuelle Leben blieb dabei fast immer genußvoll. Es war aber bemerkenswert, daß jede Niederlage, die er etwa im Beruf erlitt, und jede Demütigung, die er von seinem Partner erfuhr, bei ihm zur gleichen Reaktion führte. Kurz danach fühlte er sich nämlich sexuell erregt, und zwar in einem solchen Maße, daß er die nächstbeste Prostituierte aufsuchte oder es kaum erwarten konnte, sexuell oft mehrere Male zu verkehren. Die in diesem Zusammenhange schwer verständliche Erregung konnte ihrem Charakter nach als masochistisch erkannt werden, da sie ja an die vorangegangene Kränkung oder Beschimpfung gebunden war. Es war so, wie wenn der Masochismus, der sonst den Eindruck einer geschlossenen Einheit macht, wieder in seine zwei Hauptbestandteile auseinanderfiele: die Provokation der Bestrafung und Beschämung zuerst und die Ermöglichung einer ungestörten sexuellen Lust und Befriedigung folgend.

Die prophylaktische Bemühung, die den Patienten gegen selbstschädigende Tendenzen schützt und in schweren Fällen von sozialen Masochismus mit der therapeutischen zu verbinden ist, erwies sich in diesem Fall erfolgreicher als in dem folgenden, den ich bereits einmal erwähnt habe. Es handelt sich um jenen Patienten, in dessen Kindergeschichte die Szene des Ritterschlags eine große Rolle spielt. Man erinnert sich, daß der Vater, der ihn damals zum Ritter geschlagen hatte, auf kurzem Kriegsurlaub zu Hause war und bald darauf fiel. Der Junge hatte ein merkwürdiges Schicksal. Die Mutter heiratete einige Jahre später zum zweiten Mal. Der jüngere Bruder verunglückte tödlich, als er nachts mit seinem Auto gegen eine Mauer fuhr. Auf diese Art fiel dem einzig übriggebliebenen Sohn eine größere Erbschaft zu. Bald darauf starb auch die Mutter. Von angenehmem Äußeren und einnehmendem Wesen, gewann er rasch Freunde und war in seinem Studium erfolgreich, so daß er noch sehr jung ein großes Forschungsstipendium zu einem langen Auslandsaufenthalt verwenden konnte. Zu einer Dozentur bestimmt und im Studium sehr erfolgreich, schien er vom Glück begünstigt. Als er zu mir kam und mir seine Geschichte erzählte, war das einzig Auffallende die demonstrative Note, welche den Bericht oder vielmehr die Klage begleitete. Es war, wie wenn er bei aller kundgegebenen Trauer heimlich stolz darauf war, daß sich in seiner Familie soviel Unglücksfälle ereignet hätten. So ähnlich könnte ein Atride von dem Fluch, der auf seiner Familie lastet, erzählen. Er kam in die Analyse, weil er besonders leicht errötete, sehr schüchtern und vollkommen impotent war. Sein Sexualleben bestand aus masochistischen Onaniephantasien, begleitet von einem ausgeprägten Suspense, so daß die Erektionen oft stundenlang andauerten. Die Schlagphantasien bezogen sich meistens auf Lehrer, die Schüler in den Vorbereitungsklassen prügelten. Er selbst war in der Schule nie geschlagen worden. In der Vorstellung war das Zusehen der fremden Züchtigung oder das Warten auf die eigene Strafe betonter als die Exekution. Die vorsichtig geführte Analyse ließ die masochistischen Vorstellungen allmählich zurücktreten, brachte eine entschiedene Veränderung des femininen Wesens des Patienten im Sinne männlicheren Verhaltens, schwächte die Errötungsangst und die Schüchternheit weitgehend ab und ermöglichte die Annäherung an Frauen. Die Potenzstörung besserte sich in auffallendem Ausmaße. Neben diesen erfreulichen Wirkungen traten aber andere auf, die weder Analytiker noch Analysand vorausgesehen hatten. Es ereigneten sich nämlich in rascher Aufeinanderfolge mehrere Zufälle und Unfälle, von denen einige einen ernsten Charakter hatten. Der Patient versagte gerade in der Zeit, in der sich seine Symptome entschieden besserten, zum ersten Mal in einem sorgfältig vorbereiteten Examen. Kurz darauf brach er sich beim Skilaufen ein Bein. Er überfuhr mit seinem Wagen ein Kind, das zum Glück keinen schweren Schaden nahm, um bald darauf sein Auto so unglücklich zu lenken, daß es mit einem anderen kollidierte und er eine schwere Gehirnerschütterung erlitt. Es war kein Zweifel möglich, daß sich in diesen Ereignissen, die sich innerhalb weniger Monate abspielten, starke selbstzerstörende und selbstschädigende Tendenzen einen unbewußten Ausdruck verschafft hatten. Im Sinne *Freuds* könnte man sagen, der frei gewordene, elementare Todestrieb hatte sich in diesen Aktionen Bahn gebrochen.

Nach dem Verlassen der Analyse, die aus äußeren Gründen abgebrochen werden mußte, hat sich übrigens der Patient freiwillig wie einst sein Vater zum Kriegsdienst in einem fernen Land gemeldet und sich im Feld als Arzt ehrenvoll bewährt. Auch in diesem Beispiel ergibt sich ein Gegensatz von sozialem Erfolg und masochistischer Sexualität. Daneben wird es gewiß geeignet sein, zu veranschaulichen, welche starken Triebkräfte durch die Aufrollung des masochistischen Problems entfesselt werden können.

Die Annahme der Vorbildlichkeit des Sexuallebens erscheint zwar zuerst durch die Erscheinungen des Masochismus erschüttert, aber sie wird nur durch eine andere Annahme ergänzt. Erfolg und Befriedigung in der einen Lebenssphäre verbindet sich ja fast gesetzmäßig mit Mißerfolg und Unglück in der anderen. Die vorangehenden Beispiele erweisen, daß die masochistische Triebneigung, die auf das Sexuelle eingeschränkt und dort isoliert war, sich nach ihrer Bewältigung auf dem ursprünglichen Feld auf die anderen Lebensgebiete verschiebt. Zuerst scheint es freilich, als ob nichts mehr vom Masochismus übrigbliebe, wenn die Triebneigung im Sexuellen sich verflüchtigt. Der Masochismus hat sich gewissermaßen aufgelöst, aber er hat sich so aufgelöst wie ein Salzklumpen im Wasser. Er ist überall, ist zu einer Lebenshaltung, zu einem All-round-Masochismus geworden.

Kann man eine solche Veränderung eine Sublimierung nennen? Gewiß nicht, denn die Bezeichnung meint ja die Verwertung einer sexuellen Triebkomponente zu einem sozial wertvollen Ziel. Hier wird zwar eine Triebkomponente von ihrem Ziel abgelenkt, aber das neue ist nicht als sozial wertvoll anzuerkennen. Im Gegenteil, der tüchtige und erfolgreiche Mann, der sich früher zu seinem sexuellen Vergnügen von einer Frau hatte prügeln lassen, erfährt nach dem Aufgeben seiner Perversion einen Mißerfolg nach dem anderen, begeht Mißgriffe, macht sich Vernachlässigungen schuldig, streitet sich und wird unbeliebt. Das Resultat jenes Zurücktretens der sexuellen Perversion hat antisozialen Charakter, sowohl was seine Anpassung an die Umgebung als auch was seinen Dienst an der Gemeinschaft anlangt. Es wirkt sich aber auch besonders schädlich für ihn selbst aus. Man darf daran zweifeln, daß die »Tugend« oder vielmehr das Tugendhaft-Werden etwa im Sinne des viktorianischen Zeitalters seine Belohnung in sich selbst trägt. Wenigstens im

Fall der masochistischen Perversion ist es äußerst unwahrscheinlich, daß es eine Belohnung von außen mit sich bringt.

Man kann also jene Veränderung unmöglich eine Sublimierung nennen, obwohl die Abwendung der Triebkomponente vom unmittelbaren Sexualziel und ihre neue Richtung zum sozialen Leben Züge sind, die sie mit dem Sublimierungsprozeß gemeinsam hat. Die Berücksichtigung dieser beiden Momente aber führt zusammen mit dem Studium der Übergänge von der einen Form des Masochismus zur anderen zu einer neuen Hypothese. Ich hoffe, daß sie, wenn auch keine ausreichende Aufklärung, doch zumindest wieder Ordnung in den gestörten Zusammenhang der seelischen Gesetzmäßigkeiten bringen kann.

Einige minder wichtige Übergangserscheinungen zwischen den sexuellen und den sozialen Formen des Masochismus seien hier noch vermerkt, weil sie vorher keine Berücksichtigung gefunden haben. Einer der wesentlichen Unterschiede ist das Fehlen eines Partners in der sozialen Auswirkung. Sie bekommt dadurch sozusagen einen unpersönlichen Charakter. Diesem Ausfall reiht sich ein zweiter an: es fehlt bei dieser sekundären Fortbildung anscheinend jedes Lustgefühl oder jede manifeste Befriedigung bei der betroffenen Person. Ich vermute, daß diese Momente mit der Veränderung des Wesens der Unlust oder des Leides im sozialen Masochismus zusammenhängen. An Stelle der Mißhandlungen und Demütigungen durch eine bestimmte Person, die zum Liebesobjekt geworden ist, treten Schicksalsschläge, Leiden und Entbehrungen vielfacher Art, freiwillig-unfreiwillige Verzichte, ungeschicktes und selbstschädigendes Verhalten. In allen diesen Fällen sieht es so aus, wie wenn das Übel von außen an die Person herankommt. In Wahrheit aber kommt es von innen, auch wenn Ungunst und widrige Zufälle nachzuweisen sind.

Sie werden dann eben unbewußt geschickt im masochistischen Sinn verwertet. An Stelle des erniedrigenden und schlagenden Partners ist das Schicksal getreten, ein unpersönlich gewordener später Vater-Ersatz. Es wäre aber falsch, anzunehmen, daß sich das Schicksal der Phantasie des Masochisten selbst so gestaltlos darstellt. Er wird meist gewiß nur vage Ideen über dessen Natur haben, aber die analytische Erfahrung zeigt, daß die Ideen wie etwa die einer überirdischen richterlichen Instanz, welche die Handlungen und Gedanken der Menschen überwacht, noch genug Macht haben, um seelische Vorgänge in bestimmte Richtungen zu lenken. Schließlich sei nicht vergessen, daß sich das Schicksal in den meisten Fällen bewußt oder vorbewußt noch immer in der Form der erhöhten und überirdischen Vaterfigur repräsentiert, die wir Gott nennen.

Immerhin zeigt eine nähere Betrachtung, daß das Schicksal oft in der Form einer oder mehrerer Personen wieder Gestalt annimmt. Der Lehrer, der die Person zurücksetzt, die Kollegen, die sie nicht entsprechend würdigen, der ewig unzufriedene und tadelnde Chef, die Ehefrau, deren zänkische Natur einem das Leben vergällt, die Verwandten, die einen mit unerfüllbaren Ansprüchen belasten, die Freunde, die einen im Stich lassen – es sind alle Person gewordenes Schicksal. Der Pantoffelheld und der Ehemann, der schwer unter dem Naturell seiner Frau zu leiden hat, erweisen sich übrigens als Übergangstypen von der einen zur anderen masochistischen Form.

Zum Fehlen eines deutlichen Lustgefühls wird noch mehr zu sagen sein. Hier sei nur vermerkt, daß nicht nur dieser Ausfall bemerkenswert ist, sondern auch eine Ergänzung. Während der sexuelle Masochist aus der Mißhandlung Lust zieht, hat der Masochist im sozialen Sinn nur Unlust, fühlt sich nur gedemütigt, benachteiligt, erniedrigt und beleidigt. Dort wird das Leiden als solches vernachlässigt oder als Mittel zur Lust gewertet, hier wird es hervorgehoben und stark als Unlust gefühlt und beklagt. Von der Lust aber darf man vermuten, daß sie im Gegensatz zur sexuellen Perversion unbewußt empfunden wird. Das setzt voraus, daß mit dem Übergang vom sexuellen zum sozialen Charakter seelische Vorgänge verbunden sind, welche der Lust einen neuen Inhalt gegeben haben. Für die Wesensbestimmung des Masochismus als seelischer Eigenart ist es nicht entscheidend, ob die Befriedigung bewußter oder unbewußter Art ist, sondern daß die Lust an der Bedingung des Leidens hängt.

22 Das nahe und das ferne Ziel

Es wurde der psychologischen und psychoanalytischen Forschung im Vorangehenden der Vorwurf gemacht, daß sie von einem Mißverständnis des Masochismus ausgingen. Das Mißverständnis, besser gesagt, der Mangel an Verständnis für das Phänomen zeigte sich in jener Frage: wie kann Unlust zu Lust werden? Diese Fragestellung war bestimmt durch eine zu oberflächliche Beobachtung. Es wäre richtiger gewesen, danach zu forschen, wo die Lust im Masochismus ist und erst dann zu fragen, wieso sie an der Bedingung der Unlust und des Schmerzes hängt.

Die Lusttendenz ist von vornherein da, bleibt während der Schläge oder Beschämungen erhalten und erreicht ihr Ziel am Ende, nachdem die Person sich jenen Strafen unterworfen hat. Wir haben gefunden, daß die zeitliche Bestimmung der Erregung und ihrer Steigerung, das »timing« der seelischen Vorgänge im Masochismus, bisher nicht gewürdigt wurden.

Über das Wesen der Lust konnte bisher kein Zweifel sein.

Es war von sexueller Art. Die körperlichen und seelischen Zeichen der Erregung, Spannung und Entspannung sprachen eine deutliche Sprache. Der Masochist befriedigt auf einem ungewöhnlichen Weg seine sinnlichen Bedürfnisse. Von welcher Art ist die Lust im sozialen Masochismus? Die Antwort der Analyse lautet bisher: sie liegt in der Befriedigung des unbewußten Strafbedürfnisses. Diese Antwort wird, so weit ich sehe, einstimmig gegeben. Ich halte sie für unrichtig und will zeigen, warum sie unrichtig ist. Danach werde ich versuchen, diejenige Erklärung darzustellen, die mir geeignet scheint, das Wesen und die Ziele der sozialen Lust am Leiden zu erhellen.
Die psychologische Situation, wie sie von der Analyse dargestellt wird, ist in folgender Gegenüberstellung klar bestimmt: Im sexuellen Masochismus wird eine sexuelle Triebregung, die verpönt ist, im sozialen Masochismus wird das Strafbedürfnis, das unbewußte Schuldgefühl für jene verbotenen Wünsche, befriedigt. Im ersten Fall erreicht eine elementare Triebregung ihr Ziel auf dem Umweg über Schmerz und Unlust. Im zweiten Fall wird ein moralisches Bedürfnis, das auf verbotene Regungen reagiert, gestillt. Im ersten Fall ist die Lust von deutlich sexueller Art, im zweiten von unbestimmterer, rätselhafterer: es handelt sich um eine Lust daran, das Ich zur Strafe für seine Gedankensünden zu bestrafen. Der Masochist der sexuellen Art, so scheint es, will Lust auch um den Preis der Unlust, er will sinnliche Befriedigung. Der soziale Masochist will Strafe, und das ist seine Lust, ersehnt eine Befriedigung des dunklen Schuldgefühls. Wäre diese Kennzeichnung richtig, so würde sich hier ein Gegensatz zwischen den beiden Formen des Masochismus, der sexuellen und der moralischen, ergeben, der so groß ist, daß man sie nicht mehr demselben Triebgebiet zurechnen könnte. Nun ist aber kein Zweifel – die analytische Beobachtung bezeugt

es –, daß beide Erscheinungen nur verschiedenartige Äußerungsformen derselben Triebneigung sind. Das aber will heißen: daß in ihrem Wesen eine bestimmte Einheitlichkeit und Kontinuität nachweisbar sein muß. Das wäre sicher nicht der Fall, wenn in der einen Form ein positives und elementares Triebziel angestrebt würde, in der anderen eine seelische Reaktion auf dieses Triebziel, das nicht einmal erreicht wurde. Wäre es so, der sexuelle und der soziale Masochismus würden dann nicht etwa auf verschiedenen Ebenen liegen, sondern in verschiedenen Welten. Der eine wäre vorwiegend ein sexuelles Problem, der andere ein moralisches. Die eine Erscheinung wäre von triebhafter Art, die andere wäre eine sekundäre Reaktionsbildung. Nichts ist unwahrscheinlicher als die Annahme, daß man von einer Erscheinung rein triebhafter Art zu einer anderen von ethischer Beschaffenheit durch einen Sprung gelangen kann. Die Natur macht keinen Salto morale. Es wurde früher gesagt, daß der soziale Masochismus keineswegs einen Sublimierungsvorgang der Triebneigung, höchstens ihre Fortsetzung auf einem neuen Gebiet bezeichnet. Alle Eindrücke der analytischen Beobachtung gehen dahin, daß sein Ziel von triebhafter Art ist wie das des sexuellen Masochismus.

Mehr als dies: Man muß annehmen, daß der soziale Masochismus ähnlich aufgebaut und von annähernd derselben Struktur ist wie der sexuelle. Haben wir nicht dieselben Merkmale bei der einen wie der anderen Form gefunden, hier wie dort die Bedeutung der Phantasie, das Suspensemoment, den demonstrativen Zug entdecken können? Dieselben seelischen Vorgänge bestimmen das Zustandekommen der beiden Äußerungsformen; beide drehen sich um die Achse Lust und Angst. In beiden kämpft das Luststreben mit der Angst und in beiden wird die Flucht nach vorn zu einem Mittel, den Konflikt auf eine ungewöhnliche Art zu lösen.

Hat die Psychoanalyse also etwas Unrichtiges behauptet, wenn sie sagt, daß im sozialen Masochismus das Schuldgefühl befriedigt wird? Nein, die Behauptung ist richtig. Falsch ist nur der Platz, der ihr eingeräumt wurde und den sie nun behauptet. Es ist nicht richtig, daß die Befriedigung des Schuldgefühls das Triebziel ist. Bezeichnen denn die Unlust und der Schmerz das Triebziel des sexuellen Masochismus? Nein. Sie sind vielmehr die Bedingung, deren Erfüllung notwendig wird, um die sinnliche Befriedigung zu erreichen. Sie werden angestrebt, um die Strafangst zu bewältigen und durch Vorwegnahme der Strafe dorthin zu gelangen, wohin die Lusttendenz drängt. Man muß annehmen, daß der soziale Masochismus dieselben Züge zeigt. Die Strafe droht jetzt nicht mehr von außen, ist nicht mehr an eine Person gebunden und wird nicht mehr von einer Person in der Form des Geschlagenwerdens durchgeführt. Die Strafe droht von innen, kommt vom Wächter des Gewissens, und ihr gilt nun die Angst. Das Schuldgefühl erscheint uns als diejenige Form, unter der wir die Angst in uns wahrnehmen. Schuldgefühl ist nichts anderes als soziale Angst. Wir gelangen so zu der Folgerung: Auch im sozialen Masochismus unterwirft sich die Person freiwillig bestimmten Strafen und Erniedrigungen, um die soziale Angst loszuwerden und ihr uns noch unbekanntes Triebziel zu erreichen.
Wir haben hier drei Fragen zu beantworten: Wo ist das bisher unentdeckte Triebziel? Welche Strafe wird hier gefürchtet? Welche Lust wird hier gesucht? Die erste Frage ist am leichtesten zu beantworten. Der Masochismus entsteht ja aus der seelischen Umformung einer sadistischen Phantasie. Der Sadismus, der unterirdisch in dieser neuen Form fortlebt, enthält zwei Elemente in untrennbarer Verbindung: ein aggressives und ein erotisches. Er will ein Objekt in Besitz nehmen und zerstören. Die Vereinigung von Aggressivität und

Sexualität in der Form der Gewalttätigkeit macht ja das Wesen der sadistischen Triebeigenart aus. Im Masochismus ist dieselbe Verbindung, nun auf das Ich als passives Objekt gerichtet, nachweisbar. Sind auch in der masochistischen Phantasie und Szene immer beide Komponenten enthalten, so ist doch ihr Mengungsverhältnis ungleich. Es ist deutlich auch für den oberflächlichen Beobachter, daß bald das eine, bald das andere Element stärker zum Ausdruck kommt. Der Übergang vom sexuellen zum sozialen Masochismus ist das Resultat einer ausgiebigen Triebentmischung. Die erotische Komponente wird an den Rand gedrängt und die grausame oder angriffslustige beherrscht das Feld.
Diese Triebentmischung hat zur Folge, daß der Masochist nun nicht mehr Objekt von sexuellen, sondern von aggressiven oder zerstörenden Tendenzen wird. Er fühlt sich nun nicht mehr als Gegenstand einer Mißhandlung, die zur sexuellen Befriedigung führt, sondern er fühlt sich vom Schicksal oder den Nebenmenschen mißhandelt. Von Befriedigung dabei oder darin ist ihm nichts bekannt. Auch die Außenwelt scheint nicht zu erkennen oder zu verstehen, daß das Opfer die Tücken und Wechselfälle eines widrigen Geschicks genießen könnte. Die Natur der Strafe und der Instanzen, von denen sie ausgeht, kann zu weiteren Aufklärungen führen. In der sexuellen Perversion wird die Person geschlagen, gebunden, beschämt und beschimpft. In der sozialen Form erscheint kein bestrafendes Objekt, aber die Person wird vom Pech verfolgt, ihre Chancen werden zerstört, sie wird unbeliebt oder gar verhaßt. Der Perverse wird gestraft wie ein unartiges Kind von einer Mutterfigur, der Masochist sozialer Art wie ein Verbrecher, der sich gegen die menschlichen Gesetze vergangen hat. Dort soll eine unliebsame oder verpönte Triebregung zurückgewiesen werden, hier eine Äußerung von Zerstörungssucht und Überheblichkeit.

Fassen wir zusammen, was wir bisher wissen, so ergibt sich als zwingendes Resultat die Folgerung: Im sozialen Masochismus ist das Triebziel von aggressiver oder gewalttätiger Art, die Befriedigung sadistischer Tendenzen und die brutale Geltungmachung des eigenen Willens. Es braucht nicht wiederholt zu werden, daß die sadistischen, rücksichtslosen und rebellischen Tendenzen in der Darstellung durch das Gegenteil auch im sexuellen Masochismus hervortreten. Auch dort sprengt der Hochmut gelegentlich die Hüllen demütiger Unterwerfung, auch dort errät man den Stolz hinter der Kulisse der Erniedrigung. Auch diese Kulisse ist ja nur gemalte Leinwand. Immer wieder drängt sich angesichts des Eindrucks der masochistischen Phantasie oder Perversion ein Vergleich aus dem Bereich des Theaters auf, ein Bild aus der Welt der Bühne. Das kommt daher, daß Szenen, die vorgestellt oder wirklich aufgeführt werden, etwas Künstliches an sich haben, einen bestimmten Eindruck vermitteln sollen, etwas anderes sind als sie vorgeben. Wir ahnen unbewußt, daß sich in der masochistischen Szene nicht nur die Sinnlichkeit äußert, sondern auch eine Gesinnung. Die Idee des Masochismus selbst hat etwas Spielerisches an sich. Bedeutsamer ist es, daß dieses Spielerische eine Idee birgt. Das wird dem Psychologen in der Erforschung der sozialen Leidsucht noch deutlicher als in der sexuellen Perversion, mit der sie den Namen gemeinsam hat und, wie ich jetzt darstellen will, nicht nur den Namen.

Die früher aufgestellte Behauptung sei wiederholt und betont, bevor wir weitergehen. Jene Phänomene, die wir als soziale Ausstrahlung des Masochismus bezeichnen, haben als Triebziel die Befriedigung aggressiver, ehrgeiziger und rachsüchtiger Regungen. Mit der Erfüllung gewalttätiger und machtgieriger Wünsche verbindet sich die Rehabilitierung eines gekränkten Selbstgefühls und Ehrgefühls, die Sättigung eines unbefriedigt gebliebenen Stolzes. Alle anderen Formulierungen des Ziels des sozialen Masochismus sind unzulänglich. Die analytische Annahme, daß sich das Wesen des sozialen Masochismus in der Befriedigung des unbewußten Schuldgefühls erschöpfe, ist unrichtig. Richtig ist an dieser Behauptung nur, daß das unbewußte Schuldgefühl beschwichtigt werden muß, ehe jene Triebziele erreicht werden, so wie in der sexuellen Perversion die Strafe empfunden werden muß, ehe der Genuß gestattet ist. Die Analytiker, welche die Erfüllung des Strafbedürfnisses als das Ziel der Wünsche des sozialen Masochisten erblicken, befinden sich in einem Irrtum, den ein grober Vergleich aus dem Alltag am besten verdeutlichen kann. Sie benehmen sich wie Passagiere der Untergrundbahn, welche eine Umsteigestation, auf der sie aussteigen und einen neuen Zug nehmen sollten, mit der Endstation verwechseln, mit dem Endpunkt ihrer Reise.

Wir meinen das Triebziel des sozialen Masochismus gefunden zu haben. Die Stimme der Selbstkritik wird sich hier mit Recht melden und uns zu bescheidener Formulierung mahnen: Wir haben dieses Ziel nicht gefunden, sondern nur seine Art bestimmt. Wir haben aus den Erscheinungen und den Folgerungen, zu denen ihre Beobachtung geführt hat, den Charakter dieses Ziels als notwendig abgeleitet. Wir kennen also das Ziel, aber noch nicht den Weg dahin. Wir wissen, das ist das Ziel, aber wir wissen nicht, wo es liegt. Wir werden in dieser Überlegung wieder an den Unterschied zwischen den sexuellen und den sozialen Gestaltungen des Masochismus erinnert. Die sexuelle Phantasie und Szene läßt ihr Wesen frei erkennen. Auch der stumpfeste Beobachter versteht, hier geht es um Befriedigung sexueller Triebbedürfnisse, wie sonderbar ihn auch die Äußerungsformen dieses Strebens anmuten mögen. Anders beim sozialen Masochismus: hier muß das Ziel erst gesucht werden. Das Wesen dieser seelischen Erscheinung ist so dunkel, daß erbitterte Realisten unter den Psychologen noch nicht einmal die Existenz dieses Phänomens zur Kenntnis genommen haben. Es ist in der wissenschaftlichen Psychologie außerhalb der Analyse so gut wie unbekannt und in der Analyse, wie wir gesehen haben, nicht gut bekannt.

Wir kehren aber von solchen Überlegungen, die uns zu weit führen könnten, zu der Frage zurück: Wo verbirgt sich das Triebziel des sozialen Masochismus? Wir sind darauf vorbereitet, daß es sich ausgezeichnet versteckt hat, da es bis jetzt sogar den scharfen Augen der Analytiker entgangen ist. Haben sie nicht den Schatten, den ein Gegenstand wirft, mit der Substanz selbst verwechselt, das befriedigte Strafbedürfnis für die Endlust des Masochismus gehalten?

Der sicherste Weg wäre gewiß, wenn wir angeben könnten, wo und wie sich die Lust in dieser seelischen Form äußert. Lust im Unglück, im Elend, Genuß im Zu-Boden-geschlagen-Werden und in der Niederlage? Wir können hier nirgends eine Äußerung der Lust ausfindig machen. Sie ist unsichtbar, aber sie ist anwesend. Sie ist nicht zu bemerken, aber sie ist doch zu merken. Die Dichter haben diese geheime Lust seit langem erkannt und dargestellt. Wir sind diesen Vorgängern verpflichtet, aber hier gilt es, mit den Mitteln psychologischer Forschung scharf zu bestimmen, was dort in ahnungsvollen Worten angedeutet wird. Unsere Bemühung geht dahin, das Imponderabile zu erfassen und wissenschaftlich zu bestimmen, soweit dies möglich ist. Es ist ein Unterschied in der Betrachtungsweise wie der zwischen dem Naturfreund, der sich am Anblick bunter, flatternder Schmetterlinge erfreut, und dem Zoologen, der sie einfangen und die Art eines jeden von ihnen bestimmen will.

Wir sind auf der Suche nach der verborgenen Lust, wir wollen den Platz ausfindig machen, wo sie sich versteckt. Eine kleine Überlegung sagt uns, daß dieser Platz nicht sehr entfernt von dem sein kann, auf dem die Strafe vollzogen und die Unlust gefühlt wird. Diese Überlegung stützt sich auf die Meinung oder das Vorurteil, daß der soziale Masochismus ebenso aufgebaut ist wie der sexuelle. Bei diesem folgt ja das Befriedigungserlebnis der Unlust oder der Strafe unmittelbar nach, ist ihnen so nahegerückt, daß es manchmal den Eindruck macht, es sei nur die Vereinigung von zwei Erscheinungen in einer einzigen. Die Strafe oder das Leiden ist die vorweggenommene Reaktion auf eine verbotene Befriedigung, die sogleich eintreten wird, sozusagen ihr vorausgezahlter Tribut. Ein kleines Zeichen hilft uns weiter fort. Es wird uns durch den demonstrativen Zug vermittelt. Wir wissen, es handelt sich um die psychologische Notwendigkeit, Zeugen, Zuschauer oder Mitwisser der Unlust und des Leidens im Masochismus zu haben. In der sozialen Form des Masochismus prägt sich dieser Zug so aus, daß die Person ihre Niederlagen, ihr Pech, ihre Versagungen und Fehler nicht etwa verbirgt, sondern ihren Freunden, ihrer Familie, Bekannten und oft genug auch Unbekannten irgendwie zur Kenntnis bringt. Es wird ihnen demonstriert, wie gekränkt und benachteiligt man ist, wie das Schicksal der Person widrig ist, wie jede Chance ihr fehlschlägt und daß sie gleichsam dazu auserkoren ist, Schiffbruch zu leiden. Der Masochist verbirgt sein Elend nicht, sondern zeigt es jedem, propagiert es. Wie *Lessings* Nathan scheint er zu wünschen, daß die ganze Welt ihn höre.

Wohlbekannten analytischen Gesichtspunkten vertrauend, nehme ich an, daß diese eigenwillige und eigensinnige Demonstration etwas verbergen will. Sie verbirgt es so auffällig, daß sie es verrät. Das Verborgene muß die Kehrseite des Gezeigten sein, also Stolz auf den eigenen Erfolg, Genuß durch Durchsetzen des eigenen Willens gegenüber überlegenen Kräften, das Bewußtsein durch Dulden zur Herrschaft zu gelangen. Wenn das richtig ist – aber ist es richtig? –, hätte sich die Lust genauso wie im sexuellen Masochismus gerade hinter der Unlust verborgen. Diese seelische Mimikry wäre dann im Falle des sozialen Masochismus so gut gelungen, daß die Analyse eben die Unlust selbst, also die Befriedigung des Schuldgefühls, für die einzige Lust dieser Triebgestaltung erklärt hat. Das unbewußte Manöver würde dann darin bestehen, die Lust so nahe an die Unlust zu rücken, ihr so anzugleichen, daß sie nicht mehr voneinander zu unterscheiden sind. »Wo verbirgt ein kluger Mann ein Blatt?« fragt eine der Personen *Chestertons*. Die Antwort lautet: »Im Walde.« Wir können jetzt angeben, wo sich die Lust versteckt hat: hinter der Erfüllung des unbewußten Schuldgefühls. Wir haben ihr Versteck aufgefunden, aber wo ist sie selbst? Sie muß anwesend sein, aber sie bleibt unsichtbar. Sagten wir aber nicht, daß die Lust im sozialen Masochismus unbewußt ist? Das macht ja einen der Hauptunterschiede zwischen den beiden Arten des Masochismus aus.

Es gibt aber ein Gebiet innerhalb des sexuellen Masochismus, wo die Lust ebenfalls unbewußt bleiben kann. Sie wird dort oft nicht als solche empfunden und nicht erkannt. Ich meine das Vorfeld des Masochismus, das Gebiet, in dem er entspringt; ich meine: die Phantasie. Ich habe gesagt, daß die Bedeutung der Phantasie für den sexuellen Masochismus von der Wissenschaft bis heute noch nicht erkannt wurde. Auf dem Gebiet des sozialen oder, wie *Freud* sagen würde, moralischen Masochismus ist sie bisher unbekannt geblieben. Masochistische Phantasien sozialen Charakters sind bisher in der analytischen Literatur noch nicht dargestellt, ihr typischer Inhalt und ihr Lustcharakter noch nicht bestimmt worden. Und doch gehen sie wie in der Perversion auch hier der Aktion – auch im Masochismus kann man von einer Aktion reden – ausnahmslos voraus, bereiten sie vor und verhalten sich auch hier zu ihr wie die Bühnenprobe zur Aufführung.

Die bezeichnete Vernachlässigung der Phantasien im sozialen Masochismus hat, so weit ich sehen kann, eine merkwürdige Ursache: Sie sind so unbekannt geblieben, weil sie uns allen in ihren wesentlichen Zügen seit langem vertraut sind. Das will heißen: Wir kennen sie alle, aber nicht als Phantasien, sondern als Stücke des moralischen oder religiösen Glaubens, als typische Vorstellungen aus dem Bereich der Lebensanschauung. Sie sind also meistens nicht individuelle seelische Bildungen, sondern übernommene Stücke allgemeineren und überlieferten Vorstellungsguts. Es sind Gebilde aus dem traditionellen Vorstellungsmaterial in individueller Ausprägung oder Umformung. Es handelt sich bei diesen Schöpfungen um Produkte, die sich auf dem Rückweg von Massenphantasien oder vorherrschenden und bevorzugten Vorstellungen der Gemeinschaft wieder in egoistische Tagträume des einzelnen verwandelt haben. Die einzige Gestalt in ihnen ist das Ich und die Erfüllung der Wünsche dieses Ichs; sie machen ihren wichtigsten und oft ihren einzigen Inhalt aus. Diese Vorstellungen wurden freilich von außen her, von Eltern, Erziehern, Lehrern in der Kinderzeit an uns herangebracht, aber wir tragen doch Bedenken, sie als kindlich oder gar kindisch zu bezeichnen. Die meisten von uns werden diese Vorstellungen nicht mehr als ihre unerschütterliche Meinung anerkennen, werden ihnen ungläubig oder skeptisch gegenüberstehen. Das schließt bekanntlich den Glauben an sie in einer anderen seelischen Schicht nicht aus.

Was sind das nun für Vorstellungen? Ich will hier sogleich die wichtigste in ihrer allgemeinsten Form vorstellen. Es ist die Idee, daß die Unlust und der Schmerz, die Entbehrungen und Erniedrigungen, denen der einzelne ausgesetzt ist, die

Mißhandlungen und Kränkungen, die er erfährt, die seelischen und körperlichen Leiden, die er erträgt, ihm in bestimmter Form eine Belohnung bringen werden. Hier zeichnet sich also die Aufeinanderfolge von Unlust und Lust, die wir als charakteristisch für den Masochismus erkannt haben, als Bestandteil einer Weltanschauung ab, der unsere Kulturwelt zugeneigt ist. Vergessen wir nicht, daß diese Anschauung pädagogisch verwertet wird. Diese Verwendung im erzieherischen Sinne beginnt in der Kinderstube, aber sie endet nicht dort. Sie wird im Wege der Verinnerlichung noch später zur eigenen moralischen Stärkung und Selbstdisziplin fortgesetzt. Wir haben sie uns angeeignet und ihren Ursprung vergessen; wir kennen sie nur mehr als eigenes Gut an, wenn wir sie überhaupt in uns erkennen.

Worin besteht diese Belohnung, die Prämie, die für artiges Verhalten in der Kinderstube und später in der Welt der Erwachsenen ausgesetzt wurde? Was wird uns in Aussicht gestellt, wenn wir die Unlust ertragen und uns im körperlichen und seelischen Leiden geduldig und mutig benehmen? Die Erfüllung unserer Wünsche in einer zivilisierten, man möchte sagen, zensurierten Form. Diese allgemeine Meinung ist also das bevorzugte Material, aus dem das Bild der Einzelphantasie geformt wird, sozusagen der Marmorblock, aus dem der Masochist sein eigenes Denkmal herausschlägt. Das ist nämlich das Ende und das Ziel solcher individuellen Phantasien: das Ich erscheint in ihr in einer erhöhten Form, auf einen unsichtbaren Sockel gestellt. Ich habe gerade den Vergleich des Denkmals gebraucht: wirklich sind die Phantasien einem vorweggenommenen Denkmal des Ichs, des Tagträumers vergleichbar, jenen steinernen Monumenten, auf denen ein Feldherr in selbstbewußter Positur erscheint, etwa von einer symbolischen weiblichen Gestalt mit dem Lorbeer gekrönt. Auf dem Sockel kann man meistens Reliefdarstellungen seiner siegreichen Schlachten sehen. Auch der Masochist kann auf seine moralischen Siege hinweisen, auch wenn sie sich der Außenwelt als Niederlagen oder Fehlschläge repräsentieren. Wunderlich genug erscheinen sogar auch diese Niederlagen in den masochistischen Phantasien, was gewiß bei keinem Feldherrendenkmal der Fall ist. Die Niederlagen werden aber vorgestellt, um den Endsieg um so glänzender und triumphierender erscheinen zu lassen. Sie bilden nur den Hintergrund, von dem sich die Glorie des Ichs abhebt. Alle diese unbewußten Phantasien, so individuell und vielgestaltig sie auch sein mögen, haben bestimmte Züge gemeinsam, die sie von den übrigen Tagträumen absondern. Der Held erleidet viel Unbill, wird mißverstanden, gekränkt, beleidigt und gedemütigt. Er wird unterschätzt, gegenüber anderen benachteiligt, ausgenützt und oft aus der Gemeinschaft ausgeschlossen. Die verschiedenen Mißgeschicke und Kränkungen, welche der Held dieser Tagträume, das Ich, erduldet, werden in der Phantasie breit ausgemalt, mit Behagen dargestellt. Alles das aber sind nur weit ausgesponnene Vorspiele zum Eigentlichen. Dort erscheint nämlich der Sieg über die Widersacher, die Rehabilitierung; man ist fast versucht, zu sagen, die Auferstehung des Ichs. Die duldende Person wird siegreich, wird jetzt geschätzt und geliebt, wird gerade dort aufs höchste geehrt, wo sie früher verworfen wurde. Die Verdienste des Helden und seine ausgezeichneten moralischen oder intellektuellen Qualitäten werden gerade von den Personen anerkannt, die ihn vorher so lange als minderwertig und verächtlich behandelt haben. Solche typische Phantasien haben auch ihren literarischen Niederschlag in der Gestaltung des umgekehrten Helden gefunden. Ihre Verwertung reicht von *Cervantes* »Don Quijote« bis zu verbreiteten Knabenbüchern. Was in der »privaten« Phantasie und im egoistischen Tagtraum auftaucht, wird dort in weitem überindividuellen Rahmen wiedererscheinen und seine masochistische Natur nur wenigen Lesern verraten.

Als ein charakteristischer Zug dieser Einzelphantasien, in denen der Masochismus als Triebneigung deutlich wird, sei eine bisher noch nicht erkannte Tatsache angeführt, welche ihre Entwicklung beleuchtet. In ihren Anfangsstadium werden Leiden und Verfolgungen, denen ihr passiver Held ausgesetzt ist, zwar gesehen und lebhaft vorgestellt, aber sie erscheinen nur als Voraussetzungen für seinen Sieg. Je länger sich die Phantasie hält, das heißt als lusterregend empfunden wird, um so mehr verschiebt sich ihr seelischer Akzent. Der Phantasiegenuß wird vom Triumph mehr und mehr auf die Unbilden und Schwierigkeiten des Helden verlegt. Sie nehmen nun in der Darstellung des Tagträumers den größeren und wichtigeren Raum ein und die ihnen folgende Rehabilation erscheint nun als eine Art Anhängsel. Es sieht so aus, wie wenn sich die Lust von der Vorstellung der Durchsetzung des eigenen Willens auf die Strafen und Leiden, die ihr als Bedingung vorausgehen, verschoben hätte. Schließlich erscheint dieser anfänglich wesentliche Abschluß überhaupt nur im Hintergrund, nur angedeutet, während das geheimnisvolle und anscheinend unbegründete Leiden des Helden alle Aufmerksamkeit und Erregung auf sich zieht. Die griechische Tragödie wird sich als erhöhtes und allgemeineres Beispiel einer solchen Entwicklung, die sich in jedem masochistischen Tagträumer vollzieht, anbieten.

Mit der Unvermeidlichkeit und schicksalhaften Konsequenz der griechischen Tragödie folgt das Unglück der Spur des masochistischen Charakters im Leben. Wo andere siegen, hat er Mißerfolge und gerade dann, wenn eine Chance ihm winkt, ist es sicher, daß geheimnisvoll ein Mißgeschick sich einstellt. Da er sich selbst im Weg steht, stellt sich alles in seinen Weg. Manchmal ergibt sich ein kleiner Erfolg, aber nur, um die Versagung, die ihm unmittelbar folgt, noch bitterer fühlen zu lassen. Der masochistische Charakter reagiert auf Lob unvermeidlich so, daß er bald darauf seine Unfähigkeit demonstriert. Es scheint, er hat die Vorsehung gegen sich. Organisierte Machinationen des Geschicks begleiten seinen Weg. Es sind solche Eindrücke, welche uns zu der Ansicht geführt hatten, daß die Befriedigung unbewußten Schuldgefühls das Wesentliche des sozialen Masochismus sei. In Wahrheit hat dieses Moment das tiefere verdeckt. Was der masochistische Charakter an Selbstschädigungen, Beschämungen und Benachteiligungen produziert, stellt sozusagen seine Abschlagsrechnung an das Schicksal dar. Es kommt nicht auf das Leiden an, sondern auf das, was man durch das Leiden erkauft.

Hier nun ist der Platz, wo die Annahme, daß die Befriedigung des Schuldgefühls zu den wesentlichen Stücken des sozialen Masochismus gehört, ihre psychologische Berechtigung und Einreihung erhält. Im masochistischen Charakter lebt eine tiefe unbewußte Angst vor der vergeltenden oder rächenden Macht des Schicksals, eine Angst wie die, welche die Griechen vor der Hybris hatten. Man könnte sie als abergläubische Scheu bezeichnen und ihre Idee der anderen, daß das eigene Leid später belohnt wird, gegenüberstellen. Jene abergläubische Angst, die wir sonst Schuldgefühl nennen, ist das ältere Stück. Unter ihrem Druck nimmt der Masochist alle jene Leiden auf sich, unterwirft sich allen Prüfungen und Strafen. Die weitere Entwicklung führt dann zu der ergänzenden Annahme, daß das Leiden die Belohnung bringen wird. Die vorweggenommene Strafe gibt den Weg zur Erfüllung der Wünsche frei.

Die Benachteiligungen, Kränkungen und Selbstschädigungen des sozialen Masochismus enthüllen sich also ihrer Natur nach als unbewußt selbst auferlegte Opfer oder Bußeaktionen für die ihnen folgende Durchsetzung sonst verbotener Wünsche. Es sind sozusagen Bestechungsversuche der höheren moralischen Instanzen, denen durch jene Entbehrungen und Selbstbestrafungen ein Tribut entrichtet wird. Wo findet man ähnliche Phänomene sonst im Seelenleben? Wir begegnen ihnen gewissermaßen in kleinem Rahmen in jenen unbewußten Symptomhandlungen des Alltagslebens, welche den Charakter von Buß- und Opferaktionen haben. Was sich dort in unauffälligen und harmlosen Mißgriffen und Selbstschädigungen äußert, hat hier die Herrschaft über das Leben des Masochismus angetreten, bestimmt den Lauf seines Daseins. Die Psychopathologie dringt nicht nur gelegentlich in seinen Alltag ein, sie bestimmt nun alle seine Tage. Wir kennen freilich ein Gebiet, das von einer ähnlichen Anschauung beherrscht wird, das religiöse. Dort wird die freiwillige Übernahme von Opfern und Entbehrungen, der Verzicht auf Triebbefriedigung und oft die Selbstschädigung zur Voraussetzung für das Erreichen des Ziels, das in Aussicht gestellt wird.

Ich behaupte also, daß eine dunkle, abergläubische Schicksalsangst in den Reaktionen des masochistischen Charakters, die ihm selbst zum Schaden gereichen, zum Ausdruck kommt. Diese Angst zu beschwichtigen und zu bewältigen, dafür werden so viele Opfer an Glück und Leidensfähigkeit gebracht: Obenhin gesehen, erscheint so der soziale Masochismus nur als Versuch, jene Angst zu überwinden, den dringlichen Forderungen des Schuldgefühls zu genügen.

Wo aber ist seine Lust? In der Vorwegnahme seiner Triebbefriedigung in der Phantasie. Der masochistische Charakter genießt die Vorstellung, daß er seinen Willen am Ende doch durchsetzen, alle seine Gegner besiegen und dann unterdrükken wird, daß er gerade von der Gesellschaft anerkannt werden wird, die ihn jetzt vernachlässigt und verwirft. In der erwarteten und phantasierten Befriedigung kommen die aggressiven und ehrgeizigen, rachsüchtigen und gewalttätigen Triebziele wieder herauf, deren Abwehr zur Entstehung des Masochismus geführt hat. Man verkennt das Wesen der Triebneigung, wenn man nur das eine Stück, das befriedigte Schuldgefühl, als ihr Wesentliches sieht und das andere vernachlässigt.

Der soziale Masochist bekommt seine Befriedigung, er bekommt sie aber meistens nur in der unbewußten Phantasie. Es wäre doch ein zu ärmlicher Aspekt, wollte man annehmen, seine Genugtuung sei in der Selbstbestrafung beschlossen. Der junge Mann, der die Phantasie hat, er werde mit seinem alten und schlechtfunktionierenden Auto gerade vor des Vaters Geschäft einen lebensgefährlichen Unfall haben, genießt die Befriedigung voraus. Er stellt sich den Schrecken und die Sorgen seiner Familie, ihre Reue und ihr Bedauern, daß sie seine Bitte um ein neues Auto nicht erfüllt haben, vor. Er fühlt ihre Trauer um sich selbst mit und genießt mit schmerzlichem Ingrimm eine späte Genugtuung.

Der Unterschied dieser Form des Masochismus gegenüber der sexuellen wird hier wieder deutlich. Man erkennt, daß sich die Triebabweichung zu einer Lebenshaltung erweitert und umgestaltet hat. Dort folgt der Unlust und der Strafe die sexuelle Befriedigung, der Orgasmus. Entsprechend der vergeistigteren Natur der sozialen Gestaltung ist keine so unmittelbare und materielle Triebbefriedigung beim masochistischen Charakter zu erwarten. Die machtwilligen, ehrgeizigen und stolzen Triebregungen haben ein entfernteres Ziel, obwohl es sich aus einem körperlichen und nahen psychologischen ableiten läßt. Das Suspensemoment ist hier für die Beobachtung noch deutlicher als dort, da es die Endlust noch mehr hinausschieben kann, was infolge der sozialen Beschaffenheit des Triebziels besser gelingt als bei einem solchen grober materieller Art. Machtwille und Ehrgeiz können gewiß besser einen Aufschub ertragen als Hunger und sexuelle Begierde. Der soziale Masochismus ist eine Endgestaltung, und für dieses seelische Gebilde ist der Aufschub charakteristisch. Im übrigen ergibt sich auch im sexuellen Masochismus ein weitgehender Aufschub und schließlich der Ausfall der Befriedigung beim Absinken der perversen Neigung.

Wenn ich behaupte, daß der moralische Masochist im allgemeinen die Befriedigung als Prämie für seine Leiden in der Phantasie genießt, so heißt das nicht, daß er auf die reale Befriedigung verzichtet. Ursprünglich nimmt er die Unlust auf sich, weil er die Genugtuung und Rehabilitierung für die nächste Zukunft erwartet. Erst wenn sich diese Hoffnung nicht erfüllt, wird das Ziel in zeitliche Ferne gerückt. Aufgeschoben aber heißt auch hier nicht aufgehoben.

Innerhalb jener Endgestaltung ergibt sich eine Entwicklung, welche man gewiß als eine moralische bezeichnen muß, die aber im Tiefsten dadurch gekennzeichnet wird, daß die Ansprüche auf die Befriedigung, die ausbleibt, in der Phantasie steigen. Die Phantasie muß sich nun weiter strecken, sich auf lange Sicht einstellen. Die Leidenschaft und Leidensbereitschaft steigert sich gerade, wenn das Ziel näher gerückt scheint. Das Suspense-Erlebnis erscheint hier durch das wachsende Schuldgefühl, das der Kulturmensch mit sich trägt, moralisiert. Es ist so, wie wenn ein immer größeres Maß von Leiden notwendig wird, um sich die Befriedigung zu gestatten. Mit dem Leiden aber steigert sich der Ich-Anspruch und der Ehrgeiz. Er gilt nicht mehr rasch erreichbaren Erfolgen, sondern größeren, schwieriger erfaßbaren. Es wächst der Masochist mit seinen höheren Zielen. Er erwartet: zuerst, daß die Gemeinschaft, in der er lebt, seine Vorzüge und seinen Wert, die Überlegenheit seines Charakters und seiner Leistungen anerkennen wird. Mag er nun verachtet, gedemütigt und beschimpft werden, bald werden sich seine Gegner vor ihm beugen, sich ihm beugen. Diese vorausgenommene Phantasiebefriedigung ist nur von kurzer Dauer, sie kann nur eine Weile vorhalten und bald meldet sich die seelische Reaktion. Das Schuldgefühl, die soziale Angst, die sich auf die Aggressivität jener Phantasien berufen kann, steigert sich, verlangt neue Bestrafungen und Demütigungen, Mißerfolge und Mißgeschicke. Sie bringt wieder masochistisches Leiden, das aufs Neue in der Phantasie zur vorweggenommenen Befriedigung und zur genußvollen Darstellung jener Triebziele führt. So kommt es zu einem ewigen Kreislauf zwischen sozialer Angst und asozialem, ja antisozialem Triebdrängen. Der Ausgleich, der uns allen sonst zur Verfügung steht, ist hier verwehrt. Es ergibt sich ein anderer, nämlich der weitere Aufschub der realen Befriedigung und seine lebhaftere und plastischere Vorwegnahme in der Phantasie. Das will sagen: je weiter das Triebziel in der Wirklichkeit zurückbleibt, um so »wirklicher« stellt sich seine Erreichung in der Phantasie dar. Solches Vorwegnehmen bedeutet aber keinen Verzicht auf die Erreichung des Ziels, sondern nur eine Reaktion der Ungeduld. Der Masochist hält an der Hoffnung fest, daß er es spät, doch sicher erreichen wird. Und seine Sicherheit steigt, je mehr er zu leiden hat, so wie die sexuelle Erregung durch die intensivere Unlust beim Perversen. Im Sinne jener zur unbewußten Lebensmaxime gewordenen Meinung: nach geduldig ertragenem Leiden kommt die Belohnung, ist er überzeugt, daß er erreichen wird, was er wünschte: Macht und Rache, Anerkennung und Besiegung seiner Feinde.

Hat es der Masochist anfänglich noch für sein eigenes Leben, vielleicht für ein vorgerücktes Alter erhofft, so wird später seine Vorstellung über die Spanne seines Lebens hinausgehen. Das Ziel wird auf die Nachwelt verschoben. Der masochistische Charakter gelangt so häufig zu der Überlegung oder zu der Phantasie: mag mich auch meine Mitwelt als dumm oder verächtlich verurteilen, einmal, wenn ich tot sein werde, wird man meinen Wert doch anerkennen. Er wird also seine Hoffnung auf Anerkennung bei Lebzeiten langsam einschränken oder vielleicht ganz aufgeben, um in der Vorwegnahme die Belohnung jenseits des eigenen Lebens zu finden. Gewiß wird sich solche Hoffnung zuerst auf die ihm Nächsten, seine Familie und Freunde oder Feinde, richten. Allmählich aber wird sie über diesen engen Kreis hinausgehen: auch die Fernerstehenden werden erkennen, wie sehr er gelitten und daß er nicht umsonst gelitten hat. Seine Aufopferung und seine guten Charaktereigenschaften werden anerkannt werden. Das Hinausschieben der Triebbefriedigung, der Aufschub im Genuß stellt sich dem Masochisten allmählich selbst als verdienstvoller Verzicht dar. Die Wirkung des Suspenses, das sich als Resultat der Wirkungen von sozialer Angst und triebhaftem Streben ergibt, wird nun moralisch gewertet.

In der Minderschätzung des Urteils der mitlebenden Generation und in der Hoffnung auf Anerkennung der folgenden haben sich die ursprünglichen Tendenzen des sozialen Masochismus doch verraten. Die Belohnung für das Leiden – ursprünglich die Befriedigung – ist sicher, aber sie erwartet uns erst jenseits des eigenen Grabes. Was die Leute jetzt reden, erscheint unwichtig gegenüber einer rühmenden Nachrede. Es ist nicht zu verkennen, daß sich in dieser Form moralisierende oder moralische Faktoren geltend machen. Es ist merkwürdig zu beobachten, wie sich am Ende das ursprünglich Triebhafte, das ersehnt wurde, mit Vorstellungen religiöser oder moralischer Art vereinigt und zu einer seelischen Einheit zusammengeschweißt wird. Man kann aber dort, wo diese wechselseitige Durchdringung am weitesten gediehen ist, noch immer die ursprünglichen machtgierigen und aggressiven Tendenzen unterscheiden. Mit der vorweggenommenen Erreichung auch hoher Ziele kann sich eine Art persönlicher Rachsucht, nachträglicher Genugtuung für erlittenes Unrecht in vergeistigter Form verbinden. Auch für die Erfüllung solcher Wünsche gilt es, daß der Mensch noch am Grab die Hoffnung aufpflanzt. Es kommt vor, daß jene heimlichen Wünsche und Triebregungen masochistischer Charaktere sich in späten Jahren wirklich erfüllen. Es scheint freilich, daß die gütigen Feen, die darüber wachen, auf sich warten lassen wie irdische Frauen. Die Erfüllung kommt meistens spät, so spät, daß der Wunsch nicht mehr als solcher gefühlt wird.

Das nachträgliche Rechtbehalten, die spät gezeigte Überlegenheit den Gegnern gegenüber, das Durchsetzen unerfüllter Wünsche und die postume Anerkennung und hohe Schätzung sind die Inhalte solcher Phantasien, welche das masochistische Verhalten des einzelnen begleiten und bestimmen. Man hat gesagt, Rache schmeckt am besten, wenn sie kalt genossen wird. Vielleicht hätte man hinzufügen sollen, sie werde noch in der phantasierten Vorwegnahme genossen bei der Vorstellung, daß der Tagträumer selbst erkaltet ist. Aber auch der Ehrgeiz und der Stolz erreichen ihre Ziele in diesen Phantasien oft erst nach dem Tod des Tagträumers. Alle diese seelischen Bildungen finden sich nicht etwa nur bei abwegigen und problematischen Naturen, bei abnormen und pathologischen Charakteren. Die Hoffnung, vor der Nachwelt, vor den eigenen Kindern mit Ehre zu bestehen, bestimmt unser aller Handlungen in einem nicht immer eingestandenen Ausmaß und läßt uns alle Entbehrungen und Opfer leichter ertragen, ja kann manchmal die Selbstaufopferung als Wunschziel erscheinen lassen. Die Phantasie-Vorwegnahme solcher Erfüllungen als Belohnung für die eigene Triebbeschränkung oder den Triebverzicht ist eine normale seelische Erscheinung, von der kein Kulturmensch frei ist, so frei er sich auch glauben mag. Im Falle des ausgeprägten masochistischen Charakters gewinnt dieses Vorwegnehmen in der Phantasie eine Übermacht über das Seelenleben und wird zu einem Faktor, der das Schicksal des einzelnen bestimmen kann. Unbewußte Phantasien bringen dann die masochistische Rehabilitierung, welche das Leben versagt. Für dieses noch immer triebhaft fundierte Ziel werden erstaunlich große Opfer gebracht und viel Leid erlitten. Wer unbefangen in das Leben sieht, erkennt, daß der Durst nach Martyrium, der stärkste Ausdruck des sozialen Masochismus, mit dem Sieg der Kirche keineswegs abgeschlossen ist. Er hat nur seinen Inhalt gewechselt. Es gibt ein privates Märtyrertum, das seine Wonne, seine Pein hat, und eine unreligiöse Heiligenhaltung, die auf kanonische Anerkennung verzichten kann, weil sie einer anderen gewiß ist. Die seelische Einstellung des Märtyrers, der Drang, sich aufzuopfern, die Schlachtopfer-Haltung kann auch im engen Rahmen der Familie zur Geltung und zur Geltungmachung kommen. Der masochistische Genuß ist nicht minder groß, wenn die Selbstaufopferung nur einer Person gilt. Das Vergnügen am Leiden wird unbewußt nicht minder genossen, wenn der geheime Zuwachs an Selbstgefühl aus dem Bewußtsein stammt, auf allen erreichbaren Lebensgenuß um der Ehefrau, der Kinder, des Freundes willen verzichtet zu haben. Die Befriedigung der Selbstliebe kommt häufig aus jener Quelle, daß man sich so besonders edel, sanft und oft aufopferungsfähig erscheinen kann. Die Wehrlosigkeit gegenüber dem Schicksal, die Ergebenheit dem eigenen schweren Los gegenüber, der Gegensatz der eigenen Haltung zur Brutalität und Rücksichtslosigkeit der anderen schließen doch die geheime Genugtuung ein: Seht, wir Milden sind doch bessere Menschen.

Es darf nicht geleugnet werden, daß dem privaten Märtyrertum nicht nur die große Idee fehlt, die seine Existenz rechtfertigen könnte, sondern auch die erhebende und erfreuliche Wirkung auf die anderen. Diese Art masochistischer Selbstaufopferer leben oft niemandem zur Lust, nur sich selbst zu Leide. Nicht auch sich selbst zur heimlichen Lust? Gelegentlich kommt es vor, daß aus dem eigenen Leiden oder dem eigenen Verzicht dem anderen, für den es ertragen wird, ein offener oder heimlicher Vorwurf gemacht wird. Es spricht für die hier dargestellte Auffassung, daß diesem anderen gegenüber gerade ein Überlegenheitsanspruch aus dem Wissen um die eigene Güte erwächst. Manchmal kann man beobachten, wie die Neigung zum sozialen Masochismus wieder in die zwei Teile zerfällt, aus deren Verlötung sie entstanden ist. Ich beobachtete zwei Schwestern, von denen die ältere sich für die jüngere in solcher Art aufopferte, auf jeden Anspruch auf eigenes Vergnügen und Glück zugunsten der anderen verzichtete und merkbar eine masochistische Befriedigung aus dieser seelischen Einstellung gewann. Diese Haltung der Hingabe und Aufopferung wurde häufig durchbrochen durch Szenen, in denen sie der jüngeren Schwester alles vorwarf, was sie für sie getan hatte und ihr zeigte, wie edel sie sich im Gegensatz zu der egoistischen Schwester verhalte. Diese verglich ein solches Benehmen mit dem einer Kuh, die sich gerne melken läßt und die beste Milch in Fülle hergibt, um dann mit einem Schlag des Hinterbeins den vollen Eimer umzuwerfen. In solchen zweiseitigen Handlungen wird dann auch das verhüllte Triebmotiv für die Unterwerfung und den gesteigerten Altruismus sichtbar. Noch den sanftesten unter den masochistischen Charakteren, denen, die immer erniedrigt und beleidigt werden, sind solche heimliche oder offene Genugtuungen zugänglich. Ich glaube, daß Aschenbrödel, die zu Hause ihren Gram nährte, ihn auch genoß und ihren Triumph über die Schwestern in ihren einsamen Träumereien vorausnahm. Der Psychologe erkennt in vielen Mädchenphantasien ein ähnliches masochistisches Genießen wieder und weiß, daß die Aschenbrödelrolle oft eine unbewußt gewünschte ist.

Es ist vielleicht unberechtigt, die seelischen Gebilde dieser Art einfach als Phantasien zu bezeichnen. Manche von ihnen stehen den Delirien der Zwangsneurotiker nahe, jenen eigentümlichen Produkten, in denen wahnhaftes und gesundes Denken zu einer Einheit zusammenwächst. In einzelnen Fällen haben sich solche vorausgenommenen Befriedigungen – gewiß in veränderter Form und unter unvorhergesehenen Begleitumständen – in der Wirklichkeit ergeben. Man wird gewiß annehmen, daß der unbewußte triebhafte Drang danach bei ihrem Zustandekommen mitbeteiligt war. Was vorher erträumt wurde, ist dann zur Überraschung der Person Wirklichkeit geworden.

Es gibt eine besondere Gruppe von Menschen, denen die masochistische Vorwegnahme der Befriedigung in der Phantasie gerade während des Leidens besonders naheliegt. Ich meine Menschen mit hohen Zielen, die unter der Nichtanerkennung, dem Spott, dem Unverständnis und der seelischen Mißhandlung seitens der Mitwelt leiden: Künstler, Forscher, Staatsmänner mit Weitblick. Wir wissen, daß viele gerade der edelsten Menschen aus den eigenen Leiden eine Süßigkeit gezogen haben, indem sie die künftige Anerkennung in der Vorstellung vorausnahmen. Ja die schmerzlichsten Erfahrungen des Lebens, Enttäuschungen und Verächtlichmachung, können so zur Umschaltungsstelle verstärkten Selbstgefühls und hohen Glücks werden. Gegenüber der Seligkeit des Gestaltens kommt die Frage, ob es Glück oder Unglück ist, das zur Produktion drängt, nicht in Betracht. Sie ist aber auch unwesentlich gegenüber der Aussicht, von kommenden Geschlechtern gerühmt zu werden. Aus ihr erwächst eine Leidenskraft und ein Trost von solcher seelischen Macht, daß das eigene Leiden wie eine Bestätigung, ein Omen für jene künftige Anerkennung der eigenen Leistung erscheint. Noch die Todesangst kann solche phantasierte Vorausnahme nicht stören. Der Chor der 2. Symphonie *Gustav Mahlers*, der als nicht Unwürdiger dem großen Schatten *Beethovens* folgte, spricht jene Zuversicht des Künstlers aus: »Sterben werd' ich, um zu leben.« Es war derselbe Komponist, der einmal gefragt hat: »Muß man denn immer dabei sein beim Unsterblichwerden?« Gegenüber solcher Sicherheit auf zukünftige Erfüllung hochfliegender Wünsche bedeuten das Leiden und die Minderschätzung in der Gegenwart wenig. Es ist wie beim Masochisten eine lustvolle Verlängerung des Suspenses, wenn gerade gegenüber der Nichtachtung im Leben die Jenseitsdistanz in der Phantasie überbrückt wird. Gewiß reicht solche Befriedigung in der Vorwegnahme durch die Vorstellung als Trost nicht immer aus. *Arthur Schnitzler*, Stadt- und Zeitgenosse Mahlers, hat den psychologisch gerechtfertigten Satz geprägt: »Nachwelt gibt's auch nur für die Lebenden.« Hier wird in prägnantester Art ausgesprochen, wie phantastisch solche Befriedigung in der Vorwegnahme ist und wie geringen Trost sie wirklich gewähren kann.

Man muß hier wieder die außerordentliche Bedeutung der Phantasie und des Suspensemoments betonen. Die bisherige psychologische Erforschung des sozialen Masochismus ist bei der Würdigung des Strafbedürfnisses als seines Hauptmotivs stehengeblieben. Von einem Lustgewinn anderer elementarerer Art war nichts zu sehen und zu erkennen. Dies ist gewiß so, wenn man sich auf die materielle Realität beschränkt. Es ist ebenso gewiß anders, wenn man die unbewußte Phantasie im Masochismus würdigt. Sie kann über die Grenzen des eigenen Lebens hinausgehen und die Erreichung der Triebziele in einer Zukunft suchen und finden, die eben nur in der Vorstellung gegeben ist. Die Verlängerung des

Suspensegefühls reicht weit über die Grenzen des eigenen Daseins hinaus. Sie verlegt die Anerkennung der Persönlichkeit und der Leistungen des masochistischen Charakters in eine Zeit, die er nicht mehr erleben kann. Dorthin aber wird auch die Erfüllung der anderen Triebwünsche, welche der masochistischen Lebenshaltung zugrunde liegen, verschoben. Wenn der eigene Leib längst zu Staub zerfallen ist, wird sich der Drang, den eigenen Willen gegenüber dem dumpfen Widerstand der Welt durchzusetzen, behaupten, wird der herrschen, der jetzt mißhandelt und verachtet wird. Solche imponierende Leistung der Phantasie, die über die eigene Lebensspanne hinwegsehen kann wie über eine Mauer in einen schöneren Garten, kann dem gegenwärtigen Leid seine Schwere nehmen und es sogar als Gewähr jenes kommenden Glücks willkommen heißen. Die Nachwelt wird nicht nur Richterin, sondern auch Rächerin. Sie wird das Ich, das gelitten hat, rehabilitieren, ihm die postume Kompensation geben, welche die Mitwelt ihm versagt hat. Ihr Urteil wird aber auch spät, doch für den Phantasierenden nicht zu spät, die beschämen, welche ihn unrichtig eingeschätzt haben. Der Aufschub der Befriedigung, der durch das Suspense gekennzeichnet ist, findet in der Vorwegnahme in der Phantasie sein seelisches Gegenstück.

Wir haben nicht vergessen, daß alle diese Vorstellungen zurückgehen auf frühe Ausmalungen künftiger Situationen, als der Tagträumer noch ein Knabe war, halb Kinderspiele, halb Gott im Herzen. Man erkennt das Vorbild dieser Phantasie in der Analyse mancher kindlicher Tagträume, die als frühe Zeichen masochistischer Einstellung auftauchen: Der Knabe, der sich mißverstanden, gedemütigt oder ungerecht behandelt fühlt, stellt sich vor, er werde bald sterben, oft auch, er werde Selbstmord begehen. Die Eltern würden ihre Handlungsweise sehr bereuen, ihn immer betrauern und so spät

erkennen, was für einen lieben und guten Sohn sie in ihm verloren haben.
Ich habe versucht, darzustellen, wie sich aus dem Widerstreit von Tendenzen des unbewußten Schuldgefühls und Triebregungen von der Art der Rachsucht und der Gewalttätigkeit, der Ehrsucht und des Geltungsstrebens das eigenartige Bild des masochistischen Charakters ergibt. Noch wenn das Leiden im Dienst höchster Ziele ertragen wird, werden die ursprünglichen Triebziele in der Phantasie nicht völlig verdrängt. Noch die Geister, die wir als die edelsten verehren, bleiben menschlich und allzumenschlich. Mit der Vorstellung, daß ihr Leiden dem Fortschritt der Menschheit dient, verbindet sich die Phantasie, daß ihr Verdienst in künftigen Zeiten erkannt und anerkannt werden wird. Sie überwinden sich selbst, aber jene heimlichen Wünsche sind nicht zu beseitigen. Wir wissen oft nicht, daß wir in ihnen eine Vermengung von Gier und Größe bewundern. Ein Sprichwort versichert, es sei dafür gesorgt, daß die Bäume nicht in den Himmel wachsen. Nichts aber kann die Bäume davon abhalten, zu träumen, daß ihre Gipfel den Himmel berühren werden.

23 Das fernste Ziel

Im sozialen Masochismus meinte ich eine Spätentwicklung zu erkennen, die sich aus der sadistischen Phantasie ergibt. Die psychologische Voraussetzung für diese Entwicklung meinte ich bestimmen zu können: In der Phantasie wurden die Kränkung der Selbstliebe, die Schädigung des Narzißmus sowie die Rachsucht und Aggressivität stärker oder tiefer empfunden als die sexuelle Versagung seitens eines Objekts. Vielleicht ist hier der Platz, Unterschiede in der Konstitution als bestimmende Faktoren geltend zu machen oder das Moment der Stärke oder Schwäche des Ichs als entscheidend einzuführen. Ich bekenne meine Unwissenheit und Unsicherheit in dieser Frage. Ihre Entscheidung scheint mir weniger wichtig als die Erforschung und Aufhellung des Wesens des sozialen Masochismus, der Gemeinsamkeiten, die ihn dem sexuellen verbinden, und der Differenzen, die ihn von dieser Form so entfernt erscheinen lassen.

Ich vermute, daß der soziale Masochismus der Mittelphase der Phantasieentwicklung entstammt, in der die leidzufügende und leidtragende Person dieselbe ist, Objekt und Subjekt zugleich verkörpert. Auch in der masochistischen Lebenseinstellung ist zumeist kein Objekt, das die Leiden verhängt und vom Ich unabhängig wäre, zu erblicken. Es ist in der Phantasie gewiß vorhanden, aber es tritt in der Realität nicht auf und bleibt in der Dämmerung, in der es mit dem Ich verschwimmt. Der masochistische Charakter benimmt sich gleichsam autoerotisch.

Wie der sexuelle Masochismus stellt sich auch der soziale, von der einen Seite gesehen, als gelungener Versuch dar, Angst zu bewältigen. Die Angst ist hier sozialer Natur, bezieht sich auf Vernichtung und Ausstoßung und ist uns als unbewußtes Schuldgefühl in der Analyse bekannt geworden. Um diese soziale Angst zu beschwichtigen, nimmt ja der masochistische Charakter Mißerfolge und Mißgeschicke voraus, bestraft er sich selbst oder läßt sich von der Gesellschaft durch Verachtung und schlechte Behandlung bestrafen. Jede Annäherung an einen Erfolg, jede sich bietende Chance wird vermieden, weil damit jene verbotenen aggressiven und machtgierigen Tendenzen durchbrechen könnten und die unvermeidliche Strafe droht.

Hier wird die Analogie mit dem Suspense-Gefühl, das den Orgasmus als Gefahrenmoment hinausschiebt, ganz deutlich.

Es liegt wohl an der Natur der zugrunde liegenden Triebregungen, daß die Angst sich im masochistischen Charakter nicht so leicht und dauernd beschwichtigen läßt wie beim Perversen. Hier genügen kein einmaliger Mißerfolg, keine einzelnen Fehlschläge oder vorübergehende Benachteiligung, um die heimliche Angst zu überwinden. Im masochistischen Charakter wirkt unbewußt eine Angstbereitschaft, die ihrer Natur nach der Unheilserwartung der Zwangsneurotiker nahesteht. Diese Angst zwingt dazu, immer neues Leiden auf sich zu nehmen, sich neue Opfer oder Entbehrungen aufzuerlegen. Die psychologische Verwandtschaft mit der Zwangsneurose wird bestätigt durch zwei Momente: der Inhalt der Unheilserwartung ist unbewußt, und das Übel, das droht, wird von höheren Mächten erwartet. Die Unheilserwartung stützt sich auf alte, bewußt oft überwundene Vorstellungen religiöser oder allgemein-moralischer Art. Oft erscheint sie aber davon abgelöst und isoliert als Glaube an eine Instanz der ausgleichenden Gerechtigkeit. Dieser Glaube wirkt sich beim masochistischen Charakter negativ und positiv aus. Er läßt die Triebbefriedigung immer weiter hinausschieben, verlängert das Suspense, und er verheißt dem Vielduldenden eine Belohnung, die eben die Gestalt der ersehnten Triebbefriedigung annimmt. Anders ausgedrückt: der masochistische Charakter fürchtet sich davor, daß er der Gemeinschaft gegenüber schuldig geworden ist, aber er ist stolz darauf, daß er ihr nichts schuldig geblieben ist. Er hat durch sein Leiden für seine Gedankensünden gezahlt und sich dadurch den Anspruch erworben, eine späte Prämie zu erhalten.

Die soziale Angst, deren er sich entledigen will, verschiebt sich von den mit ihm lebenden Menschen auf die, welche nach ihm kommen. Das Suspense verlängert sich über das eigene Leben hinaus. Die soziale Angst hat die Gestalt der Todesangst angenommen. Um diesem schweren seelischen

Druck zu entgehen, nimmt der masochistische Charakter noch mehr Leiden auf sich, verschiebt er aufs neue die Befriedigung. Sie winkt jetzt erst nach seinem Tod und wird in der Phantasie vorweggenommen. Das Ich schreckt vor der Drohung völliger Vernichtung zurück, es hat die Unheilserwartung auf diese schreckliche Strafe verlegt. Ihr gegenüber erscheint als Prämie die Sicherheit des individuellen Fortlebens nach dem Tode. Wir stehen hier vor einem neuen Phänomen, einer Gestaltung der masochistischen Lebenseinstellung, die religiöses Gepräge hat. Wir haben verfolgt, wie sich die Strafangst im sexuellen Masochismus in der sozialen Angst oder dem Schuldgefühl im masochistischen Charakter fortsetzt. Dort bezog sich die Angst auf die Kastration und ihr gleichgestellte Strafen, hier auf Vernichtung und Ausstoßung. Die Angst dort wurde durch freiwillig herbeigeführte Schmerzen, Schläge und Tadel beschwichtigt, hier durch unbewußt arrangierte Kränkungen und Mißerfolge. Dort bot sich die sexuelle Lust als Prämie für die Unlust, hier die Durchsetzung gewalttätiger und aggressiver Wünsche. Drohte dort die Bestrafung von den Eltern und ihren Ersatzfiguren, so wird sie hier als vom Schicksal oder höheren Mächten ausgehend vorgestellt.

Wir haben mit Erstaunen festgestellt, daß mit dem Übergang vom sexuellen Masochismus zum sozialen die Erreichung des Triebziels immer ferner gerückt erscheint. Zuerst wird es in der Form später Anerkennung und Rehabilitierung, welche die Leiden aufwiegt, für das eigene Leben erwartet. Es wird dann auf die Zeit nach dem eigenen Tod verschoben, als nachträgliche Belohnung vorgestellt und als lustvoll in der Phantasie empfunden.

Die neue Gruppe der masochistischen Erscheinungen, die sich jetzt abzugrenzen scheint, bietet der Beschreibung große Schwierigkeiten. In der Analyse dieser Fälle scheint es zuerst, als wäre das Leiden sozusagen Selbstzweck. Man konnte nicht angeben, wovor sich dieser Typus des masochistischen Charakters eigentlich fürchtet, welcher Gefahr seine Flucht nach vorn galt. Ebenso unmöglich aber schien es, aufzuklären, für welche Lust er sich so schmerzlichen Opfern und Entbehrungen unterwarf, welche verborgene Prämie ihm dafür verheißen war. Mochten sich auch gelegentlich Durchblicke auf kleine Lustgewinne ergeben, so schienen sie Mißerfolg und Leiden in Permanenz, wie sie hier auffielen, nicht aufzuwiegen. Die Natur der Drohung und die der Belohnung blieb dunkel. Der Text der inneren Bekanntmachung, welcher die Strafe und das Versprechen enthielt, war lange nicht zu enträtseln. Der Vergleich mit dem mühsam zu rekonstruierenden Text von Zwangsneurosen drängte sich auf. Er entspricht gewiß seelischen Gemeinsamkeiten zwischen den beiden Erscheinungen. Strafe und Belohnung, so mußte man annehmen, würden auch in dieser Gruppe masochistischer Charaktere vorgestellt werden, aber sie blieben geheimnisvoll, sie waren den Personen selbst unbewußt. Es wollte sich lange keine Aussicht ergeben, zu der Aufhellung dieser seelischen Bedingungen vorzudringen.

Eine neuerliche analytische Untersuchung solcher Fälle ergab nun ein überraschendes Resultat. In einer unbestimmt großen Anzahl solcher Fälle entdeckt man eine noch größere Ausdehnung des Suspense, eine weitere zeitliche Verschiebung des Triebziels. Von der Hoffnung, die Nachwelt werde das eigene Leiden mit postumer Anerkennung quittieren und der Person so spät zur Geltung und Willensdurchsetzung verhelfen, ist ein weiter und uneinsichtiger Weg zu der neuen Aussicht, die sich hier eröffnet. Der Triumph wird in einer Art religiöser Sicherheit nicht mehr auf Erden erwartet, nicht mehr die Nachwelt wird zu richten und sich zu rechtfertigen haben, sondern eine Instanz im Jenseits. Das masochistische

Triebziel wird also in das Leben nach diesem Leben verlegt. Die Vorstellung des Jüngsten Gerichts spielt hier unbewußt oder dämmerhaft herein: dort werden alle Leiden, Demütigungen und Mißhandlungen als sinnvoll erkannt und anerkannt werden. Der Wert der Person wird dort bestätigt und von den höchsten Instanzen feierlich verkündet werden. Ihre guten Absichten, ihre Geduld und ihr seelischer Adel werden dort die Belohnung finden, die ihnen auf Erden nicht zuteil wurde. Die Phantasie-Vorwegnahme ist also nicht mehr auf die irdische Nachwelt beschränkt, sie geht in die Richtung der Jenseitshoffnung. Es ist gewiß gerechtfertigt, hier von einem religiösen Glauben zu sprechen, aber es wäre unrichtig anzunehmen, daß nur bewußt religiöse Menschen sich derartigen Vorstellungen hingeben. Was in den Dogmen als fester Begriff und klare Vorstellung erscheint, ist bei vielen Mensehen als eine unbewußte oder vage Hoffnung nachweisbar, wenn sie sich längst von jedem positiven religiösen Glauben freigemacht haben. In diesen Vorstellungen, die so weit über das irdische Triebziel hinausgehen, bleibt doch ihre Spur noch erhalten. Ja, es ist sogar in dieser veredelten Form dasselbe geblieben: Die Geltendmachung der eigenen Persönlichkeit, die Anerkennung ihres Werts und ihrer Überlegenheit gegenüber anderen, ihre Auserwähltheit und späte Rehabilitierung. Die Strafangst, mit welcher der Masochismus eingesetzt hatte, hatte sich in der Angst vor der Vernichtung der Persönlichkeit fortgesetzt. Ihre Erhaltung, ihr Unsterblichwerden und ihre Auferstehung sind der Ersatz des irdischen Triebziels. Die Unsterblichkeitshoffnung wird sich gewiß je nach der Kulturstufe des einzelnen verschieden darstellen. Zwischen der rein materiellen Phantasie des körperlichen Fortlebens nach dem Tod und der Idee der unsterblichen Entelechie *Goethes*, welche die Erhaltung des geistig Wertvollsten in der Person annimmt, ist ein großer Unterschied,

doch nicht groß genug, um zu verkennen, daß in beiden Vorstellungen die Angst dem völligen Untergang des Ichs gilt.
In den Formen der religiösen Glaubensvorstellungen wird sich die ursprüngliche Natur der gefürchteten Strafe und der erhofften Belohnung viel deutlicher erkennen lassen als in den individuellen Vorstellungen, die so viel unbestimmter und verschwommener sind. Das Zittern und Zagen vor dem Jüngsten Gericht, die Höllenstrafen und die ewige Seligkeit, das Leben im Paradies zeigen plastisch, was gefürchtet und was ersehnt wird. Der Anteil der eigenen Triebregungen ist auch in diesen überirdischen Visionen deutlich genug. Der Unheilserwartung steht die Sicherheit der Auferstehung, die Heilserwartung, gegenüber. Die irdischen Leiden werden aufgehoben in der himmlischen Seligkeit im paradiesischen Sinn. Der Masochismus erreicht noch in dieser sublimen Gestalt sein Triebziel. Die Auferstehung und das Aufsteigen in den Himmel sind letzte Phantasieziele masochistischer Einstellung.
Als eine Art Mittelstellung zwischen den auf die irdische Nachwelt bezogenen Hoffnungen und den metaphysischen Vorstellungen dieser Art stellt sich der Reinkarnationsglaube dar; die Hoffnung auf die Wiedergeburt in veränderter und verbesserter Form. Es wird dabei angenommen, daß die Leiden, Opfer und Entbehrungen in einer späteren Daseinsform ihre Kompensation finden werden. Die in der Phantasie vorweggenommene Befriedigung bezieht sich hier auf die Möglichkeit einer glücklicheren und erfolgreicheren Existenz, auf eine zweite Chance, die dem einzelnen gewährt wird.
Verschiebung und Verallgemeinerung der Befriedigung in der Phantasie kann auf der anderen Seite noch weiter gehen als auf die Sicherheit der individuellen Unsterblichkeit. Sie kann bis in die Phantasie von der Endzeit, vom Untergang der jetzigen, von Übel und Ungerechtigkeit beherrschten Welt, von der Ankunft des Messias und dem Kommen eines glück-

lichen Zeitalters reichen. Auch hier wird die Erreichung des verborgenen Triebziels sowohl in der Zerstörungslust als in der Erwartung des eigenen Sieges deutlich. Der einzelne findet ja seinen Platz in diesem alles umfassenden Rahmen. Der Messias selbst ist eine riesenhafte überirdische Projektion des Ichs, das an dem Leiden und an seinem Triumph teilhat. Hier ist der Masochismus bei seinen fernsten, dem eschatologischen Ziel angelangt. Alles Leiden der Welt, alle Verzichte und alles Elend auf Erden hat hier seine Rechtfertigung und seine Lustprämie gefunden.

Es wurde von uns beobachtet, daß in der Entwicklung des sozialen Masochismus ein Verschiebungsmechanismus am Werk ist, der den Zeitpunkt der Befriedigung in immer weitere Ferne rückt. Zuerst wird sie zwar spät, aber noch in diesem Leben und in der Gemeinschaft der Menschen erwartet. Dann wird sie als postume Anerkennung von seiten der Nachwelt und als späte Durchsetzung des eigenen Willens in der Phantasie vorweggenommen. Schließlich wird das Befriedigungserlebnis ins Jenseits oder ans Ende der Welt und an den Neubeginn einer neuen verlegt. Indem man anerkennt, daß diese besondere Art des Masochismus seine Lustsphäre nicht mehr in der phantasierten Vorwegnahme irdischer Gewinne hat, geht sie ihrem Charakter nach in eine religiöse oder eschatologische Bildung über. Auch die besondere Art der Vorwegnahme eines nicht mehr irdischen Triebziels in der Phantasie verdient einen eigenen Namen, der die Erlösungssehnsucht und -gewißheit ausdrückt. Die Erwartung der überirdischen Prämie oder der Befriedigung im Jenseits nenne ich Heilserwartung und stelle sie der Unheilserwartung gegenüber. Sie wird sich in der Vorwegnahme der Auferstehung und der Seligkeit in religiöser Einkleidung äußern, so wie die entgegengesetzte Angst in der Vorstellung ewiger Verdammung und der Höllenstrafen.

Wir haben einen großen Kreis abgeschritten. Von der Angst und Lust des sexuellen Masochismus ausgehend sind wir bei den fernen und geheimnisvollen Triebzielen des masochistischen Charakters angelangt. Die Einsicht in die seelischen Vorgänge des masochistischen Charakters, in die Ausdehnung des Suspenses und in die veränderte und in ihrem Tiefsten doch unabänderliche Zielsetzung ergab sich als Resultat einer lange fortgesetzten analytischen Erforschung, die sich abseits der bisherigen Auffassung masochistischer Phänomene bewegte. Es ist so nicht verwunderlich, daß die eigene Anschauung sich so weit von der aller anderen Analytiker unterscheidet und manchmal den Eindruck des Phantastischen machen könnte. Ich kann doch versichern, daß sie sich als Niederschlag langer und immer wieder überprüfter analytischer Erfahrungen ergeben hat. Im Verlaufe meiner Studien, die mit der Hervorhebung bisher nicht erkannter Merkmale masochistischer Einstellung bestimmtere Gestalt annahmen, habe ich mit wachsendem Staunen die beherrschende Bedeutung der Phantasie für diese Triebeigenheit verstehen gelernt. Es ist gerade die bisherige Vernachlässigung der Vorwegnahme der Angst und Lust daran schuld, daß sich das Ergebnis dieser Studien so fremd darstellt. Oder ist es nicht absonderlich, im masochistischen Charakter einen unbewußten Glauben an eine sichere Kompensation für sein Leiden zu erkennen? Ist es nicht überraschend, daß sich die Lusterwartung bis auf das Leben nach dem Tode verschieben kann? Ich wäre nicht erstaunt, wenn viele Beobachter des masochistischen Charakters der Annahme eines so weitgehenden und phantastischen Ziels des Masochismus ihren Glauben versagen würden. Eher geht ein Kamel durch ein Nadelöhr als ein Durchschnittspsychologe in die Vorstellung eines Himmelreichs, das als Lustprämie die irdischen Leiden und Mißgeschicke aufwiegt. Es muß wiederholt werden, daß solche

Heilserwartung den masochistischen Charakteren in den meisten Fällen unbewußt geblieben ist. Sie wehren sich gegen eine solche Annahme als eine fremde. Sie ist aber nur eine dem Bewußtsein entfremdete. Ich kann versichern, daß ich zu ihr nur nach einer strengen und oft wiederholten Prüfung des seelischen Tatbestands gelangt bin.

Nach Erreichung dieses Resultats in der Analyse vieler masochistischer Charaktere mußte man sich beschämt sagen, daß man es hätte voraussehen können. Wir haben die Voraussetzungen und Ziele des sozialen Masochismus studiert und beobachten können, daß die Tendenz, zu leiden, sich auf immer größere Zeiträume erstreckte und die entsprechende oder belohnende Triebbefriedigung immer länger auf sich warten ließ. Das ließ sich bis auf die Erwartung der Anerkennung und Durchsetzung der eigenen Persönlichkeit nach dem Tod verfolgen. Weiter ließ sich der Faden zwischen Leiden und Kompensation nicht verfolgen. Sollte er an dieser Stelle abgerissen sein? Das Leiden schien plötzlich seinen Sinn zu verlieren, Lust oder Befriedigung war nicht mehr zu entdecken. Die psychologische Kontinuität und Einheitlichkeit der masochistischen Erscheinungen aber schien zu verlangen, daß auch diese Art masochistischen Verhaltens, die sich zunächst als Selbstzweck darstellte, ihre Hölle und ihren Himmel hat. Das Resultat, das man dann in der Analyse bekam, war so überraschend, daß man annehmen mußte, es habe an längst Vertrautes, nur Entfremdetes gerührt. Es lag schon in jener Formulierung beschlossen, daß auch die Lebensführung des masochistischen Charakters ihre Hölle und ihren Himmel haben müsse. Die Strafe wird nicht mehr für dieses Leben gefürchtet, die Lust nicht mehr als irdische ersehnt. Sie werden ins Jenseits verlegt, werden in der Vorstellung in der Hölle und im Himmel lokalisiert. Faßt man die individuell verschiedenen Vorstellungen einer künftigen Belohnung oder

Prämie in einem späteren Leben zusammen, so drängen sich Ausdrücke auf, die man von der Religionsgeschichte her früher kannte als von der Psychologie, nämlich Erlösung, Heil, Seligkeit. Man erkennt sogleich, daß diese Begriffe den lustvollen Vorstellungen, welche der sexuelle Masochismus mit der Triebbefriedigung oder dem Orgasmus verbindet, entsprechen.

Das Befriedigungserlebnis in der Phantasie findet hier den Anschluß an die Glaubensvorstellungen und Dogmen der Religion und der Moral der Gemeinschaften, an kollektive und masochistische Phantasien. Der Masochismus der Massen hat solche Phantasiebildungen produziert oder in seinem Sinn umgestaltet. Wenn das Christentum das Leben auf Erden nur als kurze Prüfungszeit betrachtet, die von der ewigen Seligkeit für die Guten abgelöst wird, und wenn es predigt, das Elend hiernieden in diesem Sinne geduldig zu ertragen, so ist dies gewiß eine solche massenpsychologische Bildung. Das ganze Dasein wird sozusagen im Suspense verlebt: Die Ankunft des Messias, die für die Zeitgenossen Christi versprochen war, wird noch immer erwartet. Die religiösen Mythen selbst werden später immer mehr zum Ausdruck einer masochistischen Stimmung, wenn sie die Leiden und Demütigungen von Göttern und Helden verherrlichen und ihre Auferstehung und Erhöhung erzählen. Der Mythos vom leidenden und siegreichen jungen Gott ist die weitverbreitete Ausprägung einer solchen Völkerphantasie. Der seelische Akzent verschob sich in diesen Volksmythen immer mehr auf die Verklärung der Selbstaufopferung dieser Heilandtypen, welche die Erlösung für die Menschheit bringen. Das alte Problem des Leidens, das die philosophischen Geister der Antike so lange beschäftigt hatte, war im Spätjudentum und im Christentum bei einem neuen Lösungsversuch angelangt. Das Leiden wurde bejaht, es wurde sogar verherrlicht und sein Wert anerkannt, denn mit ihm öffneten sich die Pforten des Paradieses. Die untergehende Antike hatte eine neue Art des Genießens gefunden. Die Stufen des Leidens werden zu Sprossen der Himmelsleiter. An die Stelle des Krieger-Ideals tritt das des Heiligen oder Märtyrers. Die spätjüdischen Propheten und das Christentum bringen die Verklärung des Masochismus. Hinter der Lust am Leiden erscheint aber der Triumph: Der größte aller Dulder, der den Kelch des Leidens trank, gedemütigt und gekreuzigt wurde, eroberte die Welt.

24 Die Paradoxien Christi

Die Abkehr von den bisherigen Werten und die Aufstellung neuer Ideale, die auf den Widerstand und Spott der Umwelt stößt, sucht nach neuen Waffen. Sie sollen der Verteidigung und dem Angriff dienen. Wer hier für die verspottete Seite Partei nimmt, vergißt doch nicht, daß es eine andere Seite gibt. Diese andere Seite wird noch in der Verteidigung der eigenen probeweise eingenommen, manchmal sogar vertreten und ad absurdum geführt. Die grimmige Ironie der israelitischen Propheten, die der kompakten Majorität des Volkes gegenübertraten, liefert ein welthistorisches Beispiel einer solchen neuen Waffe im Glaubensstreit. Warnend und beschwörend traten diese Männer unter das Volk und suchten es durch bildreiche Darstellung und Gegenüberstellung auf den rechten Weg zu bringen. Christus folgt ihren Spuren. In der Zeit der höchsten nationalen Not, da sich das Leiden des einzelnen und der Gemeinschaft immer drückender gestaltete, mahnte er die Juden zur Rückkehr, verwarf er ihr starres Festhalten am Hergebrachten und an der Tradition und wollte die Ungeduldigen davon überzeugen, im Leiden wohne ein tiefer und berechtigter Sinn. Seine Lehre, die eine soziale und religiöse Umwälzung herbeizuführen drohte, erregte den erbittertsten Widerstand. Es ist psychologisch wohl verständlich, daß dieser Widerstand selbst ihn wieder erbitterte und ihn dazu drängte, das, was er als wahr und richtig erkannt hatte, in der schärfsten und manchmal zugespitztesten und extremsten Form zu sagen. Gegenüber der Verspottung der Umwelt schien gerade diese Form die gemäßeste. Sie war aber sicherlich nicht die gemäßigste, sondern die krasseste. Es war, wie wenn er den Hohn der anderen in sich aufgenommen hätte und nun erst recht, fast möchte man sagen, trotzig und bitter die eigene Anschauung bis in die fernste Konsequenz führen wollte. So bezeugen viele seiner Aussprüche nicht nur die eigene tiefe Überzeugung, sondern zugleich die Überzeugung, daß man der Meinung der anderen aufs stärkste widersprechen müßte. Die Kontradiktion und der Widerstand hat an der besonderen Prägung einzelner dieser Aussprüche so viel Teil wie die eigene Vision. Absichtsvoll und trotzig wird das, was fremdartig und neu erscheinen mag, was der hergebrachten Meinung widerspricht, im Extrem dargestellt. Wir kennen solche Darstellungen und nennen sie paradox. Das Paradoxe widerspricht den hergebrachten Meinungen, es stellt sie auf den Kopf, um zu sehen, wie sie sich da ausnehmen. Es hat aber ein Element, das man noch zu wenig berücksichtigt hat und das doch seine Entstehung und Gestaltung mitbestimmt. Wer Paradoxa prägt, nimmt unbewußt den Eindruck der Zuhörer voraus, ihren Widerspruch zu dem Gesagten, vielleicht sogar die Verspottung und wird gerade dadurch oft zu einer besonderen Formulierung geführt. Das Paradoxe enthält also einen Angriff auf allgemein geltende Anschauungen, aber es genießt sozusagen den Angriff der anderen, die es hören werden, in der Vorstellung mit und steigert sich gerade durch diese Vorwegnahme oft zu einem Charakter, der wie absichtlich un-

sinnig anmutet. Es macht manchmal den Eindruck, als spotte der Sprechende seiner selbst und wisse doch genau, wie und warum. Man hat hübsch gesagt, das Paradoxe sei eine Wahrheit, die auf den Kopf gestellt wird, um Aufmerksamkeit zu erregen. Es hat also demonstrativen Charakter. Einige der Paradoxe, die uns von Christus überliefert sind, zeigen so in Form und Inhalt eine Wesensart, die sich als masochistisch in dem hier gezeigten Sinn darstellt. Das will heißen: Sie drücken die Tendenz aus, gerade die Unlust zum Gegenstand der Lust zu machen, das Leiden zum Objekt der Lust, die eigene Erniedrigung oder Beschämung als Wunschziel zu sehen. Aussprüche wie »Die Letzten sollen die Ersten sein«, »Wer das Leben sucht, soll es verlieren und wer das Leben meinetwegen verliert, soll es gewinnen« oder »Gesegnet sind die Sanftmütigen, denn sie werden die Erde besitzen« zeigen nicht nur den Charakter des der Erfahrung Widersprechenden, sondern den des absichtlich Widersprechenden. Der Inhalt aber dieser und ähnlicher Behauptung entspricht demjenigen, welchen wir am seelischen Grunde des sozialen Masochismus gefunden haben.
Die meisten Vertreter der Theologie und der Religionsgeschichte haben diesen Paradoxien des Heilands gegenüber dieselbe Hilflosigkeit bewiesen wie die Psychologen der masochistischen Lebensgestaltung gegenüber. Die einen haben das Paradoxe nicht gesehen oder nicht beachtet, die anderen haben es wegzuerklären versucht. Man hat dies erreichen wollen, indem man die anscheinenden Widersprüche durch historische und textkritische Argumente wegdisputierte. Ein anderer Weg, der sich bot, war der, nur einen Teil eines solchen widersprechenden Ausspruchs gelten zu lassen, hervorzuheben, was dem gesunden Menschenverstand einleuchtend schien, und den anderen Teil zu ignorieren, sozusagen unter den Tisch des letzten Abendmahls fallenzulassen. Man kann

solche Auswege als unaufrichtig bezeichnen. Die Theologen zeigen in solcher Interpretation einen erstaunlichen Mangel an Ehrfurcht vor dem religiösen Genie und der Größe des Erlösers. Man möchte ihnen mit *Luther* entgegenhalten: das Wort, sie sollen lassen stah'n. Die dritte Interpretationsweise besteht darin, die Widersprüche als provisorische, der damaligen Zeitströmung angemessen, gelten zu lassen. Ein amerikanischer Autor, *Ralph W. Sockman,* hat von dieser Betrachtungsweise mit Recht gesagt, sie fasse Jesu Meinungen als »Interims-Ethik« auf. Man hat zur Stützung einer solchen Ansicht angeführt, daß Jesus ebenso wie seine Umgebung vom nahen Weltende und der bevorstehenden Ankunft des Reiches Gottes überzeugt war. Die Menschen sollten also in der kurzen, ihnen verbleibenden Zeit ihr Leben anders einrichten als bisher. Die Zeit drängte. Wir erkennen das apokalyptische Element in den Aussprüchen Christi als farbgebend an. Es wäre aber unsinnig, damit allein ihre immanente Paradoxie erklären zu wollen. Es wäre etwa so, wie wenn man die Bestellung von Kanonen seitens einer Regierung als Anzeichen eines unmittelbar bevorstehenden Kriegs auffassen wollte. Es ist unglaubwürdig, daß die vielfachen Paradoxe Christi nur dem aktuellen Notstand des jüdischen Volkes entsprangen und sich ihre Gültigkeit in diesem historischen Moment erschöpfe. Manche Kommentatoren fassen Aussprüche solcher Art als vom orientalischen Geist gefärbte rhetorische Wendungen auf, die zwar pädagogisch wertvoll sind, darüber hinaus aber keine praktische Bedeutung haben. Seinen Feind zu lieben wäre dieser Anschauung zufolge also keine vollgültige ethische Forderung, sondern ein schöner Ausdruck des Vollkommenheitsstrebens.

Alles dies sind Kompromißlösungen der Auslegung, Vermeidungen der Verantwortung, die volle Gültigkeit und Inhaltsschwere des Paradoxen, das Jesus in seine Aussprüche legte, anzuerkennen. Er hat, was er meinte, nicht nur in paradoxer Weise gesagt, er wollte auch, daß es paradox klingen sollte. Kein aufmerksamer und vorurteilsloser Leser der evangelischen Berichte kann sich diesem Eindruck entziehen. Seine Aussprüche muten wie Widersprüche an, weil sie widersprechen, weil sie sich in Gegensatz zu den gewohnten Denkweisen setzen wollten. Das Paradoxe war die gegebene Ausdrucksweise für einen Gedanken, der aller Tradition noch dort ins Gesicht schlägt, wenn sie befiehlt, die rechte Wange hinzuhalten, wenn man auf die linke geschlagen wird. Das Paradoxe ist entweder die bloß geistreiche oder spielerische Hervorhebung einer halben Wahrheit oder es ist die furchtlose Darstellung von einundeinhalb Wahrheiten, welche die bisher unentdeckte Seite eines Phänomens ins Licht stellt. Mit den paradoxen Aussprüchen Christi sollte kein verglimmendes Fünkchen gezeigt, sondern aus der Asche eine neue Flamme entzündet werden. Man kann die moralischen Forderungen, die er aufstellte, annehmen oder ablehnen, aber man hat kein Recht, ihren Ernst in Frage zu stellen.

Dieser Ernst aber zeigte das Gepräge einer masochistischen Lebenseinstellung in ihrer edelsten und vergeistigsten Form. Sie enthüllt sich als solche nicht nur in der Leidensforderung, sondern auch in der Aufstellung des eigenen Leidensvorbildes. Das Leiden wird willkommen geheißen als Gnadenmittel (1. Petr. 2, 20), als ein Geschenk göttlicher Liebe (Hebr. 12, 5 f.), als eine der messianischen Wehen, aus der die schmerzlose ewige Freude und Glorie geboren werden soll (Joh. 16, 29). Das Leben und Sterben Christi selbst wird zur Verklärung des Leidens und seiner Überwindung, der königliche Weg des Kreuzes am Weg, den alle Menschheit wandeln sollte. Christus weist die Seinen immer wieder auf die ewigen Strafen hin, welche die Sünder bedrohen, und auf die himmlische Belohnung für die, welche ihm folgen. Er verspricht, daß die, welche sich erniedrigen, erhoben werden, daß die Letzten die Ersten werden sollen, ermahnt alle, den Martertod nicht zu fürchten und der Auferstehung sicher zu sein.

Das Paradoxe mancher seiner Aussprüche mutet uns an wie die sublimierteste Form des Eindrucks, den wir im allgemeinen von den Phänomenen des Masochismus bekommen haben. Wenn der Heiland rät: »Liebet eure Feinde, tut wohl denen, die euch hassen, segnet die euch fluchen, betet für die, welche euch beschimpfen«, hat er eine moralische Forderung gestellt, die vielleicht in der Realität erfüllt werden kann, aber in der Phantasie menschliche Kräfte übersteigt. Übersteigt sie sie wirklich? Gewiß nicht, ihre Möglichkeit wird in vielen Tausenden masochistischer Phantasien zur Wirklichkeit. Sie erscheint dort freilich nicht als ethische Aufgabe, sondern als Inhalt einer triebhaften Lust. Immerhin ist auch dort ein moralischer Faktor im Spiel: das unbewußte Schuldgefühl soll in dieser Unlust und in dieser Selbstüberwindung befriedigt werden. Die Lust, die solcher Hingabe unmittelbar folgt, kann verschoben werden, die Belohnung erst für eine ferne Zukunft verheißen und nur in der Phantasievorausnahme genossen werden. Werden aber denen, die in der Nachfolge Christi seinen Weg gehen, nicht auch die Freuden des Paradieses versprochen? Die masochistische Lebenseinstellung erscheint hier wie eine Verzerrung der christlichen. Ist es verwegen anzunehmen, daß das, was hier so verzerrt und in irdischer Vergröberung zutage tritt, im Ansatz auch im Urbild wirkte? Nahm auch Christus den kommenden Triumph voraus? Spricht sich in seinen Paradoxien jener himmlische Trotz und jene sublimierteste Verspottung aus, die wir in der masochistischen Lebenseinstellung entdeckt haben? Er gewann im Tod das ewige Leben, er ging durch die Schmach in die Herrlichkeit ein, er siegte, indem er unterlag.

25 Märtyrer und Masochist – Gegensätze in der Gemeinsamkeit

Das Studium der psychologischen und psychoanalytischen Literatur zeigt, daß die meisten Forscher im religiösen Martyrium eine Erscheinungsform des sexuellen Masochismus zu sehen geneigt sind. Eine Fülle von Zeugnissen soll belegen, daß das sexuelle Element dasjenige ist, welches das Seelenleben so vieler christlicher Märtyrer unbewußt bestimmt hat. *Schjelderup, Menninger* und andere Psychologen, die sich um die Erforschung des Masochismus verdient gemacht haben, stimmen hier mit vielen anderen älteren Beobachtern überein. Die Lektüre dieser Arbeiten läßt ein unbefriedigendes Gefühl zurück, da sie den Eindruck erwecken, daß sie im Martyrium einfach einen sublimierten Ausdruck einer sexuellen Triebabweichung sehen statt einer Erscheinung, die auch durch den unterirdischen Zustrom sinnlicher Faktoren mitbestimmt ist. Die Versuchung, diesem Unisono der Gelehrten zu widersprechen, darf nicht so weit gehen, das Stück Berechtigung, das in ihren Meinungen enthalten ist, abzuleugnen. Die Behauptung als solche ist vor allem wenig wesentlich, wenn man die Verschiedenheit der seelischen Mechanismen in den Typen des Märtyrers oder Heiligen und des Masochisten nicht darzustellen weiß. Das ist meines Wissens noch nicht geschehen. Ich will von den so abweichenden Motiven und Zielen vorerst absehen und mich nur auf die Erscheinungsformen beschränken, um die Differenzen erkennen zu lassen. Besser als ausführliche Charakterisierungen wird die Gegenüberstellung zweier typischer Verhaltensweisen zur Sexualität den seelischen Unterschied illustrieren. Ich wähle mit Absicht zwei Beispiele, welche die Ausgangssituation gemeinsam haben. Ein 23jähriger Mann verspürt eine sexuelle Erregung, deren er Herr zu werden sucht. Das ge-

lingt nicht gut, er kleidet sich aus und geht zum Spiegel, wo er sich nackt sieht. Mit einer kleinen Hundepeitsche schlägt er sich über die Schulter, immer in den Spiegel sehend, so lange auf den Rücken, bis blutige Striemen sichtbar werden. Währenddessen steigt die sexuelle Erregung immer mehr, bis es zur Ejakulation kommt. Der Anblick des eigenen Blutes gibt gewissermaßen das Signal für den Orgasmus.
Eine Legende soll das Gegenstück dieses Verhaltens veranschaulichen. Der freundlichste aller christlichen Heiligen verbrachte in der Kapelle Portiumcula nahe der Kirche San Maria bei Assisi viele Jahre seiner Manneszeit in gottgeweihter Betrachtung. Eines Tages verspürte er ein starkes und stärker werdendes sexuelles Verhalten. Es war strenger Winter. Die Natur schien unter dem Schnee, der den kleinen Klostergarten bedeckte, eingeschlafen, doch der Böse wachte. Als Franziskus vom Stachel des Fleisches so gequält wurde, daß er fühlte, er müsse der Versuchung sogleich unterliegen, stürzte er in den Schnee hinaus und wälzte sich in einem Dornenbusch von wilden Rosen. Da geschah das Wunder, daß der Tau seines Blutes das Grün aufsprießen ließ und im Schnee Rosen erblühten, deren Blütenblätter blutig-rote Flecken hatten. Noch heute verkaufen die Nonnen von Assisi zum Andenken an den Sieg über den unreinen Geist gepreßte Rosen, deren weiße Blätter die Zeichen der Stigmatisierung des Heiligen tragen.
Der Unterschied bei so vielen gemeinsamen Zügen des Verhaltens wird sogleich klar. Im Erleben des masochistischen Mannes bildet der Schmerz den Zugang zu der sonst verbotenen Befriedigung. Im Erleben des heiligen Franziskus dient der Schmerz als Abwehrmittel des sündigen Verlangens. Im ersten Fall bedeutet er eine Förderung der sinnlichen Erregung, im zweiten ihr Gegengewicht. Die beiden tun annähernd dasselbe, aber es bedeutet nicht dasselbe, da es unter

verschiedenen seelischen Voraussetzungen getan wird. Im ersten Fall stellt sich bei verschärfter Strafe der Genuß ein, im zweiten soll die Selbstbestrafung die Befriedigung verhindern. Nun kommt es gewiß vor – Berichte der Kirchenväter und Märtyrer bezeugen es –, daß die sexuelle Erregung gerade durch den Schmerz und die Buße gesteigert wurde und der Böse den Sieg errang. Das aber sind Ausnahmefälle, und es ist gewiß gegen die bewußte Absicht des Frommen geschehen. Der Schmerz soll ja die Erregung bekämpfen. Dieses Resultat ist freilich auch ausnahmsweise bei Masochisten zu verzeichnen, aber auch hier sind es Ausnahmeerscheinungen. Der Schmerz oder die Unlust soll hier bewußt zur Lust führen. Nur wenige erwachsene Männer werden in unserer Zeit so drastische Abwehrmethoden gegen die sexuelle Versuchung anwenden wie der Heilige. Wo sinnliche Triebregungen mit ähnlicher Heftigkeit abgewehrt werden, geschehen auch keine Wunder mehr. Es blühen keine frische Rosen, im besten Fall entstehen Neurosen.

Wie steht es aber mit den Zeugnissen, welche zeigen, wie den Heiligen, Asketen und Mönchen gerade aus Fasten und Bußübungen neue Versuchungen aufstiegen? Die Asketengeschichte der alten Kirche erzählt, wie der Kampf gegen den Geist der Unkeuschheit oft nicht erfolgreich war. Der heilige Hieronymus beschreibt, wie er in der Einsamkeit der Wüste, als Genosse von Skorpionen und wilden Tieren, entkräftet von Hunger, unter der Sinnlichkeit gelitten habe. Die Selbstkasteiungen steigerten sich bei allen diesen Heiligen und Asketen, Benedictus wälzt sich in Dornhecken, Macarius setzt sich nackt in einen Ameisenhaufen, Antonius geißelt sich unaufhörlich. Vergebens, der unreine Geist kehrt gerade auf dem Umweg über die masochistische Befriedigung zurück. In allen diesen Beschreibungen, die oft von den Heiligen selbst herrühren, wird die hohe Bedeutung der Phantasien, die sich häufig zu Halluzinationen steigern, für die Erregung deutlich. Es war nicht immer deutlich, ob die Vision von Gott oder vom Teufel stammt, ob sie den Heiligen trösten oder versuchen sollte. Eine der Heiligen, Katharina von Siena, hat mit feinem psychologischem Verständnis die Kriterien angegeben, welche sie über diese Herkunft entscheiden lassen. Übersetzt man ihre fromme Ausdrucksweise in die wissenschaftlich-psychologische und sieht man von den wertenden Beiworten ab, so ergibt sich das Hauptmerkmal, welches das Erlebnis des Masochismus von dem des Heiligen unterscheidet. In ihren »Dialogo« führt sie aus, daß die teuflische Vision zuerst Freude, dann aber Ekel und Verwirrung bringe. Die göttliche Vision aber flöße zuerst Furcht ein, um dann zu Sicherheit und süßer Klugheit zu führen. Die erste treibt zu Genuß, die zweite zur Tugend. Hier findet sich also in theologischer Ausdrucksweise dieselbe Unterscheidung, die wir früher gemacht haben.

Das Erlebnis des Märtyrers oder Heiligen ist von dem des Masochisten im sexuellen Sinn gewiß durch einen Abgrund getrennt, aber es führt eine Brücke über diese Kluft. Der Heilige flieht gerade das, was der Masochist aufsucht: die Lust.

Ist also eine psychologische Gleichsetzung des Heiligen und des sexuell Perversen prinzipiell zurückzuweisen, so erscheinen die beiden Typen einander näherzurücken, wenn man nicht mehr den Masochismus im engeren oder beschränkteren sexuellen Sinn faßt, sondern in dem weiteren der Lebenseinstellung oder Lebensanschauung, das will sagen als sozialen Masochismus. In der Erforschung des Märtyrertums oder des frühchristlichen Asketentums ergeben sich dann viele Züge, deren Zusammenfallen diesen Bildungen einen masochistischen Charakter verleihen. Das soll hier nicht breit dargestellt werden, sondern in einer Art flüchtiger Übersicht über die typischen Merkmale, die wir für den Masochismus als unentbehrlich angegeben haben und die wir im Märtyrertum wiederfinden. Es ist nicht anzunehmen, daß sich in der sozialen Gestaltung des Märtyrertums Zug auf Zug deckt, aber wohl, daß der eine Zug hier dem anderen dort entspricht. Es sind die drei Merkmale: die besondere Bedeutung der Phantasie, das Suspensemoment und der demonstrative Zug. Diese Züge sollen nicht an den Beispielen einzelner Märtyrer aufgezeigt werden, sondern als allgemeine Züge der frühchristlichen Märtyrerhaltung. Diese erscheint mir für die seelische Charakteristik wesentlicher als die Einzeleinstellung.

Ich werde mich also nicht auf die zahlreichen Zeugnisse der Visionen und Phantasien der Märtyrer und Heiligen berufen, sondern auf die Phantasievorbereitung, die von der Kirche für die Brüder, die sich zum Christentum bekennen wollten, durchgeführt wurde. Es soll weniger von Inspiration als von Organisation gesprochen werden. Diese seelische Vorbereitung geschah durch die Bischöfe, die Kirchenältesten und die Gemeinde, welche die Gläubigen immer wieder auf das Vorbild des Leidens und Sterbens Christi hinwiesen. An Stelle der individuellen Phantasie, die wir im sexuellen Masochismus beobachten, steht hier eine große kollektive Phantasievorbereitung, welche den einzelnen durch Identifizierung der göttlichen Gestalt nahebringt. Es entsteht eine ungeheure Sehnsucht, dem Vorbild nachzustreben, in seinem Namen die Schmerzen und die Glorie des Märtyrertums zu erringen. Die Kirchenväter und die Bischöfe wurden nicht müde, die Gläubigen auf die Szenen im Tribunal vorzubereiten, sie ihnen zu beschreiben, ihnen auszumalen, was ihrer an Leiden und Seligkeiten wartete. Ja man kann diese Vorbereitung von privaten Gesprächen bis zu Organisationen, deren Zweck sie war, verfolgen. Es galt, die »Gemeinschaft des Leidens« zu finden: »Nicht, daß ich's schon ergriffen habe, oder schon vollkommen sei; ich jage ihm aber nach, ob ich's auch ergreifen möchte, nach dem ich von Christo Jesu ergriffen bin.« (Philipper 3, 12). Christus selbst hat, die ihm folgten, durch seine Prophezeiungen vorbereitet, ihre Verfolgungen und Martern vorausgesagt: »Alsdann werden sie euch überantworten in Trübsal, und werden euch tödten. Und ihr müsset gehasset werden um meines Namens willen von allen Völkern« (Math. 24, 9). Der Wunsch für ihn zu sterben, um mit ihm vereinigt zu sein, wurde stürmischer. Die Christen drängten sich zum Bekennen ihres Glaubens, so daß die römischen Beamten glaubten, eine Menge von Selbstmördern vor sich zu haben. »Wir triumphieren eben in unseren Leiden«, spricht Paulus. Die Vorbereitung geht so weit, daß oft den bekennenden Christen die Antworten vor den Gerichten vorgeschrieben werden.

Es ist klar, daß diese Vorbereitung durch die Ausmalung der Strafen, welche die Schwachen im Glauben und die Abtrünnigen bedrohte, der Belohnungen, welche den Glaubensstarken winkten, verstärkt wurde. Der Märtyrer wird mit Christus ewig regieren, er wird ewige Seligkeit genießen. Sein Blut ist der einzige Schlüssel ins Paradies. *Tertullian* ermahnt die Christen, weniger an den Tod als an die Unsterblichkeit zu denken. »Wer wünscht nicht zu leiden, so daß er von Gott völlige Vergebung seiner Sünden erlangt im Tausch für sein Blut?« fragt er. Diejenigen, welche sich zum Christentum bekannt und dafür gestorben sind, haben sich durch ihre Tortur die ewige Krone erworben. Der Bischof *Cyprian* fordert die Gläubigen auf, daran zu denken, daß sie mit Christus regieren und richten würden. Sie würden ihre Schmerzen vergessen in dem Jubel über das Kommende. »Was kann einem Mann Glorreiches geschehen als sich im Tod selbst vor den Henkern zu Christus zu bekennen?« fragt er, »als gerade während der vielfältigen Torturen durch die weltlichen

Mächte, ja wenn der eigene Körper zerbrochen und in Stücke geschnitten wird, noch Christus bekennen freien Geistes und so zum Himmel aufzusteigen und die Erde hinter sich zu lassen?« Man versteht so, daß *Tertullian* den Römern zuruft, daß die Christen bereit seien, sich freiwillig bei Gericht zu melden und daß die Verurteilung zum Tod uns mehr Vergnügen macht als die Freisprechung. Gewiß holte man sich nicht nur Ermunterung und seelische Kräftigung von den Bischöfen, das Lesen der heiligen Schriften selbst gab Stärke zum Märtyrertum. *Cyprian* schreibt über diese Lektüre und die hohen Beispiele von den Makkabäern bis zu dem heiligen Paulus: »Wenn wir diese Dinge lesen oder Dinge dieser Art, wie sie in der Schrift gesammelt sind und wenn wir fühlen, daß sie Fackeln gleichen, die mit den Worten des Herrn unseren Glauben entflammen sollen, dann fürchten wir uns nicht nur nicht, sondern wir fordern die Feinde der Wahrheit geradezu heraus.« Wirklich berichten viele christliche Chroniken von einem solchen provokatorischen Benehmen der Glaubenszeugen als Beweis ihres Eifers.

Das Suspensemoment wirkt sich nicht in der Verschiebung jener Lustprämie ins Jenseits aus. Es zeigt sich auch in einzelnen Zügen, durch welche das eigene Leiden abgestuft, verteilt und verlängert wurde. Am Ende fiel wirklich die äußerste Qual mit der in der Phantasie erlebten Paradiesesfreude zusammen, stellte sich, während der Märtyrer sein Leben aushauchte, die ekstatische Vorstellung der Seligkeit ein, erlebte der von Schmach Bedeckte seinen Triumph. Die Märtyriologien sind voll von Beschreibungen, von Suspensesituationen, wie die frühen Christen auf ihre Martern warten und sie herbeisehnen, wie sie freudig Hymnen sangen bis zum letzten Atemzug. »Der Kampf hat sich gesteigert«, so schildert es *Cyprian*, »und die Glorien der Kämpfenden auch. Wir werden durch die Angst vor der Tortur nicht zurückge-

halten, alle Martern reizen uns nur mehr zum Kampf.« »Das Bein fühlt die Kette nicht, wenn der Geist im Himmel weilt«, schreibt *Tertullian. Cyprian* selbst würde sich zur Krone der Märtyrerschaft gedrängt haben, verschob aber seine Zeugenschaft Christi. Er mußte alle Stufen der Glorie passieren, bis er zur höchsten gelangte. In seinen Briefen an eingekerkerte Christen wird die seelische Bedeutung des Suspensemoments klar: Er schildert, wie die Gefangenen, die in Ketten in den Minen sind, gerade durch jeden Aufschub in der Durchführung der Exekution sich geistliche Verdienste erwerben. Gerade die grausame Verteilung der Martern gibt ihnen Anwartschaft auf höhere Verdienste, so daß sie »so viele Bezahlungen an himmlischen Belohnungen bekommen als nun Tage an ihren Bestrafungen gezählt werden«. »Je länger der Kampf, um so glorreicher wird eure Krone sein«, ruft er den confessors zu, »Ihr atmet schon Himmelsduft und steigt zu höheren Gefilden, so daß durch den Aufschub eurer Leiden euer Ruhm nicht verschwendet wird, sondern vermehrt.« Wer täglich leidet, wird täglich gekrönt.
Der demonstrative Zug, der im sexuellen Masochismus hervortritt, ist nicht minder auffällig in dieser sublimiertesten Form masochistischen Fühlens. Die hohe Säule des Simon Stylites über dem Marktplatz, auf dem seine Schüler in Bewunderung des Heiligen standen, ist die plastischste Vertretung einer solchen Zurschaustellung. Der Märtyrer hat sich selbst hier ein Denkmal erbaut. Wir wollen aber wieder nicht die Einzeleinstellungen betrachten, sondern die allgemeine. Die Torturen hatten Zuschauer, welche die heroische Haltung der Opfer bewunderten. Diese Zuschauerschaft reichte von den ersten Akten des Märtyrers, der vor dem Tribunal bekannte: »Ich bin ein Christ«, bis zu den letzten, bis zum Ertönen des Rufs im Zirkus: »Christianos ad leones!« Von den indischen Asketen, die ihr Leiden zum Mittelpunkt einer

Massendemonstration machten, bis zu mohammedanischen Heiligen und christlichen Märtyrern kann man diesen demonstrativen Zug verfolgen. Das Wort Märtyrer heißt ja Zeuge und setzt eine oder mehrere Personen voraus, vor welchen ein Bekenntnis bezeugt wird. Tatsächlich wiederholen die Märtyrerakte mit ermüdender Monotonie die Berichte, wie die Christen sich bei den Tribunalen meldeten, um zu bezeugen, daß sie an den Heiland glauben. In den Worten *Tertullians:* »Wir sagen und wir sagen vor allen Menschen und zerrissen und blutend unter der Folter: ›Wir beten Gott durch Christus an‹.« Die Lektüre der Märtyrerakte liefert einen überzeugenden Eindruck von einem sich steigerndem Streben nach Öffentlichkeit. Es lag in der Absicht der werdenden Kirche, das, was die Zeugen in Blut und Feuer bekannt hatten, auch bekannt zu machen. Sie verkündete, daß das Blut der Märtyrer der Samen der Kirche sei und sie sorgte für den Ruhm der confessores. Wenn diese Blutzeugen standhaft blieben, während ihre Henker müde wurden, so zeigte sich der Wert der heiligen Sache. Die Brüder der christlichen Gemeinde versammelten sich, um Zeugen der Martern zu sein und sich Bekennermut zu holen. *Cyprian* mahnt, daß ein Bischof den Glauben bezeugen sollte in der Stadt, in der er der Kirche vorstand, so daß die Bevölkerung durch die Zeugenschaft, die in ihrer Gegenwart geschehen soll, glorifiziert wurde. Der Ruhm soll nicht verborgen bleiben, was der Fall wäre, wenn das Martyrium in einer anderen Stadt durchgeführt würde. Es bildete sich eine Organisation heraus, welche das Lob der Glaubenszeugen verbreiten sollte, und man versteht, daß die Ruhmsucht, die Vorausnahme des Lobes viel zur Standhaftigkeit der Blutzeugen beigetragen hat. Von der ganzen christlichen Gemeinde umgeben, duldeten sie schmerzvollen Tod. *Tertullian,* der die Martern beschreibt, fügt hinzu, daß sie ruhig von so

vielen ertragen wurden und meistens »ersehnt um des Ruhmes und der Glorie willen«. Das irdische Prestige des Märtyrers stieg: Die Kirche sammelte Geld für ihn während der Gefangenschaft, und die Brüder strömten in den Gefängnissen zusammen, um die Bekenner zu feiern. Ihr Verdienst wurde noch spät geehrt. Es bildete den Kern des beginnenden Heiligenkultus. *Cyprian* ist nicht blind gegen diese Seite des Märtyrertums. Er verspricht den Blutzeugen, daß sie zu Vorbildern werden würden: »In der Confession eurer Stimme und im Leiden eurer Körper reizt ihr den Geist eurer Brüder zu göttlichem Märtyrertum, indem ihr euch als Führer zur Tugend zeigt.« Der irdischen Zeugenschaft reihte sich die Christi an; er wurde als anwesend vorgestellt, er sah das Leiden und kräftigte die Leidenden mit seinem Kuß.
Eine tiefenpsychologische Untersuchung des Märtyrertums würde zeigen können, daß es wichtig war, Zeugen nicht nur des Leidens, sondern auch der eigenen Standhaftigkeit zu haben. Die eigene Beschämung und Erniedrigung wurde gezeigt. *Abbas Xanthia* sagte von sich »Der Hund ist besser als ich« und *Abbas Paulus* der Große versicherte, daß er bis zum Halse im Schmutz stecke. Wer den fremden Speichel vom Boden aufleckte, wer eitrige Wunden küßte und Ungeziefer aufhob, wenn es herabfiel, um es sich wieder auf den Körper zu setzen, gab gewiß ein Beispiel der eigenen Demut und des eigenen Sündenbewußtseins. Er gab aber nicht nur ein Beispiel, er wollte auch ein Beispiel geben. Wer sich so erniedrigt, will erhöht werden. Gelegentlich bricht dieser Stolz mitten in den Martern durch und äußert sich in triumphierenden Worten gegenüber den Peinigern, welche uns die Märtyrerakte überliefern. Man wird an das merkwürdige Verhalten jenes kleinen Jungen, der von seinem Vater grausam geprügelt wurde, erinnert, wenn man liest, daß nach Anschauung der Basilianer im zweiten Jahrhundert nicht Jesus

auf Golgatha gekreuzigt wurde, sondern Simon von Kyrene, der das Kreuz trug: »Jesus aber nahm die Gestalt des Simon an und stand lachend daneben.« Rief jener Junge nicht in seinen Schmerzen dem Vater zu »Ich lache, ich lache«?
Der Stolz der Heiligen und Märtyrer, derselbe Stolz und derselbe himmlische Hochmut, den wir als ein besonders wichtiges Moment im sozialen Masochismus erkannten, äußerte sich auch im Hervorkehren der eigenen Überlegenheit gegenüber christlichen Mitstreitern. *Flaubert* hat seinen Antonius mit tiefem psychologischem Verständnis aussprechen lassen, was sicherlich in so vielen Heiligen unbewußt wirkte. Der Asket vergleicht sich trotzig mit den Großen und ist stolz auf die eigene Leistung: »Ich habe mehr als dreißig Jahre in der Wüste verbracht. Ich habe wie Eusebius auf meinem Rücken 30 Pfund geschleppt, ich habe wie Macarius meinen Leib den Insekten preisgegeben, ich habe wie Pachomius drei und fünfzig Nächte zugebracht, ohne die Augen zu schließen. Märtyrer, die enthauptet, mit Zangen gezwickt oder verbrannt worden sind, haben vielleicht weniger Verdienste als ich, weil mein Leben ein unausgesetztes Martyrium ist.« Er genießt sein Elend auch, weil er aus ihm so viel Anlässe zum Stolz und zur Befriedigung des Selbstgefühls gewinnt. Der Vergleich des eigenen tiefsten Elends mit dem Prunk der Kirchenväter von Nizäa, aus leidenschaftlichen Rivalitätsgefühlen geboren, bringt ihn nahe daran, an dem einzigen Heilsweg zu zweifeln. Diese für so viele Märtyrer und Heilige typische unbewußte Einstellung erinnert an die bekannte Anekdote, in welcher ein Lehrer die Schüler einer Sonntagsschule fragt, ob sie in den Himmel kommen wollen. Alle Jungen melden sich bis auf einen. »Charlie«, fragt der Lehrer, »was ist mit dir, Charlie? Willst du nicht auch in den Himmel kommen?« Trotzig erwiderte der Junge: »Nein, nicht mit dieser Bande!«

VIII

Kulturelle Aspekte

26 Randprobleme

Unsere Kinder haben ein Zusammenlegspiel, in dem aus einer großen Anzahl loser und bemalter Kartonstücke verschiedener Form ein Bild zusammengefügt werden soll. Aus diesen hundert vermischten Kartonstückchen soll etwa das Bild des armen Rotkäppchens entstehen, wie es arglos mit seinem Körbchen durch den Wald geht, und der böse Wolf, der es fressen will. Wenn einmal einige Stücke sich zusammengefügt haben, kann man wohl irgendeinen kleinen Teil des Bildes erkennen, etwa das Körbchen oder den Arm des Kindes. Langsam, nach vielem Probieren, Auswählen und Verwerfen, werden Teile von Rotkäppchen und vom Wolf sichtbar. Einem solchen Zusammenlegspiel ähnelt die Aufgabe, die wir uns gestellt haben. Die Umrisse der Lösung werden erkennbar. Wir meinen, daß sich aus dämmernden Einsichten begrenztere und bestimmtere Vorstellungen über die Voraussetzungen und Ziele des Masochismus ergeben haben. Schon lassen sich die Hauptfiguren in ihren charakteristischen Zügen erkennen. Wenn die Gestaltung der Bilderränder auch noch nicht gelungen ist, die Figuren in seiner Mitte stehen da.

Wie bei dem Zusammenlegspiel liegen die Stücke ungeordnet und durcheinandergewürfelt da und warten darauf, eingefügt zu werden. Geduld muß am Werk sein, jene Geduld, die eine der Hauptforderungen der Erziehung zur wissenschaft-

lichen Forschung ist. In jenem Spiel scheint manchmal ein Kartonstückchen sich gut in eine Lücke zu fügen, man setzt es ein und sieht vielleicht erst später, daß es woanders hingehört. Vielleicht genügt eine Umdrehung des Kartonstückchens, vielleicht aber muß es entfernt werden, um auf einem anderen Teil seine Aufgabe zu erfüllen. Im Lauf dieser Untersuchung habe ich oft solche unzureichenden, weil voreiligen Einfügungsversuche in das Zusammenlegbild des masochistischen Charakters zeigen können. Stücke, die ungeduldig und ohne Sorgfalt hingelegt wurden, paßten nicht in das Bild, fügten sich nicht den anderen Bruchstücken, mußten herausgenommen und anderswo angesetzt werden.
K. Horneys Charakteristik des Masochisten, als abhängig, schwach und völlig dem Willen des anderen hingegeben, gehört zum Beispiel hierher. Es scheint auf den ersten Blick zu passen und das Bild zu vervollständigen, auf den zweiten erkennt man, daß der Schein trügt. Der Masochist verträgt Abhängigkeit nicht im geringsten, entfaltet unbewußt einen starken Willen und sucht sein Ziel auf seinem eigenen Weg, der ein Umweg ist, oft mit äußerster Energie und unter großen Opfern zu erreichen. Die Selbstverkleinerungssucht und die Exhibitionshemmung des masochistischen Charakters, die von *W. Reich* beschrieben wurden, gehören ebenfalls zu solchen falsch eingesetzten Stücken. Sie schienen gerade diesen Teil des Bildes zu ergänzen. In Wirklichkeit paßt es nicht, widerspricht es dem Zusammenhang, den es vortäuscht. Es gehörte auch zu unseren Aufgaben, so falsch eingesetzte Stücke, die vielleicht zu einem anderen Bild gehören oder auf einen anderen Platz in diesem Bild zu entfernen oder umzuordnen.
Was folgt, ist die Ausfüllung der übriggebliebenen Teile des Bildes, der Versuch, die vielen Stücke, welche um die Mitte herumgruppiert und eingesetzt werden sollen, zu ordnen.

Welche Beziehungen bestehen zwischen dem Masochismus und der Neurose? Die Antwort auf diese Frage hängt davon ab, was man unter den beiden Begriffen versteht. Wenn man den Masochismus nur als eine sexuelle Perversion ansieht, wird diese Antwort leicht und sicher gegeben werden können. Etwa in folgender Art: masochistische Züge finden sich wie andere perverse Tendenzen in jeder Neurose. Sie sind Äußerungen und Überbleibsel des polymorph-perversen Charakters der kindlichen Sexualität. Völlig anders wird die Antwort ausfallen, wenn, wie es hier geschieht, Masochismus im weiteren Sinne einer Triebneigung aufgefaßt wird. Man wird dann die seelische Tendenz zu leiden – was immer ihre psychologischen Voraussetzungen sein mögen – in ihrer Bedeutung für die Entstehung und Entwicklung der Neurose entschieden anders einschätzen. Hier wird der Masochismus als eine Lebenseinstellung von triebhafter Art aufgefaßt, als deren extremster Ausdruck die Perversion erscheint, und damit entsteht ein verschiedenes Bild der Beziehung zur Neurose und zur Charakterformation. Von hier aus ergibt sich wohl die Möglichkeit, eine Brücke zum andern Ufer zu bauen. Wichtiger erscheint aber das Stück Brückenkonstruktion auf dieser anderen Seite. Solange man die Neurose pur et simple nur als eine Krankheit anerkennen will, bleibt die Bedeutung des Masochismus für ihre Erscheinung gering. Ich sehe in der Neurose eine fehlerhafte oder unzweckmäßige Anpassungsform des Ichs an die Kulturforderungen. *Freud* selbst hat sich von der früher beschriebenen, zu beschränkten Auffassung der Neurose ferngehalten. Er sagte an einer Stelle seiner Schriften, es sei ihm langsam klargeworden, daß er »die ganze Menschheit zum Patienten« habe. Hier ergibt sich gewiß ein Unterschied zu einer prinzipiellen Auffassung mancher seiner Schüler, deren therapeutisches Ziel ein so viel begrenzteres und beschränkteres ist. Eine Krankheit, welche ausnahmslos die ganze Menschheit erfaßt, ist keine mehr, denn der Begriff der Krankheit schließt den der Abweichung vom Allgemeinen und Normalen ein. Ein Charakter, den alle Menschen aufweisen, ist keine pathologische Erscheinung. Fasse ich hier die Neurose als Anpassungserscheinung, so wird wieder nur ein abgegrenzter Teil als krank in jenem besonderen Sinne erscheinen. Der Krankheitsbegriff schwankt gewiß mit den verschiedenen Definitionen. Heute gibt man im allgemeinen funktionalen Krankheitstheorien den Vorzug. Der Mensch ist krank, wenn seine Anpassungsfähigkeit in seinen biologischen Leistungen versagt, seine Regulations- und Regenerationsmechanismen nicht mehr ausreichen. Diese Auffassung aber rechtfertigt es, daß man nur einen geringen Teil der Erscheinungen, die man Neurosen nennt, als Krankheit bezeichnet. Im allgemeinen kann man die Psychoneurosen als eine Art Überschreitung der seelischen Notwehr des einzelnen gegen die Ansprüche der Gemeinschaft ansehen.

Bei solcher Auffassung werden die Konturen einer Brücke zwischen dem Masochismus und der Neurose sowie bestimmten Charakterbildungen schärfer erkennbar. Masochismus und Neurose verhalten sich dann nicht mehr scharf gesondert wie das Positiv zum Negativ. Eine solche Bestimmung wäre nur mehr für die äußersten Typen beider Erscheinungen richtig, also für die manifeste Perversion auf der einen Seite, die schwere Neurose als Krankheit auf der anderen. Für die übergroße Anzahl von Zwischentypen aber ergeben sich sozusagen Ausgleichsstellen. Die Hauptpfeiler jener Brücke, die von einem Ufer zum anderen geht, werden in den verschiedenen Bildungen des sozialen Masochismus zu entdecken sein. Vergleichsmöglichkeiten ergeben sich freilich sogar zwischen den extremen Fällen einer ausgebildeten Neurose und der masochistischen Perversion, wenn man nur das Inhaltliche in Betracht zieht und von der Verschiedenheit der seelischen Mechanismen absieht. Man vergleiche etwa den psychischen Inhalt zwischen einer masochistischen Szene, in welcher eine Person geohrfeigt wird, mit dem Konversionssymptom in folgendem Fall: Eine Frau im mittleren Alter litt unter einem bestimmten Gefühl auf der Wange, wenn sie an die Möglichkeit von Heirat oder Kinderkriegen dachte oder sich Szenen vorstellte, in denen sie sich verheiratet und im eigenen Heim sah. Die Analyse konnte aufklären, daß sich solche Tagträume in ihrer Vorstellung mit der Drohung einer Ohrfeige von seiten der Mutter verknüpft hatten. Der Vergleich zwischen so einem Symptom und dem Geschlagenwerden in der masochistischen Szene liefert natürlich eine Reihe von Unterschieden. Immerhin wird er zeigen können, daß in den beiden Bildungen derselbe seelische Inhalt verschieden verwertet wird. Die Schmerzsensation ist beiden gemeinsam. Im Konversionssymptom wird die Wangensituation als peinlich empfunden, in der masochistischen Szene mischt sich Lust mit der Unlust. Im ersten Fall folgt das Symptom einer sexuellen Phantasie und ersetzt sie schließlich wie eine Strafdrohung. Im zweiten Fall wird die Strafe vorweggenommen, um zur sexuellen Lust gelangen zu können.

Werden hier verbindende Züge zwischen masochistischer Perversion und Hysterie erkennbar, so ergibt sich eine in den vorhergehenden Abschnitten oft hervorgehobene nähere Beziehung des sozialen Masochismus zur Zwangsneurose.

Ich werde mich hier nicht wiederholen, will aber nicht versäumen, darauf hinzuweisen, daß sowohl Zwangsneurose als Masochismus auf verschiedene Arten die Aufgabe erfüllen, Angst zu vermeiden. Das Hervortreten sadistischer analer und homosexueller Strebungen und ihre Abwehr ist eine der auffallendsten Gemeinsamkeiten der zwangsneurotischen Haltung und der masochistischen Lebenseinstellung. Die Bezeichnung »moralischer« Masochismus, die *Freud* der sozialen Gestaltung gegeben hat, erweist ja, eine wie bestimmende Rolle Gewissensmomente im Aufbau dieser Einstellung spielen. Die Bedeutung moralischer Gegenströmungen, die sich der Triebdurchsetzung in der Zwangsneurose entgegenstellen, ist bekannt genug.

Der soziale Masochismus, der das Leben des einzelnen durchzieht und bestimmt, steht in seiner Verlötung von bewußter Unlust und unbewußter Lust den Neurosen näher als der Perversion. Das Fehlen aller Symptome bei so auffälliger, vom Normalen abweichender Lebenseinstellung erlaubt es nicht, ihn den Neurosen anzureihen. Auf der anderen Seite kann man ihn nicht mehr den Perversionen zurechnen. Die Perversionen verhalten sich ja zu den Neurosen wie das Positiv zum Negativ. Im sozialen Masochismus ist von bewußter Lust wie in der Perversion nichts zu bemerken. Das seelische Gebiet steht durchaus im Zeichen bewußter Unlust und des Unglücklichseins. Das von manchen Analytikern gebrauchte Wort Schicksalsneurose ist gewiß zu vermeiden. Man tut am besten, von einer masochistischen Lebenseinstellung oder einem masochistischen Charakter zu sprechen.

Was ist der wesentliche Unterschied zwischen der masochistischen und der neurotischen Einstellung? Ich meine, daß in der Perversion die Unlust bewußt zur Lust wird, in der Neurose umgekehrt die Lust bewußt als Unlust gefühlt und abgewehrt wird. In der Perversion wird schließlich das Leiden willkommen geheißen, weil es Lust bringt, im anderen wird es abgewehrt, weil das Ich sich dem Luststreben entgegenstellt. Der Lustgewinn steht also als Ziel am Anfang des Masochismus, schleicht sich aber in die Neurose ein. In der Perversion wird das Ziel durch Flucht nach vorn erreicht, in der Neurose wird es durch Zurückweichen, durch Regression angestrebt. Die Angstentwicklung wird hier vermieden, indem man das Gefürchtete aufsucht, in der Neurose, indem man ihm ausweicht, sich seiner Nähe entzieht.

Wichtiger als solche Abgrenzung ist die Frage, welche Stellung die masochistische Tendenz, das Genießen des Leidens selbst, in der Entstehung und im Gefüge der Neurose einnimmt. Es ist klar, daß die Neurose, von einer Seite gesehen, eine masochistische Bildung ist. Eine solche Behauptung ist nicht in eine Reihe mit anderen zu stellen, denen zufolge in jeder Neurose perverse Züge zu unterscheiden sind. Sie geht über diesen Bereich hinaus und rührt an das Problem, was das Wesen der Neurose ist. Sie kennzeichnet die masochistische Tendenz als ein konstituierendes Element der Neurosenbildung überhaupt. Die Neurose ergibt sich als ein seelischer Ausweg aus dem Konflikt zwischen dem Triebandrängen und den Forderungen der Außenwelt, dem Lustanspruch und der Angst. Sie stellt eine bestimmte Kompromißlösung der dem Ich gestellten Aufgabe dar.

Der Masochismus ist ein Ausweg anderer Art, er ist sozusagen der Notausgang auf der anderen Seite des Saales. Das Moment des Leidens ist beiden seelischen Produkten gemeinsam, gemeinsam ist auch, daß das Leiden einen psychologischen Zweck erfüllt und dem Lusterwerb dient, der das offene oder geheime Ziel ist. Die Vermeidung der Angst, das Lustziel und die Durchsetzung dem Ich verborgener Triebbefriedigungen bei festgehaltenem Leiden rücken beide Erscheinungen einander näher. Unsere neuerworbenen Einsichten in das Wesen der masochistischen Triebneigung, so abweichend von den bisherigen Auffassungen, lassen aber noch andere konvergente Züge erkennen: Den Anteil des

Schuldgefühls in der Entstehung der Neurose und des Masochismus, seine Befriedigung als Vorbedingung für die Zulassung der Triebdurchsetzung und das Zusammenfließen von Lust und Unlust, so verschieden sich dieses letzte Phänomen auch in der neurotischen Symptomatologie und in den Einzelheiten der masochistischen Szene vollziehen.

Das Recht, den sozialen Masochismus als einen Übergang zur Neurose zu bezeichnen, ist aus seinem psychologischen Charakter abzuleiten. Es ist fraglich, ob man ihn noch als eine Perversion im engeren Sinne bezeichnen darf, da dieser Charakter sich schon dem Negativen nähert, da die Lust als bewußter Faktor ausgefallen ist. Die besondere Verbindung dieser masochistischen Gestaltung mit den zwangsneurotischen Phänomenen ergibt sich daraus, daß nach *Freuds* Annahme ein zeitliches Voraneilen der Ich-Entwicklung vor der Libidoentwicklung zu den Eigentümlichkeiten der Zwangsneurose gehört. Ziele von den Ich-Trieben her, wie der Wiederherstellung des Selbstgefühls, die Rückgängigmachung der dem Ich zugefügten Schädigungen, Durchsetzung des eigenen Willens und Rehabilitierung sind es, welche wir als verborgene Motive im sozialen Masochismus erkannt haben.

Die Objektwahl in beiden Bildungen geschieht früher von den Ich-Trieben aus, während die Sexualentwicklung ihre letzte Gestaltung noch nicht erreicht hat und eine Fixierung auf prägenitaler Stufe hinterlassen hat. Die Zwangsneurotiker haben eine Übermoral entwickelt, um das Objekt vor der unbekannten Feindseligkeit zu schützen. Die masochistischen Charaktere verweilen in der Selbstbestrafung, die nicht nur die vorweggenommene Reaktion dieses angegriffenen Objekts darstellt, sondern auch die Durchsetzung der Feindseligkeit in der Darstellung am Ich.

Auch hier vollzieht sich der Aufschub der Triebdurchsetzung durch den Einfluß moralischer Faktoren. Unser Vergleich hat gezeigt, daß der neurotische und der zwangsneurotische Charakter verschiedene seelische Reaktionen auf diese Voreiligkeit der Ich-Entwicklung erkennen lassen. Es wird leicht zu erraten sein, daß sich der masochistische Charakter als eine frühere, archaischere Form gegenüber der jüngeren, zwangsneurotischen abgrenzt. Die vorherrschende Stellung des Triebhaften und der Selbstbestrafung sprechen dafür, daß der soziale Masochismus einer älteren seelischen Schicht angehört als die Zwangsneurose. Dort wird die Abwehr an die Stelle der Selbstbestrafung treten und die moralischen Reaktionsbildungen als solche deutlich werden. Aus unserer Darstellung wird auch erklärbar, warum sich der Masochismus mit Vorliebe mit den zwangsneurotischen Zügen vergesellschaftet. Die Zwangsneurose zeigt dann, daß der Konflikt zwischen den triebhaften Tendenzen und den ihnen widerstrebenden Strömungen einen neuen Kampfplatz gefunden hat, der einer vorgerückteren kulturellen Entwicklungsphase entspricht.

Wir fühlen uns versucht, einen Schritt weiter zu gehen und zu fragen, ob der Masochismus wirklich ursprünglich ein Ausdruck von Objekt-Liebe ist und nicht eher mit der Ich-Entwicklung verknüpft ist. Wir haben festgestellt, daß sein Ursprung in die Zeit zurückverfolgt werden konnte, in der das hilflose und unfertige Ich sich dem Willen der Erwachsenen fügen mußte. Das Kind unterwarf sich selbst trotzig der höheren Macht; seine Tagträume demonstrieren das ununterbrochene Wirken des Trotzes und der Halsstarrigkeit. Indem es seine Ohnmacht, Abhängigkeit und seinen Gehorsam übertrieb, blieb es seinem eignen Willen treu.

Ohne Zögern vertrete ich die Ansicht, daß die Ich-Entwicklung für die Entstehung des Masochismus wichtiger ist als die Libidoentwicklung. Aber wird der Masochismus nicht im allgemeinen als sexuelle Perversion oder Neigung angesehen? Gewiß, das heißt aber nicht, daß er nur sexuellen Ursprungs sein muß. Er kann das Ergebnis eines Ich-Konfliktes sein, der später auf die Ebene der Objekt-Liebe übertragen wurde. Aber was ist mit dem erogenen Masochismus, der Mischung aus Lust und Leid oder Angst in der frühen Kindheit? Ich habe die Ansicht geäußert, daß es sich bei diesem Phänomen, das nie beobachtet, sondern nur rekonstruiert werden kann, nur um einen physiologischen Faktor handeln würde, der den Masochismus möglich macht, der aber nicht ausreicht, solange nicht psychische Prozesse hinzukommen, die seine Entstehung begünstigen. Aber ist es nicht klar, daß der sexuelle Masochismus eine Vorform und daß das typische Verhalten, das wir sozialen Masochismus genannt haben, eine Weiterentwicklung in Richtung auf eine desexualisierte Form ist? Ohne Zweifel, aber unsere Forschungen beweisen, daß im Masochismus, selbst in seinen ausgesprochen sexuellen Ausformungen, immer starke Momente von Rebellion, Haß und Trotz vorhanden sind. Es hat den Anschein, daß der soziale Masochismus, diese am meisten desexualisierte und oft am weitesten entwickelte Form, wieder seine elementarsten und ursprünglichsten Ziele anstrebt. Die Geologie zeigt, daß die alten Gesteinsschichten oft wieder zur Oberfläche kommen und infolge vieler Veränderungen die oberste Schicht bilden. Es scheint, daß die jüngsten Formationen des Masochismus in den ältesten Triebzielen wieder zum Vorschein kommen. Man kann oft beobachten, daß die primitivsten Regungen in späteren Entwicklungen wieder auftauchen, sozusagen an einem höheren Punkt der Spirale.

Der vorherrschende moralische Zug im sozialen Masochismus würde so selbst anzeigen, daß Haß und Trotz eine län-

gere Entwicklungsgeschichte hinter sich haben als Sanftmut und Liebe*.
Zum Problem der Therapie des Masochismus seien hier Bemerkungen angereiht, deren aphoristischer Charakter nicht verleugnet werden soll. Vor allem sei festgestellt, daß der Masochismus erst dann Objekt therapeutischer Bemühungen werden kann, wenn sich das Ich mit genügender Energie gegen diese Triebrichtung zur Wehr setzt, nicht mehr von ihr beherrscht werden will. Das aber setzt bereits einen seelischen Konflikt voraus und nähert das Problem der Neurosentherapie. Der Masochismus ist, anders ausgedrückt, nur angreifbar, wenn er sich mit einer Neurose verquickt oder zu Schwierigkeiten geführt hat, die sich aus dem Zusammenstoß von masochistischer Charakterbildung und Umwelt ergeben.
Wieweit können die neugewonnenen Einsichten die Chancen der Therapie verbessern? Man liebt es in analytischen Kreisen, zu betonen, daß die Theorie und die Therapie in Wechselwirkung stehen. Was man von der seelischen Natur und der Entwicklung einer Neurose oder einer Charakterdeformation verstanden hat, kommt der therapeutischen Arbeit zugute, und diese führt wieder zu einem vertiefteren theoretischen Verständnis. Das ist innerhalb bestimmter Grenzen richtig, aber intellektuelle Ehrlichkeit zwingt uns, einzugestehen, daß es nicht immer richtig ist. Es gibt Fälle, welche der Psychoanalytiker versteht und heilt, es gibt andere, die geheilt werden, ohne verstanden zu sein, andere, die verstanden werden, ohne geheilt werden zu können, und schließlich gibt es Fälle, die weder verstanden noch geheilt werden.

* Diese Ansicht stimmt mit einer von *Freud* überein, die kaum beachtet wurde. Er beobachtete »einen gewissen Grad einer frühen Ich-Entwicklung als Merkmal der menschlichen Natur im allgemeinen und führte die Fähigkeit zur Moral auf den Umstand zurück, daß entwicklungsgeschichtlich gesehen der Haß ein Vorläufer der Liebe ist«! (*Freud,* GW, Vol. II).

Man muß ferner frei bekennen, daß Fälle, die kein befriedigendes therapeutisches Resultat liefern, für den Lernenden oft besonders aufklärend sind.
Die hier vorgetragene neue Auffassung des Masochismus wird dazu führen, daß die therapeutische Bemühung an zwei Punkten angreifen muß. Der Masochismus entsteht ja aus dem Konflikt zwischen Luststreben und ihm entgegengesetzter Angst. Die Therapie wird der Lusttendenz zu freierem Ausdruck verhelfen und die Angst immer mehr abschwächen.
Ich will einen musikalischen Vergleich gebrauchen, um das Wesen der therapeutischen Bemühung in diesem Fall zu verdeutlichen. Der Dirigent, der noch vor kurzem als eine Art Magier galt, wird dem ihm anvertrauten Orchester Zeichen geben, welche Tempo, Tonstärke und Linienführung der Instrumente bestimmen sollen. Wir sehen, wie er während der Aufführung in einer Symphonie an einer Stelle den Bläsern mit der Linken abwinkt, ihnen anzeigt, daß sie vom Forte zum Piano übergehen sollen, während seine rechte Hand in einer eindringlichen, fordernden, fast möchte man sagen, beschwörenden Geste die Streicher mahnt, den Ton anschwellen zu lassen, bis er das Fortissimo erreicht hat. Wechsel und Gleichzeitigkeit der Gesten ist der Haltung des Therapeuten zu vergleichen. Während er den bisher unterdrückten Triebtendenzen zu freier und energischer Äußerungsmöglichkeit verhilft, wird er die Angst abschwächen und endlich verstummen lassen.
Im Falle des Masochismus ist die Aufgabe gestellt, die Natur und Wirkung der Angst, die zum Ausgangspunkt der Triebabweichung wurde, dem Bewußtsein nahezubringen. Im Vergleich weitergesprochen: Man muß die Stimmen und Gegenstimmen isolieren, sie einzeln erklingen lassen, um zu verstehen, wie es zu ihrem Zusammenspiel gekommen ist.

Während der Analyse wird auch aus dem Miteinander von Lust und Unlust langsam ein Nacheinander. War der ursprüngliche Hergang so, daß die Lusttendenz durch die vorweggenommene Strafvorstellung und die Angst gestört wurde, so stellt sich jetzt das Resultat der masochistischen Entwicklung in der Analyse folgendermaßen dar. Jede Annäherung an eine Lust, der Strafe nicht vorangegangen ist, ist verboten. Das will heißen, das Ich wehrt sich jetzt gegen die Möglichkeit einer straflosen Lust und es hat psychologisch recht, sich gegen eine solche Zumutung zu sträuben. Ergibt sich nämlich diese Aussicht, so muß Angst eintreten, die sich steigert und als schwerer psychischer Druck zur Äußerung kommt. Vor dieser Angst ergreift das Ich die Flucht, die Flucht nach vorwärts, in die Strafe, die Unlust, die Beschämung, die als vorweggenommene Sicherheitsmaßnahmen oder Buße die Angst überflüssig machen. Wenn in der Analyse eines Masochisten die normale Triebbefriedigung in die Nähe gerückt wird, fast könnte man sagen, wenn der Masochist in Versuchung kommt, Lust ohne vorangehende Bestrafung und Unlust zu genießen, stellt sich unbewußte Angst ein und macht jeden Versuch in dieser Richtung erfolglos. Die Person wird so in die masochistische Einstellung zurückgetrieben. In der Analyse zeigt sich diese Art Selbstschutz, eigentlich Schutz des Ichs vor Überschwemmung durch unbewußte Angst, im Sträuben gegen die Genesung, im hartnäckigen Widerstand, in der Festhaltung der Unlust als Bedingung der Befriedigung. Ja die Formen dieses Widerstands selbst sind von masochistischem Charakter, der vom duldenden Widerstreben bis zum stummen Trotz reicht. In den Symptomen kommt das Suspenseschwanken mehr als bisher zum Vorschein und zeigt die unterirdische Wirksamkeit des analytischen Eingreifens.

Es wäre aber psychologisch ungerechtfertigt, die Vermeidung

der Angst allein als Motiv solcher masochistischer Hartnäckigkeit anzusehen. Auch die Lustseite verlangt Berücksichtigung. Dem abstoßenden Pol entspricht ein anziehender, der Scheu vor dem Neuen eine Beharrungstendenz. Es hat sich in der langen Zeit der Anpassung ein sekundärer Lustgewinn, eine besondere Art masochistischer Triebbefriedigung herausgebildet, die im Charakter eine Verankerung gefunden hat. Es sind also besondere Bedingungen der sexuellen und Ich-Tendenzen, die sich gegen jede Abänderung sträuben, vorhanden. Die masochistische Situation, welche die Angst fernhält, das unbewußte Schuldgefühl befriedigt und damit eine angstlose Befriedigung gewährt, wird hartnäckig festgehalten. Sie schützt vor möglichen Gefahren, aber sie verleiht auch eine eigenartige Prämie.

Der Analytiker, der das Ich dieser besonderen Einstellung entfremden will, stellt eigentlich zwei Ansprüche: die, eine schwer errungene Sicherheit aufzugeben, und die andere, eine alte und hochgeschätzte Art der Trieblust gegen eine neue, unbekannte oder entfremdete einzutauschen. Vergleichsweise gesprochen: er will nicht nur, daß eine Person in eine kalte Winterlandschaft hinausgeht, sondern auch, daß sie die Wärme und Heimlichkeit der Stube verläßt. Was er solchem Verzicht auf seelische Sicherung und besonderen Lustgewinn als Gegengewicht entgegensetzen kann, ist freilich Gewinn an Selbständigkeit, Erwerb einer freien Lebenseinstellung, Zuwachs an Liebes- und Arbeitsfähigkeit und Freiwerden von unnötigem Leid. Gerade dieser letzte Gewinn ist aber vom Standpunkt des Masochismus aus fraglich. Das Leid ist ja, je mehr der Masochismus sich konsolidiert hat, zur Bedingung der Lust geworden, zu ihrer Vertiefung notwendig. Es ist gut zu verstehen, daß der Masochist sich gegen das Aufgeben des Leidens, das er für die Erreichung der Lust braucht, sträubt.

Hier muß ich eines merkwürdigen Phänomens gedenken, das, bisher noch nicht beschrieben, eine der Besonderheiten im Genesungsvorgang des masochistischen Charakters ist. Es ist dies ein durchgehendes Gefühl des Masochisten, das unter die Widerstandsmotive einzureihen wäre. Dieses Gefühl, das bestimmte Phasen der Analyse begleitet und charakterisiert, kann folgendermaßen beschrieben werden. Der Patient glaubt zu bemerken, daß das Leben an Fülle, Interesse und Farbigkeit einbüßt. Das Leben wird als nüchtern und kalt, der Tag als alltäglich empfunden, der Lebensinhalt scheint ärmer geworden zu sein. Das Phänomen tritt sonst kaum in auffälliger Form während der Analyse auf, ist durchaus mit Abstinenzerscheinungen zu vergleichen und den Sensationen beizuordnen; über welche Patienten während einer Abgewöhnungskur von einer Sucht klagen. Diese Abstinenzerscheinungen stellen sich natürlich nur ein, wenn masochistische Lustgewinne aufgegeben werden, und zeigen so die Wirksamkeit des analytischen Prozesses an. Sie werden aus dem früher Gesagten psychologisch erklärbar.

Wie in der Neurose kann man bei den Gewinnen des masochistischen Charakters solche unterscheiden, die schon damals zur Geltung kamen, als sich die Triebabweichung konstituierte, und diejenigen, die sich sekundär aus ihrer Existenz ergaben. Wie die Neurose ist der Masochismus ein Kompromiß, der die Bedürfnisse des triebhaften Ichs und der triebeinschränkenden Außenwelt befriedigt, die Angst bindet und Lust verheißt. Ein tieferes psychologisches Verständnis der Neurose ist nicht erreichbar, wenn man die seelischen Voraussetzungen und Motive der masochistischen Einstellung nicht erfaßt hat, denn die Neurose ist ja zum großen Teil eine masochistische Bildung – masochistisch in dem hier dargestellten Sinn.

Manche Analytiker wie *S. Nacht, W. Reich, A. Waterman*

meinen, daß die Therapie im wesentlichen darauf zu zielen habe, die im masochistischen Charakter wirksame Triebenergie nach außen, ins Aktive zu wenden. Das wäre also gleichbedeutend mit der Umwandlung von masochistischen Triebenergien in sadistische. Das kann gewiß nicht richtig sein. Natürlich kann die Ersetzung des masochistischen Triebziels durch das sadistische nicht die Aufgabe der analytischen Therapie sein. Richtig an der Behauptung ist nur, daß der Masochismus auf seinem Rückweg als notwendige Durchgangsstation die sadistische Phantasie zu passieren hat. Ich habe dargestellt, daß sich der Masochismus sowohl als Perversion wie als Triebneigung aus der sadistischen Phantasie entwickelt hat. Die Analyse muß also im therapeutischen Prozeß dort wieder anlangen. Sie darf dort freilich nicht stehenbleiben.

Der Irrtum in der früher angeführten Behauptung bezieht sich also auf das Gebiet, auf das die Analyse rekurrieren muß. Es ist nicht die sadistische Handlung, sondern die sadistische Phantasie, aus der sich der Masochismus entwickelt hat. Als eines der wichtigsten Ziele ergibt sich die Abschwächung und schließlich Bewältigung der Angst und des Schuldgefühls gegenüber den aggressiven, selbstsüchtigen und machtgierigen Tendenzen, die sich in diesen Phantasien äußerten. Erst die Einwirkung der Angst bei Festhaltung des Lustziels hat zu dem Umweg über den Masochismus geführt. Eine größere seelische Toleranz gegenüber diesen aufsteigenden Vorstellungen wird eine günstigere und sozial angemessenere Lösung des Konflikts ermöglichen. Es gilt also vorerst nicht jene Selbstbestrafung und Selbstschädigung zu verhindern, sondern das Übermächtigwerden der Angst. Das aber ist gleichbedeutend mit einer Stärkung des Ichs, mit der Kräftigung seiner Widerstandsfähigkeit gegen Drohung und Einschüchterung. Die Bewältigung der Strafangst und die Beschwichtigung der sozialen Angst, des Schuldgefühls, sind nur möglich, wenn das Ich sich in dieser Richtung verändert. An Stelle des unterirdischen Hohns gegen übertriebene Erziehungsansprüche und moralische Anforderungen der Umwelt wird ihre bewußte Kritik treten, an Stelle illusionärer Heilserwartungen die bewußte und berechtigte Hoffnung auf Anerkennung. Wenn der Masochismus sozusagen als Sadismus des Ohnmächtigen beginnt, so wird er in dem Maße weichen, als das Ich sich Versagungen gegenüber widerstandsfähiger und äußeren Fehlschlägen gegenüber stärker fühlt. Eine Aufstauung und Wendung aggressiver Tendenzen wird dadurch überflüssig. Das so beschränkte Ausmaß des Sadismus wird dann zum Teil in Phantasien übergeführt, zum Teil aber in Energie umgesetzt, die sich in sozial angemessener Art verwandelt, um das Ich seinen Zielen näherzubringen. Die Schädigungen des Narzißmus werden rückgängig gemacht, die Wunden des Selbstgefühls geheilt und das erstarkte Ich findet sich imstande, auch den Weg zur zärtlichen Objektwahl zu finden. Da das Ich bisher noch auf der prägenitalen Sexualphase fixiert war, wird sich erst jetzt ein genitales Ziel ergeben.

Der hier beschriebene Genesungsvorgang setzt einen langen und schwierigen Weg voraus. Er ist gewiß auch nicht immer gangbar und kann nicht immer zu Ende gegangen werden. Ich kenne keinen Fall von schwerer masochistischer Perversion oder Charakterbildung, der völlig »geheilt« wurde. Es blieb immer eine ausgebreitete Narbenbildung zurück, Narben, die bei schlechtem Wetter empfindlich gefühlt wurden.

Der Umweg über die sadistische Phantasie, der zugleich ein Rückweg ist, kann nicht erspart werden. Die hier gezeigte Entwicklung der masochistischen Triebneigung macht ihn unvermeidlich. Die Triebumwandlung muß sich freilich nicht in ausgesprochenen Aggressionen ausdrücken, sie kann sich bei vorsichtiger Handhabung der Analyse auf Andeutungsaktionen und Vorstellungen beschränken. Das Ziel kann nicht sein, aus einem Schlachtopfer einen Schlächter zu machen, aber keinem Opfer darf verwehrt werden, zum Trost und zur Befriedigung menschlicher Rachsucht sich in bewußten Phantasien an die Stelle des Schlächters zu setzen.

Es ist auch unvermeidlich, daß in der Analyse der geheime Trotz und die Auflehnung, der Hochmut und die Machtgier, Feindseligkeit und Grausamkeit, zum Ausdruck drängen. Das Vergnügen, sich unglücklich zu fühlen, wird gelegentlich der Versuchung weichen, andere unglücklich zu machen. Man darf versichern, daß es in den meisten Fällen bei Versuchshandlungen und Phantasien bleiben wird.

Vielleicht ist es nicht überflüssig zu sagen, daß schweres persönliches Unglück, Einschränkungen und Elend, welche die Allgemeinheit wie den einzelnen treffen, die merkwürdige Folge haben, daß sie den sozialen Masochismus des Individuums sich abschwächen und sogar verschwinden lassen. Die Strafbedingung erscheint dann erfüllt, das individuelle Schuldgefühl befriedigt, ein Schutz gegen die Angst nicht mehr notwendig. Krieg, Epidemien und Massenkatastrophen berauben so den masochistischen Charakter oft seines persönlichen Schicksalsgewinnes und sind der Ausbildung einer individuellen Leidsucht ungünstig. Ich habe Fälle gesehen, in denen masochistische Charaktere im Felde ein ungeahntes Maß von Energie und Selbstgefühl entwickelt haben.

Man landet schließlich bei einer sprichwörtlichen Redensart, die wir als Kinder gehört und die besagt, daß es nichts Schlechtes gibt, wo nicht etwas Gutes dabei wäre. Ist es nicht derselbe Gesichtspunkt, der uns bisher auch bei der Untersuchung des Masochismus als seelische Erscheinung begleitet hat?

27 Kultur, Leiden und Leidsucht

Mit den letzten Erörterungen haben wir bereits ein Feld betreten, das die Beziehungen zwischen Kultur und Masochismus beschreibt. Es ist ein weites Feld.

Vor allem ist zu bemerken, daß der Kulturfortschritt selbst eine Fülle neuer Leiden mit sich bringt, daß jeder Schritt vorwärts sich mit Entbehrungen, Verlusten und Unlust bezahlt macht. Man kann das Leiden auf viele Art bekämpfen, ihm entfliehen, sich dagegen sträuben, es ertragen und Mittel dagegen suchen. Der Genuß des Leidens, den wir für den Masochismus als charakteristisch bezeichnen, ist gewiß die merkwürdigste Reaktion. Es ist aber ebenso gewiß nicht die seltenste.

Leiden ist ein wesentlicher, integraler Teil des Lebens. Die Entwicklung von niederen Organismen zu höheren, von der Molluske bis zum Menschen ist durch Erhöhung der Leidensfähigkeit gekennzeichnet. Der Mensch hat von den uns bekannten Wesen die stärkste Leidensfähigkeit. Die Erfahrung zeigt, daß der Bauer oft weniger empfindlich gegen Schmerzen ist als der Städter, der Europäer oft viel empfindlicher als der Australneger. Wo dem Menschen das Leben zu leicht und zu sicher ist, wird sich eine tiefere Leidensfähigkeit oder Leidenskraft nicht entwickeln. Die Not lehrt nicht nur beten, sie lehrt auch leiden.

Die gesamte Menschheitsentwicklung erhielt durch die äußere und die ihr folgende innere Not immer die stärksten Antriebe. Die Leidensfähigkeit, die aus der Not entspringt, ist es, welche Reife und Reichtum der Persönlichkeit mitbestimmt. Man mag es beklagen, daß der kulturelle Fortschritt erhöhtes Leiden für die Menschheit mit sich bringt, aber man kann es kaum in Abrede stellen. Resignation bleibt gegenüber dieser Notwendigkeit die einzig angemessene Reaktion.

Freud sagte einmal zu mir: »Die Wege des Herrn sind dunkel, aber selten erfreulich.« Wer nicht gelitten hat, wird nicht sein Bestes geben können. Kein Künstler oder Forscher erreicht den Gipfel seiner Leistung, solange ihm großes Leid fremd geblieben ist. Man versteht es, daß unter solchem Aspekt gesehen auch Leid als Gabe willkommen geheißen wird.

Aus diesen allgemeineren Charakteren ergibt sich, daß der Masochismus als bewußtes Leidgenießen auf niedriger Kulturstufe nicht häufig vorzufinden sein wird. Die Empfindlichkeit gegenüber Leiden ist geringer, die Leidensfähigkeit noch schwach entwickelt. So sehr auch die Ansichten der Psychologen über den Masochismus auseinandergehen, so stimmen sie doch darin überein, daß die individuelle Leidensfähigkeit eine notwendige Voraussetzung des Begriffs ist. Wo sie fehlt, kann sich kein Masochismus entwickeln. Wir verstehen aber auch aus den eigenen Annahmen, daß die masochistische Triebneigung sich auf tiefer Kulturstufe nicht herausbilden kann. Sie ist ja nur möglich, nachdem die sadistische Aktion aufgegeben und durch die Phantasie ersetzt wurde, ferner nur dort, wo das dumpfe Luststreben durch die Strafdrohung und die Angst einen Aufschub erlitten hat. Die masochistische Triebneigung kann also nur entstehen, wo eine bestimmte Kulturstufe erreicht wird. Das stimmt durchaus zu der hier vertretenen Anschauung, derzufolge der Masochismus keine primäre Triebbildung ist, sondern bereits das Resultat einer seelischen Verwandlung, kein originärer Trieb, sondern ein spätes Triebschicksal des Macht- und Besitzstrebens und der aggressiven Tendenzen.

Der Masochismus ist aus zwei Gründen die für unsere Kultur wichtigste Triebabweichung. Er ist die häufigste und belangreichste Sexualperversion und bestimmt als solche die Art des sexuellen Verhaltens ungezählter Kulturträger. Bedeutsamer ist die masochistische Einstellung, weil sie zeigt, welcher kulturellen Verwertung die Triebneigung fähig ist. Die Frage erhebt sich hier, welche Eignung und Neigung der Masochismus zur Kultur hat. Sie wurde bisher, soviel ich sehe, nicht aufgeworfen, so interessant sie ist. Es ist eine verfängliche Frage, eine voll Fallgruben, Hinterhältigkeiten, Abgründen, die hinter Begründungen auftauchen. Ich selbst bin ihr in dieser Untersuchung so oft ausgewichen, daß ein Versuch ihrer Beantwortung gewagt werden muß, wenn er sich auch als unzulänglich erweisen wird und notwendigerweise meine geringe Kompetenz enthüllen muß.

Ja, es war diese Frage, mit der diese neue Behandlung des Problems einsetzte. Erinnert man sich noch des englischen Sportsfreundes, der sein Erstaunen darüber ausgesprochen hat, daß die Philosophen meinen, der Mensch vermeide Unlust und suche Lust auf? Die ungelöst gebliebene Frage tauchte in längeren Intervallen immer wieder auf. Die letzte Gelegenheit, bei der wir sie trafen, war angesichts des Problems, ob man die Verwandlung des sexuellen Masochismus in den sozialen eine Sublimierung nennen könne. Wir sagten damals: nein, diese Verwandlung verdiene diese Bezeichnung, welche eine Verwertung eines Triebes zu sozial höheren Zielen kennzeichnet, nicht. Wir entschieden in diesem Sinn, obwohl wir zugaben, daß die Abwendung vom ursprünglichen Triebziel und die Wendung in die soziale Richtung im sozialen Masochismus nicht zu verkennen sei. Wenn aber der soziale Masochismus nicht als Sublimierung des Triebes angesehen wird, wo ist denn dann eine Sublimierung zu finden?

Wir sind in einer eigentümlichen Situation. Wir verspüren, hier ist ein Trieb wirksam, sehen seelische Gegenkräfte am Werke, können die Richtung verfolgen, die sie einschlagen und können doch nicht bestimmen, von welcher Art das Rettungswerk ist. Es ist so, wie wenn wir Feuerwehrwagen in rascher Folge an uns vorüberfahren sehen. Wir wissen nicht, gibt es irgendwo ein vernichtendes Feuer, viel Rauch von einem Küchenbrand oder einen falschen Alarm.

Die Frage soll hier nicht durch alle Fährnisse, die sie bietet, hindurchverfolgt, sondern einfach nach dem jetzigen Stand meiner Einsicht kurz beantwortet werden. Der Masochismus ist eine sekundäre Triebbildung und hat als solche keine Möglichkeiten der Sublimierung. Er stellt ja selbst ein Triebschicksal dar, das durch die Einwirkung jener Gegenkräfte, welche wir später zu den kulturbildenden zählen, entstanden ist.

Er ist also der Sublimierung nicht in derselben Art fähig wie der Sadismus, da er selbst eines der Sonderschicksale des Sadismus im Sinne der Kulturanpassung darstellt. Welches ist aber dieses Sonderschicksal, wenn es nicht eine Sublimierung ist, obwohl es die Einwirkung sozialer Faktoren erkennen läßt? Es ist eines, das bisher keine gesonderte Bezeichnung erhalten hat, so sehr es eine solche verdient hätte. Ich schlage vor, den Masochismus eine Umbiegung der sadistischen Triebe nach der sozialen Seite zu nennen. Eine solche Umbiegung stelle ich mir etwa im Vergleich so vor wie die eines Baumes, der durch Einwirkung von außen, z. B. durch einen Sturm, von der Richtung seines organischen Wachstums abgelenkt wurde. Ich stelle mir dabei vor, daß eine solche Triebumbiegung einen allgemeineren Charakter hat und älteren Datums ist als der besondere Vorgang der Sublimierung.

Die Bezeichnung Umbiegung würde auch zu der Auffassung des Masochismus als einer Triebneigung gut passen. Diese Neigung geht also nach derselben Seite wie die Kulturentwicklung. Sie ist sozusagen eine Vorform des Sublimierungsvorgangs, der erst später eintreten kann, sich auf einer späteren Entwicklungsphase ausbildet. Wir verstehen jetzt, warum man kaum von einer Sublimierung des Masochismus sprechen kann. Seine Bildung ist ja schon durch seelische Kräfte bedingt, welche die Interessen der Kultur vertreten werden, und diese Bildung hat einen primären Trieb nur vorgetäuscht.

Der soziale Masochismus ist also nur eine Weiterentwicklung einer sekundären Bildung nach derselben Richtung, gleichsam ein Weiterwachsen eines umgebogenen Baums. Wir vergessen nicht einen Augenblick, daß der Boden, dem dieser Baum entsprossen ist, die sadistische Phantasie ist. Indem wir das Triebschicksal eine Umbiegung nannten, haben wir angezeigt, daß es das ursprüngliche Triebziel, das sadistische in diesem Fall, nicht erreicht und jetzt der entgegengesetzten Richtung zugeneigt erscheint.

Kennen wir die Gegenkräfte, welche die Antriebe aus der sadistischen Phantasie zu einer Richtungsveränderung bestimmen? Wir wissen, es ist zunächst die Angst vor der Strafe, die in der Vorstellung vorweggenommene Strafe, und die seelische Reaktion auf diese Vorstellung. Später ist es dann die soziale Angst, das unbewußte Schuldgefühl. Diese Faktoren lassen eine ungehemmte Triebbefriedigung nicht zu, erzwingen einen Aufschub, bedingen in ihrem Ringen mit den Triebregungen jenen Suspensevorgang und führen schließlich zu einer neuen Art der Triebbefriedigung, welche in ihrem Charakter von der Einwirkung der genannten Momente Zeugnis ablegen.

Angst vor den Folgen einer verbotenen Tat, die Vorstellung der Strafe, die Identifizierung mit dem leidenden Opfer und das Schuldgefühl – diese Momente aber sind dieselben, welche wichtige Kräfte der Kulturentwicklung bezeichnen. Sie sind es, welche den Primitiven langsam in die Richtung sozialen Lebens, der Einhaltung von Geboten und Verboten der Gemeinschaft führen. Von der Bedeutung des Triebaufschubs und des Suspenses im Sinne der Kulturanpassung habe ich schon gesprochen, als ich die Beziehungen dieser Vorgänge zum Realitätsprinzip diskutierte. Dort wurde auch gesagt, daß das Suspense in seiner extremen Form sich wie eine Karikatur der Erfüllung der Realitätsforderung ausnimmt, seine Auswirkung den Eindruck trotzigen Gehorsams mache.

Wir dürfen nicht vergessen, daß das Suspense, sonst schwer zu ertragen, für den Masochisten ein Stimulus der Lust und dieser »dritte Grad« der Folter zum Entzücken wird. Sicher kann man von sublimierten masochistischen Impulsen sprechen, aber nur in gewisser Weise, etwa von der Sublimierung sadistischer und aggressiver Triebe in einer bestimmten Phase der Reaktionsbildung. Erstaunlicherweise kann uns die Erforschung des Masochismus einiges über die Natur der Sublimierungsvorgänge lehren. Es scheint, als ob dies aufgrund dessen möglich sei, daß der soziale Masochismus eine Art frustrierter Sublimierung darstellt, ein mißglückter Versuch, dieses Ziel zu erreichen.

Wir beobachten, wie sich Phantasien mit einem bestimmten Triebziel entwickeln, ändern und mit höheren sozialen Zielen verknüpft werden. Der Held erleidet seine Schmerzen und Erniedrigungen für ein »edles Ziel«, wie es bei einem Patienten der Fall war. Der Masochist mit den Azteken- und Molochphantasien stellte sich vor, daß sein anderes Ich, daß den Göttern geopfert wurde, zum Gedeihen der Ernte beitragen würde. In einer anderen Phantasie erduldete der Held äußerste Qualen, weil er dem Feind seine Geheimnisse nicht preisgeben wollte. In vielen Fällen werden die Torturen ertragen, um der Nation oder dem Volk zu dienen. Jeder Analytiker kennt die Art von Geschichten, die in den masochistischen Phantasien entwickelt werden und in denen Leid und Unbehagen aus nationalen oder aus Gründen der Nächstenliebe erduldet werden. Die Triebbefriedigung erscheint hier in einer Verkleidung.

Die Phänomene des Masochismus tragen auch noch auf eine andere Weise zur Erhellung des Sublimierungsvorgangs bei, da sie uns einige der fehlenden Verbindungsglieder zwischen der Triebbefriedigung und diesem Vorgang liefern. Das erste ist der Aufschub sofortiger Befriedigung und die damit verbundenen psychischen Folgen. Die materielle Befriedigung, die in der Vorstellung vorweggenommen wird, findet in der Phantasie statt. Nach und nach kann der Triebaufschub und die damit verbundenen Ziele sogar die Art seiner Ziele ändern, so weit das im bewußten Denken geht. Die ursprünglichen Ziele verbinden sich mit höheren sozialen Zielen. Auch die Zeit wird bei Tagträumern eine Rolle spielen. Die Gemeinsamkeiten und die Unterschiede in der Entwicklung des Masochismus und der Sublimierung bedürfen einer genauen Erforschung. Die Rolle der Phantasien in beiden wird von großer Bedeutung sein.

Unser Kapitel über den sozialen Masochismus haben wir überschrieben »Der Traum – ein mögliches Leben«. Wir haben dort im psychischen Ergebnis eines Traums ein potentielles Leben einer Patientin entdeckt. Der Traum der Patientin war nur eine Vision ihres Lebens, nicht wie es wirklich war, aber wie es hätte sein können, wie sie es erwartet hatte. In ihrem Traum wurde einige Minuten lang eine Möglichkeit des Schicksals zur Realität. Wir sind der Stoff, aus dem die Träume sind, und was unsere Gedanken im Schlaf erwirken ist nicht merkwürdiger als was die tatsächlichen Ereignisse lenkt. Es scheint, als könnte man sagen, daß die Erfolge der großen Männer, die wir bewundern, ihre in Realität umgesetzten Tagträume und Phantasien sind. Ihr Leben ist im besten Fall eine Anstrengung, die Möglichkeiten ihrer Tagträume Wirklichkeit werden zu lassen.

Hier ergibt sich die Gelegenheit zu der ergänzenden Bemerkung, daß eine solche zweiseitige Bildung sowohl in der Richtung besserer sozialer Anpassung als auch in der entgegengesetzten fortschreitender Sabotage weitergeführt werden kann. Der soziale Masochismus bedeutet eine Weiterentwicklung in der ersten Richtung. Die weitere Ausdehnung des Suspense und das Aufgeben des sexuellen Triebziels als des einzigen bezeichnen den bedeutsamen Schritt, der hier stattgefunden hat. Indem das eigene Leiden in den Dienst der Familie, der Nation, der Menschheit gestellt wird, der masochistische Charakter sich in der Phantasie für andere opfert, für sie Unlust und Beschämung auf sich nimmt, hat er sich an Stelle des nahen ein fernes Ziel gesteckt, das er freilich nur selten erreichen kann. Man darf auch nicht vergessen, daß die Befriedigung hier nur in der Phantasie vorweggenommen und selten materiell genossen wird. Alles dies sind Züge, die in Richtung der Kulturentwicklung weisen. Sie erreichen das Ziel nicht oder gehen darüber hinaus, aber die Richtung ist nicht zu verwechseln.

Der Kulturfortschritt bringt, wie *Freud* gezeigt hat, ein steigendes Schuldgefühl mit sich, das aus der Unterdrückung aggressiver Triebregungen erwächst. Dieses Schuldgefühl verlangt energisch Befriedigung in der Form des Strafbedürfnisses. Im sozialen Masochismus wird dieses Bedürfnis nun zuerst gesättigt. Die erhöhten moralischen Forderungen an das Ich steigern sich nicht nur, sie übersteigern sich. Daher kommt es, daß das Strafbedürfnis unersättlich wird und die Erlaubnis zur Triebbefriedigung auf einen immer späteren Termin verschoben wird. Man darf das Strafbedürfnis ein Abfallprodukt der Kulturentwicklung nennen, dessen Bedeutung mit der Zeit immer höher steigt und schließlich den Kulturfortschritt selbst gefährdet.

Wir stehen hier unversehens vor der Frage des Kulturwertes

der masochistischen Triebneigung oder der Stellung des masochistischen Charakters in unserer Kultur, vielleicht der schwierigsten Frage, die uns bisher begegnet ist. Ich getraue mich keiner Antwort, die allzu sicher klingt und angesichts der Kompliziertheit der psychologischen Situation nur den Wert eines verhüllten Unwissens hätte. Ich ziehe es vor, meine Unsicherheit zu bekennen und das Wenige, das ich zu erraten glaube, andeutungsweise und in fragmentarischer Form niederzuschreiben. Vor allem möchte ich betonen, daß ich jener Gruppe von Analytikern, denen vor der eigenen Gottähnlichkeit nicht bange wird, fern stehe. Ich meine die Analytiker, deren psychologische Haltung wenn nicht im Wortinhalt, so im Ton vom Bewußtsein der eigenen Überlegenheit gegenüber den Patienten begleitet wird. Das Problem des Leidens stellt sich uns allen, und keiner kann sagen, daß der eigene Lösungsversuch der einzige oder der beste ist.

Man muß unterscheiden zwischen dem Leiden als seelischer Notwendigkeit und als seelischem Luxus. Die Kultur nötigt uns alle zur Unterdrückung aggressiver Triebregungen, und mit dieser Unterdrückung wächst das unbewußte Schuldgefühl. Die Erhöhung des individuellen Schuldgefühls ist also vom kulturellen Fortschritt unablösbar. Ein seelisches Korrektiv ergibt sich mit der Einsicht und der seelischen Verarbeitung der Einsicht, daß dieser Unterdrückung durch die menschliche Konstitution enge Grenzen gesetzt sind, das will heißen, daß machtgierige, ehrsüchtige und aggressive Tendenzen eine Existenzberechtigung im Seelischen haben. Es gibt aber ein Feld, auf dem sie ungefährlich ihre Befriedigung erhalten können: die Phantasie.

In der Zurückführung der masochistischen Triebneigung haben wir gefunden, daß sie aus der sadistischen Phantasie entsteht. Das Aggressive in diesen Vorstellungen stößt mit der Angst vor der Strafe und dem Schuldgefühl zusammen und weicht ihm. Das Resultat ist dann, daß das Ich selbst Objekt der Aggression wird. Die Entstehung des Masochismus ist so an eine Einschüchterung des Ichs in der Phantasie gebunden. Ein erstarktes Ich wird fähiger sein, der Angst und dem Schuldgefühl zu widerstehen. Es wird den eigenen aggressiven Vorstellungen toleranter gegenüber treten und sich darauf berufen, daß auch machtgierige und angriffslustige, rachsüchtige und egoistische Gedanken frei sind. Die Erziehung zur Güte und zu sozialem Empfinden wird sich nicht schon bei der Unterdrückung antisozialer Vorstellungen geltend machen, sondern in der Hemmung, diese Vorstellungen in Aktion umzusetzen.

Das übertriebene Schuldgefühl gegenüber den eigenen aggressiven Gedanken und machtgierigen Gelüsten und die Reaktion des Umschlagens in das Masochistische ist selbst ein Zeichen der hohen Vorstellung, die das Ich von sich gebildet hat, des großen Stolzes oder der Selbstüberschätzung. Es bezeugt nämlich, daß wir meinen, wir dürften solche »niedrigen« oder moralisch zu verurteilenden Vorstellungen nicht in uns dulden und wir sind zu gut, um so wilde und gefährliche Gedanken auch nur denken zu dürfen. Als Folge solcher übertriebener Einschätzungen der menschlichen Natur stellt sich das Strafbedürfnis ein, das die aggressive Phantasie in der Richtung gegen das Ich umbiegt.

Eine bescheidenere Auffassung der moralischen Forderungen, die dem Menschen allgemein gesetzt werden können, eine mildere oder gütigere Beurteilung der eigenen Gedankensünden würde die Entwicklung zum Masochismus verhindern können. Der Stolz, der die eigene Aggressivität und Machtgier in der Vorstellung zu so harten Strafen, zu Leiden und Unlust verurteilt, ist selbst ein seelischer Luxus. Er zeigt, daß der Kulturmensch sozusagen über seine moralischen Verhältnisse lebt, eine Höherentwicklung dem Tier gegenüber weit überschätzt. Man darf dem Abbé Croiguard, jener wundervollen Gestalt *Anatole France'* recht geben, wenn er den Stolz als die Quelle des größten Übels ansieht und den Menschen größere Nachsicht gegenüber sich selbst empfiehlt. Der verehrungswürdige Abbé hätte, sagt sein Biograph, »keine Zeile von der Erklärung der Menschenrechte unterschrieben, und zwar wegen der übertriebenen und ungerechten Trennung, die darin zwischen dem Menschen und dem Gorilla gezogen wird«.

Die Unvereinbarkeit hoher moralischer Anforderungen an das Ich und der menschlichen Natur äußert sich im Masochismus in der Produktion jenes Strafbedürfnisses, das auf die verbotene Triebbefriedigung in der Phantasie reagiert. Der Wert der Unterscheidung zwischen dem Leiden als seelischer Notwendigkeit, das als Folge biologischer und sozialer Bedingungen entsteht, und als seelischem Luxus, aus zu großem Respekt gegenüber den moralischen Forderungen geboren, geht indessen über diesen Gesichtspunkt hinaus. Man muß zugestehen, daß das schwache Ich, das sich dem Druck der von außen kommenden und später verinnerlichten Forderungen unterwerfen muß, in einer bestimmten Entwicklungsperiode keine andere Möglichkeit hat als die Triebbefriedigung in der Phantasie.

Wenn dieses Ich jene Forderungen auch als eigene anerkennt, die Strafe vorwegnimmt, so wird es unweigerlich zur Umwandlung der Phantasie ins Masochistische gelangen. Wir wissen, daß die Perversion die Durchführung der Phantasie ist und daß der masochistische Charakter, man möchte sagen, die Phantasie lebt. Man muß dabei immer wieder darauf verweisen, daß in der Perversion und im sozialen Masochismus die verbotene und abgewiesene Triebbefriedigung doch erreicht wird, hier das nahe, dort das ferne Ziel der Phantasie bildet. Wie mir scheint, ist also die masochistische Phantasie eine in der Entwicklung jedes Kulturmenschen nicht vermeidbare Übergangsphase in dem Konflikt zwischen Triebansprüchen und sozialen Forderungen.

Welches ist nun der Kulturwert des masochistischen Charakters? Allgemein gesprochen besteht er sicherlich darin, daß die Aggression durch diese Charakterbildung in der Wirklichkeit gehemmt wird, daß also der innere Zwang die motorische Durchführung brutaler und antisozialer Regungen verhindert. Das wäre freilich nur ein Kriterium negativer Art. Das bessere Kriterium ergibt sich aus der Unterscheidung, ob das Leiden, die Unlust und die Entbehrungen der Gemeinschaft nützlich sind oder nicht. Ich will durch die Gegenüberstellung zweier Beispiele verdeutlichen, was gemeint ist.

Einer meiner Patienten legte sich besondere Opfer und Bestrafungen auf, wenn er bestimmte Leistungen nicht vollbracht hatte oder sexuellen Versuchungen unterlegen war. Es gab da zum Beispiel ein Verbot, zwei Tage nicht zu essen, zwei Tage nicht zu rauchen etc. Auf der anderen Seite gab es Gebote, die dahingingen, dem eigenen Körper und der eigenen Willenskraft Leistungen abzuzwingen, die über das gewohnte Maß hinausgingen, z. B. viele Nächte trotz übergroßer Müdigkeit durchzuarbeiten. Der Patient nannte solche Maßregeln sehr charakteristisch »sich selbst vergewaltigen«. Dieser verkappte Asket oder Heilige, aus der antiken Sphäre der Wüste in die Großstadt des zwanzigsten Jahrhunderts versetzt, bot der Analyse ein schwieriges Problem. Kein Zweifel, selbstschädigende Absichten trafen sich hier mit »disziplinären«. Die Selbstbestrafung war aufdringlich genug, aber auch die Tendenz, durch jene Entbehrungen und Opfer sich ein Recht zu erwerben, auf andere hochmütig herabzusehen und sich selbst für etwas Besseres zu halten. Die Kraft sexueller Triebregungen sollte auf diese Art eingedämmt werden.

In der Analyse wurde deutlich, daß die Entbehrungen und Opfer wie die Zwangsarbeit Bestrafungen für wilde, aggressive Phantasien darstellten. Die Phantasiegewinne von der Ich-Seite werden leicht erkannt werden, eben der Lusterwerb in diesem Leiden, wenn man bedenkt, daß dabei Rachegelüste, aggressive und trotzige Tendenzen auf ihre Rechnung kamen. Hinzuzufügen ist, daß der Patient sich durch sein unsoziales und unfreundliches Wesen unbeliebt machte, sich im Beruf durch ein unbewußt inszeniertes ungeschicktes Benehmen schadete und sich so um die Früchte seines Fleißes brachte. Der Eindruck aus einem solchen Fall ist nicht etwa der der Unsinnigkeit masochistischen Verhaltens – wir haben ja erkannt, daß ein guter Sinn darin liegt –, sondern der der Unzweckmäßigkeit. Der Gewinn ist nicht nur illusionär, in der Phantasie vorweggenommen, er ist auch auf das Ich beschränkt.

Stellen wir uns dagegen das Leiden und den Leidensgenuß schöpferischer Menschen vor, so ergibt sich ein anderes Bild. Das leidensvolle Leben eines *Beethoven* war sicherlich zum großen Teil das Resultat von seelischen Tiefenkräften. Er war einsam, weil er es unbewußt sein wollte, so sehr es ihn nach den Menschen drängte. Das Fehlschlagen in der Liebe, der Bruch so vieler Freundschaften, der Mangel an Erfolg ist nicht nur auf das Konto einer gefühllosen und stumpfen Mitwelt zu schreiben. Wer mit Psychologen-Augen dieses Leben studiert, wird erkennen, wie das Leiden nicht nur im Tiefen gefühlt, sondern auch im Tiefen genossen wird. Die Briefe und das Heiligenstädter Testament sprechen nur in stammelnden Worten aus, was die Symphonien und Sonaten wortlos, doch beredter ausgedrückt haben. Der masochistische Charakter dieses großen Mannes unterscheidet sich seinem Wesen nach nicht prinzipiell von dem so vieler kleinerer Menschen. Was ihn von ihnen unterscheidet, ist das, was das Leid und der Genuß des Leidens ihm und der Welt gebracht hat.

Das Kriterium, das über den Kulturwert des freiwilligen Leidens entscheidet, ist, scheint mir, was das Resultat ist. Das will sagen: ob das Gewonnene den Preis wert ist, der dafür gezahlt wurde, ob das erreichte oder auch nur das gewollte Ziel die Opfer aufwiegt. Dabei will ich ausdrücklich betonen, daß ich nicht nur das soziale Ziel, sondern auch das selbstsüchtige meine. Das will sagen: ob das Leid auch durch die Lust des Masochisten aufgewogen wird. Der masochistische Charakter, dessen geheime Phantasie dahin geht, seinem Vater zu zeigen, daß er Unrecht hat und daß er selbst besser und klüger ist, wird sein Leben gewiß ebenso genießen wie das einsame Genie, das den Triumph seiner Sache in ferner Zukunft voraussieht.

Der eben erwähnte Patient, der sich so »nutzlose« Opfer und Entbehrungen auferlegt, wird eine große unbewußte Befriedigung in seinem Elend finden wie der große *Beethoven* in der Stunde, da er jenes Heiligenstädter Testament schrieb. Ja, ich finde keinen Unterschied in der Art des Leidens, im Grübeln darüber, im stummen Trotz und in der beredten oder ungeschickten Klage, in den »bürgerlichen« Reaktionen zwischen dem leidsüchtigen Genie und dem Patienten. Die vergebliche Aufopferung *Beethovens* für seinen nichtsnutzigen Neffen Karl, seine groben, selbstschädigenden Ausfälle gegen Gesellschaft und Gönner, seine brutale Behandlung von Dienstpersonal, seine Rücksichtslosigkeit gegen seine Umgebung – alles dies könnte gut in vielen Analysen so viel geringerer masochistischer Charaktere erscheinen. Ich nenne hier *Beethoven,* könnte jedoch mit demselben Recht *Dostojewskij* nennen und seine zerstörende Spielsucht, seine unkluge politische Haltung, seine Beziehung zu seiner Frau als Zeugnisse seiner masochistischen Haltung anführen. Ich könnte ebenso die meisten, ja jeden der großen Geister nennen, denen die Menschheit Fortschritt und Genuß verdankt. Man wird in keinem eine starke, zum Ausdruck kommende masochistische Tendenz vermissen, in jedem von ihnen bei so großer Charakterdivergenz einen leidsüchtigen Zug entdecken.

Das einzige Kriterium bleibt, was der einzelne aus seinem Genuß des eigenen Leidens gemacht hat, anders ausgedrückt: wofür er gelitten hat. Das Leiden und der Genuß werden vom kulturellen Standpunkt aus berechtigt genannt werden können, wenn sie die neun Symphonien, die Brüder Karamasoff, die Iphigenie auf Tauris, ein Krebsserum oder eine weitgehende Milderung sozialer Mißstände zum Ergebnis hatten. Der Leidensgenuß mag seiner Intensität nach derselbe sein bei allen masochistischen Charakteren, aber es gibt doch auch einen Wesensunterschied in der Phantasie, welche den eigenen Triumph vorausnimmt. Die antizipierte Befriedigung des masochistischen Charakters ist auf die phantasierte Anerkennung nur weniger beschränkt, bezieht sich auf die Durchsetzung des eigenen Willens in kleinem Kreis, zielt auf die Rehabilitierung eines selbstsüchtigen Ichs.

Die Phantasiebefriedigung des produktiven Masochisten schließt einen ungleich weiteren Kreis ein, die Nation, die Menschheit. Sie ist aber, so fern ihr Ziel auch in Wirklichkeit gerückt scheint, gleichzeitig subjektiv näher, da das Werk und seine Gestaltung selbst ein oft schmerzhaftes Glück bringt. Das Geschaffene, gleichgültig ob es die Erfindung eines Serums, eine Forschungsexpedition oder eine Dichtung ist, scheint rückgreifend das Leiden zu rechtfertigen, ja oft zu verklären. Die Leidlust wird auf das Tun verschoben und das eigene Werk führt ein Leben, abgelöst von seinem Schöpfer. An Stelle des Geltendmachens des eigenen Willens tritt die sublimiertere Form des eigenen Werks, das sich durchsetzen wird, als letztes masochistisches Ziel. Es ist, als ob die materiellen Ziele der Wut, Rache und Rehabilitierung vergessen worden sind. Von Bedeutung ist nicht der Sieg an sich, sondern der Triumph der Arbeit oder des Werks. Der persönliche Ehrgeiz ist nicht verschwunden, sondern in den Hintergrund gedrängt. Nicht der Mensch, der Forscher oder Entdecker, der Künstler oder Staatsmann, sondern sein Werk nehmen Bedeutung an. Es hat den Platz eingenommen, den einst das Ich innehatte. Die Vorstellung eilt in die Zeit voraus, in der das Ich aus dem Gesichtsfeld verschwunden ist, das Werk aber überlebt hat. Die Phantasie nimmt nicht mehr irgendeinen persönlichen Sieg vorweg, sondern die allgemeine Anerkennung und Bewunderung, die zukünftige Generationen den Leistungen dieses Menschen zollen werden. Das Leiden wird fast zu einer Garantie des Schicksals für den kommenden Triumph. Zunehmendes Leiden bewirkt, durch die Dinge hindurchsehen zu können.

Wir wissen natürlich, daß dieses Produkt die eigene Person vertritt, seine Anerkennung noch immer einen persönlichen Sieg bedeutet, aber es ist kulturell wichtig, daß die Vorwegnahme der Befriedigung vom Ich weg auf seine Leistung verschoben wird. Diese Verschiebung ist ein Zeichen der Entpersönlichung der Ich-Interessen. Die vorweggenommene Rache hat ihre höchste und verfeinertste Form erreicht: Jenen Gutes zu tun, die einen hassen. Die Rehabilitierung wird nicht mehr als irdisches Ziel betrachtet, sondern betrifft das Gedenken in einer entfernten Zeit. Das kulturelle Kriterium für den sozialen Masochismus ist, so finden wir, längst bekannt. Es wurde vor zwei Jahrtausenden von jenem großen Leidenden ausgesprochen in dem Satz: »An ihren Früchten sollt ihr sie erkennen.«

Die Unterscheidung zwischen Leiden als seelischer Notwendigkeit und als Luxus kann an dieser Stelle durch eine andere ersetzt werden, der zwischen fruchtbarem und unfruchtbarem Leiden.

Die Frage nach dem Sinn des Leidens ist eine alte. Die Antike suchte sie zu beantworten, indem sie das Leiden als Strafe der Götter erklärte. Die Religion warnt vor der Hybris, die den Unwillen der Götter erregt. Für die israelitische Ethik und Religionsanschauung war es klar, daß Unglück und Leiden eine Strafe Jahwes war. Von Hiobs Elend schlossen seine Freunde auf seine Verfehlungen. Diese Anschauung wird von Hiob selbst zurückgewiesen, da er sich doch frei von Schuld und Fehl weiß. Die Strafidee weicht langsam einer erzieherischen: Wen Gott liebt, den züchtigt er. Die Propheten verkünden später, daß das Leiden Belohnungen bringen wird, daß die Gerechtigkeit siegen werde. Der Leidensheroismus des jüdischen Volkes wird durch solche Versprechungen verstärkt. In furchtbaren nationalen Heimsuchungen, Niederlagen, Verschleppungen und im Elend des Exils bleibt die Hoffnung auf die Wiederaufrichtung des Volks als Trost. Die alte Idee der Auserwähltheit bekommt eine neue Begründung: daß, wer so viel gelitten, ein Recht auf eine Sonderstellung hat.

Im Völkerleben begegnen wir hier wieder jenen Zügen der vorwegnehmenden Phantasiebefriedigung in der Gestalt des Auserwähltheitsglaubens, erkennen wir das Suspense im Aufschub der Belohnung. Es muß der Religionspsychologie der Zukunft überlassen werden zu zeigen, wie sich mit der Steigerung des nationalen Unglücks die Hoffnung auf das Nahen des Messias vermählte, wie der Gipfel des Elends die Umkehr und Erlösung bezeichnen sollte wie beim masochistischen Charakter.

Man erkennt in der Erschaffung der Messiasgestalt sicherlich die kollektive Analogie der individuellen Phantasie des masochistischen Charakters wieder. Es ist leicht zu sehen, daß auch in der Religion die Vorstellung der nationalen Auferstehung im Sinne der Verlängerung des Suspenses aufgeschoben wurde und daß die Ankunft des Messias, den Christi Zeitgenossen noch zu erleben glaubten, späteren Zeitläufen vorbehalten war. Das Reich Gottes auf Erden wurde in immer weitere Fernen verlegt und schließlich in die Endzeit datiert.

Die individuelle Belohnung für das Leiden, ursprünglich als irdische Glückseligkeit und Rechtfertigung erhofft, konnte später nur mehr nach der Auferstehung der Toten und in der Form der Aufnahme ins Paradies erwartet werden. Das geduldig und fromm ertragene irdische Elend gab eine Art Anwartschaft auf diese kommende Seligkeit, auf dieses so ferne masochistische Triebziel.

Das Absinken der Bedeutung der Religion im Leben der modernen Völker läßt es verstehen, daß ein solcher Wechsel auf lange Sicht, dessen Einkassierungsmöglichkeit noch dazu so unsicher ist, nicht mehr bereitwillig akzeptiert wird. Die Verbesserung des Loses des Menschen als Belohnung so vieler geduldig getragener Leiden wird jetzt wieder auf Erden erwartet, und wenn nicht für die jetzige, doch für die kommenden Generationen. Der Apostel Paulus sagte, wenn er nicht an die Auferstehung glaubte, würde er wie ein gewöhnlicher Bürger leben, sich beschäftigen und seinen Vergnügungen nachgehen wie jeder Einwohner von Ephesus und Korinth. Wir glauben nicht mehr an die Auferstehung, leben wie Einwohner von London und New York, aber wir glauben dennoch, daß das Leiden der Menschheit einen Sinn für sie hat und wäre es nur der, daß künftige Generationen in geringerem Ausmaße zu leiden brauchen.

Wir haben hier verfolgt, wie sich im Völkerleben dieselben verborgenen Tendenzen in der masochistischen Einstellung bemerkbar machen wie beim einzelnen. Der Aufschub der

Triebbefriedigung durch Angst vor der göttlichen Rache, das geheime Strafbedürfnis, das Hinausziehen des Suspenses und die Phantasiebefriedigung in der Vorwegnahme der Triebziele. Der Stolz auf das Leiden verrät sich im Auserwähltheitsglauben und in der Meinung einer eigenen Mission.
Auch der Masochismus eines Volkes zeigt die Bedeutung der Phantasie für seine Triebneigung. Er zeigt freilich auch, daß das verborgene Triebziel in der Vorstellung erreicht wird, daß das Strafbedürfnis nur eine Hürde darstellt, die genommen werden muß, kein Ziel an sich. In den letzten Jahren standen wieder aggressive und brutale Führer von Völkern einer Gruppe von Nationen gegenüber, die den Kulturprozeß nicht in der Form der Eroberung und der Gewalttätigkeit, sondern des ruhigen Wettkampfs durchführen wollten. Auch hier zeigte sich der Charakter des nationalen Masochismus wieder im Nachgeben den brutalen Forderungen des Mächtigen gegenüber, in dem vergeblichen Traum, ihn zu Milde und Versöhnlichkeit umzustimmen und in der Hoffnung und phantasierten Vorwegnahme des Sieges der eigenen Sache. Es mußte zur Katastrophe kommen, weil der sadistische Partner unersättlich in seinen Triebansprüchen war und die Duldsamkeit der Völker ihre Grenze erreicht hatte.
Das Problem, welchen Sinn das menschliche Leiden hat, wurde bisher von der Biologie, von der Religion und von der Moralphilosophie oder der Ethik behandelt. Die Biologie hat dem Schmerz die Funktion des Wächters des Organismus zugeschrieben, die Religion dem Leiden die Aufgabe zugeteilt, die Welt vom Bösen zu erlösen und die Ethik das Leiden als Mittel der Förderung der Persönlichkeit und der Gemeinschaft anerkannt. *Schopenhauer* und *Nietzsche* haben dem Leiden seinen Platz in den von ihnen gebauten philosophischen Systemen eingeräumt, der eine im Sinne der Weltüberwindung, der andere in dem seines heroischen Ideals.

Die psychologische Forschung hat vor *Freud* keine Gelegenheit gesehen, sich mit dem Problem des Leidens auseinanderzusetzen. Mit dem Studium der Neurose wurde die Psychologie vor die Frage gestellt, was Leiden, das mit verborgener Lust verbunden ist, bedeuten sollte. Der Masochismus als sexuelle Perversion erschien als ein rätselhaftes Phänomen, weil das Leiden als Triebziel aufgefaßt wurde. An der Stelle der uralten Frage nach dem Sinn des Leidens erschien jetzt das bisher unbeachtet gebliebene Problem, von welcher Art die Lust am Leiden ist, was seine psychologischen Voraussetzungen und verborgenen Ziele sind. Die Psychologie hat das Problem wieder vom Himmel auf die Erde heruntergebracht, seine Entscheidung von religiösen und metaphysischen Gefilden in das Seelenleben der Menschen verlegt. Der vorliegende Versuch will gewiß nicht beanspruchen, diese psychologische Frage beantwortet, wohl aber, sie der Beantwortung nähergebracht zu haben.

Am Ende von altindischen Schauspielen wurde feierlich gerufen: »Mögen alle irdischen Wesen frei von Schmerzen sein.« Dieser Wunsch entsprang dem Charakter buddhistischer Frömmigkeit. Es ist ein frommer Wunsch auch im anderen Sinne, einer, dem keine Erfüllung beschieden ist. Das Leiden wird als biologische und seelische Notwendigkeit das Leben der Menschen begleiten. Solange aber gelitten wird, wird sich in gewissem wechselndem Ausmaß auch die masochistische Tendenz Geltung verschaffen, die Lust am Leiden, jene Lust, die es als notwendige Durchgangsstation zur Befriedigung wertet.

Die große Kulturwende, die wir erleben und die in Blut und Schmerzen die Ankunft einer neuen sozialen Ordnung anzeigt, wird sich, so hoffen wir, mit dem Leiden, das als notwendiges Übel Leben und Fortschritt begleitet, begnügen. Sie wird das Leiden als seelischen Luxus im Sinne einer psychischen Ökonomie auf das äußerste einschränken und die frei werdenden Kräfte nützlicherer Verwendung zuführen.

In einer Welt zunehmender Gewalt und Unterdrückung kann die Menschheit schwerlich der Standhaftigkeit und moralischen Energie entbehren, die im sozialen Masochismus verschwendet, zerstört und unfruchtbar werden.

28 Nachlese

Es ist an der Zeit, den Ertrag dieser Ernte zu übersehen. Nein, noch nicht. Beim Einsammeln der Garben und Binden der Bündel hat man auf allen Ecken und Enden Halme liegen lassen, die man zusammenraffen und zu einem Nachlesebündel zusammenfassen sollte. Der folgende Nachtrag soll einer solchen Nachlese vergleichbar sein. Er soll zusammenbringen, was beiseite geschoben, vernachlässigt oder übersehen, in den bisherigen Abschnitten keine Aufnahme gefunden hat, obwohl es dorthin gehörte. Bei dieser Zusammenraffung kann von strenger Einhaltung bestimmter Rubriken und Ordnung oder Anordnung des Materials ebensowenig die Rede sein wie bei der Nachlese auf dem Felde. Man nimmt auf und zusammen, was sich findet, so gut oder so schlecht man es kann.

Man tut gut, sich daran zu erinnern, daß das Feld schon vielfach beackert worden ist. Was hier geboten wurde, ist der Ertrag einer neuen Ernte und nur dieser. Anders ausgedrückt: Es wurde absichtlich vernachlässigt oder beiseite gelassen, was im Mittelpunkt bisheriger Forschungen über die Psychologie des Masochismus stand, wenn sich keine Gelegenheit bot, Kritik daran zu üben, die Platz für die neue Auffassung schaffen sollte.

Die Wichtigkeit vieler Momente, wie z. B. der Kastrationsdrohung, der Befriedigung der Homosexualität und des unbewußten Strafbedürfnisses wurde hier nicht noch einmal breit dargestellt, nicht weil ich sie für minder bedeutsam halte, sondern weil ihre Bedeutung schon so oft dargestellt wurde. Sie wurden nicht übersehen. Es wurde nur von ihnen abgesehen. Selbstironisch könnte ich nun fortsetzen: dafür wurden die neuen Forschungen mehrfach wiederholt, von verschiedenen Seiten gezeigt. Ich will diesen Mangel meiner Darstellung frei bekennen. Man wird der Absicht der Verdeutlichung manche Wiederholung dieser Art zugute halten können.

Jetzt ergibt sich eine Gelegenheit, auch auf die alten psychologischen Gesichtspunkte zurückzukommen. Sie erscheinen jetzt in dieser Auffassung verändert, da sie in neue Umgebung eingereiht sind und ihren psychologischen Ort gewechselt haben. Vielleicht ist es am besten, beim Motiv des unbewußten Schuldgefühls zu beginnen. Es könnte scheinen, als wäre die Bedeutung dieses Moments im vorangehenden Abschnitt nicht zu ihrem vollen Recht gekommen. Der Anschein wird indessen dadurch erweckt, daß ich, wo immer dies möglich war, statt Schuldgefühl die Bezeichnung soziale Angst gesetzt habe, übrigens durchaus im Sinne *Freuds*.

Was sich an sogenannten höheren oder moralischen Werten an diesen Kern angereiht hat wie etwa Verantwortung vor dem eigenen Gewissen ist viel späteren Datums und kann größtenteils auf diesen Ursprung zurückgeführt werden. Die Bevorzugung der Bezeichnung soziale Angst in dieser Untersuchung kann ich begründen. So blieb der psychologische Zusammenhang des Schuldgefühls mit der ihm vorangehenden primitiveren Strafangst gewahrt. Ich hoffe, daß dem Leser deutlich wurde, daß die soziale Angst eine Fortsetzung dieser elementaren Angst vor der Strafe, die zuerst von einer bestimmten Person, Vater, Mutter oder Erzieher drohte, gleichkommt.

Erkenne ich so die Bedeutung des Schuldgefühls für die Entstehung des Masochismus an, so ergibt sich daraus von selbst, daß ich es auch für eines der stärksten Momente halte, welche sich dem Aufgeben dieser Triebrichtung widersetzen. Die andere bindende Kraft wird natürlich durch die besondere masochistische Lustqualität gestellt. Der Zement, der den Bau zusammenhält, ist so in der Hauptsache ein Gebräu aus diesen beiden Elementen. Wenn sich der Masochismus konstituiert hat, wird kein Schuldgefühl oder keine soziale Angst mehr sichtbar erscheinen. An ihre Stelle ist das Leiden oder die Strafe selbst getreten. Wer hart gestraft wird oder sehr leiden muß, braucht sich nicht mehr schuldig zu fühlen. Er bezahlt ja bar, was er verzehrt hat.

Der Masochist bekommt, wonach er verlangt – das steht außer Frage. Die Frage stellt sich jedoch: Verlangt er nach Leiden, Schmerz, Unlust? Zweifellos! Man denke nur an den Perversen, der selbst anordnet, daß man ihn schlägt, fesselt, quält. Warum verlangt er danach? Um sein Schuldgefühl zu befriedigen ist die Antwort der Psychoanalyse – und so ist es. Aber das ist nur die halbe Wahrheit und nicht einmal das*.

Es stimmt nicht, daß der Masochist nur seine Schuldgefühle befriedigen will, so wenig es stimmt, daß er aus Leiden Lust gewinnt. Er freut sich über dieselben Dinge wie wir alle, aber er kann es nicht, ohne erst gelitten zu haben. Das Verlangen

* *Freud* selbst war sich der Natur des Schuldgefühls ungewiß wie die meisten seiner Nachfolger. Ich zitiere hier einen Brief, den er am 26. Februar 1928 an mich schrieb: »Mir scheint, daß nichts an der Diskussion über das unbewußte Schuldgefühl dazu beigetragen hat, das tiefe Dunkel zu lichten, das diesen Gegenstand umhüllt. Sie hat lediglich die Schwierigkeiten vergrößert.«

nach Befriedigung des Schuldgefühls erklärt die Notwendigkeit dieses Leidens, aber liefert keine Erklärung für das, was folgt: die Befriedigung sexueller, ehrgeiziger, rachedürstiger und aggressiver Wünsche.

Die Strafe ist nicht das Objekt der Befriedigung, sie verschleiert sie nur. Die soziale Angst verflüchtigt sich zusehends durch die Strafe, und das Vergnügen tritt in den Vordergrund. Letztlich besteht zwischen dem Leiden und der Freude eine funktionale Beziehung der Art, daß die sexuelle Erregung bei zunehmender Strafe erhöht wird und jede Abschwächung des Leidens zu einer Abnahme der Lust führt. Aber all das berührt die Gültigkeit meiner These nicht, daß das Leiden nur die Hürde ist, die genommen werden muß, und daß der Triebwunsch das eigentliche Ziel ist.

Den Beweis dafür liefert die sich ändernde Qualität des Suspensegefühls. Ursprünglich ist es eine Art Gefühl, das sich zwischen Angst und Lust bewegt. Bei zunehmender Entwicklung des Masochismus tendiert es mehr und mehr vom Traurigen zum Entzücken, vom Zögern zu lustvoller Erwartung, bis es im triumphierendsten Gefühl des Fließens endet. Vorgewarnt durch das Suspense und gewappnet durch das selbst auferlegte Leiden erreicht der Masochist letzten Endes sein Triebziel.

Mit dem Übergang vom Schuldgefühl zum Leiden aber habe ich die Frage des unbewußten Strafbedürfnisses berührt. Hier sind einige kritische und aufklärende Bemerkungen dringend nötig. In klinischen Darstellungen und theoretischen Arbeiten der neueren Zeit ist es üblich geworden, statt des Begriffs Schuldgefühl den des »unbewußten Strafbedürfnisses« zu gebrauchen. Das Strafbedürfnis wird so oft als das wichtigste Moment im Aufbau der masochistischen Triebabweichung bezeichnet. Ich halte dies für ein grobes Mißverständnis, dessen Bedeutung sich nicht in einer falschen Terminologie erschöpft, sondern die schlaglichtartig zeigt, wie wenig wir noch vom Masochismus verstanden haben – und wie wenig vom Strafbedürfnis.

Dieses von *Freud* entdeckte seelische Bedürfnis ist imstande, ein großes Stück der Neurosenpsychologie aufzuhellen. Für das Verständnis des Masochismus leitet er nicht nur nichts, sondern seine Einführung in die Diskussion erweist sich als störend und irreführend. Wenn ich beim Eintreten in mein Zimmer auf ein Möbelstück stoße, das gewöhnlich in einem anderen Raum steht und nicht hierher gehört, frage ich: Wieso ist es eigentlich hierher gekommen? Ich erfahre, daß es aus Versehen aus einem anderen Zimmer in dieses gebracht wurde, entferne es wieder und stelle es auf seinen Platz. Das ist genau das, was ich nun zu tun beabsichtige, wenn ich die Einführung des Strafbedürfnisses in die Psychologie des Masochismus erörtere. Dabei kommt es mir nicht darauf an, eine Gelegenheit zur Kritik analytischen Mißverständnisses oder Mangels an Verständnis als solche zu benützen. Die Kritik gibt umgekehrte Gelegenheit, einen konstruktiven Beitrag zu liefern.

Was ist das Strafbedürfnis und wie entsteht es? Es ist gewiß keine elementare oder primäre psychische Bildung. Es muß sich aus Erwartung der Strafe oder Angst vor ihr entwickelt haben. Wie aber? Die psychologische Aufklärung, die sich mir aus dem Studium der hierher gehörigen Erscheinungen ergeben hat, ist ebenso einfach wie überraschend. Die Erwartung der Strafe und der Angst vor ihr bringen eine bestimmte Spannung für das Ich mit sich. Die Anspannung steigert sich, wenn die Strafe ausbleibt, da ihre Vorstellung lebhafter wird, das will sagen, da ihre Ausführung in der Phantasie vorweggenommen wird. Die Schwierigkeit, die Angststeigerung zu ertragen, äußert sich in dem Wunsch, die gefürchtete Strafe solle schon kommen, schon da sein. Die

Wirklichkeit kann nicht so schlimm sein wie ihre Ausmalung in der Phantasie. »Suspense is worse than reality.«
Der Wunsch, die Strafe solle schon da sein, ist der erste Ausdruck des werdenden Strafbedürfnisses. Das Ziel dieses dunklen Strebens kann nur die Durchführung der Strafe sein, der bevorzugte Mechanismus, um sie zu erreichen, die Flucht nach vorn. Man sieht, hier drängen sich Ausdrücke auf, die wir immer wieder in der Psychologie masochistischer Phänomene gebraucht haben: eine sich steigernde Angstspannung, die Intoleranz gegen sie, die Vorwegnahme der Strafe in der Phantasie, das Suspense, die Flucht nach vorn. Eine Strebung aber, die sonst Unlustvolles zum Triebziel hat, nennen wir masochistisch. Die Verwandlung von Strafangst in Strafwunsch gibt die Stelle an, an welcher sich dieser Übergang ereignet. Anders ausgedrückt: das Strafbedürfnis ist eine masochistische Bildung.
Diese psychogenetische Ableitung des Strafbedürfnisses bestimmt seinen Charakter. Es ist masochistisch gewordene Strafangst. Der Versuch, den Masochismus aus dem Strafbedürfnis zu erklären, hat etwa soviel Sinn wie wenn jemand sagt: Ein Feuer entsteht, wenn man einen brennenden Gegenstand in eine Flamme wirft.
Welche Beziehung besteht zwischen Strafbedürfnis und Schuldgefühl? Die Steigerung der sozialen Angst – denn das ist Schuldgefühl – führt, wenn das Ich intolerant gegen diesen psychischen Druck wird, zur Entwicklung jenes dunklen Strebens, das wir Strafbedürfnis nennen. Das Strafbedürfnis ist ja schon selbst Ausdruck einer masochistischen Triebneigung. Es kann zur Erklärung des Masochismus nicht herangezogen werden, sondern eher der Masochismus zur Erklärung des Strafbedürfnisses.
Hier sollte nicht die Natur des Strafbedürfnisses dargestellt, nur seine Ableitung skizziert werden. Einige seiner Züge ver-

dienen gerade wegen ihrer Beziehung zu unserem Thema eine nähere Betrachtung. Dem Wortsinn nach ist Strafbedürfnis eine Strebung, welche dahin zielt, für ein Vergehen bestraft zu werden. Wenn die Bestrafung nicht erfolgt, wird ein Drängen nach ihr empfunden, wird sie provoziert. Das kann gewiß auf masochistische Art geschehen, z. B. beim Verbrecher, indem er sich dem Gericht stellt. Das Strafbedürfnis kann sich aber auch anzeigen, indem die Person wieder etwas begeht, das Strafe nach sich zieht. Im Falle des Neurotikers und des masochistischen Charakters ist ein solches Vergehen eine Wiederholung oder ein Ersatz desjenigen, weswegen die Person bestraft zu werden wünscht, der Durchsetzung eines verbotenen Triebwunsches. Die seelische Spannung, die das Strafbedürfnis setzt, ist dann durch die Strafe herabgesetzt. Nun ist das Vergehen, welches das Strafbedürfnis auslöste, nur in der Phantasie begangen. Der Spruch »Nulla poena sine crimine« ist richtig, aber er muß für die Psychologie des Neurotikers und des masochistischen Charakters auf Gedankenvergehen, auf vorgestellte Verbrechen ausgedehnt werden.

Wenn das Strafbedürfnis besonders stark geworden ist, wird die Person manchmal dazu getrieben, ein wirkliches, das will sagen, materielles Vergehen zu begehen. Das sind jene Fälle, welche *Freud* in seinen Ausführungen über ein unbewußtes Schuldgefühl, das präexistent ist, behandelt hat. Das Strafbedürfnis provoziert hier also die Bestrafung, indem es zugleich seine Berechtigung und seine Motive anzeigt. Es weist auf das Vergehen hin, das Strafe verlangt, auf die elementarste Art: indem die Person es begeht. Es wäre freilich richtiger zu sagen: indem sie ein Ersatzvergehen begeht. Wir erkennen hier, wie sich das Strafbedürfnis mit den Phänomenen des Masochismus berührt, wenn wir uns des provokativen Zuges, den wir psychologisch gewürdigt haben, erinnern.

Der zweite Zug ist vielleicht noch auffälliger und für den seelischen Zusammenhang mit dem Masochismus wichtiger. Die Bestrafung wird unbewußt als Befriedigung gefühlt, sie sättigt das Strafbedürfnis. Der Vollzug der Strafe aber ist die Wiederholung des Verbrechens am Leibe des Verbrechers. Wir verbinden diese Vorstellung mit dem Begriff des Talionsprinzips. Ist das aber nicht auch im Wesen des Masochismus so, wird dort nicht das der Person angetan, was sie selbst dem anderen antun wollte? Man erkennt hier nicht nur die Bedeutung der Strafe für den Masochismus, sondern umgekehrt die Bedeutung des Masochismus für die Strafe.

Nur ein Schritt weiter führt zu einer weiten Aussicht auf ein bisher nicht gesehenes Gefilde. Das eigene Studium kriminalpsychologischer Probleme (»Der unbekannte Mörder«, 1933) führte zu einer befremdenden Schlußfolgerung. Ich konnte zeigen, daß die Maßnahmen, welche Bestrafungs- und Sühnecharakter haben, zugleich eine phantasierte oder symbolisch angedeutete Wiederholung der verbrecherischen Tat darstellen. Von primitiven Bestrafungen über die Ordeale des Mittelalters bis zur Reproduktion des Verbrechers im Wort während des Verhörs und der Untersuchung ist dieser Zug durchgängig. Es gibt keine Sühne für eine verbrecherische Tat ohne ihre vorgestellte oder symbolische Wiederholung. Mit anderen Worten: Die Strafmaßregeln bringen mit negativem Vorzeichen, aber unbewußt doch positiv, die Befriedigung an der Tat, die Lust, die mit ihrer Ausführung verbunden war, wieder. Die Strafe gibt sozusagen wieder die Erlaubnis zum verbotenen Tun, läßt einen neuen Reiz dazu entstehen. Die Strafe dient der seelischen Bewältigung des Verbrechens, sie bringt aber zugleich etwas von der Befriedigung, die in seiner Ausführung liegt, zurück. Hier, in der geheimen Wiederkehr der Befriedigung, zeigt sich die psychologische Gefährlichkeit des Strafbedürfnisses. Es kann so in bestimmten Fällen zu einem Kreislauf kommen, der zwischen phantasiertem Vergehen, Strafbedürfnis, materiellen Vergehen und neuem Strafbedürfnis beschlossen ist.

Es ist dasselbe Eindringen der Lust in die Strafe, die wir in den Endphasen des Masochismus erkannt haben. Während der Leib die Peitsche schmerzhaft spürt, ist die Phantasie schon bei der lustvollsten Vorstellung angelangt. Die Strafaussicht hat die Lust nicht gedämpft, sondern ist selbst zu einem Reiz geworden.

Die Abschwächung des Strafbedürfnisses bedeutet also, daß die Versuchung, ein verbotenes Tun zu begehen, geringer geworden ist. Das klingt freilich paradox, läßt sich aber psychologisch rechtfertigen. Jede tiefe Reue, jedes lastende Schuldgefühl bringt die Reproduktion des Verbrechens mit allen seinen Schrecken, aber auch mit seiner verborgenen Lust in der Phantasie zurück. Mit der Wiederholung der verbotenen Tat in der Phantasie setzt eine neue verborgene Erregung ein. Eine große Reue, ein schweres Schuldgefühl können so wieder Zugänge zu neuen Vergehen, zu Umwegen zu dem Punkt, den man fliehen wollte, werden. Daß man vom Schuldgefühl und vom erfüllten Strafbedürfnis wieder zur Lust gelangen kann, das zu begehen, weswegen man sich schuldig fühlt, wer hätte das gedacht? Diese tiefenpsychologische Einsicht blieb den Psychologen verschlossen, als die religiöse Gewissensforschung sie längst vorweggenommen hatte. Der heilige Augustinus und die Patres, die sich mit der Kasuistik beschäftigten, hatten sie nur in theologischem Jargon ausgesprochen. Ein chassidischer Rabbi verkündete lange Zeit vor der Analyse: »Wieso weiß der Mensch, daß ihm eine Sünde vergeben ist? Indem er nicht mehr die Versuchung fühlt, sie zu begehen.«

Das unbewußte Strafbedürfnis ist, sagte ich, die gesteigerte soziale Angst, die masochistisch geworden ist, das Schuldgefühl in masochistischer Umformung. Als Vertretung masochistischen Fühlens erscheint es in einer befremdenden Erscheinung, welche die Wiederherstellung neurotisch Erkrankter erheblich verzögern oder sogar verhindern kann. Ich meine die negative therapeutische Reaktion. Wir sind von *Freud* auf dieses Phänomen hingewiesen worden. Er hat es beschrieben als jene Reaktion, die sich in der Analyse vieler Neurotiker einstellt, wenn man ein Recht hätte, zu erwarten, daß der Patient durch die Einwirkung der Analyse bedeutend gefördert und gebessert wurde. Gerade dann stellt sich in diesen Fällen ein Rückschlag, eine Verschlechterung ein. *Freud* hat uns darauf hingewiesen, daß diese negative therapeutische Reaktion eben Ausdruck des unbewußten Schuldgefühls sei etwa in dem Sinne: Ich verdiene nicht, daß es mir besser geht oder ich bin ein so schlechter Mensch, daß es mir nicht gestattet ist, mich besser zu fühlen. Man kann hier ein trotziges Schuldgefühl zum Ausdruck kommen sehen.

Der Hinweis auf die negative therapeutische Reaktion wird nun in der analytischen Literatur so oft wiederholt, daß der leise Verdacht aufsteigt, daß das Wesen dieser Reaktion noch nicht verstanden wurde. Oder ist an diesem Eindruck nur der Mißbrauch der analytischen Terminologie, der zur Umwelt schreit, schuld? Es ist vielleicht wirklich einer der Fälle, in denen man ein Fachwort einschiebt, wenn ein Begriff oder vielmehr ein Begreifen fehlt? Man wird durch solche leidenschaftliche Vorliebe für analytische Fachwörter an das Verhalten des Münchener Komikers *Karl Valentin* erinnert, der mit einer Brille ohne Gläser auf der Bühne erschien. Deswegen zur Rede gestellt, antwortete er: »Immer besser noch als wie gar nix.« Es scheint oft wirklich, als wolle man eine solche Logik auf dem Gebiete psychologischer Forschung ernst nehmen. Dort aber ist »gar nix« noch immer besser als ein leeres Brillengestell aus Fachwörtern, durch das man nicht besser und nichts Neues sieht.

Zunächst gilt es, jene merkwürdige Reaktion psychologisch besser zu verstehen. Man fühlt sich zuerst versucht, ein solches negatives Verhalten zu kritisieren etwa in dem Sinne: Es ist doch unsinnig und unrecht, so an dem festzuhalten, was den Patienten leiden macht, und sich dagegen zu sträuben, was ihm neue Lebensfreude und -genuß bringen kann. Wenn man etwas nicht versteht, schlägt ja unsere Verwunderung leicht in Kritik um. Überblickt man aber die Entwicklung einer solchen Reaktion, muß man oft gestehen: der Patient hat recht damit, so unrecht zu haben. Ihm das Unrichtige seines Verhaltens vorzustellen hat etwa so viel Sinn, als jemandem vorzuhalten, es sei unrichtig und unrecht, masochistisch zu fühlen. Wie anders denn als ein masochistisches Verhalten soll man es nennen, wenn jemand an dem festhält, was ihm Leiden bringt, und das zurückweist, was ihm gut tut? Mit dieser Kennzeichnung aber haben wir den wesentlichen Gesichtspunkt der Beurteilung des Phänomens gewonnen. Die negative therapeutische Reaktion ist einer der vielen Ausdrücke der in der Neurose wirksamen masochistischen Triebneigung.

Der *Freud*sche Hinweis auf das Schuldgefühl, das sich der Besserung oder Genesung hindernd in den Weg stellt, ist gewiß wertvoll. Er zeigt aber nur die allgemeine Richtung an, nicht den besonderen Weg. Die Verteidigung der Krankheitsgewinne, der unterirdische Trotz und andere seelische Faktoren sind natürlich neben dem unbewußten Schuldgefühl an diesem merkwürdigen Verhalten mitbeteiligt, aber sie bestimmen es noch nicht. In erster Linie ist die negative therapeutische Reaktion eine Verhaltensweise, welche die Entwicklung von sozialer Angst vermeiden soll. Die Analyse hat die Hemmungen erschüttert, welche der Patient gegen seine aggressiven und sexuellen Regungen aufgerichtet hat, weil er sich vor ihrem Durchbrechen und den Folgen, welche sie haben könnten, fürchtete. Diese abgewehrten oder verdrängten Regungen gewinnen gerade, weil sie unbewußt sind, den Anschein besonderer Gefährlichkeit, und das erklärt die übergroße Angst.

Der Patient hat sich vor ihrem Wiederauftauchen durch die Neurose geschützt wie jemand, der sich für gemeingefährlich hält und sich in einem Gefängnis davor sicher fühlt, daß er niemandem schaden kann. Und doch erscheinen diese Regungen nur in der Phantasie so gefährlich; bewußt geworden, ausgesprochen und in den seelischen Zusammenhang gebracht, sind sie harmlos. Der Patient brauchte sich vor ihrer Stärke nicht zu fürchten, er überschätzt ihre Kraft, weil er die Macht der eigenen Gedanken zu hoch einschätzt. Der Analytiker handelt in dieser Situation wie jemand, der einem Belagerten zuredet, die Festungsmauern niederzureißen, die ihn bisher einengten, aber auch beschützten. Wenn der Belagerte an eine solche Möglichkeit denkt, setzt er sich einem Angstanfall aus. Er sieht sich als Beute wilder Triebregungen, die ihn und andere ins Verderben stürzen könnten, so wenig Vertrauen hat er zu seinem Ich. Das Ausmaß der negativen therapeutischen Reaktion gibt also den Grad der Angst an, die der Patient fühlt, wenn er die Neurose aufgeben soll.

Ich will einen Vergleich gebrauchen. Nehmen wir an, ein Mann habe Anlaß, sich vor einer Gangsterbande zu fürchten. Um sich vor ihr zu schützen, gestehe er ein Verbrechen ein, das er nicht begangen hatte, aber begehen wollte, und lasse sich zu einer Gefängnisstrafe verurteilen. Er ist nun zwar gefangen, aber auch vor den gefürchteten Feinden geschützt. Ein Advokat hat inzwischen beim Gericht ein Revisionsverfahren eingereicht, das die Unschuld des Delinquenten klarstellen und seine Freilassung bewerkstelligen soll. Zu seinem Erstaunen widersetzt sich der Gefangene mit äußerster Energie plötzlich jenem Verfahren. Je größer die Aussichten auf Freisprechung werden, um so entschiedener sträubt sich der Häftling gegen die Anstrengungen des Anwalts. Da er Angst hat, beim Verlassen des Gefängnisses jener Gangsterbande wehrlos ausgeliefert zu sein, sucht er die Bemühungen des Anwalts zu seinen Gunsten zu vereiteln. Er meint, die Entschlossenheit und Gefährlichkeit seiner Gegner aus der Unterwelt besser beurteilen zu können als der Anwalt. Solange er keinen besseren Schutz hat wie den der Polizei, die gerade in dieser Stadt manchmal mit den Gangstern heimlich zusammenarbeitet, zieht er die Sicherheit eines Lebens im Gefängnis den zweifelhaften Vorteilen einer bedrohten Freiheit vor. Je mehr seine Chancen steigen, um so mehr besteht er auf seinem Recht, gefangen zu bleiben. Dieser Gefangene handelt also so unsinnig und doch so vernünftig wie der Patient in der negativen Reaktion. Ein solcher Vergleich mag die Situation einigermaßen verdeutlichen, er leidet aber unter der Differenz, daß die Feinde im Falle der Neurose nicht von außen, sondern von innen zu fürchten sind: die eigene Aggression und die machthungrigen, selbstsüchtigen Regungen.

Die negative therapeutische Reaktion hat ihren guten Sinn. Nicht nur den, den *Freud* ihr zuschrieb, sondern den weit bedeutsameren, den des Schutzes gegen das Bewußt- und Übermächtigwerden des Schuldgefühls im Ich. Diese negative Reaktion dient also der Angstvermeidung, sichert das Ich vor der Gefahr, das Opfer einer plötzlichen und starken Angst zu werden. Angesichts dieser phantasierten Gefahr ist es psychologisch wohl berechtigt, wenn die Verteidigung um so energischer wird, je stärker die Versuchung gefühlt wird, die sichere Position der Neurose zu verlassen. Dort muß sich der Patient freilich Unlust aus Symptom und Handlung gefallen lassen, Opfer und Einschränkungen der Persönlichkeit ertragen, aber er nimmt sein Leiden auf sich, weil es ihn vor dem Angsteinbruch schützt. Ja er ist bereit, noch mehr zu leiden – die negative Reaktion bezeugt dies ja –, wenn er nur nicht in die Situation entlassen wird, die ihn schutzlos großer Angst ausliefert.

Die Reaktion hat also den Charakter eines Angstschutzes, deren Verstärkung durch eine aktuelle Gefahr bedingt ist. Sie ist so der Mobilisierung der Armee eines Landes zu vergleichen, dessen Grenze durch einen Feind bedroht wird. Das in der Neurose befriedigte Strafbedürfnis bietet einen solchen Schutz. Sobald es erschüttert wird wie z. B. in der Analyse, wird eine neue Truppe zur Verteidigung an die gefährdetsten Stellen geworfen.

Der Schutz gegen die Angst allein kann indessen nicht der Sinn der negativen Reaktion sein oder vielmehr, es muß der abgeleitete, sekundäre Sinn sein. Ihr erster ergibt sich aus der Überlegung, daß die soziale Angst oder das Schuldgefühl sich beim Auftauchen aggressiver oder grausamer Triebregungen einstellt. Die Analyse läßt diese abgewehrten Triebregungen aus der Versenkung wieder auftauchen, verschafft ihnen einen Zugang ins Bewußtsein und eine Äußerungsmöglichkeit und daraus entsteht erst die Angst. Sie entspricht also der Angst, welche etwa Besucher eines zoologischen Gartens fühlen würden, die plötzlich zu sehen glauben, daß die Tür des Tigerkäfigs sich öffnet und die Bestien herausspringen könnten. Die negative Reaktion würde so einer Flucht vor dieser Angst entsprechen – einer überflüssigen freilich, denn die Tür des Käfigs ist gut gesichert und was die Besucher gesehen haben, waren nicht Tiger, sondern große, aber harmlose Hauskatzen, ferne Verwandte jener Tigerkatzen, die in der Dunkelheit leicht verwechselt werden konnten.

In den Symptomen und Hemmungen der Neurose finden jene abgewehrten Triebregungen freilich ein Stück heimlicher Befriedigung, aber dieses ist mit einem hohen Preis, eben dem Leiden, bezahlt. Im Charakter jener negativen Reaktion kommt auch ein weiteres Stück der abgewehrten Regungen zum Vorschein. Trotz, Hohn, Grausamkeit und Aggression gegen den Analytiker werden hier im Dienst der Verteidigung und Festhaltung der Neurose auf der Bildfläche erscheinen – kleine Muster dessen, was man auf Lager hat.

Ja der Trotz kann sich in bittere Feindseligkeit gegen den Analytiker, der doch helfen will, verwandeln. Im Sinne des Masochismus gesprochen: gerade weil er helfen will, weil es ihm gelingt, die Krankheit aufzulockern, weil er Befreiung verspricht. Man wird durch sein Verhalten an das Märchen in 1001 Nacht erinnert, in dem ein armer Fischer in seinem Netz eine große Flasche findet, die er öffnet und aus der ein riesiger Geist emporsteigt. Er erklärt dem erschreckten Fischer, daß er von Salomo zur Strafe für seine Widersetzlichkeit in dieses Gefängnis gesperrt wurde. Nachdem er zweihundert Jahre darin geschmachtet hatte, beschloß er, den reich zu machen, der die Flasche finden und öffnen würde. Es kam niemand und nach wieder zweihundert Jahren gelobte er, seinem Befreier alle Schätze der Welt zu geben, aber niemand fand die Flasche. Da schwur er, daß, wer ihn jetzt befreien würde, des Todes sterben solle und das ist das Los, das den armen Fischer erwartet. Der Analytiker, der die Aggression des Kranken auf sich gezogen hat, ist annähernd in der gleichen Situation.

Es kann kein Zweifel daran sein: die negative Reaktion ist eine besondere Äußerungsform des masochistischen Verhaltens. Sie steigert ja das Leiden, wenn man den Patienten davon befreien will, und verteidigt es wie einen teuren Besitz, den man um so stärker festhält, je größer die Gefahr der Beraubung wird. Diese Verwandtschaft verrät sich nicht nur im Inhalt, sondern auch in der Form. Wenn man die Rolle der Angst vor der Strafe und dem Zurückweichen des Ichs würdigt, erkennt man, daß diese Reaktion dem Mechanismus der Flucht nach vorn folgt. Sie zieht das Leiden der Angst vor, flüchtet vor der Aussicht, erhöhte Angstspannungen zu ertragen, in die Unlust.

Überblickt der Analytiker die seelische Situation in der negativen therapeutischen Reaktion so wie ein Feldherr von einem Hügel den Verlauf einer Schlacht, so erhält er einen besonderen Eindruck. Diese Reaktion ist, was man auch sage, ein Zeichen dafür, daß die Festigkeit des neurotischen Gebäudes erschüttert ist. Der Gegner verstärkt nur jene Truppenabschnitte, die gefährdet sind. Der Aufforderung, sich der Angst auszusetzen, damit er von der neurotischen Unlust frei werde, begegnet der Patient mit einer Abwehr. Er gibt sich tiefer dem Leiden hin, da er fürchtet, mit seinem Aufgeben mehr Angst ertragen zu müssen. Das aber zeigt, daß die Analyse wirksam war. Die erhöhte Verteidigung erweist die Verwundbarkeit, die Stärke der Reaktion, die Erschütterung der neurotischen Stellungen. Auch dort, wo die Analyse ihr therapeutisches Ziel nicht erreicht, ist diese Einschätzung zutreffend. Sie hat die Position aufgelockert und das Einsetzen von Reserven, das Abziehen von Truppen von anderen Abschnitten nötig gemacht. In diesem Sinn ist also die negative therapeutische Reaktion, so sonderbar dies klingen mag, eine positive.

Als eine abgeschwächtere Form eines solchen negativen und zugleich positiven Verhaltens ergibt sich der masochistische Impaß, die Sackgassensituation. W. *Reich* hat diese Lage nicht unpassend als »masochistischen Sumpf« bezeichnet. Es ist dies eine seelische Situation, in welcher der masochistische Charakter sich sozusagen weder nach vorwärts noch nach rückwärts bewegen kann. Auf der einen Seite bedroht durch die Angst, die der Triebäußerung folgt, auf der anderen von der Lust gebannt, die mit Unlust bezahlt und sich ihr vermählt hat, ist der masochistische Charakter zur Bewegungslosigkeit, zum Verharren gezwungen. Die Leidenssymptome werden so oft festgehalten, obwohl sich ihr seelischer Inhalt lange erschöpft hat. Sie sind leeren Hülsen vergleichbar, die aufbewahrt werden, obwohl sie keinen Wert haben. Der masochistische Impaß ist sozusagen die alte Suspensesituation in veränderter Form, die oft in der analytischen Behandlung von Masochisten zu beobachten ist. Manche Patienten haben zumindest die Absicht, aus dieser Sackgasse herauszukommen. Einer der Patienten beschloß z. B. jede Woche, »am nächsten Montag ein neues Leben zu beginnen«. Bewußte Anstrengungen wurden jedoch nicht unternommen. Es ist, wie wenn man im Treibsand steckt und durch jede Anstrengung nur tiefer sinkt. In manchen Fällen mutet es dann wie ein Gnadenakt an, wenn sich aus einer solchen masochistischen Sackgasse ein unerwarteter Ausweg öffnet. Es hat aber nicht die Wirkung einer Gratia inconveniens, sondern ist ein Zuwachs von innerer Aufrichtigkeit und Mut, der zu solch plötzlichem Freiwerden verhilft. Die masochistische Sackgasse macht sozusagen die Suspensesituation zu einer dauerhaften, verleiht ihr den Charakter einer Institution, die sich im Leben des Masochisten einen Platz gesichert hat. Der masochistische Charakter zeigt einen merkwürdigen Mangel an Mitleid sich selbst gegenüber, in der sich die Tiefe seines Gewissens widerspiegelt. Nach meiner Erfahrung ist das manchmal in der Analyse auftretende Selbstmitleid schon ein Zeichen inneren Wandels. Das Gebäude des Masochismus beginnt zu wackeln.

Unterirdische Fäden verknüpfen diese Erscheinungen mit der Steigerung der Unlust oder des Leidens, die man im Masochismus gut beobachten kann. Diese Steigerung ist nicht auf den sexuellen Masochismus beschränkt, wo immer empfindlichere Mißhandlung und größere Unlust begehrt wird, bis es zu einer Art Orgie kommt. Auch beim sozialen Charakter ist ein Bedürfnis nach Steigerung des Versagens, eine Lust am gehäuften eigenen Unglück oder nach größeren Opfern erkennbar. Soweit ich mit der psychologischen Literatur vertraut bin, hat nur *K. Horney* auf diese masochistische Orgie hingewiesen, wobei sie allerdings ihrer Beschreibung eine völlig ungenügende psychologische Erklärung hinzufügte.

Am deutlichsten wird die Erscheinung im perversen Masochismus, wo immer schärfere Unlustreize begehrt, größere Schmerzen oder Beschämungen gewünscht werden, bis sich auf einem bestimmten Punkt der Orgasmus einstellt. Mit der Häufung und Steigerung der Unlust kommt es zu einem masochistischen Taumel, zum schmerzlichsten Genuß. Die Erscheinung bleibt unverständlich, wenn man annimmt, daß für den Masochisten Unlust oder Beschämung von vornherein Lust ist. Sie wird erklärbar, wenn man von unserer Annahme ausgeht, daß dies erst die Endphase des Masochismus ist. Auf die Versuchung, sich mit einem gewissen Ausmaß von Leid als vorausgeschickter Bestrafung zufrieden zu geben, reagiert das Ich wie in der negativen Reaktion mit Angst. Diese Angst wird durch weiteres Leiden, durch größere Unlust abgewehrt. Es bildet sich der oft erwähnte Kreislauf, in welchem dem Suspensegefühl eine so bedeutsame Rolle zufällt.

Mit dem Leiden steigert sich die sexuelle Erregung, schon nähert sie sich dem Höhepunkt. Jetzt aber tritt das Suspense in seine Rechte. Es ist, wie wenn sich der Masochist fragte: darf ich schon der Lust nachgeben? Nein, noch nicht, es muß noch mehr gelitten werden. Noch ist die Angst so nahe, die Angst vor der Strafe. Die verstärkte Unlust läßt den Höhepunkt der sexuellen Erregung wieder annähern. Wieder aber wird dadurch auch die Angst nähergebracht, die mit der Befriedigung droht. Wieder wird sie durch neue Unlust und stärkeres Leiden gebannt, bis schließlich der Kelch voll ist und sich der Masochist eine starke, ja berauschende Orgasmusempfindung gestatten kann. So fällt der Höhepunkt des Leidens mit dem der Befriedigung zusammen, die Angstbewältigung mit der Lösung der sexuellen Spannung. Die Annäherung an das Lustziel und an die Angst, wie wir sie im Suspense beschrieben haben, ist einer Pendelbewegung vergleichbar.

Es ist nicht nur die Ausschließung der Angst, die eine solche Steigerung der Unlust nötig macht, es ist auch der stärker werdende Trotz, die verborgene Rebellion und Verhöhnung, die sich in solcher Hartnäckigkeit ausdrückt. Man könnte sich getrauen, das seelisch Wesentliche der Situation aus dem Unbewußten, also Stummen, in die Wortsprache zu übersetzen, wenn man sich einen Dialog vorstellt, der etwa zwischen einem erzürnten Vater und einem schlimmen Kind geführt wird und das Gespräch nach dem ersten Schlag einsetzen läßt: »Willst du jetzt folgen und mit dem Unfug aufhören?« Antwort: »Nein«. Gehäufte Schläge: »Aber jetzt?« »Nein«. Weitere und empfindliche Schläge: »Jetzt aber?« »Nein, nein« und so geht es weiter, bis bei höchster Unlust die verbotene Handlung ausgeführt wird, sich die Befriedigung im Sinne von: »Und jetzt erst recht nicht« ergibt.

Die Angstabwehr ist also nur eine Seite des Phänomens, die andere ist wirklich der erhöhte Lustgewinn aus dem verstärkten Leiden. Dieser Gewinn aber ist durch die Durchsetzung des eigenen Willens, der trotzigen Erfüllung der eigenen Triebwünsche gegeben. Die Stärke des Trotzes, das Durchhalten gegen jede Einschüchterung, Drohung und Bestrafung wird sich gerade in dem Wunsch nach gehäuftem Leid ausdrücken. Hier ist kein kleinlicher Trotz gegen den Analytiker mehr zu spüren, wie sich ihn *W. Reich* vorgestellt hat, keine Erbitterung für den analytischen Hausgebrauch, sondern etwas von der Empörung des angeschmiedeten Prometheus gegen die Götter. Es weht hier ein Hauch vom rebellischen Geist Luzifers, den Jahwe in die Dunkelheit verbannt hat.

Wir müssen dem Masochisten glauben, daß seine Lust von besonderer Art ist, da sie jede Spur von Schuldgefühl auslöscht, soviel Quellen der Triebbefriedigung vereinigt und in so starkem Gegensatz zu dem vorausgehenden Gipfel des Leidens steht, mit dem sie fest zusammenfällt. Einige werden den Masochismus als eine Art epikuräischen Hedonismus ansehen, aber er kann viel mehr als das bedeuten.

Der revolutionäre Drang, der sich so paradox in der Darstellung durch das Gegenteil äußert, im Wunsch nach schmerzlicherem Leiden, tieferer Entwürdigung ist noch dann da, wenn er sich religiös verkleidet. Die Osmose von Lust und Leid, Endstadium und Gipfel des masochistischen Fühlens, wird dort, wo sie zur religiösen Ekstase wird, in ihrer sexuellen und rebellischen paradoxen Triebkraft erst recht deutlich. Keinem Psychologen und keinem Psychoanalytiker ist es gelungen, eine Beschreibung der besonderen Qualität des masochistischen Erlebens zu geben, die sich auch nur annähernd den Darstellungen der Ekstasen mittelalterlicher Asketen und Heiligen vergleichen läßt.

Der beschämende Ausdrucks- und Phantasiemangel der wissenschaftlichen Psychologie wird so recht deutlich, wenn man ihre Zeugnisse mit denen dieser ungelehrten Geister vergleicht, wobei ich ganz davon absehe, daß ihre psychologische Einsicht die der gelehrten Herren weit übertrifft. Die Werke der *Teresa di Jesu*, die Briefe der *Katarina von Siena* sind für das psychologische Verständnis des Masochisten wichtiger als die Lektüre von *Krafft-Ebing*. Unersättlich nach Schmerzen und Leiden erreichen sie den Orgasmus, nachdem sie die entsetzlichsten Torturen ertragen haben. »Schmerz allein macht das Leben erträglich« schreibt *Marie Alacoque*. *Maria Magdalena di Pazzi*, die ihre Seligkeit darin fand, von der Priorin des Klosters in Gegenwart der Schwestern gegeißelt zu werden, meinte oft, von innerem Feuer verzehrt zu werden. Sie schrie, nahe dem Höhepunkt: »Es ist genug. Entflamme nicht stärker diese Flamme, die mich verzehrt. Nicht diese Todesart ist es, die ich mir wünsche; sie ist mit all zu viel Vergnügen und Seligkeit verbunden.« Die besondere Art des masochistischen Lusterlebnisses, das gerade so vertieft wird, weil es sich von dem dunklen Hintergrund des Leidens abhebt, hat aber niemand so beredt geschildert wie *Goethe* im ›Faust‹. Die sublimierteste, aber auch sublimste Schilderung des masochistischen Triebdrängens ist jene Hymne des Pater exstaticus (ich höre den bewegten Streichergesang, welcher in *Mahlers* VIII. Symphonie die Verse begleitet), da die Mutter Gottes sich nähert. Wer Ohren hat, auch das Unterirdische zu hören, wird noch in dieser Hymne die Vorwegnahme des irdischen – überirdischen Triebziels im Leiden und trotz dem Leiden erkennen:

»Ewiger Wonnebrand,
Glühendes Liebeband,
Siedender Schmerz der Brust,
Schäumende Gotteslust.
Pfeile, durchdringet mich,
Lanzen, beschwinget mich,
Daß ja das Nichtige
Alles verflüchtige,
Glänze der Dauerstern
Ewiger Liebe Kern«.

Hier dringt die Lust triumphierend in das Leiden ein, macht es zu einer Stufenleiter, um die tiefste Befriedigung zu erreichen. Noch immer, noch in diesen höchsten Sphären, ist das Luststreben das Bestimmende. Die Lust kann erst dann sich voll einstellen, wenn das trotzige und angstvolle Bedürfnis, zu leiden, befriedigt ist, wenn genug gelitten wurde.

Dieser Kreislauf zwischen sexueller Erregung, Angst, Leiden, Steigerung der Erregung und Steigerung des Leidens führt also zum orgiastischen Charakter des Masochismus. Es gibt etwas Vergleichbares auch auf dem weiten Gebiet des sozialen Masochismus. Das Ich erscheint dann nicht mehr wie eine Person, die vom Mißgeschick getroffen, sondern von ihm verfolgt wird. Es ist wie ein einzelner Baum, in dem alle Blitze, die sich in der Atmosphäre bilden, einschlagen. Wenn sich irgendwo für einen Augenblick ein Lichtblick zeigt, dann nur, um sofort noch größerem Elend zu weichen. Es ist, wie wenn auch der masochistische Appetit erst beim Essen kommt, und oft scheint es, wie wenn er unersättlich würde.

Die christlichen Zeugen, die von den römischen Tribunalen gestraft und entlassen wurden, ruhten nicht eher, bevor sie die Krone des Märtyrertums erreicht hatten. Sie hatten ihr Leben zu verlieren, um jenes höhere zu verdienen. Man muß immer wieder daran erinnern, daß auch in diesen Fällen die Befriedigung des Strafbedürfnisses und der sublimierten Homosexualität nicht das Endziel, sondern Stationen auf dem Weg dahin sind. Es gilt vielmehr, das eigene Ich zur höchsten Wirkung und Geltung zu bringen, es zum Triumph zu führen. Dieses Ziel aber wird in der Phantasie im Leiden antizipiert. Indem der Körper sich unter unsäglichen Qualen windet, hat die vorauseilende Phantasie die Tür des Jenseits gesprengt. Das Auge sieht den Himmel offen, während es bricht. Das Triebziel ist erreicht, die Lust wird genossen.

Man ist angesichts solcher psychologischer Notwendigkeit des Leidens als Bedingung nicht erstaunt, wenn die meisten masochistischen Charaktere eine Abschwächung oder einen Entzug der Unlust als unangenehm empfinden. Dies geschieht nicht nur, weil die Angst übermächtig zu werden droht. Man muß diesen Personen glauben, wenn sie versichern, daß sie ihr Leben ärmer, farbloser und unbefriedigender fühlen werden. Jene Kombination von Trotz, Durchsetzung des eigenen Willens, Lust in der Bestrafung und im vorweggenommenen Sieg verleiht dem masochistischen Erleben eine besondere Qualität, die ungern vermißt wird. Ja, dies ist das richtige Wort: es wird etwas vermißt, wenn das Leiden ausfällt, etwas, worauf man sich sozusagen ein Anrecht erworben hat.

Ich habe Fälle beobachtet, in denen masochistische Charaktere, wie wenn das Ausmaß des Leidens übervoll geworden wäre, sich lange getragener Martern entledigten. Ich sah Männer sich von ihren quälerischen Ehefrauen trennen, überflüssige Bande, die sie als »Verpflichtungen« durchs Leben schleppten (wie Gefangene schwere Bleikugeln an den Gelenken) abwerfen, schwere seelische Lasten abschütteln. Die psychologische Notwendigkeit des Leidens zeigte sich indessen in diesen Fällen oft darin, daß der Freigewordene sich nach kurzer Zeit mit unbewußter Absicht eine andere seelische Last aufbürdete, wie wenn er ohne eine solche nicht leben könnte. Jener Ehemann, der sich einer streitsüchtigen Frau entledigt hatte, nahm eine Geliebte, die ihn zu ruinieren drohte, der andere, der sich vom finanziellen Druck von seiten eines Freundes freigemacht hatte, wagte sich in gefährliche Spekulationen. Es war, wie wenn diese Menschen eine Rute zerbrochen hätten, um sich eine Peitsche anzuschaffen, um sich zu züchtigen. Viele ähnliche Beobachtungen führen dahin, dem Leiden oder der Unlust einen positiven Wert im seelischen Haushalt des masochistischen Charakters zuzuerkennen.

Man denke etwa an den ihm psychologisch so nahestehenden Charakter des Puritaners. Für ihn ist keine Handlung verdienstvoll, die nicht mit Entbehrung oder Unlust verbunden ist. Kein Erfolg gilt, der nicht irgendwie noch durch Verlust an Glück oder durch große Mühen im voraus bezahlt wird. Geschätzt wird nur ein Ziel, wenn man nach großen Strapazen dahin gelangen kann. Etwas von dieser halbmasochistischen Anschauung ist in die Lebensanschauung von uns allen übergegangen. Wir schätzen selbst alles gering, was leicht erreicht werden kann, ob es nun eine Position, eine Frau oder ein Vermögen ist. Unsere Kultur selbst hat sich zugleich mit einem solchen Urteil oder Vorurteil entwickelt und verwandelt.

Vermutlich ist sie in prähistorischen Zeiten entstanden, in denen es notwendig wurde, ein großes Stück der Triebbefriedigung zu opfern, weil die Lebensnot sie nicht mehr gestattete. Es galt, ein Stück Unlust oder Verzicht auf sich zu nehmen, wenn man später eine Lust genießen wollte, ja wenn man auch nur die Lust zu leben genießen wollte. Die Unlust als unvermeidbare Bedingung einer folgenden Lust, der Verzicht oder das Leiden als Tribut, welcher den Lebensnotwendigkeiten für eine spätere Befriedigung gezahlt werden mußte, ist so zu einem Stück allgemein menschlichen Verhaltens geworden. An die Stelle äußerer Notwendigkeiten sind später innere getreten, welche in gleicher Strenge die Unlust zur Vorbedingung für die folgende Lust machten, und sich in der Erziehung von Generation zu Generation verstärkten.

So macht das Gewissen nicht nur Feiglinge, sondern auch Masochisten aus uns allen. Es wird ein unbewußtes Modell unserer Lebensführung, daß uns eine Befriedigung nur dann gestattet ist, wenn wir dafür bar – in Form von Unlust oder Mühe – gezahlt haben. Ja wir suchen diese Unlust auf, wenn wir uns später einen Genuß erlauben wollen.

Wie mir scheint, bin ich auf diesem langen Umweg zu dem Brief des englischen Sportfreundes zurückgekehrt, mit dem diese Untersuchung eingesetzt hat. Hatte er sich nicht, indem er alle Strapazen des Skilaufens auf sich nahm, darüber gewundert, warum die Philosophen glauben, daß der Mensch Unlust vermeidet und Lust aufsucht? Schien ihm nicht eher das Umgekehrte der Fall und war er nicht zur Ansicht gelangt: »Man is a masochistic animal«? Wir erkennen jetzt, er hat in einem gewissen Ausmaß recht.

Was zuerst unter dem Druck der Lebensnot zur seelischen Notwendigkeit geworden war, ist im Laufe der Kulturentwicklung ein Lebensbedürfnis geworden: die Unlust, die einer Befriedigung vorausgehen muß. Ja, es wurde zum Lebensbedürfnis wie irgend etwas, das man unter anderen Lebensbedingungn wohl entbehren kann. Das will sagen, in unserer Zeit ist es zu einem seelischen Luxus geworden, der weit über die Notwendigkeiten berechtigter innerer Forderungen hinausgeht und überflüssig geworden ist. Wir laden uns Schmerzen auf, die nicht notwendig sind, belasten uns mit Bürden, die uns bedrücken, obwohl sie keinen Gewinn versprechen, tragen ein Schuldbewußtsein, das nur durch unsere Gedanken und nicht durch unsere Handlungen bestimmt ist, und machen uns das Leben unnötigerweise schwerer als es ist.

Angesichts dieser skizzierten Charakteristik des masochistischen Charakters fragt man sich immer wieder verwundert, wieso der Scharfsinn der Psychoanalytiker ihn als schwach, gefügig, abhängig zeichnen konnte. Spricht die scharfe negative Reaktion dafür, die Hartnäckigkeit, mit welcher der Masochismus festgehalten wird, die Macht des heimlichen Trotzes, die Fähigkeit, jenes verborgene Ziel doch – trotz allem – durchzusetzen, das Ausmaß des Leidens, das der Masochist auf sich nimmt, oder die Steigerung der Lust, die er erreicht? Die scheinbare Nachgiebigkeit des masochistischen Charakters, die unerbittlich an ihrem einmal gefaßten Ziel festhält, läßt den Starrsinn sogenannter robuster Naturen wie ein Kinderspiel erscheinen. Der Stolz eines Heiligen, der sich eher den Löwen vorwerfen läßt, als sein Christentum zu verleugnen, steht keinem anderen Stolz auf Erden an Größe nach. Das Leben von Tausenden von Juden, die sich in den Synagogen des Mittelalters töteten, ehe sie den Glauben ihrer Väter abschworen, scheint mir heroischer als das Heldentum ihrer Peiniger, der Kreuzfahrer. Wenn diese Juden das »Schema Jisroel« singend, auf dem Scheiterhaufen des Mittelalters verbrannten oder sich in den deutschen Konzentrationslagern lieber totschlagen ließen als den Hitlergruß zu tun, waren sie nicht schwächer als ihre Henker.

Manchmal scheint es, als ob sich der Masochist dafür entschuldigen wollte, daß er geboren wurde, aber welch stahlharte Energie, welch ein Streben, letztlich zu siegen, steckt hinter dieser Klage. Die Vorherrschaft des Willens scheint er an andere abgetreten zu haben. Im Verzicht auf seinen eigenen Willen zeigt er seine Unterwerfung. Er tritt auf der Stelle, bis die aggressiven und zerstörerischen Kräfte sich gegen die Macht seiner Trägheit selbst zermürbt haben. Er kann jetzt Züchtigungen hinnehmen, da er hofft, daß sein Angreifer später geschlagen wird. Die unbewußte Rachephantasie ist der dauernde Begleiter seiner Kapitulation. Untergegangen, taucht er immer wieder auf. Das gilt auch für manche Nationen, die in eine masochistische Situation gedrängt wurden. Indem sie sich verzweifelt gegen eine riesige Übermacht wehren, gewinnen sie den bitteren Kampf gegen die Unterdrücker. Zu einem sinnlosen und enttäuschten Dasein verdammt, überleben sie und schaffen sich ihr eigenes Leben. Von ihren Feinden tief in die Knie gezwungen, ist ihr Wille doch nicht zu brechen.

Keiner ist so hartnäckig und erfolgreich darin, Mißerfolg zu haben, wie der Masochist. Es scheint, als ob jene Psychologen die heimliche Revolution in der völligen Unterwerfung, den Hohn in der Hingabe, den Hochmut in der Demut des masochistischen Charakters einfach übersehen wollten. Es macht ihm nichts aus, einen alten Kuchen zu essen, weil ihm für morgen oder übermorgen eine Torte versprochen ist. Es macht ihm nichts aus, daß man ihn bedauert; er verlangt sogar danach. Aber hinter all dem verbirgt sich ein Stolz, der letzten Endes zum Vorschein kommt, eine Selbstgewißheit, die nicht gebrochen werden kann. Er verhält sich ruhig, aber äußerst herausfordernd. Es scheint, daß manche Analytiker seelische Stärke oder Energie nur mit dem Kennzeichen der Aktivität und nicht mit dem »duldenden Widerstreben«, von dem *Goethe* einmal spricht, verbinden könnten. Sie wollen nicht sehen, daß die Zähigkeit, mit welcher der Masochist seine Ziele verfolgt, die Unerbittlichkeit und Kompromißlosigkeit seiner inneren Forderungen von stärkerem Charakter zeugt als der Eigensinn der Gewaltnaturen.

Die Unbedingtheit und besondere Konsequenz werden leicht verkannt, wenn sie sich die Maske äußerer Nachgiebigkeit vorbinden. Jedermann, der einmal in die Lage gekommen ist, einem ausgeprägten masochistischen Charakter helfen zu wollen, und auf dessen besondere psychologische Reaktion gestoßen ist, scheint besser geeignet zu sein, diese unbewußten Tiefen zu beurteilen als viele Analytiker und Ärzte, die sich nur auf Sprechstundenerfahrungen berufen können. Der Hilfsbereite wird überrascht finden, daß der masochistische Charakter, der ihn um seine Unterstützung gebeten hat, in der Stelle, die man ihm verschafft, wie mit Absicht versagt oder sich eine Chance, die man ihm geboten hat, verdirbt. Rätselhafterweise werden Empfehlungen verlorengehen, Botschaften falsch übermittelt, Verbindungen unterbrochen werden, und unkluges Verhalten alle Bemühungen zur Hilfe vereiteln. Mit geschickter Ungeschicklichkeit wird jeder Schritt vorwärts in einen Rückschritt verwandelt, jede Chance zur Niete gemacht.

Die Konsequenz in der Sanftmut, der Hochmut in der Selbsterniedrigung, die Energie, die sich als Schwäche maskiert, wird jedem Psychologen erkennbar. Dabei ist es gleichgültig, ob sich der masochistische Charakter wie meistens gefügig oder gelegentlich angreifend und energisch benimmt, er wird so und so zu dem gewünschten Fehlschlag gelangen. Es wird ihm der Mißerfolg glücken, er wird wieder zum unglücklichen Opfer werden. Man wird durch sein Verhalten an ein altes Sprichwort erinnert: »Wenn der Krug auf den Stein fällt, weh dem Krug! Wenn der Stein auf den Krug fällt, weh dem Krug.« Es bedurfte wahrhaftig des psychologischen Tiefenblicks einiger Ärzte, um in so merkwürdigem Verhalten ein Zeichen von Schwäche zu erblicken. Wenn sich für den Masochisten am Ende jeder Weg, den man ihm zeigt, als Irrweg erweist, sollte man da nicht eher annehmen, er will heimlich seinen eigenen Weg gehen, ihn selbst finden? Sollte man bei so wiederholtem Gelingen, jede Hilfe unzulänglich, ja unmöglich zu machen, nicht eher eine stolze und trotzige unbewußte Abweisung jeder Hilfeleistung schließen? Sollte sich nicht in allen diesen Reaktionen eine verborgene Energie äußern, die darauf besteht, anderen nicht verdanken zu wollen und den Weg des stärksten Widerstands zu wählen? Der masochistische Charakter macht aus heimlichem Stolz, ja aus Hochmut jeden Schutz und jede Hilfe zunichte, denn er will keine, er will vielmehr zeigen – haben wir nicht vom demonstrativen Zug gesprochen? –, daß er souveräner Herr seines Schicksals ist trotz allem Leiden.

Mag sich so hochmütiger Trotz in masochistischen Charakteren auch im Kleinen und Kleinlichen verraten, wir vergessen nicht, daß es derselbe Zug ist, der den Größten der Menschheit eignet, denen, deren Durchsetzung im Leiden, deren Widerstandsfähigkeit gegen den Druck wir das Beste verdanken. Es geht eine Linie von dem kleinlichen eigensinnigen Trotz des Masochisten bis zum prometheischen Widerstreben *Beethovens*, dessen Devise »Durch Leiden Freuden« war. Es ist dieselbe Linie, welche so vielen Analytikern gebrochen schien. Das aber ist eine optische Täuschung, sie ist nicht gebrochen, sie scheint nur so in der Spiegelung des seelischen Stromes. Unterirdisch geht sie in gerader Richtung weiter. Wir wissen wie: in der Richtung der Befriedigung, die nur in die Ferne gerückt ist und die dem Masochisten gesichert erscheint, auch wenn es die fernste Ferne ist. Er weiß, daß die Zeit zu seinen Gunsten arbeitet*.

Die Psychologie des Masochismus führt von jedem Punkt der Betrachtung wie von unsichtbaren Händen geleitet zu der großartigen Bedeutung der Phantasie für diese Lebenseinstellung zurück. Ich weiß, daß manche Psychologen und sogar Analytiker unruhig werden, wann immer sie von der Bedeutung der Phantasie hören, die wie ein rotes Tuch auf sie wirkt. Sie wollen Fakten und keine Phantasiegebilde! Und mit Tatsachen meinen sie physiologische Fakten und solche, die sie in pompösen wissenschaftlichen Begriffen fassen können. Aber Imagination hat nichts mit Illusion zu tun, und Phantasien können mehr psychische Realität besitzen als die Dinge, die wir real nennen.

Zu dem früher Gesagten will ich noch nachtragen, daß sich die Gegenprobe zu meiner Auffassung des masochistischen

* Die Frage von Optimismus und Pessimismus wird nicht nur durch die Vergangenheit des einzelnen bestimmt, sie hängt auch von der Zukunft ab. Ein Mann, der in eine hoffnungslose Zukunft blickt, wird zum Pessimisten. So kann ein Masochist nicht zum Pessimisten werden.

Charakters, der sich die Angst durch Leiden erspart, in der Analyse der Neurosen ergibt. In der Zwangsneurose wird diese Angstentwicklung durch Einschaltung von Schutz- und Sicherheitsmaßnahmen vermieden, die Unheilserwartung durch Sühneaktionen abgewehrt. Eine Zwangskranke wurde von dem Gefühl beherrscht, es gehe ihr zu gut. Sie meinte dies gewiß nicht absolut, sondern relativ: im Verhältnis zu so vielen anderen, denen es so viel schlechter gehe. Sie war so häufig unbewußt gezwungen, etwas zu tun, das ihr Schaden brachte, damit es ihr nicht gut gehe. Sie versagte sich Vergnügungen, die ihr angeboten wurden, wie Reisen, Theaterbesuche, neue Kleider usw. Sie fürchtete nämlich, es werde ihr bei Annahme noch besser gehen und etwas sehr Schlimmes, z. B. schwere Krankheit werde dann sie oder ihre Kinder ereilen, ein Krieg werde ihr Land verwüsten usw. Auf der anderen Seite hieß sie jede interkurrente Krankheit, jeden kleinen Unfall oder jede Schädigung willkommen, weil dadurch jene Unheilserwartung herabgemindert wurde. Wenn sie ein kleines Mißgeschick traf, fühlte sie sich ruhig, atmete gleichsam innerlich auf. Wenn ihr aber etwas Schwieriges gelang, bekam sie größere Angst. Sie suchte dann durch philantropische Betätigung ihre Schicksalsangst zu beschwichtigen. Ihr Leben wurde durch diese ihrem Inhalt nach vage, ihrer Intensität nach mächtige Angst verbittert. Es ist dieselbe Angst, die in *Schillers* Gedicht den Gast des Polykrates beherrscht, die Angst vor dem Neid der Götter, anders gesagt, das eigene Schuldgefühl.

Man wird hier die Verbindung zwischen neurotischem und masochistischem Charakter ebenso erkennen wie ihre Differenzen. Die Flucht nach vorn, in Unlust, Entwürdigung und Schmerzen, hat hier jene Angst gebannt. Sie weist aber auch die Richtung für die Befriedigungstendenz an. Die Unheilserwartung steht psychologisch im Hintergrund, während sie das Seelenleben des Zwangskranken beherrscht. Beim Masochisten, der sich zum Neurotiker verhält wie das Positive zum Negativen, ist die Luststrebung viel stärker. Die Hoffnung, mit dem Leiden oder durch das Leiden die gewünschte Befriedigung zu erreichen, ist vorherrschend. Sie bleibt noch dann bestehen, wenn diese Befriedigung erst nach dem eigenen Tod erwartet wird und erhält die Gestalt der Heilserwartung.

In loser Anordnung seien hier einige Bemerkungen angereiht, die erweisen sollen, daß meine Auffassung auch zur Aufklärung von Phänomenen beitragen kann, die dem Masochismus nahestehen. *K. Menninger* bezeichnet in seinem dokumentarisch so reichen Buch »Man against himself« den Selbstmord als einen masochistischen Akt. Eine solche Behauptung ist natürlich weder zu bestätigen noch zu widerlegen. Es gibt keine psychologischen Erfahrungen über die Vorgänge im gelungenen Selbstmord; es dringt kein Bericht zu uns aus dem Land, aus dem kein Wanderer wiederkehrt. Was an Theorien über die Psychologie des Selbstmords aufgestellt wird, kann nur aus Beobachtungen von Selbstmordversuchen gewonnen werden. Die Meinung etwa, jeder Selbstmord sei eigentlich ein gegen einen anderen gerichteter Mord, läßt sich natürlich nur so verstehen, daß dem Akt Phantasien solcher Art vorausgegangen sind. Es ist dabei nicht wesentlich, ob diese Vorstellungen bewußt oder unbewußt geblieben sind. Diese Phantasien sind ihrer Natur nach sadistisch.

Der Weg, der von ihnen zur Ausführung des Selbstmordversuchs führt, ist derjenige, den ich in der Ableitung der masochistischen Triebneigung im allgemeinen beschrieben habe. Das Objekt der Aggression fließt allmählich in der Phantasie mit der passiven Person zusammen und schließlich wendet sich im Schlußakt die lustbetonte Phantasie gegen dieses Ich, das zugleich Er oder Sie ist. Als charakteristisches Mittelglied zwischen diesen Phasen der Phantasie kann die Vorstellung auftauchen: er (das ursprüngliche Objekt der Aggression) wird durch meinen Selbstmord leiden.

Dieses in der Vorstellung vorweggenommene Bild bezieht sich nicht nur auf vermutete Gewissensbisse und Reue, sondern ist ursprünglich auf den Glauben an eine ausgleichende rächende Gerechtigkeit gebaut. In diesem Sinne – aber nur in diesem bisher nicht gewürdigten Sinne der Befriedigung in der Phantasievorwegnahme – kann man vom Selbstmordversuch als einer masochistischen Aktion sprechen. Das will heißen, der Selbstmordversuch greift auf die Wendung einer sadistischen Phantasie in eine masochistische zurück. Es ist nämlich wahrscheinlich, daß die Ausführung der meisten Selbstmordversuche die Realisierung solcher früherer Phantasien darstellt. Es ist für diese Auffassung nicht wesentlich, ob die Phantasie lange zurückliegt oder dem Tag angehört.

Gewiß aber ist, daß solche vorausgenommene Phantasiebefriedigung der eigenen Aggression nicht der alleinige Lustgewinn ist, den die Selbstmordphantasie bringt. Die Geltendmachung des eigenen Willens, die postume Anerkennung der eigenen Persönlichkeit, die antizipierte Befriedigung des eigenen Opfermuts oder Edelsinns wird sich hier ebenso wie im sozialen Masochismus als Motiv erraten lassen. Schließlich wird man auch in der Selbstmordphantasie die vorgestellte Erlösung vom Leiden, die Lust an der Heilserwartung, nicht gering schätzen. Noch dort, wo das Ich sich vernichten will, will es Lust erwerben. Der Mensch ist nicht nur ein ewiger Lustsucher, er ist ein Lustsüchtiger – noch dann und erst recht dann, wenn er zum Masochisten geworden ist.

Die Bedeutung der sadistischen Phantasie als Ausgangspunkt für ein selbstschädigendes Verhalten ist auch in jenem Phänomen noch nicht gewürdigt worden, das *Freud* als typisches Scheitern am Erfolg gekennzeichnet hat. *Freud* hat einige prägnante Beispiele gegeben: den klinischen Assistenten, der so lange gewünscht hat, Professor zu werden und der auf diese Position verzichtet, als sein Vorgänger plötzlich starb; das Mädchen, das sich von einem geliebten Mann zurückzieht, da dessen kranke Frau, die Rivalin, plötzlich stirbt und ähnliche Fälle. Die analytische Erklärung *Freuds*, daß sich in diesen Fällen eine moralische Reaktion einstellt, der Verzicht aus unbewußtem Schuldgefühl geschieht, ist natürlich richtig. Gewissensansprüche, die sich jetzt melden, werden verhindern, daß der Erfolg genossen, ja daß er auch nur akzeptiert wurde. Ein geheimnisvolles Veto, aus seelischen Untergründen auftauchend, ist eingetreten.

Dieses Verbot kann sich in verschiedener Form durchsetzen. Ein junger Mann, der von einem besonders sparsamen, reichen Vater materiell abhängig war, erfuhr plötzlich, daß der Vater einem Schlaganfall erlegen war. Er ist der einzige Erbe. Ein paar Stunden später ist er beim Lenken seines Autos so ungeschickt, daß er tödlich verunglückt. Die unbewußte Reaktion könnte sich in anderer, minder dramatischer Form äußern und doch wirksam sein. Der junge Mann könnte sein Erbe verschwenden, eine schwere Neurose erwerben, sich plötzlich einem einsamen asketischen Leben zuwenden usw. Es scheint, als ob die Zeit, die unmittelbar auf die Erreichung eines unbewußten Wunsches gefolgt ist, für übermoralische Charaktere gefährlich ist, wenn der Erfolg an den Tod oder das Unglück eines anderen gebunden ist. Sie haben allen egoistischen Grund, denjenigen, die sie in ihren Phantasien umgebracht haben, zu wünschen, sie sollen lange leben.

Meine eigene Auffassung der masochistischen Einstellung, deren Umkreis das beschriebene Phänomen zweifellos angehört, macht es notwendig, die *Freud*sche Auffassung in zwei

Punkten zu ergänzen oder zu korrigieren. Der erste ist in dem Hinweis beschlossen, daß jener Verzichtreaktion eine Zeit von Phantasien vorausgegangen ist, in welchen das Unglück oder der Tod des Rivalen antizipiert wurde. Auch hier ist also die sadistische Phantasie der Ausgangspunkt für die folgende halb-masochistische Reaktion. Damit ist es aber nicht getan. Man muß einen anderen psychologischen Vorgang, der sozusagen unter *Freuds* Schreibtisch gefallen ist, einschalten: den unbewußten, aber wilden Triumph beim Eintreffen der Nachricht des Unfalls oder Unglücks des Rivalen. Der folgende Verzicht ist somit nicht nur eine Reaktion auf jene meist wiederholten sadistischen Phantasien, sondern auch auf die eine Minute des Triumphgefühls, das sogleich abgewehrt wurde. Von der anderen Seite gesehen stellt es sich als Selbstschutz dar. Das Ich schützt sich vor der dunklen Schicksalsangst, die gerade bei einem solchen unerwarteten, unbewußt aber gewünschten Erfolg übermächtig zu werden droht.

Es ist verlockend, die seelischen Vorgänge mit denen beim masochistischen Charakter zu vergleichen. Hier folgt auf die in der Phantasie vorweggenommene Lust die Selbstbestrafung, beim Masochisten geht sie voraus, um die Lust genießen zu können. Der Masochist erkauft seine Befriedigung durch Leiden, der neurotische Charakter des geschilderten Typus verzichtet aus Angst auf die Befriedigung.

Es ist ferner nachzutragen, daß das Ich durch erhöhte Selbstschätzung bei solcher moralischer Reaktion bewußt oder unbewußt auf seine Kosten kommt. Es scheint, wir wollen alle besser oder edler sein als wir unserer Anlage und unseren Fähigkeiten nach sein können. Daran ist sicherlich zum großen Teil unsere Erziehung schuld, die uns unaufhörlich die höchsten Vorbilder als nicht nur nachstrebenswert, sondern auch als erreichbar vorstellt. Ihr Anblick gibt den Engeln

Stärke, aber uns arme Erdenkinder füllt er mit jenen Minderwertigkeitsgefühlen, die durch die masochistische Einstellung ausgeglichen und bewältigt werden sollen. Hätte der Gott uns anders gewollt, so hätte er uns anders geschaffen.
Es besteht wenig Aussicht, daß uns nach dem Vorbild der Engel Flügel an den Schultern wachsen werden und auch der Glaube an Auferstehung, der für die Spätform des Masochismus in seiner eschatologischen Gestalt so bedeutsam geworden ist, verliert seine Kraft. Es bleibt dabei: »Si on est mort, c'est pour longtemps.«

29 Sieg durch Niederlage

Was ist der geheime Sinn der masochistischen Lebenseinstellung, das, was sich hinter ihr verbirgt und in ihr verrät? Wir haben danach gesucht und ihn überall vermutet. Als wir Kinder waren, haben wir ein Spiel gespielt, in dem einer aus dem Zimmer geschickt wurde, während die anderen einen Gegenstand versteckten. Das Kind wurde dann hereingerufen und sollte das verborgene Objekt suchen. Wenn es sich weg von dem Gegenstand begab, riefen die Kinder: »Kalt, kalt!« Wenn es sich aber dem Versteck näherte, riefen die anderen: »Warm!« Kam der Suchende noch näher, sagten sie: »Heiß« und »Noch heißer« und schließlich: »Es brennt«, wenn er ganz nahe war.
Wir sind im Suchen nach dem verborgenen Sinn der masochistischen Triebneigung ähnlich vorgegangen. Wir sind auf die Suche gegangen, haben unserer Beobachtungsgabe und unserem Finderglück vertraut und sind in die Nähe des Gesuchten gekommen. Wir meinen, zu hören »Warm« und sind darauf vorbereitet, die Flamme aufsteigen zu sehen, die im Masochismus verborgen, unter der Asche brannte. Die

Erscheinungen, in denen diese Triebneigung uns in so vielfältiger Gestalt entgegentrat, ersetzten die vielen Gegenstände des Zimmers, in dem wir damals zu suchen hatten. Jene gemeinsamen Merkmale, die allen Gestaltungen des Masochismus gemeinsam sind, dienten uns als kleine verräterische Zeichen, welche in der Suche halfen. Ihre Entdeckung hat uns gute Dienste geleistet.

Unser Ausgangspunkt war der Eindruck des Paradoxen, den die Erscheinungen des Masochismus machten. Diese Triebneigung schien uns nicht wie vielen Beobachtern unsinnig oder widersinnig, sondern widersprüchlich. Die hier gegebene Auffassung bestätigt die Berechtigung dieses ersten, seiner Natur nach unbestimmten Eindrucks. Der Widerspruch, der Trotz, die heimliche Auflehnung ist nicht etwa nur ein Einzelelement des Masochismus, dringt nicht nur in seine Erscheinungen ein, sondern liegt ihnen zugrunde.

Wir verstanden das besser, als wir die eigene Auffassung des Wesens des Masochismus der bisherigen gegenüberzustellen begannen. Der intime Zusammenhang zwischen dieser Triebneigung und ihrem Gegenpart, dem Sadismus, war überall angenommen. Diese Verbindung stellt sich uns aber sowohl ihrer Entstehung als ihrem Wesen nach anders dar als bisher. Der Sadismus bleibt im Masochismus nicht nur in der Form der Identifizierung mit dem Aktiven erhalten und der Masochismus ist nicht nur ein gegen das Ich gekehrter Sadismus. Er ist vielmehr noch immer Sadismus gegen den anderen, nur auf den Kopf gestellt und auf lange Sicht. Er ist in der Darstellung durch das Gegenteil entstellt und unerkennbar geworden, tobt sich am Ich aus, weil es das zweitbeste und zweitnächste Objekt ist. Ursprungsgebiet des Masochismus ist nicht die sadistische Aktion, sondern die Phantasie. In seine Endphase, in seiner vergeistigsten Form kehrt er dorthin wieder zurück.

Die Umkehrung aller Lustwerte, die am Masochismus am auffallendsten war, hat sich als nur scheinbar dargestellt. Der Masochist sucht dieselbe Lust wie wir alle, aber er erreicht sie auf einem anderen Weg, auf seinem Umweg. Durch die Angstdrohung eingeschüchtert, durch die Vorstellung der Strafe und später durch das Schuldgefühl gehemmt, hat er seine besondere Art gefunden, der Angst auszuweichen und zu seiner Lust zu kommen. Er nimmt die Strafe, das Leiden, die Beschämung freiwillig auf sich und hat sich so trotzig das Recht erkauft, die versagte Befriedigung zu genießen.
Das Zurückweichen vor der Kastrationsangst kann nicht die Bedeutung haben, die ihm bisher zugeschrieben wurde. Diese psychologische Voraussetzung würde für die Bildung des passiv-femininen Charakters, nicht für den masochistischen bestimmend sein. Das Zähe und Hartnäckige, das Insistieren auf der Strafe, der heimliche Aufruhr passen gewiß nicht zu der Demut und der Passivität, die man dem Masochisten allgemein zuschreibt. Die Befriedigung des Schuldgefühls hat ebensowenig Aussicht, als das wichtigste Kriterium des Masochismus anerkannt zu werden, es ist nur die wichtigste Vorbedingung der Erfüllung seines triebhaften Drängens.
Was wir suchen ist jenes Gemeinsame, das allen diesen aufgezeigten Zügen zugrunde liegt, das die Zusammenwirkung von Lust und Angst erklärt, dem Trotz und der Rebellion ihren Platz im Ganzen anweist, das nahe Ziel der sexuellen und aggressiven Befriedigung und das ferne Ziel der eigenen Willensdurchsetzung und der Anerkennung des Ichs einschließt. In der Perversion ist gewiß das sexuelle Moment vorherrschend, es ist aber in der sozialen masochistischen Gestaltung nicht verschwunden. Im masochistischen Charakter tritt Aggressionslust, Machtgier und Ehrgeiz in Verkleidung vor die Rampe, aber die erotische Beziehung zum Mann als Vorbild und Rivalen steht doch hinter den Kulissen. Be-

dürfnisse des Geschlechts und des Ichs werden in wechselnder Stärke in jeder Form des Masochismus befriedigt. Angst vor der äußeren Strafe oder vor den Schrecken des Gewissens wird in jeder seiner Gestaltungen durch die Flucht nach vorn überwunden.

Ich suche eine psychologische Formel, die auf prägnanteste Art alle diese Wesenszüge zusammenfaßt und doch keinen von ihnen in den Hintergrund drängt. Sie soll das Ziel angeben, dem der Masochismus zustrebt, und den Weg, den er sich zu diesem Ziel gewählt hat. Diese Formel soll also für die sexuelle wie für die soziale Entwicklungsform des Masochismus Gültigkeit haben, die grob sinnlichen ebenso wie die vergeistigtsten Äußerungen einschließen und die sexuelle Perversion ebenso wie die allgemeine Lebenseinstellung in ihrem Kern kennzeichnen. Das ist gewiß eine hohe Anforderung, eine zu hohe, als daß ich ihr genügen könnte. Am nächsten komme ich ihr, wenn ich Wesen und Ziel des Masochismus in den drei Worten: *Sieg durch Niederlage* zusammenfasse.

Im Masochismus hat das Prinzip des Trotzdem, der Charakter des Quand même eine Gestaltung im Triebleben gefunden. Die sexuellen und gewalttätigen Impulse haben sich zeitweilig den verbietenden und bestrafenden Instanzen unterworfen und sich gerade dadurch den Zugang zur Triebbefriedigung erzwungen. In ihrem Drängen nach dem Lustziel durch überlegene Gewalten abgedrängt, haben sie auf dem ihnen aufgezwungenen Weg ihr ursprüngliches Ziel erreicht. In seinem Wesen hat der Masochismus in der Aufeinanderfolge von Strafe und Befriedigung seine seelische Entstehung verewigt, indem er wie zum Hohn die wesentlichen psychologischen Momente umgekehrt darstellt. Er nimmt die Strafen und die Beschämung nicht etwa an, sondern er nimmt sie vorweg. Er zeigt nicht nur, daß sie ohnmächtig waren, ihn

von der verbotenen Lust abzuhalten, sondern auch, daß sie ihm gerade dazu verholfen haben.
Indem der Masochist sich an die Stelle der strafenden Autorität setzt, macht er sie überflüssig. Indem er sich selbst bestraft und beschämt, verwandelt er die Bestrafung in einen Reiz. Im Festhalten an der Unlust, im Bestehen auf dem Schmerz und der Erniedrigung zeigt er ingrimmig, daß alle Maßregeln der Erziehung und der Kultureinschränkung zu Fehlschlägen werden können, wenn man sich ihnen nur scheinbar unterwirft. Er führt alle Bemühungen, ihn zum Triebverzicht zu bringen, ad absurdum, da er die Bestrafung zur Bedingung des Genusses erhebt. Indem er nicht nur trotz dem Leid, sondern durch das Leid seine Lust erreicht, hat er ein ingeniöses Mittel gefunden und die Via Dolorosa in eine Triumphstraße verwandelt. So wird noch der Weg nach Golgatha zum Weg des ewigen Heils.
Der Masochismus verliert alle Schlachten, nur die letzte nicht. Er weiß – oder weiß es zumindest in der vorwegnehmenden Phantasie –, daß ihm am Ende, nach allen Niederlagen der Preis winkt. Er läßt seinen Widersacher, den Sadisten, allen Genuß der Stunde auskosten – ja er kostet ihn mit ihm –, aber er wartet auf den einen Augenblick, der die Wende bringt. Er sieht voraus: noch ein solcher Sieg und der Gegner ist vernichtet.
Solche heimliche Überlegenheit aber schöpft ihre stärkste Kraft aus einer Phantasie, welche die Grenzen der Zeit nicht anerkennt und das Suspense immer weiter auszudehnen vermag. Wenn nicht im Leben, so wird der masochistische Charakter nach seinem Tod zu dem Rechte kommen, das man ihm hier eingeschränkt hat. Die Nachwelt wird ihn gerechter richten und sie wird ihn an seinen Feinden rächen. Der sexuelle Masochist ist bereit, den Genuß eines Augenblicks mit Unlust und Schmerzen, mit Martern, im äußersten Falle mit

dem Einsatz seines Lebens zu erkaufen. Der masochistische Charakter hat die Dauer des Leidens und des Wartens auf sein ganzes Leben ausgedehnt. Er fühlt, daß alles Elend, alle Erniedrigung und Beschämung, die er schmerzhaft empfindet, durch das aufgewogen wird, was nachher kommt: Im Vorgefühl und in der Vorstellung künftiger Anerkennung und des Lobes der Nachwelt genießt er Wonnen, die nur Gott verleiht. In einem anderen, höheren Sinn, doch ihm in dunklen Tiefen des Seelischen verbunden, fühlt der Märtyrer wie der masochistische Perverse: ein Augenblick, gelebt im Paradiese, ist nicht zu teuer mit dem Tod bezahlt. Hier wie dort heißt das letzte Motiv Lust. Alles andere, auch die Beschwichtigung des Schuldgefühls, bezeichnet nur eine unvermeidbare Durchgangsphase. Noch der Märtyrer und der Heilige genießt in seinen letzten Augenblicken jene Lust: noch am Grabe pflanzt er die Hoffnung auf sie auf. Indem er in seinen Martern und Opfern die nahe Aufnahme in das Paradies vor sich sieht, hat er einen Vorstellungs-Vorschuß auf die Seligkeit genommen.

Solche Vorwegnahme künftigen Erfolgs und Glücks ist nicht auf den einzelnen beschränkt. Das israelitische Volk hat den Massentraum des Messias als des Erlösers und den der nationalen Auferstehung geträumt, bevor das Christentum ihn aufnahm und in neuer Form fortsetzte. Der Auferstehungsgedanke und die Heilserwartung machten das irdische Leid des mittelalterlichen Christen leicht. Die Kirche hat ihm dafür das Versprechen der Paradieseslust gegeben. Ja sie konnte sogar die Schuld Adams und die Erbsünde zur sicheren Gewähr der Erlösung umprägen. »Felix culpa«, singt jene Hymne. Was dem einzelnen als Lohn für sein Dulden winkt, ihm phantasierte Befriedigung inmitten von Erniedrigung und Beleidigung nahebringt, wird sich auch für Völker als Trost erweisen. Wer so leidet, ist auserwählt vor anderen, ist diesen anderen überlegen und hat eine Mission, welche die Welt einmal anerkennen muß. Der Triumph späterer Zeiten, wie ihn der einzelne masochistische Charakter erträumt, ist hier zum vorweggenommenen Triumph einer Nation oder eines religiösen und nationalen Glaubens geworden.

Mit dem Absinken der Religion als sozialem Faktor verändert sich langsam der Aspekt. Statt des Reiches Gottes wird nun die Befriedigung in der Gewißheit einer besseren irdischen Zukunft der Menschheit gesehen, der zuliebe alles Leid der Gegenwart ertragen wird. Statt der Aussicht, zu seinen Vätern versammelt zu werden und mit ihnen die himmlische Seligkeit zu genießen, gilt die Hoffnung nun unserer Kinder Land. Das Suspense hat im Masochismus der Massen nur seine Ziele, es hat nicht sein Wesen verändert. Es hat jenen Aufschub von der Dauer eines Augenblicks auf das Leben ausgedehnt, von Minuten auf Ewigkeiten. »Es kann die Spur von meinen Erdentagen nicht in Aeonen untergehen«, so nimmt Faust die Befriedigung in fernsten Zeiten voraus.

Die Akzentverschiebung von der Energie des eigenen sexuellen und aggressiven Willens auf die Leidenskraft und Leidensfähigkeit bezeugt noch immer den Trotz im Charakter des Masochismus. Die Steigerung dieses Trotzes äußert sich noch darin, daß das Leiden selbst zur Lust gemacht wird, deren Spannweite vom sexuellen Orgasmus bis zur religiösen oder künstlerischen Ekstase reicht.

Der Tagtraum eines jungen Mannes nahm durch die Häufung retardierender und erschwerender Momente, die sich im Laufe der Zeit Eingang in ihn verschafft hatten, immer mehr einen masochistischen Charakter an. Der Patient hatte eine leidenschaftliche Liebe zum Theater gefaßt und wollte Schauspieler werden. Der Vater versagte seine Zustimmung. Der junge Mann phantasierte, er werde das Vaterhaus verlassen und ohne Mittel in die Fremde gehen, um dort Schauspieler zu werden. Sein Vater, der einmal nach vielen Jahren ein Theater besucht, werde dann Zeuge seines Erfolgs sein. Später traten Vorstellungen des eigenen Elends und Hungers und der eigenen Entwürdigung während des Wegs zum Erfolg der Phantasie immer mehr in den Vordergrund, der Weg aber dahin dehnte sich immer mehr aus. Die Szenen bitterer Not und Entbehrung in dieser Zeit wurden mit immer mehr Einzelheiten, fast könnte man sagen, mit mehr Behagen ausgemalt, der Erfolg wurde in der Vorstellung hinausgeschoben. Gelangte der Tagträumer endlich dorthin, war aus dem Erfolg ein rauschender Triumph geworden und der Vater erschien um so tiefer beschämt.

In ähnlicher Art schieben Völker, religiöse oder nationale Gemeinschaften die Aussicht auf den Sieg der von ihnen verkörperten Idee hinaus und bleiben seiner sicher und um so sicherer, je schwerer die Heimsuchung ist, der sie in der Gegenwart ausgesetzt sind. Wie im sexuellen Masochismus die Leidsteigerung das nahe Eintreffen der lustvollen Entspannung anzeigt, so wird im kollektiven Leiden stärkste Not und Unterdrückung zum Zeichen der bevorstehenden Erlösung und des eigenen Triumphs. Die Kraft, die dort, mit *Schopenhauer* zu reden, im »Brennpunkt des Willens« wirkt, ist hier durch die brennende Ehrbegierde und die Sehnsucht nach der Glorie des Ichs ersetzt. Wie dort die Beschämung durch Zurechtweisung und Tadel empfunden wird, so hier die Erniedrigung und Entwürdigung eines Volks oder einer Religion. Hier wie dort werden in der vorauseilenden Phantasie die Letzten die Ersten sein, wird sich Schmach und Schimpf zu Ruhm und Ehre wandeln. Der spottenden Verwunderung »How odd of God to choose the Jews« tritt die Auserwähltheitsgewißheit der Juden gerade mit Berufung auf das Leiden zweier Jahrtausende entgegen.

Der Masochismus bezeichnet im Leben des einzelnen wie in dem der Gemeinschaften eine notwendige Durchgangsphase von der Entwicklung sadistischer ungebändigter Triebkraft zur Bewältigung und Zähmung des Triebhaften im Sinne der Kulturentwicklung. Als eine Vorstufe ihrer Anerkennung erscheint er in trotziger und aufrührerischer Gestalt gegenüber den überlegenen Gewalten, indem er seinen Willen auf einem Umweg durchsetzt. Er stellt aber unstreitig einen Kulturfortschritt dar, wenn er unter die Notwendigkeit der Wahl gestellt, es vorzieht, der Geschlagene, nicht der Schlagende zu sein.

In seinen krankhaften Verzerrungen gefährdet er den Kulturweg, da er dem Ich und den Gemeinschaften nutzlose Opfer zumutet und übergroße seelische Lasten aufbürdet. Das Leiden wird von einer biologischen Notwendigkeit zu einem seelischen Luxus. Die Zeit heilt freilich alle Wunden. Sie heilt aber diejenigen, die wir uns selbst schlagen, am schwierigsten. Wir haben die masochistische Triebneigung sowohl in ihrer kulturfördernden als in ihrer kulturfeindlichen Funktion studieren können.

Alle so verschiedenen und oft so dissonierenden Tonfolgen, die wir im Masochismus gehört haben, klingen am Ende doch in einem vollen starken Akkord aus: allen Gewalten zum Trotz sich erhalten und, wo dies nicht möglich ist, allen Gewalten zum Trotz unterzugehen.

Das ist die schreckliche Tragikomödie vom Märtyrertum des modernen Menschen oder zumindest seiner wesentlichen Merkmale. Es ist die Geschichte der menschlichen Schwäche und des menschlichen Jammers, zugleich aber auch der menschlichen Stärke und Lust.

Meine Aufgabe war es, diese Seite des Phänomens zu zeigen und gleichzeitig darauf hinzuweisen, daß manche bisher für richtig erachteten Theorien sich als falsch erwiesen haben. Ich zweifle nicht daran, daß die zukünftige Forschung weitere Charakteristika dieser verwickelten Natur der Leidenssehnsucht des Menschen entdecken wird. Vielleicht kommt sie zu noch erstaunlicheren psychologischen Ergebnissen und wird weitere, bisher gültige Theorien widerlegen. Die Wahrheit ist oft seltsamer, als die Wissenschaft sich vorstellen kann.

Psychologie

Dirk Blasius
Der verwaltete Wahnsinn
Band 6726

Ernest Borneman
Die Ur-Szene
Band 6711

Hilde Bruch
Der goldene Käfig
Band 6744

Hans Jürgen Eysenck
Neurose ist heilbar
Band 6713

Anna Freud/
Thesi Bergmann
Kranke Kinder
Band 6363

Georg Groddeck
Das Buch vom Es
Band 6367

Erna M. Johansen
Betrogene Kinder
Band 6622

Theodore Lidz
Familie und psychosoziale Entwicklung
Band 6763

Margaret S. Mahler/
Fred Pine/Anni Bergmann
Die psychische Geburt des Menschen
Band 6731

Erich Neumann
Kulturentwicklung und Religion
Band 6388

Nosrat Peseschkian
Psychotherapie des Alltagslebens
Band 1855
Der Kaufmann und der Papagei
Band 3300
Positive Familientherapie
Band 6761
Auf der Suche nach Sinn
Band 6770

Psychologie

Jean Piaget/
Bärbel Inhelder
Die Psychologie des Kindes
Band 6339

Theodor Reik
Hören mit dem dritten Ohr
Band 6766
Der unbekannte Mörder
Band 6767
Aus Leiden Freuden
Masochismus und Gesellschaft
Band 6768

Gitta Sereny
Ein Kind mordet – Der Fall Mary Bell
Band 6721

A. C. Robin Skynner
Die Familie.
Schicksal und Chance
Band 6729

Stuart Sutherland
Die seelische Krise
Band 6720

Thomas S. Szasz
Die Fabrikation des Wahnsinns
Band 6321

Thomas S. Szasz
Psychiatrie
Band 6389
Recht, Freiheit und Psychiatrie
Band 6722
Schizophrenie
Band 6743

Claire Wesley/
Frank Wesley
Die Psychologie der Geschlechter
Band 6728

Rainer Winkel
Pädagogische Psychiatrie für Eltern, Lehrer und Erzieher
Band 6709

Lew S. Wygotski
Denken und Sprechen
Band 6350

Reader zum Funk-Kolleg
Pädagogische Psychologie
Band 6113: Entwicklung und Sozialisation
Band 6114: Lernen und Instruktion

Funk-Kolleg
Pädagogische Psychologie
Band 6115/Band 6116

Geist und Psyche
Begründet von Nina Kindler 1964

Maurice Dongier
Neurosen
Erscheinungsformen und Beispiele
aus der psychotherapeutischen Praxis
Band 42241/Februar 1983

Eine umfassende Neurosenkunde des französischen Psychiaters vor allem für Laien, mit einer Fülle lebendiger Falldarstellungen. Klar und präzise geschrieben, bietet das Buch praktische Einsichten in die wichtigsten neurotischen und psychosomatischen Störungen. Der Hauptakzent liegt auf den zwischenmenschlichen Beziehungen.

David Kadinsky
Die Entwicklung des Ich beim Kinde
Ein Beitrag zur analytischen Kinderpsychologie
Band 42242/März 1983

Der von der Analytischen Psychologie C. G. Jungs herkommende Verfasser entwirft ein Modell kindlicher Entwicklung, bei dem Unbewußtes, Instinkthaftes und Archetypisches eine entscheidende Rolle spielen. Aus der anfänglichen Gegensätzlichkeit von Körper und Seele entfaltet sich allmählich das Ich.

John Bowlby
Verlust
Trauer und Depression
Band 42243/April 1983/Deutsche Erstausgabe

Der bekannte englische Psychoanalytiker John Bowlby beschreibt in seinem Buch die Reaktionen von Menschen auf den Verlust geliebter Menschen, von Kindern, Heranwachsenden auf den Verlust eines Elternteils, von Erwachsenen auf den Verlust eines Partners oder eines Kindes. Die Reaktionen erscheinen unabhängig vom Alter als im wesentlichen gleich.

Geist und Psyche

Begründet von Nina Kindler 1964

In der Taschenbuchreihe ›Geist und Psyche‹, der einzigen, die sich ausschließlich der Psychologie und ihren Grenzgebieten widmet, kommen nicht nur Psychologen und Psychotherapeuten klassischer und neuerer Schulen mit ihren Arbeiten zu Wort, sondern auch Verhaltenstherapeuten und -forscher, Lern- und Sozialpsychologen, Pädagogen und Graphologen. Doch bei aller thematischer Vielfalt liegt der eigentliche Schwerpunkt der Reihe in der Tiefenpsychologie. Aber nicht nur die Neopsychoanalyse und die psychosomatische Medizin, auch neue Wissensbereiche sind hinzugekommen, so die analytische Gruppentherapie, die pränatale Psychologie oder die analytisch orientierte Anthropologie.
Neben Lizenzausgaben wichtiger Veröffentlichungen aus den genannten Gebieten erscheinen, wie in anderen Taschenbuchprogrammen auch, immer mehr Originalausgaben deutscher Wissenschaftler und deutsche Erstausgaben bedeutender ausländischer Publikationen.
Die Reihe ›Geist und Psyche‹ ist ein unentbehrlicher Informationsfundus für Wissenschaftler. Doch auch der an praktischen Hinweisen und Ratschlägen interessierte Laie findet hier seine Lektüre.
Die Reihe erreicht auch Lesergruppen, die Antworten auf die Grundfragen der menschlichen Existenz suchen, und das sind nicht nur Ärzte, Lehrer, Berufsberater, Seelsorger, Sozialarbeiter, Kindergärtnerinnen oder Studierende geistes- und naturwissenschaftlicher Fächer, sondern auch Eltern, die Rat in Erziehungsfragen brauchen, Partner mit Beziehungsschwierigkeiten und die vielen jungen und älteren Menschen mit Lebensproblemen.

Fischer Taschenbuch Verlag